暮らしの実用シリーズ

決定版 手作り収納百科

ONE PUBLISHING

CONTENTS

暮らしの実用シリーズ

決定版 手作り収納百科

※本書は、DIY雑誌『ドゥーパ！』および株式会社学研プラス発刊の「わが家の壁・床収納DIY」「決定版 2×4材木工」「保存版 簡単木工作例100」「新版 はじめての木工』『DIY木工上達テクニック』『日曜大工で作る！ ガーデン収納＆物置小屋』『簡単！2×4材木工』『楽しい！ 合板木工』『保存版　DIY素材＆道具百科」などで掲載した記事に、新規取材を加えて再構成したものです。
※本書をもとに施工される際は、安全に十分留意のうえ、個人の責任で行なってください。
※掲載されている商品名、価格などのデータは取材当時のものです。

Part 1

DIY Storage Solutions in Your Home

DIY収納アイデア実例

壁一面の大きな棚から
デッドスペースに着目したすき間活用棚まで
上手に収納場所を獲得した5軒のお宅を大公開!!
わが家のサイズやインテリアの好みに合わせて
DIYで実用性とデザイン性が高い収納が実現しました。

CONTENTS

広辞苑

Case 01

プロが作った棚収納はさすがのアイデアと技がいっぱい！

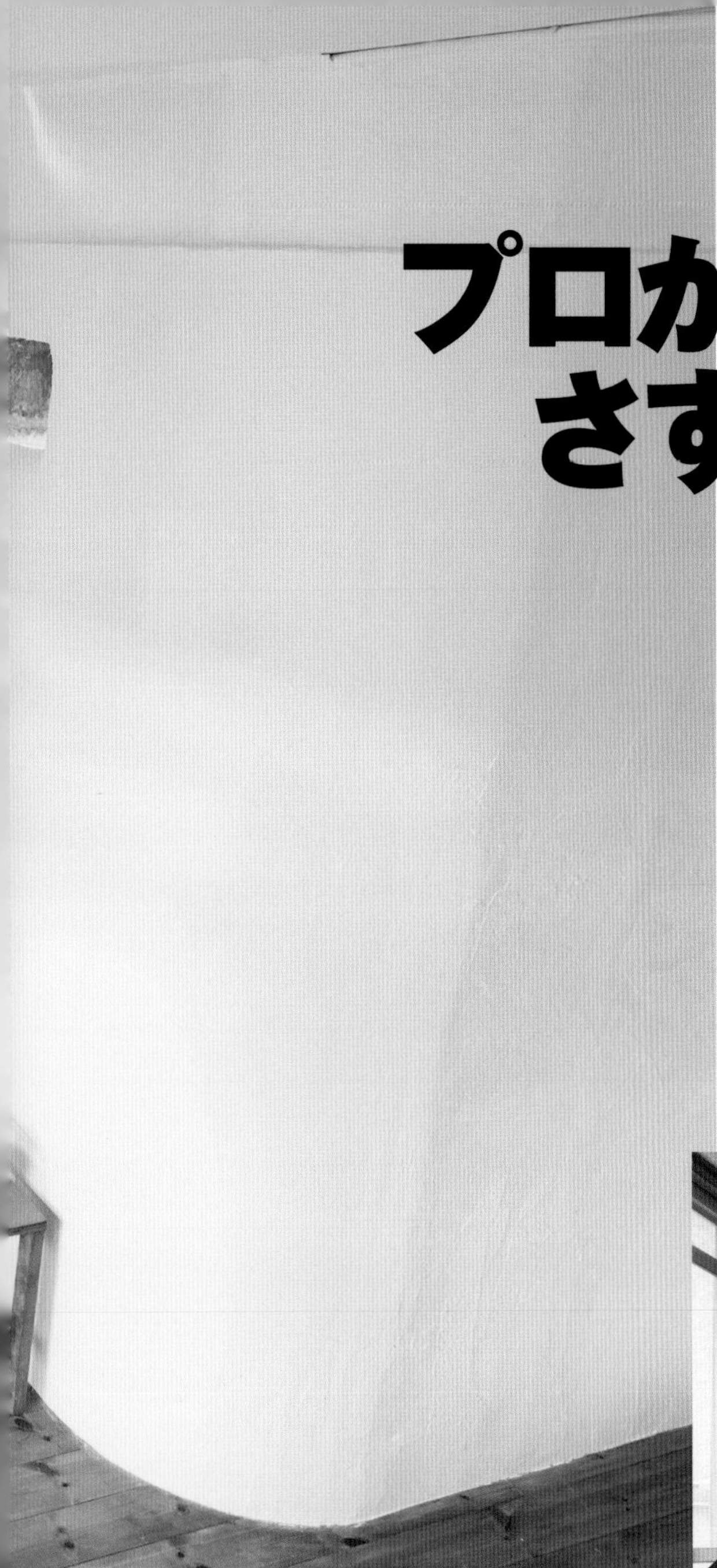

棚は奥が深い。プロの作った棚収納を注意深く見てみると、つくづくそう思えます。たとえば、東京・立川市の「家具工房 木とり」が注文製作で仕上げた数々の棚収納が好例です。

施主のニーズに応えた実用的な設《しつら》えはもちろん、巧みな隠しクギや欠き加工、ダボ接合など多彩なプロの技が見られるほか、仕上がったときにわかるトータルなデザインはさすがです。棚のコンセプトに合わせた取っ手や受けのデザイン、塗装の技、引いてみたときの壁とのマッチングなど、DIYを試みるものにとって、刺激的なノウハウが詰め込まれているのが、プロの作った棚収納なのです。

DIY GOODテクニック

棚受けの構造

❶木の壁にビスで桟を留める
❷桟に合わせて切り欠いた棚板をはめる

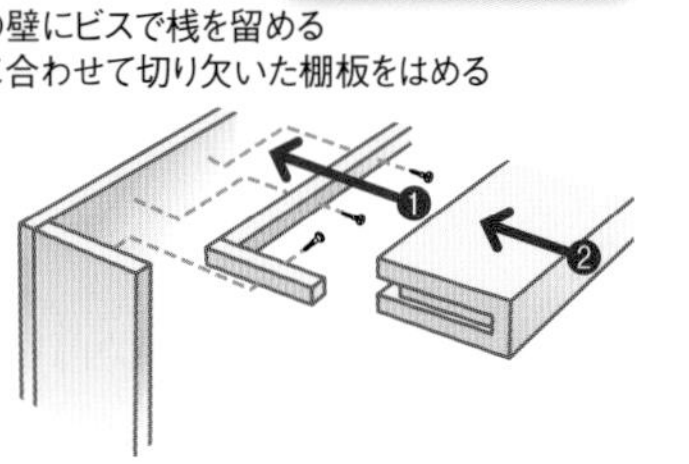

あの華奢な流木で棚の重量を支えているの？　なんて心配は無用。本当の棚受けは棚板の中にある（左図参照）。木材を張り巡らせた壁に桟を留め、桟に合わせて切り欠いた棚板をはめ込んでいるのだ。流木は完全に飾りなのである

製作◎家具工房 木とり

ロフトの壁棚は、コンクリートの壁と木材の棚の組み合わせ。構造はとても単純だ。コンクリートの壁に振動ドリルで下穴をあけ、棚受けとなる金具をコンクリートビスで留めている

家具工房 木とり

オーダーメイド家具からリノベーションまで手がける東京都立川市の家具工房。遊び心を感じさせる作品に個性が際立つ。

☎042・527・2601　URL◎https://www.kitori.jp

棚板と壁を金具で接合。すべてを同じ色で塗ると、素材の違いが目立たない

90㎜の角材と厚さ30㎜の足場材で作った本棚

構造は、棚板を前後の柱で挟んだだけと、とてもシンプル。なんといっても、前の柱に90㎜の杉の角材、棚板に厚さ30㎜×幅300㎜の杉の足場板という素材のセレクトがポイントだ。白のツヤありペンキも相まって、品のある重厚感を漂わせている

前の柱と後ろの柱（2×4材）を切り欠いて棚板をはめ、さらにビスで固定。後ろの棚は上中下の3カ所で壁にビス留めしている

野菜の陳列棚だって アイデアいっぱい

自然食品店に鎮座するこだわりの野菜陳列棚。並べるものによって、棚の雰囲気はガラリと変わるから面白い。側板は米松の梁材、棚板は合板で、パインの細材を前縁に留めている

棚にプレートをつける…お店ならではのアイデアだが、一般的な棚に取り入れても面白いかも。棚の前面に留めた板に引っ掛けられるようになっている

仕切り板はダボで脱着できるようになっている

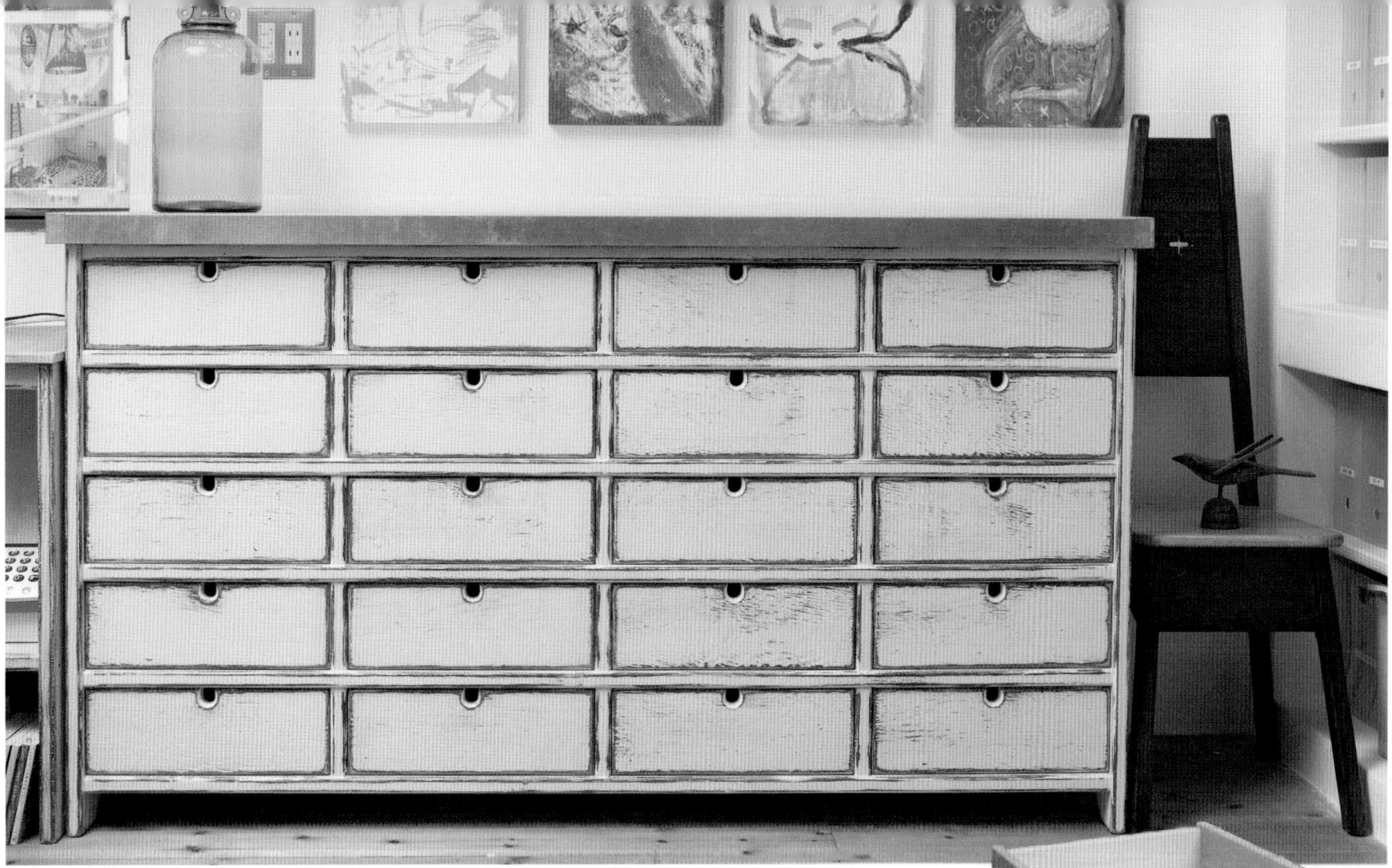

厚さ24㎜のラーチ合板で棚を作り、同じ合板で引出しを製作。天板は厚さ21㎜のラワン合板を2枚重ねてトタンでカバーしている。使い古したような色合いは、まず黒を塗り、その上から白を塗って、ヤスリをかけて仕上げたもの

ラーチ合板製の引出し。取っ手穴を前板の上端にあけているのもポイント

合板+塗装で イメージが変わる ふたつの収納棚

DIY GOODテクニック

こちらの棚は背板なし。側板に持ち手をつければ、ものをかけたり、移動の際に引っ張るのに便利

厚さ24㎜のラーチ合板で作った工房の棚。ホームセンターで購入したクリアボックスを引き出しとして使うため、それに合わせた寸法としている。工具など重量のある物を収納し、自由に動かせるようにするため、100㎜径と大ぶりのキャスターをつけている

合板+塗装の棚の作り方

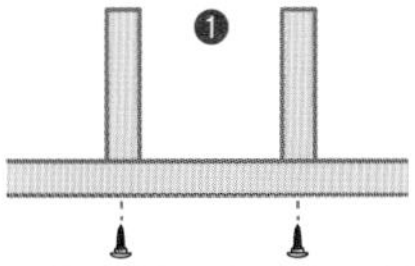

棚板と仕切り板をビスで接合する

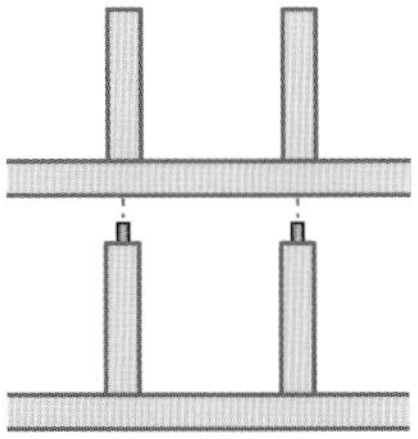

❶で作ったものを重ねてダボで接合する（上の棚の場合）

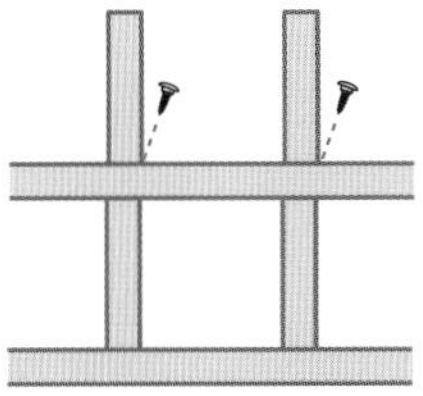

❶で作ったものを重ねてビスの斜め打ちで接合する（右の棚の場合）

Case 02

L字型の壁面食器棚は身長や調理器具に合わせて設計

中古の一戸建てを購入し、リフォームを業者に依頼した石川哲秀さん。ところが完成した家にいざ住み始めてみると、キッチン横のパントリー内の収納が少なく、奥さまの清美さんが「食器などが片づかない」と悩んでいたことから一念発起。パントリー内の壁の形に合わせたL字型の食器棚を製作することに。

パントリー内は間口165cm、奥行きが190cmと狭いため、資材カット、サネ加工、各パーツ（ワインラック、グラス収納など）の組み立て、オイルステインの塗装までをガレージで行ない、完成した各パーツをパントリーで組み立て後、ウレタンニスを塗布して食器棚を完成させました。

食器棚は高さ220cm。身長150cmの清美さんが使いやすいよう、清美さんの手の届く高さに調理器具収納などを配置。愛用の調理器具や食器などを採寸し、棚の幅を決めた、まさに「愛妻専用オーダー食器棚」となりました。

こちらはリビングに作ったニッチを生かした埋め込み収納。リフォーム中に三角形の収納棚をDIYし、大工に壁にはめ込んでもらった

作業台横に仕切りを取り付け、パン調理器具類の収納スペースに。グッドアイデア！

埋め込み収納は直角三角形。写真は収納内の底板

製作◎石川哲秀さん

4面すべてにアクリル板を使ったスケルトンなグラス収納棚。グラスが浮いているように見える

奥さまの手が届きやすい高さに合わせた食器収納

ガラス部分にひし形の格子が付けられた上部の収納スペース。高さは140㎝。清美さんも楽に調理器具を取り出せる

DIY GOODテクニック

食器棚に組み込んだワインラック

ワインラックは日光の入らないデッドスペースに配置されるよう設計。スライド式で開くドア枠にはアクリル板のペアガラスをはめ込んでいる。また、ラックの内壁にコルクを張り、天井に取り付けた庫内ライトの光が下部まで届くように、棚をラティスで製作。ワインは「温度、湿度の変化が天敵ですが、効果がどれくらいか現在検証中」とのこと。とはいえ、「半年経った今でもワインの傷みはなく、おいしく飲めています」（石川さん）。

半円形のワイン受け板下の棚板がラティス。このラティスも石川さんの手作りで、1×4材を割いて作った

Case 03

DIY達人の小技の効いた収納家具

パートタイマーをしながら、趣味のDIYを楽しむ福田良男さん。日々の暮らしをちょっとしたアイデアで快適にすることが大好きな、DIYの達人です。

DKには2×4材を使った収納兼目隠しのバーカウンターを設置。裏側にはゴミを分別して捨てられるよう4種類のボックスが備え付けられています。

ほかにも使うときだけスライドを引き出す省スペースタイプのパソコンデスクや、すき間を利用したスライド式スパイスラックなど、あちこちに置かれた木の質感を生かした便利収納家具は、限られたスペースを有効に活用するためのアイデアが満載されています。

4種のゴミを分別する木製ダストボックス

缶類、ビン類、ペットボトル、不燃ゴミを分別できる木製ダストボックス。2×材と杉の野地板で作られ、屋外で使用されるため、フタには防水シートとアスファルトシングルを張って、雨水を防いでいる。サイズは幅1100×奥行440×高さ760㎜

↑フタの裏側にはカゴが設置されており、その中に予備のゴミ袋が収納されている。下段各ゴミ袋をおさえているフレームの裏側には戸あたりのクッションが張ってある。→廃棄物がいっぱいになったゴミ袋は、裏ブタをあけて取り出す仕組み

必要なときだけ天板を引き出せるパソコンデスク

1×材と集成材で作られたパソコンデスク。キーボードとプリンターは引き出し式の棚に収納されており、使うときだけ引き出す仕組み。さらにキーボードが載っている棚の裏側にミニサイドテーブルが収納されており、側板についた支え板で固定。ここでメモをしたり、マウスを動かすことができる

ニッチを生かすスライド式スパイスラック

奥さまからの要望で、1×4材と合板を使って作られたスパイスラック。サイズは幅240×奥行590×高さ840㎜。縦長箱型の収納棚を作業場で作り、キッチン横に設置。防火のため、棚の側面にスレート板＋不燃化粧板を張って仕上げた収納作品。スライドレールを使った引き出し式で、デッドスペースを生かしたDIYの好例

製作◎福田良男さん

2×4材を使って作った幅1980×奥行745×高さ1120㎜のバーカウンター。普段、娘さんの家でアイランドキッチンのような役割を果たしている

DIY GOODテクニック

カウンター裏に4種類のゴミ分別ボックスを設置

下段右側の4つの縦長引き出しは分別ゴミボックス。ボックスはカウンター本体とチェーンでつながれており、蝶番で土台と接続され、斜めに引き出すことが可能だ

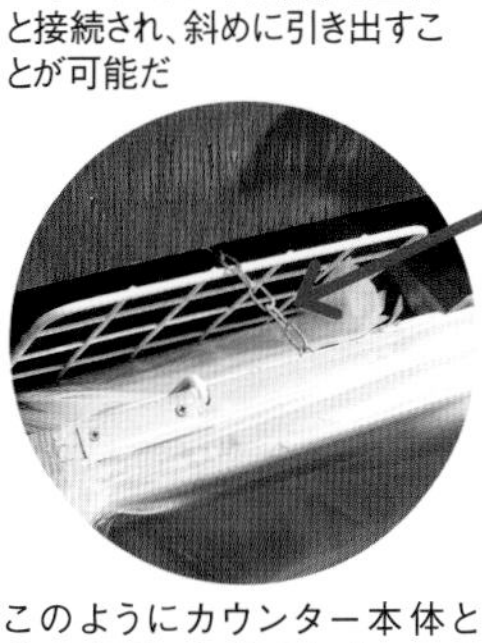

このようにカウンター本体とチェーンでつながっている

7つの引出しで収納力は抜群！　自然木を使った取っ手がオシャレ

カウンター裏にワザあり収納発見！

Case 04

書斎の壁一面にビルトインした重厚な収納棚

部屋の増築を機に、机とセットになった収納棚が欲しいと自作した、壁一面のビルトイン収納。この収納棚作りに大活躍したのが、本格的な電動工具のルーターでした。その機能をフル活用し、開き戸はスタイル&レールビットやレイズドパネルビットを使った鏡板張りに。また、棚の木口の部分にはすべて装飾したモールを張り込むなど、陰影のついたアンティーク調の作品にまとめあげました。

パインの集成材にオイルフィニッシュを塗装した収納棚は、製作者の河野さんが目指した「ジャズの似合う落ち着いたスペース」を体現。くつろぎの時間をすごすかけがえのない場所に満足です。

一見完全な左右対称に見えるが、左右の窓枠から壁の端までの距離は微妙に違い、棚の間口や、開き戸の左右寸法は一組ずつ全部違う。製作でとても苦労した部分だという

DIY GOODテクニック

デスク天板中央に電源とコードを収納

デスク天板中央下に作られた電源とコードの収納。これでデスク下でコード類をごちゃごちゃ引きまわすこともなく、デスクの上もすっきり活用できる

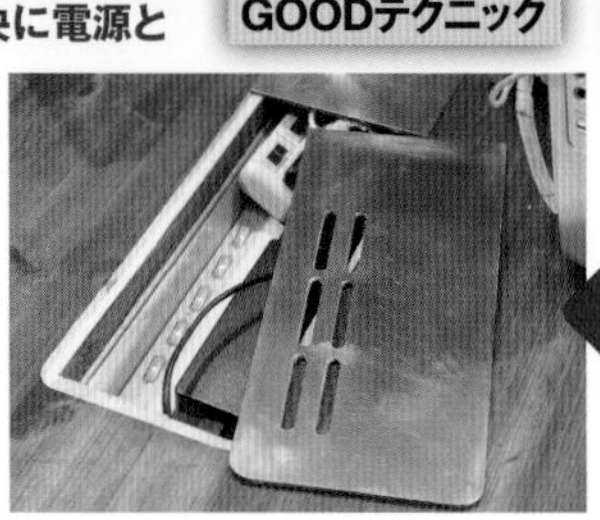

製作◎河野宏明さん

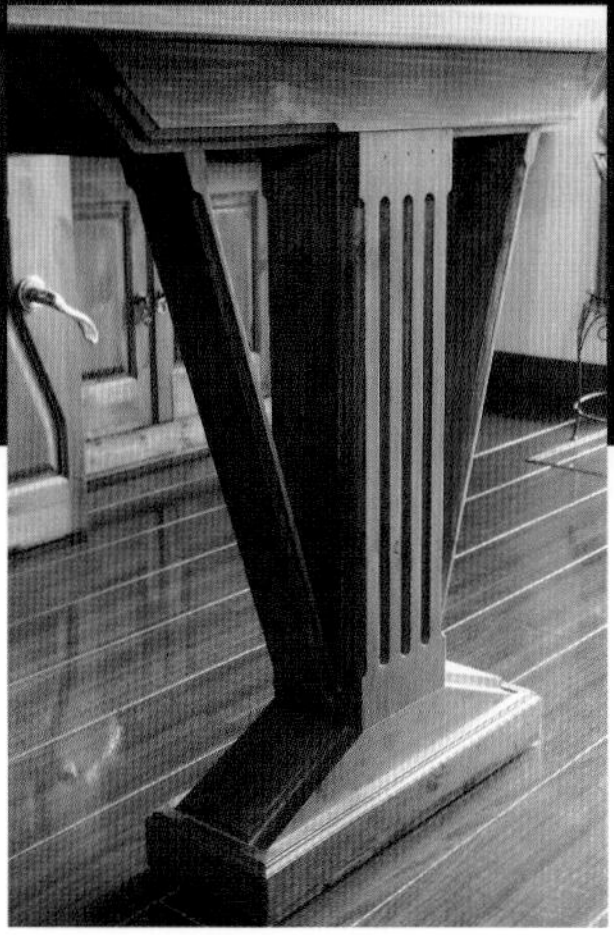

自慢のデスク脚。内部はランバーコア合板を張り合わせて厚さを出し、見える部分にはルーターで溝加工したりトリミング加工した集成材を張り、オイルで仕上げている

開口できる部分をすべてあけてみた状態。大量のものが整理収納できる様子が想像できる

窓の位置に合わせて修正しながら製作した大作

DIY
GOODテクニック

下段センター、デスク下に作られたスライド式の収納。底にキャスターをつけて引き出せるようになっている。上は組み立て中のスライド式収納。16型ブラウン管式テレビ程度の大きさのものを収納できる

市販の
フォルダーケースが
ぴったり収まる

中間の棚部分。あまり意識しないで作ったが、
市販のフォルダーケースがぴったりと収納できる

左写真の棚の表に見える木口。木端面にはルーターで加工した装飾用のモール材が張りめぐらされる

(上)2カ所の窓下とサイドデスク下には引出しが取り付けられている。こちらは主に小物類の収納に使われる。(右)引出しは側板に溝を切り、引出し枠につけた角材を滑って出し入れするデザイン

下段の収納は大きめに作られている。右側デスク下は大型の引出し収納になっている

DIY
GOODテクニック

開き戸の蝶番にはすべてスライド蝶番を使用。スライド蝶番は取り付け後に表から見えないので室内家具に多用される。また、取り付け後に扉位置の前後、左右、上下の位置調整ができるので、この作品のような何列も扉が並ぶ作例では、きれいな扉の並びに調整することができる

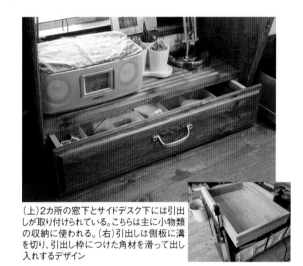

Case 05

プロ考案&製作のボード（長物）収納でデッドスペース活用

長さも数もバラバラなサーフボードの収納に頭を悩ませていたところ、リフォームのプロである「D・PARADISE」がいろんな回答を提示してくれました。

まず着目したのは、建物の外階段下のスペース。サーフボードの長さの違いを逆手に取り、それぞれがぴったり収まる収納庫が作製できました。外階段下という場所だけに、車への積み降ろしもラクラク。低い棚にはサーフ用品などを入れるスペースもあるので、すべてがここで賄えます。

ほかにも、駐車場横や庭先のボード収納、また室内にボードを飾るラックまでも提案。長物を効率＆見栄えよく収める好例です。

本体にはセランガンバツー、扉にはウエスタンレッドシダーを使用。観音開きの扉はあえて高さを変えてデザインした

DIY
GOODテクニック

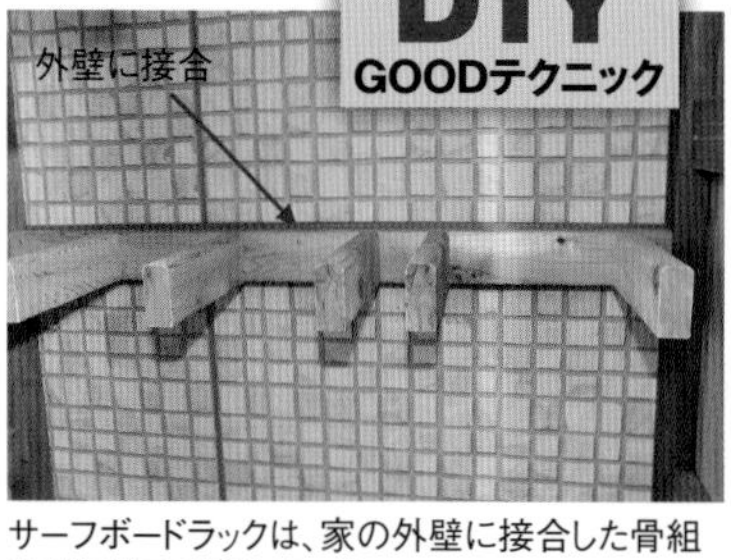

サーフボードラックは、家の外壁に接合した骨組み材にビスで留めている

内部から上を見上げたところ。骨組みの様子がわかる。屋根材は中空ポリカを使用

D.PARADISE

神奈川県茅ケ崎市を拠点に、家具やエクステリアの製作、リフォームなどを行なう。シンプルでいてスタイリッシュなデザインが特徴。

☎0467・87・5028

URL◎https://www.d-paradise.com

外階段下のスペースを、まさにフル活用した収納。スペースに合わせて骨組みを作り、壁板を張るというのが大まかな製作手順だ。家の外壁と接する部分は、外壁に下穴をあけてからビスで木材を留め、コーキングを施している

ボードは〝見せる収納〟で

DIY GOODテクニック

適度なサイズのフックをふたつ壁につければ、サーフボードラックのできあがり。少ない資材で簡単に作れて、見た目もスマート

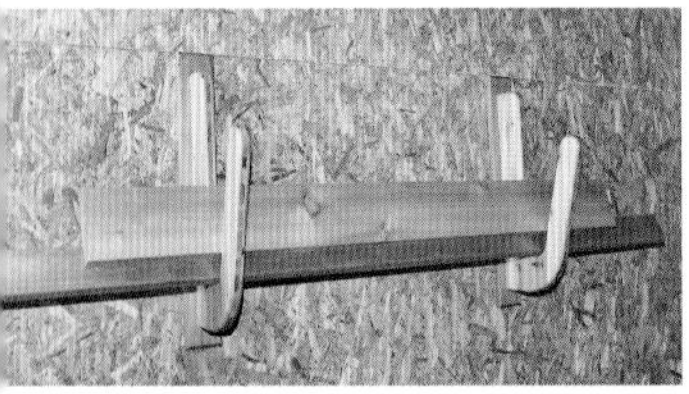

サーフボードが収納できるということは、いろんな長物が収納できるということ。釣り竿、スキー板といった遊び道具から、木材などもターゲットになる

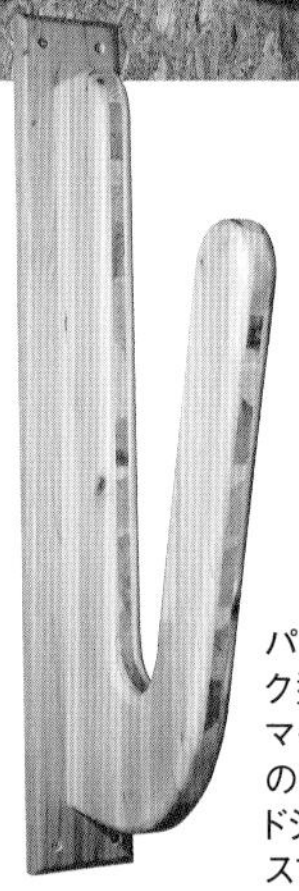

パイン集成材をフック型にカットし、トリマーで面取りしたものを、ウエスタンレッドシダーの台座にビスで留めている

駐車スペースの収納は五角形に

駐車スペースの隅に作った収納。上から見ると、四角形の一部を削ったような五角形となるデザインだ。これは、車のリヤハッチをあける際に邪魔にならず、また家の掃き出し窓に注ぐ光を遮らず、できるだけ収納容量を確保するために考えられた形。斜めの面についた扉も使い勝手がいいようだ

DIY GOODテクニック

ボードラックではあるが、上部にハンガーバー、下部に棚ダボで高さが変えられる棚をつけることで収納スペースに

木とトタンで作った収納ボックス

DIY GOODテクニック

底はスノコ状。内部には、サーフボードの形状に合わせて切り欠いた板をはめ込んでいる。この切り欠き部分を収納物に合わせた形状にすれば、さまざまな専用収納を作れる

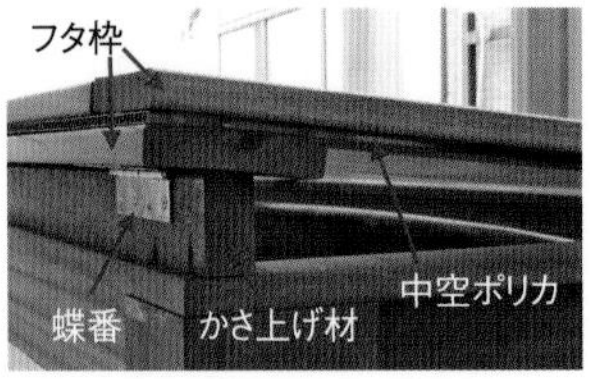

←フタは後ろ側をかさ上げして傾斜をつけた
→フタが開いた状態で止まるよう、本体とフタに金具をつけてヒモを結んでいる。赤いフックはフタを閉める際の取っ手

ハードウッドとトタン波板を組み合わせた、メタリックな収納ボックス。さらに、フタには中空ポリカを使い、異素材のマッチングによるデザイン効果を狙っている。フタの手前側につけたアルミバーも有効なアクセントだ

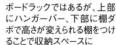

Part2
棚作り

収納家具のDIYで基本となる
いろんなタイプの棚作りについて
実例や作例を通じて基本の知識やテクニックをご紹介。
自分の家にあう棚作りのヒントが見つかったら
さっそくチャレンジしてみましょう。

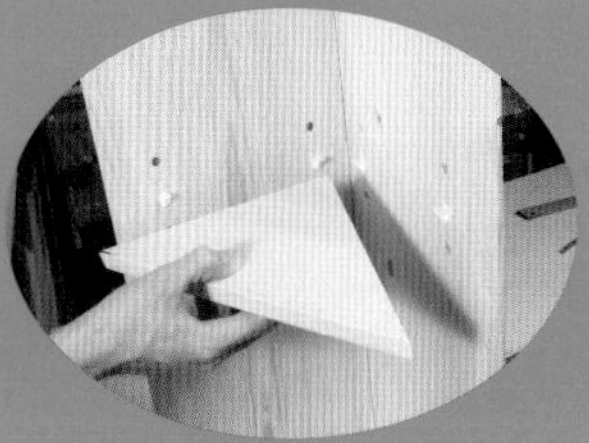

CONTENTS

●編集部の判断で、52ページからの作例に「難易度」を表記してあります。目安としてご利用ください。　★☆☆……簡単、★★☆……普通、★★★……中級者以上向き

棚作りの基本

単にモノをしまうだけでなく、ディスプレイに使ったり、見られたくない場所の目隠しや空間を仕切るなど、棚は収納家具の中で最も活用範囲の広いアイテム。DIYなら用途やスペースに合わせて自由に設計できるので、家の中の空間を最大限に活用できます。

棚の種類

収納棚にはいろいろな種類があります。本棚、食器棚のほか、ラック、ボード、ワゴン、キャビネット、シェルフと呼ばれているものはすべて棚の一種です。

タイプ別に分けると固定式／移動式（キャスター付き）、据え置き型／吊り下げ型があり、ほかにも壁面に固定するタイプ、壁と壁 or 床と天井の間で固定する突っ張りタイプなどがあります。設置スペースやしまうモノ、使う場所、使う人の背の高さなどを考えて、より使いやすい棚を設計しましょう。

扉、引出し、仕切りなどのパーツは、作り付けにしないで市販の収納用小物を活用する方法もあります。

キッチン・ダイニング

動線を確保しながらデッドスペースを活用

リビングから丸見えになっていたキッチン。リビングとの境目に収納つきカウンターを設置したところ、食器棚として使えるうえ、目隠しにもなるので一石二鳥

テーブルまわりでよく使うものを収納し、移動させて使えるキャスター付きワゴン。天板にタイルを張れば、ちょっとした調理台に。コンセントがあればコーヒーメーカーなども使いやすい

冷蔵庫の脇など、幅が狭く奥行きのある空間はデッドスペースになりがち。スライドレールやキャスターつきのラックにスパイスなどを収納すれば、引き出すだけで取り出せて、油はねで容器がベタつくこともナシ

フライパンやポットなど、よく使うキッチン用品は、壁面に固定したラックに吊り下げる収納法も。必要なものがすぐに取り出せるように、フックをスライド式にしておくのがポイント

寝室・子供部屋

散らかりやすいものは片づけやすさがポイント

寝室の中でもとくに枕の周辺は、リモコンや携帯電話、コーヒーカップ、本や雑誌などで散らかりやすい。テーブルを兼ねた棚は、載せるだけ、しまうだけといったシンプルな設計がベスト

子供の服や持ち物も散らかりやすいもののひとつ。子供の身長に合わせた高さのハンガーラックが部屋にあれば、子供が自分で洋服を掛けたり外したりできる

リビング
増え続けるものをスッキリとまとめる

市販品を使うと、どうしてもデッドスペースができてしまう。置きたい場所に合わせて自分で作れば、天井まで無駄なく収納スペースにすることができる。作り付けにすれば、地震で棚が倒れる心配もない

作り付けの本棚

下写真のような、跳ね上げ式で前後にスライドする扉をつけた本棚なら、写真集やレコードのカバーデザインが楽しめる。1段ずつバラで作り、並べたり重ねたり、レイアウトを変えられるようにしておくといい

本棚

自慢のコレクションはきれいに並べて楽しみたい。本格的なショーケースならディスプレイの楽しみも倍増。バックに鏡を入れれば、奥行き感も演出できる

ショーケース

AVラック

コンセントの位置や背部の配線も考えた設計を。上部や左右に収納スペースがあれば、取扱い説明書やお気に入りのディスクなどもスッキリ。キャスターをつければ、ホコリが溜まりやすい背部の掃除も手軽

ニッチ棚

階段下などの壁面をくり抜いて埋込み型の棚を作れば、居住スペースはそのままに収納力アップ。観音開きの扉が使いにくい場合は、アコーディオン式にする方法も

水まわり
強度のある吊り戸棚で洗剤なども一カ所に

タオルやトイレットペーパー、洗剤など、ストック品の多い水まわりには吊り戸棚を。デッドスペースも解消できて一石二鳥。強度のある吊り戸棚なら、洗剤など重さのあるものもOK

吊り戸棚

玄関
ゲストを迎える空間はいつもきれいに

靴棚

傘立て

家族が増えるにつれ散らかりやすくなる玄関。靴棚は市販の部品を使い、天井までのスペースを無駄なく活用。壁面に取り付けた傘立てホルダーは、穴に傘をさし込むだけの省スペース設計

棚作りのプランニング

step01 棚の形状と寸法を考える

棚作りのプランニングは、寸法／形状／強度の3つがポイント。

幅は設置するスペースに合わせて。高さはしまうものの大きさや、使う人の背の高さを考えて。奥行きは、ないよりはあるほうが使いやすいですが、ありすぎる場合は引出しなどで奥のものを取り出しやすくします。

扉や取っ手の仕様は使いやすさを考えて。重さのあるものをしまう場合は、それに耐える強度が必要になります。

●本棚

本の高さや奥行きは色々なので、持っている本をサイズ別に分け、それに合わせて棚の構成を考えましょう。

大型の本や辞書など重さのあるものは、強度を保つためにも下のほうに置くようにします。

●収納家具

どこに何があるかわかりやすく、出し入れしやすいことが大切。今使っている家具のメリット、デメリットを把握しておくと、より使いやすい設計を工夫できます。通販カタログなどで仕様を研究してみるのも一法です。

キッチンカウンター

コンセントが使えると便利。熱源になるオーブンレンジは背部に開口を設けて。炊飯ジャーにはスライド棚がオススメ

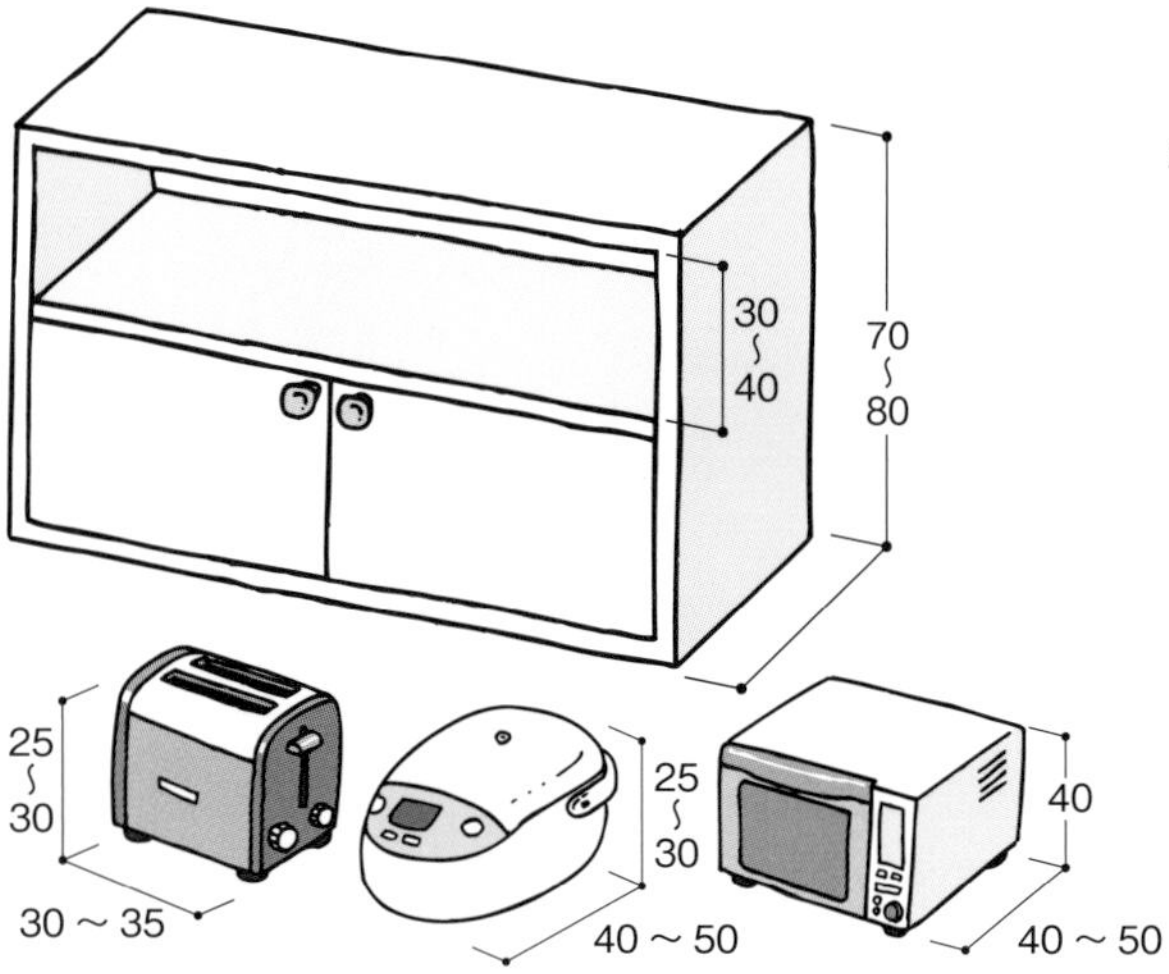

本棚

持っている本を大きさ別に分類し、高さ・奥行きをチェックしてから設計するとデッドスペースができにくい。全体に荷重がかかるので、強度は十分に

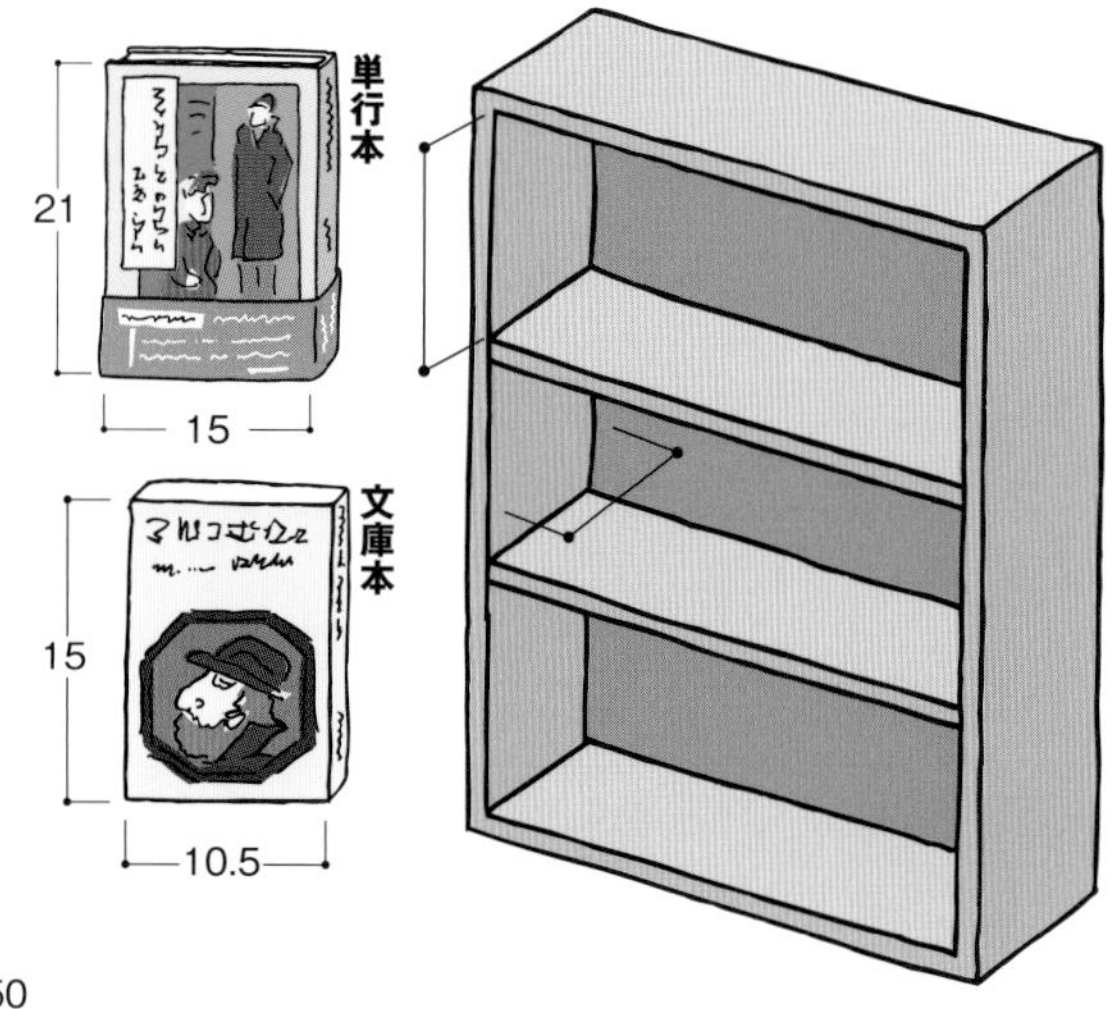

サイドボード

ボトルなど、高さのあるものを収納。ワイングラスは棚の内側上部にホルダーを取り付ける方法も

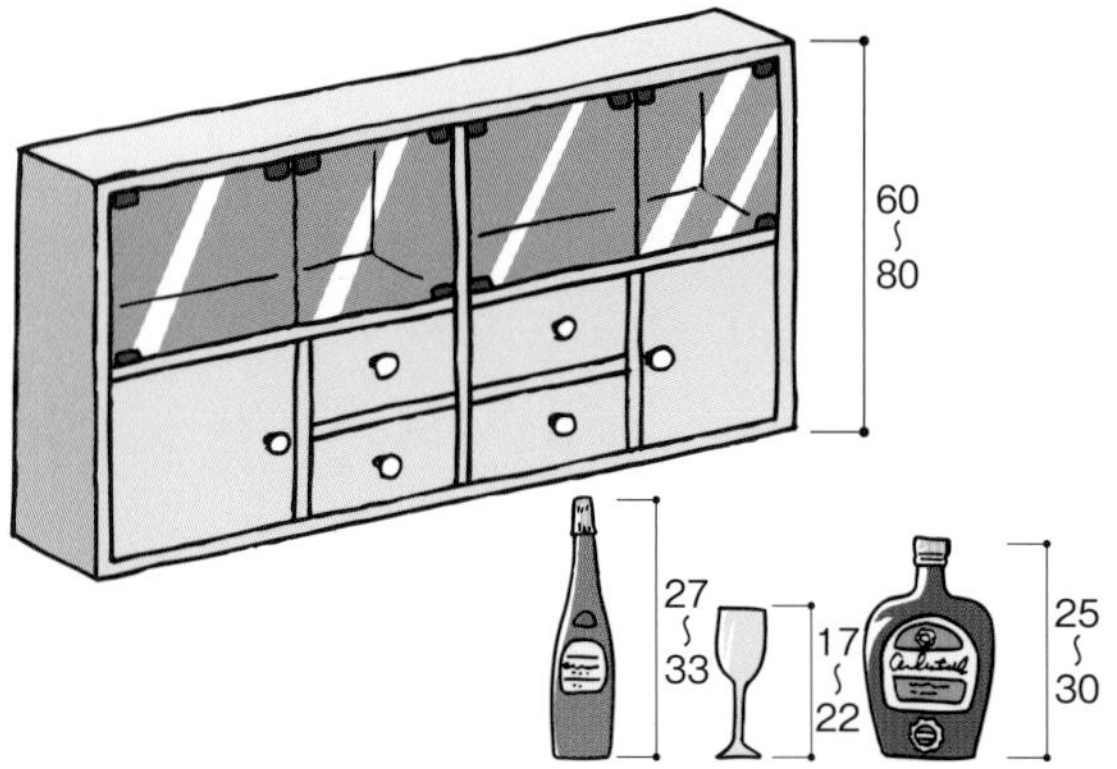

スパイスラック

小さな瓶を頻繁に取り出すので、大きすぎず、奥行きも浅いものが使いやすい。可動棚にするのも手

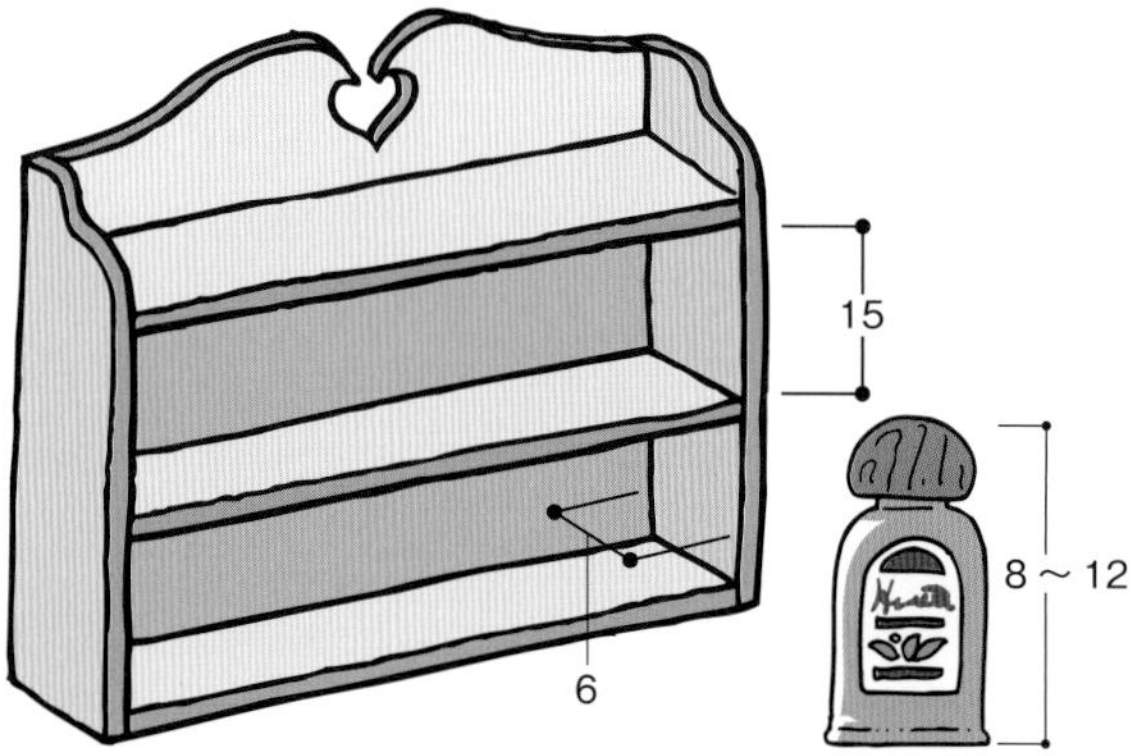

※寸法の単位はcmです

step02 棚の設計と造作を考える

●ラフスケッチを描く

作りたい棚のイメージを紙に描いて、サイズ、仕様など細かいところを決めていきましょう。

①縦長、横長など、大まかなフォルムをスケッチする。②背板、脚、扉の有無を書き込んでいく。③正確なサイズを決めて書き込む。④難易度や予算、強度を考えて素材、部材、接合方法を決める。

●強度を高める設計術

載せるものの重さに対して棚の強度が足りないと、壊れやすくなります。強度を高める方法は、金具で棚を固定するほか、背板を入れる、接合を組み手にする、補強材を入れるなど。

可動棚は固定棚よりも弱いので、可動棚を多くする場合は中央の棚など1カ所を固定棚に。

■棚の固定法

スノコ式

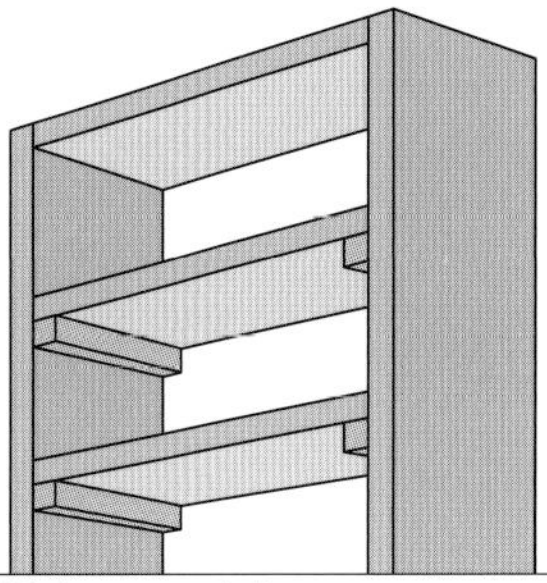

難易度………	★★
強　度………	★★★★
美　観………	★★

側板に角材を打ち留め、そこに棚板を載せる方法。その板の上から角材に留めると強度が高くなる。角材を見せたくない場合は、ロールカーテンなどで目隠しを

L字金具

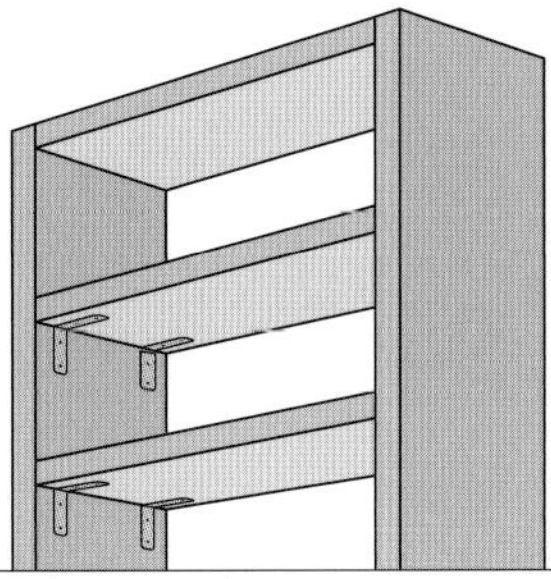

難易度………	★
強　度………	★★★★
美　観………	★★

棚板をネジやクギで留めてから、板の下側をL字金具で固定。外側の板の角（表面）を留めることもできる。金具を留める箇所を少し彫り込むと見た目がスッキリする

クギ

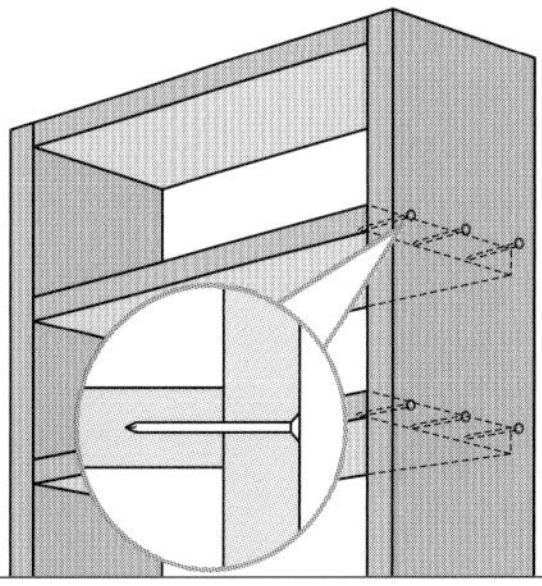

難易度………	★★
強　度………	★
美　観………	★★

クギやネジを使い、側面から棚板を固定する簡単な方法だが、強度は低い。クギやネジだけで留める場合は、厚みのある板を棚板にするか、L字金具で補強するといい

ダボ

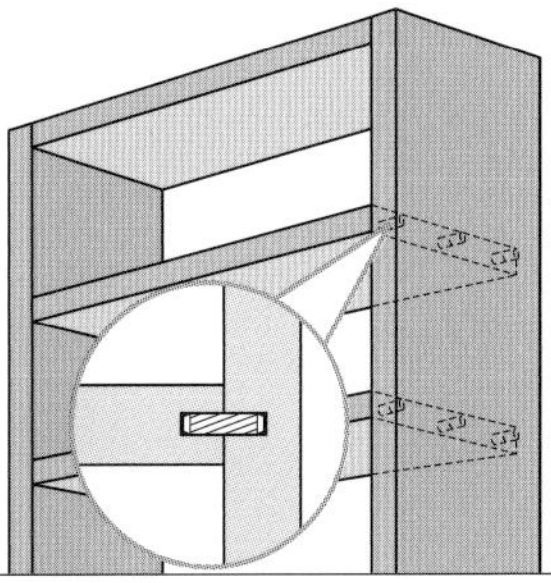

難易度………	★★
強　度………	★★
美　観………	★★★★

小さな棒の側面にらせん状の溝をつけたもの。側板と棚板の側面に穴をあけて接着剤を入れ、ダボでつなぐ。ダボ穴を正確にあけられれば、クギ頭の見えない棚が作れる

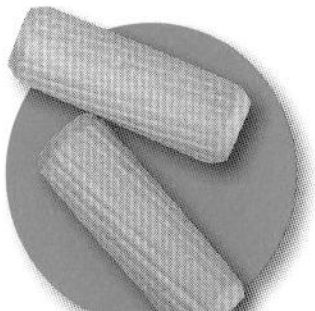

■棚の強度を高めるには

金具を使う

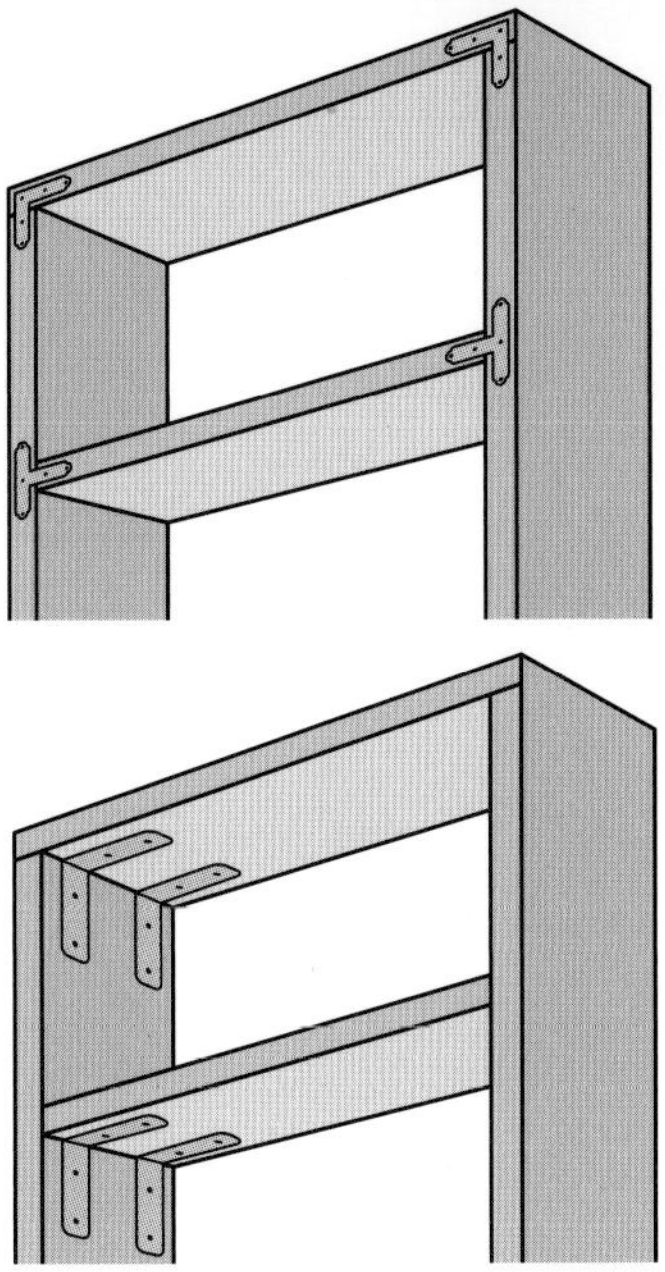

つなぎ部分やコーナー部を金具で留めると強度が増す。表面を留めるT字金具と、表面や内側下部から補強するL字金具があり、強度はL字金具のほうが高い

背板を入れる

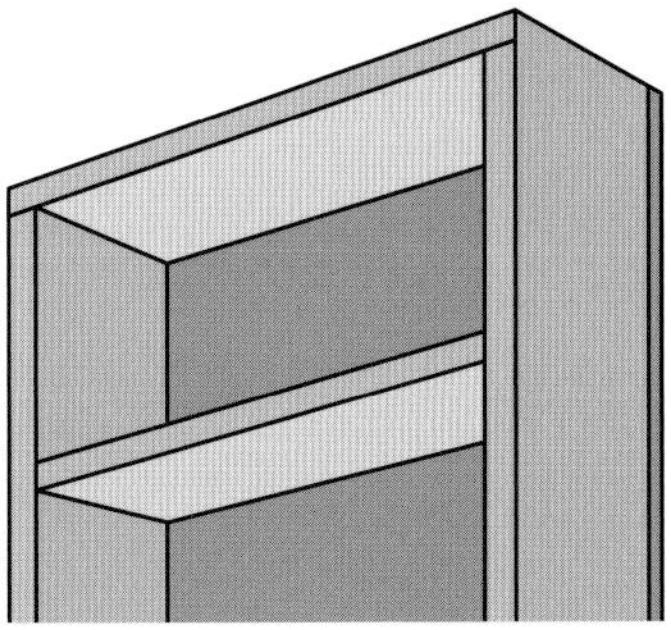

背板がないと、ものを出し入れするうちに全体が斜めに歪みやすくなる。背板に溝を切って棚板をはめ込むと、ただ背板を入れるよりも強度が高くなる

棚の設置場所と活用法

デッドスペースを見つけて活用

家具の壁のすき間や、キッチンのシンク下、押入れの中などにできやすいデッドスペース。市販のグッズを使うなどして有効活用しましょう（冷蔵庫の上や後ろ、オーブンレンジの後ろなどは、放熱のための空間を確保する必要があります）。

壁とのすき間

冷蔵庫や洗濯機と壁との間などには無駄な空間ができやすいもの。幅が狭く奥行きがあるので、普通の棚では奥のものが取り出しにくく、スペースを十分に活用できない。キャスター付きワゴンやスライドラックで奥まで活用

P.32

P.12

コーナー

L字型カウンターの隅や廊下の奥、柱が張り出している場所などはデッドスペースになりやすい。ジャストサイズの収納棚を貯蔵庫にして、ふだんあまり使わないもの、長期保存するものなどを収納すると利便性が増す

P.10

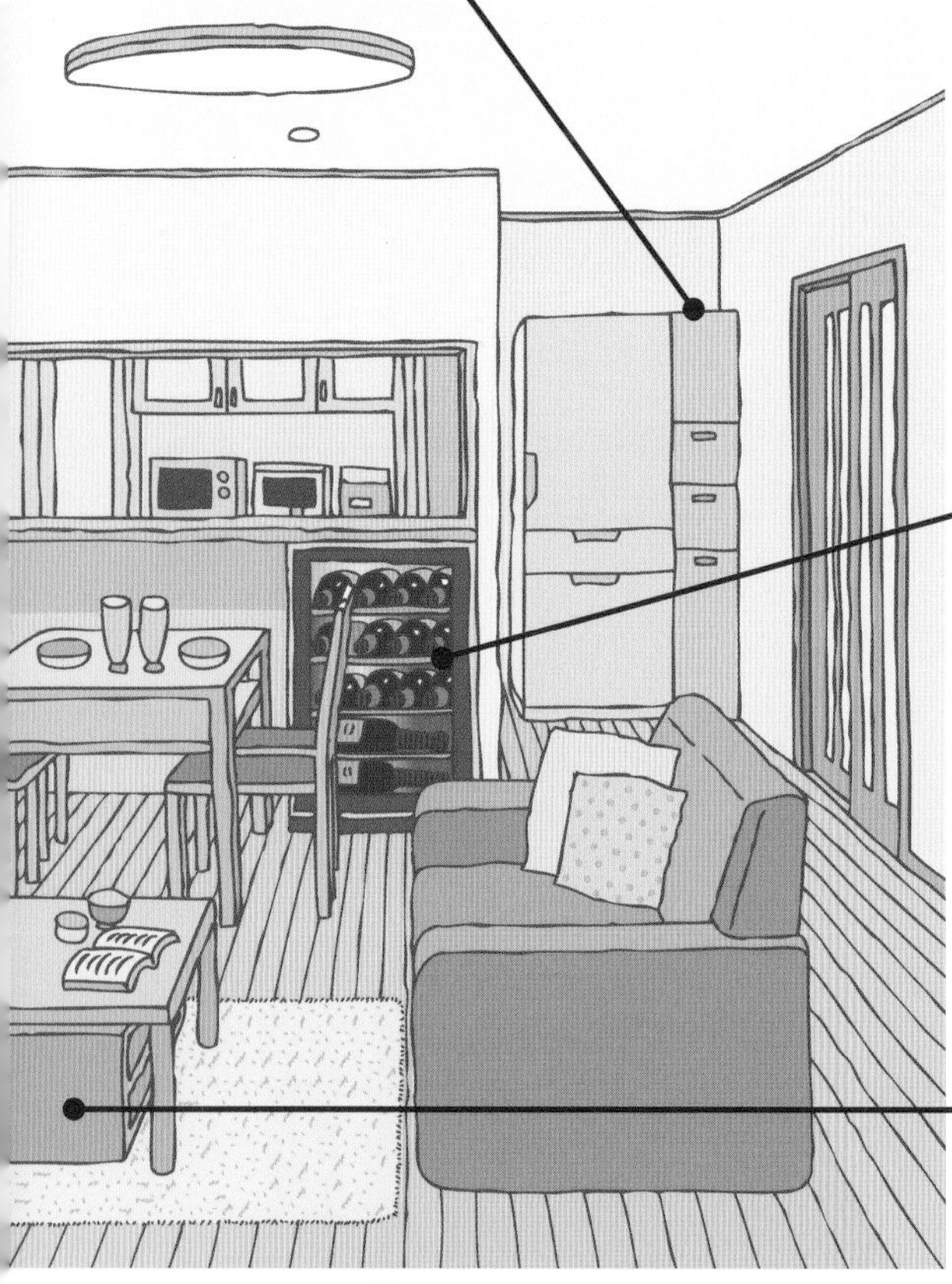

家具の下横

部屋のドアとベンチチェストの間にできた空間に台を設置したり、作り付けの下駄箱下の空間に引き出し式の棚を設置するなど、小さなムダ空間も追放！

知っておきたい収納のポイント

●見せる収納

きれいにしまうことでゲストに見られてもOKなのが「見せる収納」。センスのいいものは飾って楽しむ「ディスプレイ収納」に進化させることも可能。ポイントは家具やモノのテイストや素材感を統一させ、雑然とした見た目にならないようにすること

●隠す収納

中にものを放り込んで扉を閉めるだけでスッキリ片づいて見えるという、何かと都合のいい収納法。ただし、どこに何をしまったか覚えておくことが大事。写真の本棚のようにディスプレイができる扉にして、中のものをわかりやすくしたり、扉のカラーを変えるなど工夫が必要

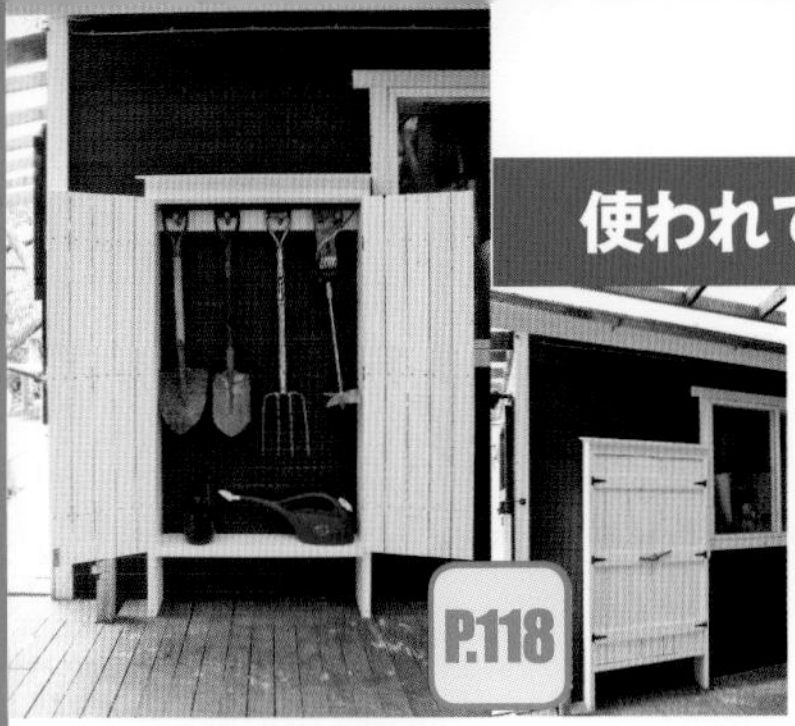

P.118

使われていない壁

屋外に物置を置くほどのスペースがない場合に着目したい、家壁を背板にした収納ボックス。わずかな奥行きながら、ガーデニング用のシャベル、ジョウロなどをまとめて収納

P.29

使われない家具

使わなくなったカウンターの下を収納スペースとしてリフォーム。上部はそのまま作業台やディスプレイ用として使用。子供部屋の机などにも応用可能なアイデア

リフォームによって使わなくなったドアの戸当りをそのまま枠板にして、棚板をつけるだけで立派な収納棚に。壁面から張り出さないので見た目も圧迫感がない

間仕切り

背が低い収納棚を間仕切りとして置き、スペースを区分。棚の高さを抑えて、上部のカーテンをあけたときには開放感を感じられるように

P.28

ガレージの一角に高さのある棚を置くだけで、プライベート空間が出現。ディスプレイを兼ねた収納にすれば、ゲストの目を楽しませることもできる

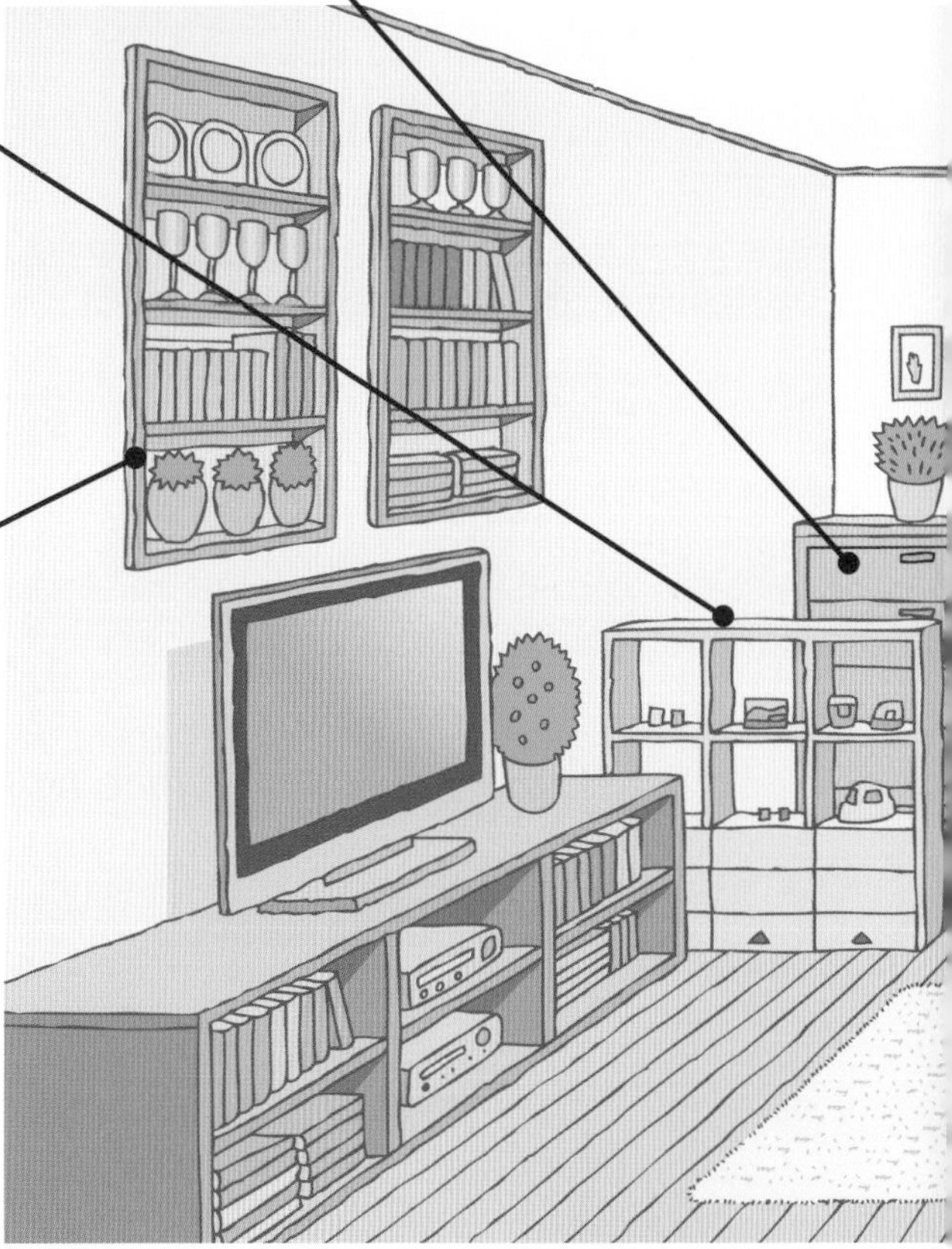

壁の中・フェンスの中

P.30

壁の中もくり抜けば、ニッチとして収納に活用できる。耐力壁には施工ができないので、設計図でしっかり確認を。どこが耐力壁かわからない場合は、専門家に相談を

家のまわりに目隠し用として設置するフェンスの厚みを利用して、内部の縦長の空間にフックをつけるだけで、ちょっとした収納スペースに。掃除用具もきれいに収まった

●奥行きも箱や引き出しで生かす

奥行きのある棚は、しまったものをまとめて引き出せるように箱や引出しを活用することで、グンと使いやすくなるもの。種類ごとに分類してから、箱や引出しにまとめてしまうと、探すのも楽。入れる物に重さがある場合はスライダーやキャスターのついたケースが便利。収納内部にデッドスペースを作らないようにするためにも、箱や引出しはできるだけ棚のスペースにぴったり合ったものを選びたい

●器は重ねて薄いものは立たせて

調理器具や食器は、下に大きいもの→上に小さいもの、という順に重ねれば省スペースに。お皿は重ねると枚数が多くなり、下のものを出すのが大変なので、専用のスタンドに立ててしまうほうが出し入れがラク。取扱説明書や厚みのないカタログなどの紙類も立てて収納。クリアケースに入れてラベルを張るなど、正面からひと目でわかるようにしておくと便利

リビングルーム

Point
既存の壁と柱の間を利用して造作

下段はフタつきの収納ボックス。背後に薄手の白いカーテンをかけ、目隠しとした

下段の収納ボックスのフタは持ち上げて開閉するタイプ

アンティーク仕上げの間仕切り兼用収納棚

稲葉靖弘さん＊栃木県下野市

リビングを間仕切りする目隠しを兼ねた収納棚を設置。まず90㎜角の支柱を天井と床にビス留めして固定し、この支柱と既存の壁の間に収納棚を設置しました。材料はスギの破風板で、組み立てはすべてビスによる突き付けのみ。白いペンキを全体に塗り、乾いたあとに120番のサンドペーパーで研磨した結果、アンティークな仕上がりに大満足！

Point
扉を閉めても音が聞こえる！

中はＣＤとオーディオが収納されている。スピーカーからの音は両サイドに張られた和紙を通して聞こえてくる

これぞDIY！ 和紙を使った和風オーディオラック

根本晴美さん＊千葉県大多喜町

CDだけでなく、CDコンポも丸ごと収納してしまう扉つきの棚は、CDコンポがホコリをかぶらないように作ったもの。棚に収納したままでもスピーカーの音がきちんと外部に響くよう、側面は骨組みに和紙を張っただけ。その和紙に向けてスピーカーを配置しているので、棚の扉を閉めても違和感なく音が聞こえてくるというアイデアです。コンポを置いた棚の下には、引き出し式のトレーをはめ込み、キャンドルなどの小物を収納。

また、コンポを収納したまま手軽に動かせるよう、キャスターをつけているのもポイント。材料はすべて廃材。扉には古い建具を使うことにより、アンティークな雰囲気を醸し出してくれます。間口660×奥行300×高さ780㎜。

一見、ただの和風キャビネットに見えるが…

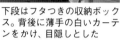

戸当たりの奥行きが飾り棚にピッタリ!

枠板をよく見るとドアの枠だったことがわかる

既存ドアの戸当たりを利用した収納棚

加藤高太郎さん＊栃木県塩原市

「3部屋をひと部屋に」という大掛かりなリフォームの副産物で生まれた収納棚。枠板は以前ドアの戸当たりだったもので、それをそのまま枠板にして棚板をつけただけという手軽さが売り。オーディオラックや飾り棚として活用しています。

収納棚右側のスライドする棚板は上下の桟にサンドイッチされている

棚板がスライドして前へ!!

主にSPFと合板を使っているが、アラレ組みで仕上げた引出しなどから、古民具風の味わいが感じられる

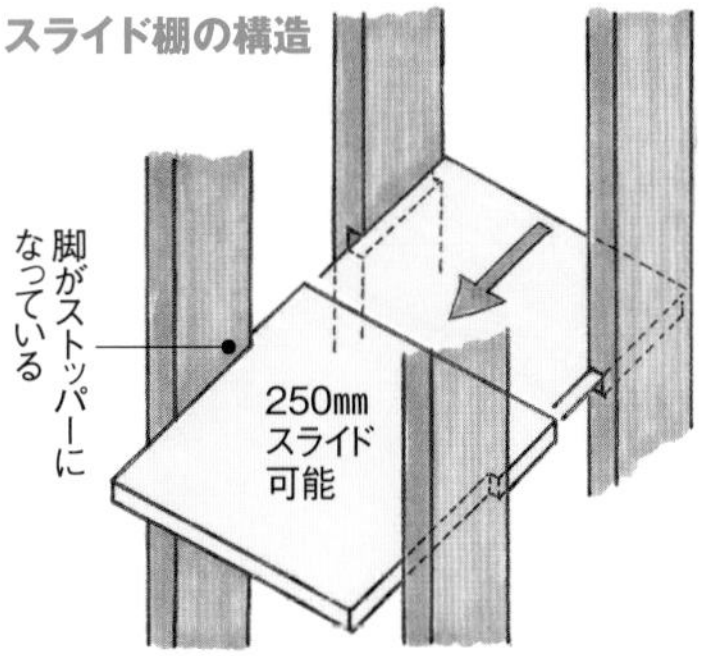
スライド棚の構造
脚がストッパーになっている
250㎜
スライド
可能

棚板がスライドする収納棚

須永伸治さん＊群馬県前橋市

義姉の「炊飯ジャーを置ける収納棚が欲しい」というひと言から生まれた作品。右側の2段目の棚は、炊飯ジャーを使用中でも、蒸気が棚にたまらないようにと、前面にスライドできるように加工しています。

アウトレットの端材がチェストに!!

アンティーク塗装がおしゃれなチェスト

井上 哲さん＊大阪府堺市

イケア（IKEA）のアウトレットコーナーで売られていた集成材の端材で作ったチェスト。骨組みに40㎜角材を、天板と棚板に集成材を、側板と扉などはスノコ状に組んだ1×2材を使っています。もとは屋外で使用する予定でしたが、想像以上にすてきに仕上がったため、室内で利用することになった逸品です。

向かって左側の棚板は棚ダボを使って高さを変えられる。右側の棚板は40㎜角材の支柱を切り欠いて収めてあり、取り外すこともできる

アンティーク塗装は奥さんの要望

書斎・勉強部屋・個室

Point
奥行きがある本も
ニッチの棚でスッキリ！

開口したボードを背板に使用した 埋め込み型本棚はニッチ収納のお手本！

三国忠治さん＊富山県砺波市

あふれるコミック本の収納場所を求めて作ったニッチ収納の本棚。まず壁面にペン型タイプの下地センサーを使って間柱の位置を調べ、引き廻しノコで壁のボードを開口しました。その後、くり抜いた場所に1×材を使って側板と棚板、上下の枠板を作っていき完成。ポイントは背板にくり抜いたボードを再利用していることと、棚板が前後にスライドすること。

埋め込み本棚の製作の手順

下地探しで間柱を特定し、引き廻しノコを壁に差し込み切り進めた

開口した壁に切り取ったボードを背板として張り付け、1×材で側板、上下枠板、棚板を取り付けた。2本の間柱はそのまま

側板には溝加工、間柱と干渉する棚板には切り欠き加工を施して、棚板が前後にスライドして取り外せるようにした

Point
使うときには
天板を下ろすだけ

丸く切り抜いた側板がデザイン的に面白い効果を生んでいる

OSB合板を使った 収納棚＆パソコンデスク

志村雅さん＊埼玉県朝霞市

デスクを利用しないときには、棚の側板にデスクの天板を収納可能

パソコン、プリンター、書籍や雑貨が収まる収納棚＋パソコンデスク。大きな棚自体の圧迫感を軽減するため、収納棚の側板はトリマーで円をくり抜いています。デスクとプリンターを収納している棚板にはスライドレールを取り付け、必要なときに引き出せるのが便利！　おしゃれで機能的なパソコンデスクが完成しました。

プリンターを収納している棚板はスライドレールを取り付け、引き出せるようになっている

部屋の片隅に設置された2×4シェルフ。シンプルで若者の部屋にフィットしている

2×4材だけで組み立てるシンプル壁シェルフ

脇野心平さん＊千葉県市川市

部屋に文庫本、CD、スニーカーの空き箱などが散乱し、親から「いい加減にしなさい!」と怒鳴られたのがきっかけになって作ったのが、この2×4シェルフ。L字アングルを駆使し、壁に取り付け、棚位置は棚ダボを使って変更可能。SPFを使っているため安価です。印字もそのままですが、それが功を奏して若者の部屋にフィット。必要に応じて上に伸びたり、横に広がったりと、進化できるのも面白いアイデアです。

本を載せる
扉の台はブラック
ウォールナットの高級材を使用

跳ね上げ式扉の構造

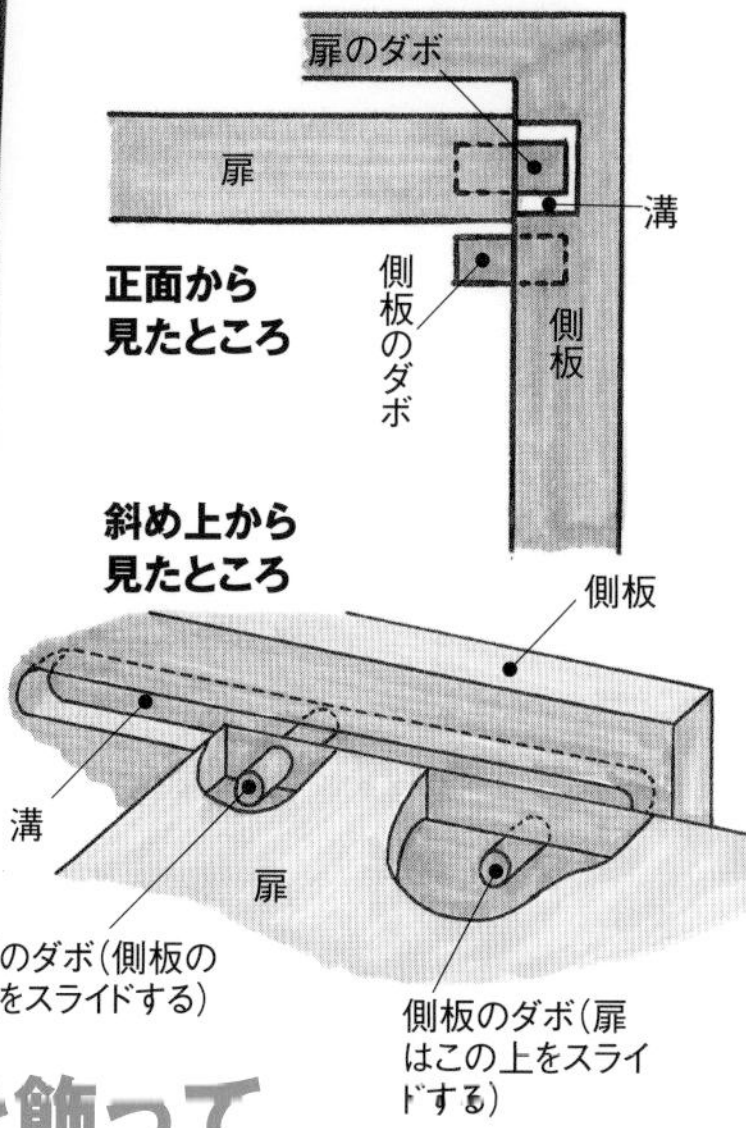

気分は図書館？扉に本を飾って収納できる3段本棚

中田明夫さん＊北海道北広島市

図書館の雑誌コーナーにあるような、扉の外側に新刊を置き、中にバックナンバーを収納できるタイプの本棚。3段に積んでも、バラバラでも使えるように作りました。扉はダボと溝加工を駆使して、跳ね上げ式で前後にスライドする仕組み。本体はSPFの1×材で、幅の必要な部分は板はぎで対応しています。側板は丸ノコテーブルを使って加工した カマチ組みで組み立てました。

使用時のワークデスク。接合には部分的に相欠き接ぎや追い入れ接ぎを使っている

天板が収納できるワークデスク

志村雅さん＊埼玉県朝霞市

主にコンパネを使用したワークデスク。デスク部分を使用しないときは、デスクを倒してモニター台の下に押し込んで収納できる優れもの。モニター台の下はコードや小物類の収納スペースになっています。また、デスクの天板の中央の切り欠きはスピーカーを隠さないためのアイデア。制作費2500円とは驚きの自作家具です。

デスクはこのように倒して押し込んで収納する

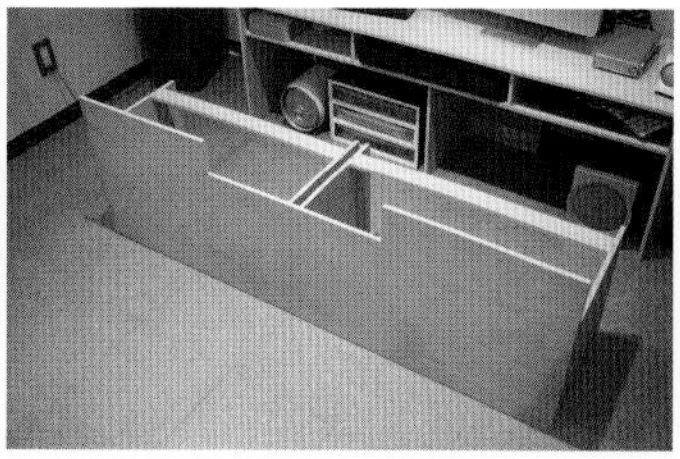

デスクをモニター台の下に収め、正面から見た状態

キッチン・ダイニング

広い開口部だから物の出し入れが楽！

米の補充が簡単！冷蔵庫横のすき間収納

上石浩一さん＊埼玉県所沢市

冷蔵庫横にあるすき間は幅が狭く奥行きがあるため、正面から物の出し入れをすると奥のスペースが使いづらいもの。そこで、キャスターつきの細長い棚を作り、側板を開口して横から出し入れする仕組みに。キャスターで本体を手軽に引き出せるのが便利です。注目のアイデアは最上段の棚に設置した米袋カッター。レールに装着した円形のカッターをスライドさせれば上段の米袋がカットされ、下段の米びつに米が落ちるという仕組み。これは楽チン！

ものの出し入れは、主に横から行なう

米袋カッターの仕組み

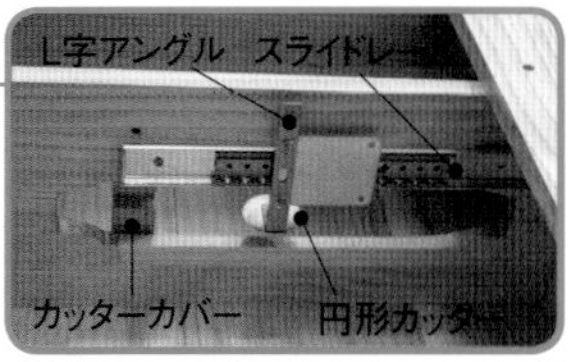

米袋カッターを下から見たところ。普段、カッターは端材を切り欠いて作ったカバーに収めている

ビスの頭はすべて丸棒で隠してある

奥さまのニーズに応えたオリジナル・レンジボード

松村正明さん＊山口県光市

キッチンの家電器具収納のために作ったレンジボードは、奥さまのリクエストにより、いくつかの工夫がされています。まず上段の収納棚は扉がないオープンタイプ。このほうが使いやすいそうです。3段目のスペースにはトースターやレンジ、電気炊飯器を収納。特筆すべきは、炊飯器の蒸気を逃がすために後部に開放スペースをとっていること。4段目は深い引出しになっていて、スーパーの袋などを収納。そして開き戸式の最下段にはキッチン小物を収納しています。また写真では見えていませんが、脚部にはキャスターがついており、フロアの移動が簡単。おかげで掃除が楽になり、気持ちのいい毎日を過ごしています。

手が届きにくい高いところは扉ナシ。炊飯器の放熱も考えられた便利棚

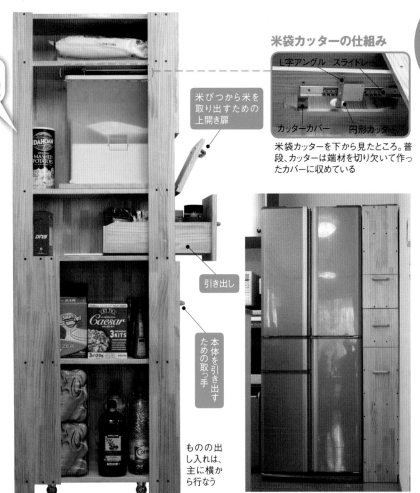

Point タイル張りの天板は調理台に。キャスターつきで移動もラクラク!

収納棚&ボックスつきキッチンワゴン

製作/丸岡将晃さん*東京都世田谷区

ヒノキ、集成材、ベニヤ、2×4材で作ったキッチンワゴン。天板にタイルを張り、棚収納やボックス収納、コンセント設置、キャスターによる簡単移動などの機能を加えており、調理や食事時のサービスなどに大活躍。収納ボックスにはスパイス類やナプキンなどを入れています。

製作は、木取りした6本の脚に棚板を取り付け→天板と底板の取り付け→天板にタイルを張る→キャスターの取り付け→収納ボックスの製作→塗装→コンセントの取り付けという手順で進めました。

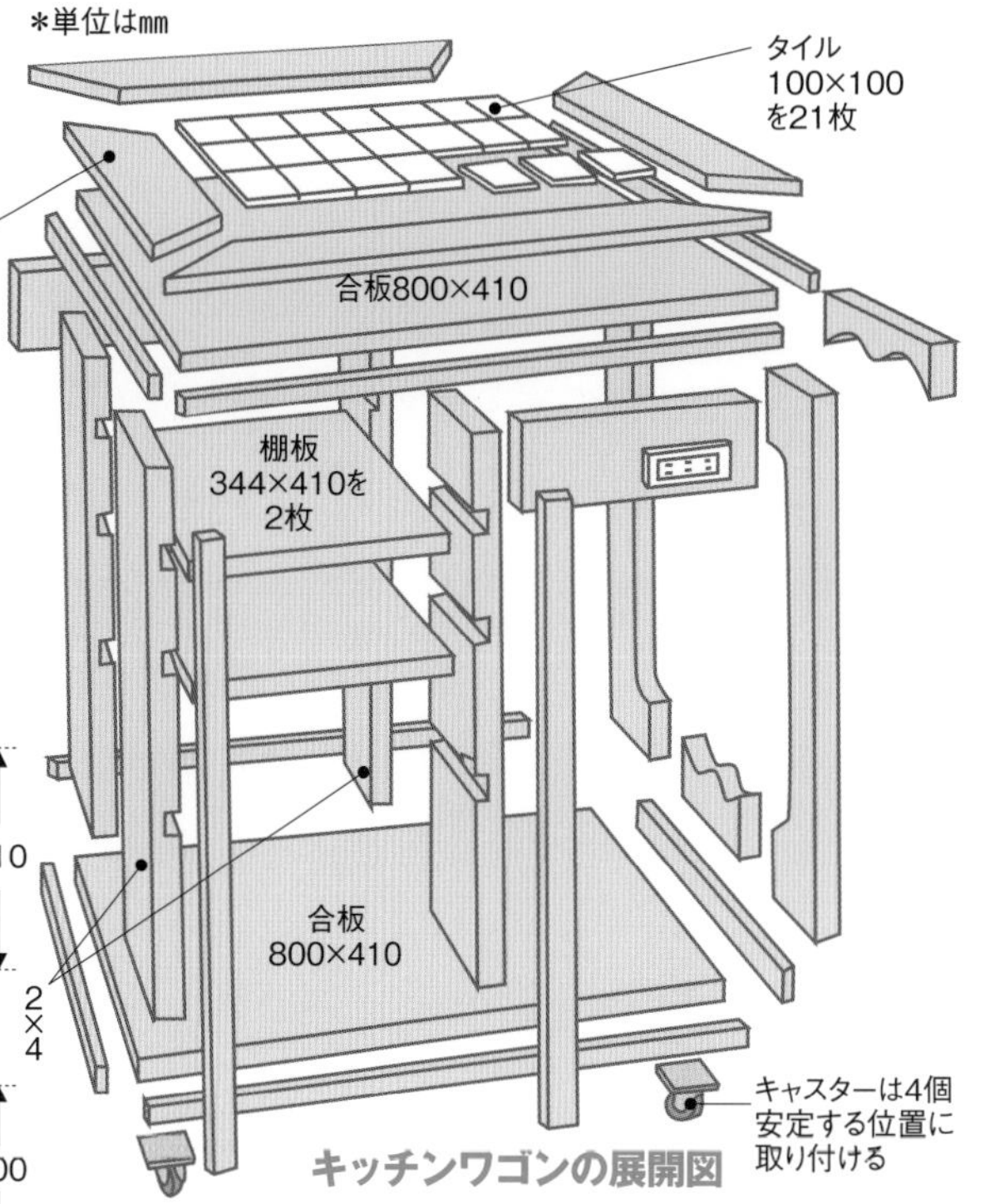
タイルでできた段差を額縁のように組む

キッチンワゴンの展開図

ボックスの組み方

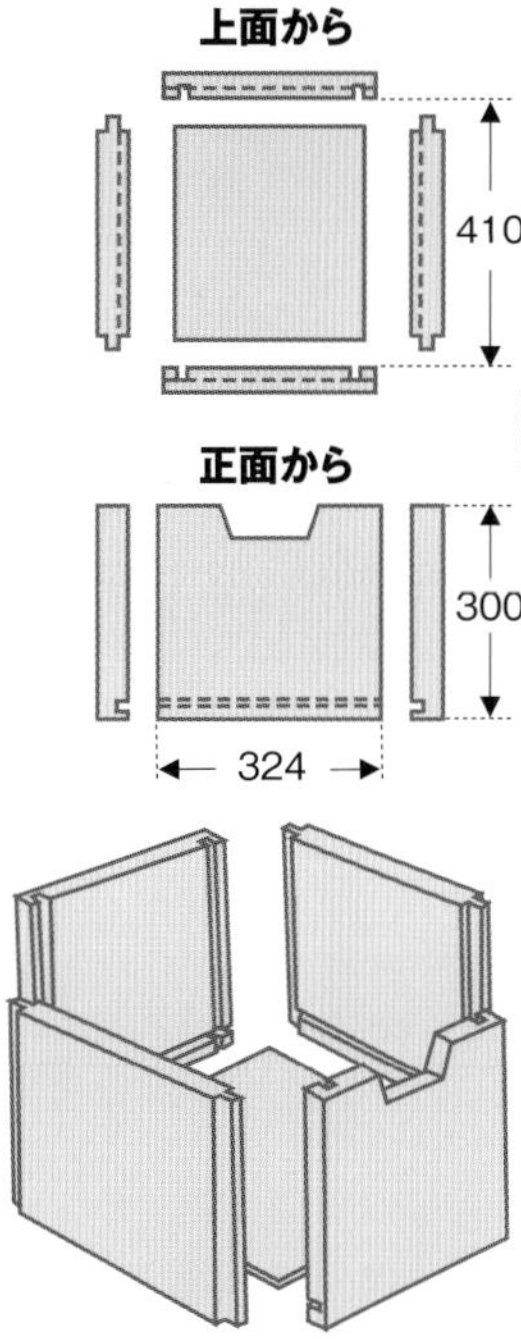

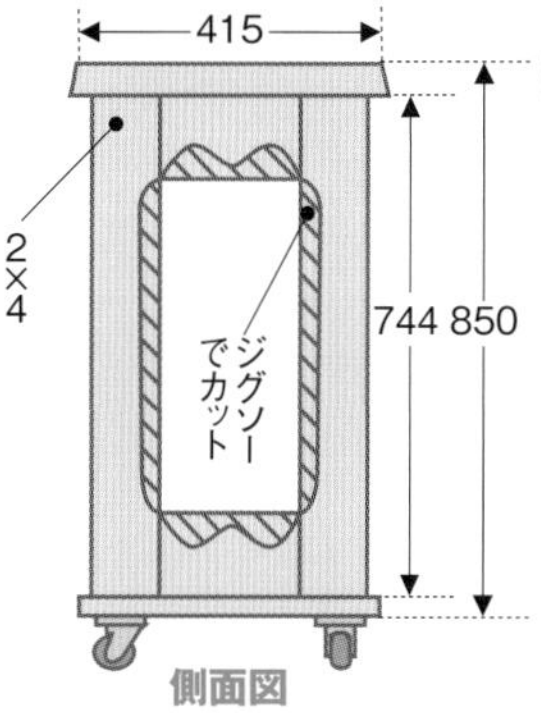

側面図

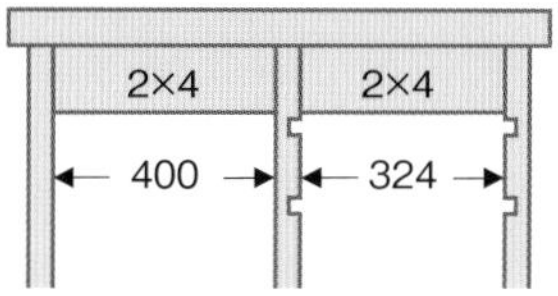

背面補強の様子

Point 廃材を利用したアンティーク調

上開き、引き出し、開閉式の天板など、面白い工夫がされている。塗装はツヤ消しの黒とし、和風モダンのキッチンとの相性もいい

和風モダンのキッチン収納棚

根本晴美さん*千葉県大多喜市

キッチンのコーナーに並べたふたつの収納棚。向かって左の棚はガスコンロ台にもなっていて、天板は木材に自然石タイルを木工用接着剤で張って仕上げています。側板や背板は張らず、室内の壁が側板、背板代わり。上段の棚には上開きの扉をつけ、下段はキャスター付きの引出しとなっています。

右の棚の天板は、枠の上に大理石の石板を置いただけ。簡単に開閉できるよう、ホームセンターで購入した取っ手をつけました。上段はやはり上開きの扉つきで、下段はたっぷりと高さをとったレールつきの引出し。中には調味料を収納しています。木材はすべて廃材を使用。サイズは左の棚が幅740×奥行570×高さ620mm、右の棚が幅420×奥行570×高さ780mm。

超カンタンに作れるアイデア小物から本格シェルフまで

10種類の壁面作りつけ収納を作る

**壁をおしゃれで機能的に変える、作りつけ収納の自作に挑戦しよう。
ここでは、用途、デザインもさまざまな10種類の収納の作り方を一挙に紹介。
お気に入りをひとつ選んで作ってもいいし、すべて作って壁を埋め尽くすのも痛快だ。**

01デザイン棚（P35）
02ハイシェルフ（P36）
03飾り棚（P38）
04マガジンラック（P38）
05着脱式マガジンラック（P39）
06CDラック（P40）
07長物ラック（P40）
08ワイヤーネット（P41）
09手紙収納（P42）
10デザイン有孔板（P43）
11可動式ボックス棚（P43）

＊壁への取り付け方については、P44、45の「壁に棚を固定する方法」を参照してください。

製作◎佐藤和宏、ドゥーパ！編集部

Item 01

デザイン棚

棚受けをデザインに生かして、スマートに仕上げた棚。現物合わせの角度切りをていねいに。

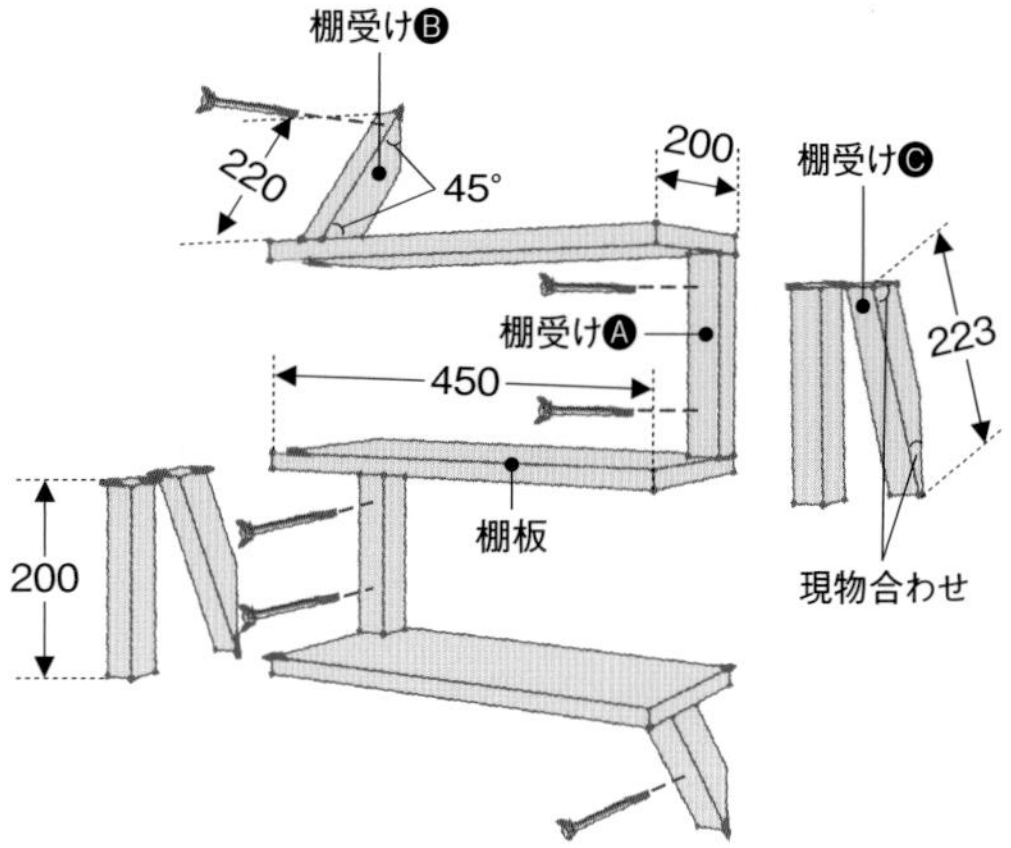

01 まず、この形に組み立てる。一番上と下の棚受け（棚受けⒷ）は両端を45度でカットした。真っすぐの棚受け（棚受けⒶ）には65㎜細ビス、棚受けⒷには32㎜ビスを使用

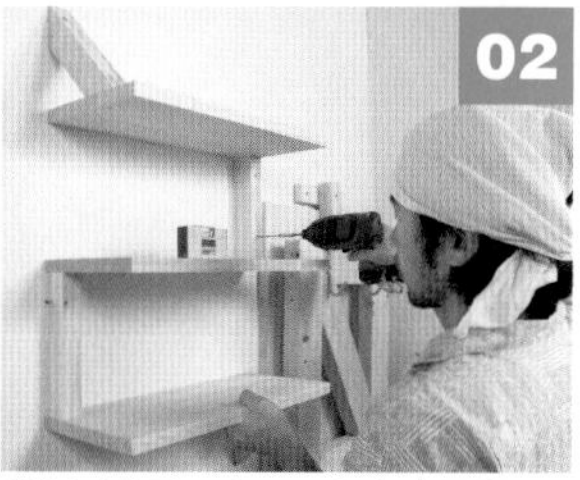

02 棚板が水平であることを水平器で確認しながら、棚受けを壁に固定。90㎜細ビス使用

03 固定完了

04 斜めの棚受け（棚受けⒸ）は、現物合わせで角度を決めてカット。32㎜ビスで接合

05 さらに棚受けⒶを65㎜細ビスで接合。これで強度もデザイン性もアップ。ブックエンドにもなる

完成!

木取り表 ＊サイズの単位は㎜

材の種類	サイズ	数量	使用部位
パイン集成材（18㎜厚）	450×200	3	棚板
アカマツ垂木材（35×45㎜）	200	4	棚受けⒶ
	220	2	棚受けⒷ
	223	2	棚受けⒸ

その他の材料…90㎜細ビス、65㎜細ビス、32㎜ビス

主な使用道具

丸ノコ、インパクトドライバー（ドライバービット）、水平器

＊すべてイラストの単位は㎜。ビスは壁に固定する位置のみ表記

作りつけ収納でおしゃれにスペースを有効活用

ビスで直接壁に固定する作りつけ収納は、①床上を占拠せずに空間を有効活用できる②高さのある棚がしっかりと固定できて安全性が高まる、といった利点があります。壁をおしゃれに飾るという面においても、作りつけにすることでアイデアはいっそう膨らむはず。

ここでは、❶棚受けをデザインに取り入れたデザイン棚、❷壁の高さを目一杯に使うハイシェルフ、❸徹底的にシンプルな飾り棚のほか、❹❺2種類のマガジンラック、❻CDラック、❼アイデアを働かせた長物ラック、❽ワイヤーネット、❾手紙収納、❿デザイン有孔板、といった10種類の作りつけ収納の作り方を紹介。さらに、おまけとして、作りつけではありませんが、⓫壁面を利用する可動式ボックス棚も紹介。

すべてのサイズや色、使用資材は、それぞれの好みや事情に合わせてアレンジ可能。これらをヒントに、オリジナルの作りつけ収納を作ってみましょう。

Item 02

ハイシェルフ

壁の高さいっぱいに設計した棚。1枚の板では側板の高さに足りないので、ダボを介して2枚の板をはいでいるところがポイント。

木取り表 ＊サイズの単位は㎜

材の種類	サイズ	数量	使用部位
ラワンランバーコア合板（24㎜厚）	300×1650	2	側板（下）
	300×815	2	側板（上）
	450×290	6	棚板
	450×100	1	壁固定用板

その他の材料…65㎜細ビス、木工用接着剤、8㎜径ダボ、木口テープ（24㎜幅）

主な使用道具

丸ノコ、インパクトドライバー（ドライバービット、8㎜径ダボ錐ビット）、カナヅチ、プラスチックローラー

01 まず下部の棚を組み立てる。片側3カ所にビスを打って棚板を留める。デザイン性を考慮して、棚板の表面は側板より10㎜奥にずらした

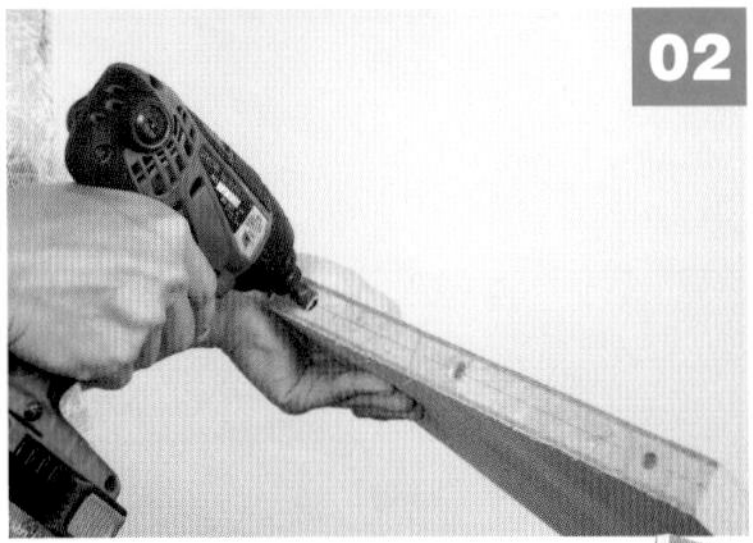

02 インパクトドライバーに8㎜径ダボ錐ビットを装着し、側板の上端にダボ穴をあける

03 背面を壁にぴったりつけられるよう、幅木に合わせて切り欠いてある

下部の棚、組み立て終了

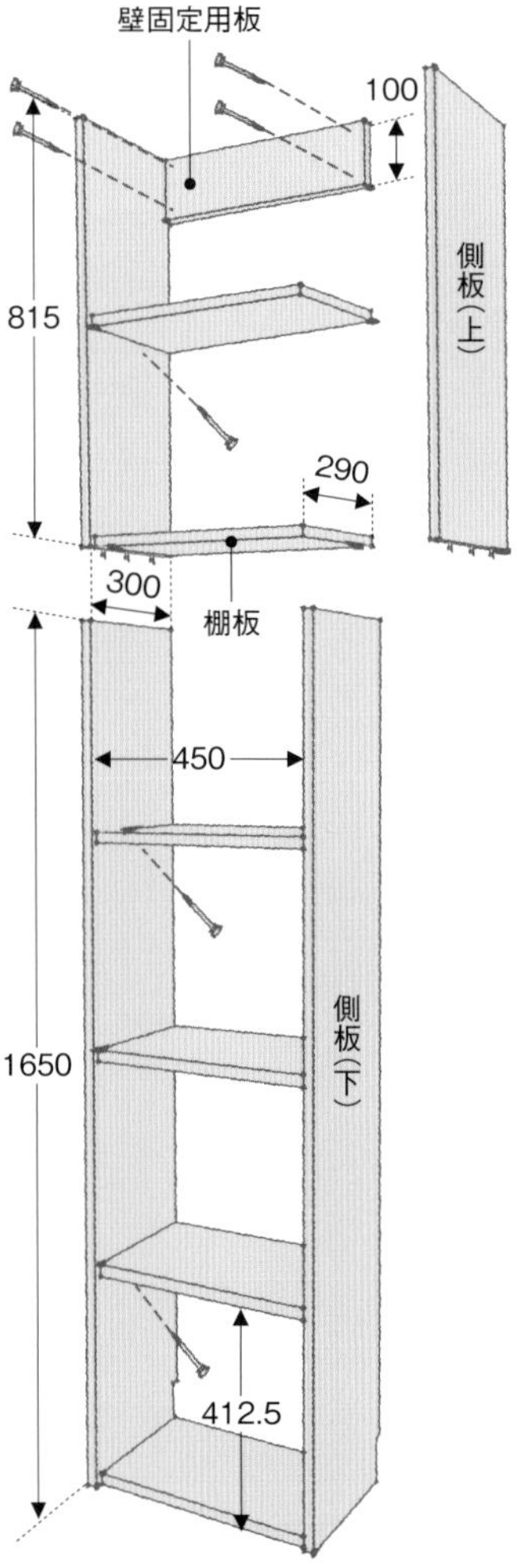

壁に接するほうの側板には、幅木の出幅に合う厚さの端材を留めてスペーサーとした。棚板の位置にビスを打って留める

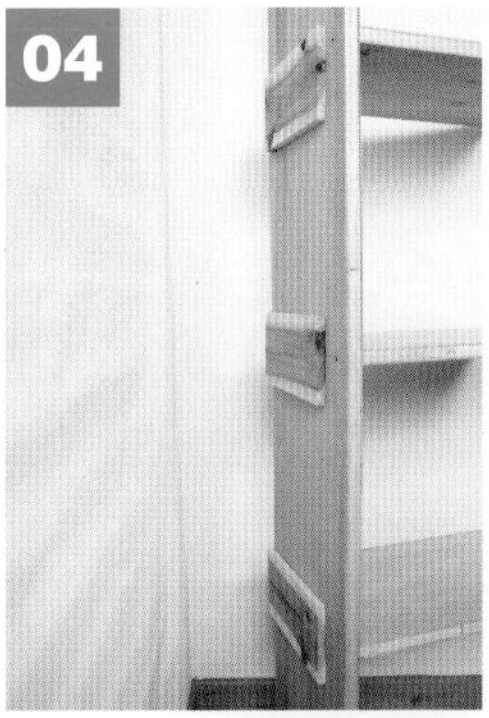

手順04で留めたスペーサーを介して、棚を壁にビス留めする。ビスが目立たないよう、棚板下の隅から斜め打ちする

8mm径のダボを使用。カナヅチでたたいてダボ穴に埋める。長い場合はカットすればいい

向かって右の側板を除いて、上部の棚を組み立てる。側板の下端には、下部の棚に合わせてダボ穴をあけ、木工用接着剤をつけてダボを埋めた。上方には壁固定用の板をつけてある

下部の側板のダボ穴に木工用接着剤をつけ…

上部の側板をはぐ。なお、上部の側板の壁側にも端材を留めてある

最後は当て木をしてカナヅチでたたいて収める

同様にして、もう一方の上部の側板をはぐ

棚板と側板を接合する

壁固定用の板を介して、壁にビス留めする

表面の木口に木口テープを張る。クロス張りなどに使うプラスチックローラーを使うと作業しやすい

シールタイプで施工が簡単な木口テープ。今回は手持ちのシナ材を使ったが、ラワン材のテープもある

完成!

Item 04

マガジンラック

すっきりとしたデザインながら、表面をスギ板と錆びたクギで仕上げて、少しラフなイメージに。

側板と底板を組み立てる。65㎜細ビス使用

前板を留める。古びた雰囲気にしようと、あえて錆びたクギを使った

90㎜細ビスで壁に固定する

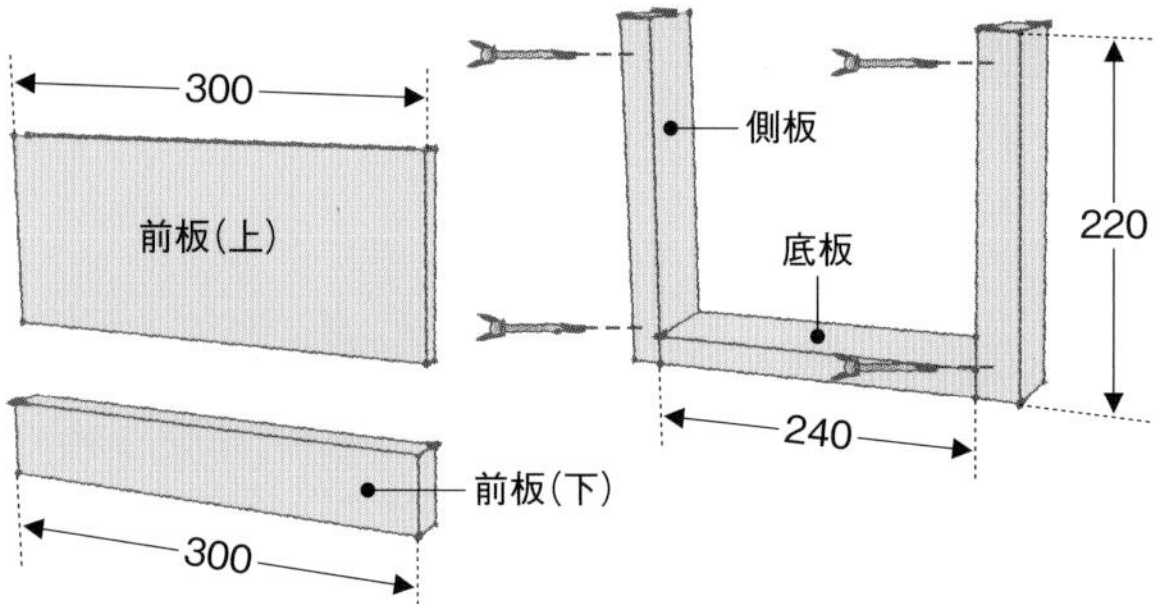

木取り表 ＊サイズの単位は㎜

材の種類	サイズ	数量	使用部位
アカマツ桟木材(24×48㎜)	220	2	側板
	240	1	底板
	300	1	前板(下)
スギ野地板材(12×120㎜)	300	1	前板(上)

その他の材料…90㎜細ビス、65㎜細ビス、45㎜クギ

主な使用道具

丸ノコ、インパクトドライバー(ドライバービット)、カナヅチ

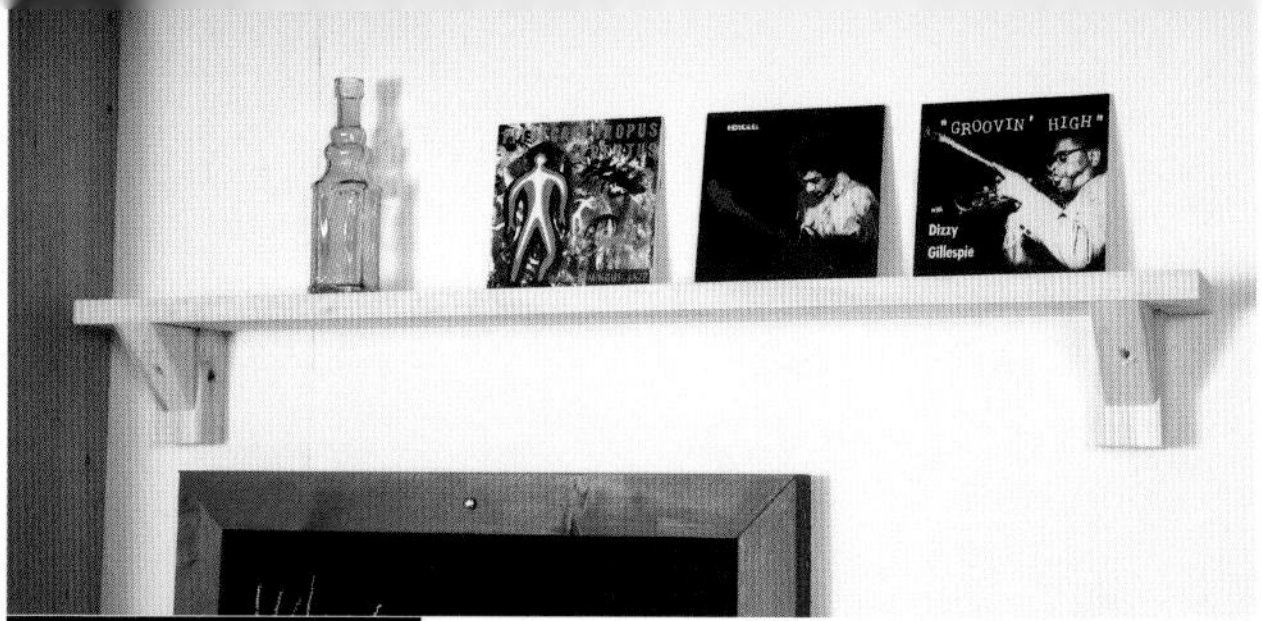

Item 03

飾り棚

三角形にカットした材を使って
棚受けを作った超シンプルな棚。
わずかな材料と作業時間でできあがり。

まず、この形に組み立てる。棚板の上面から32㎜ビスを打ち、棚板ⒶⒷをそれぞれ接合。その後、ふたつの棚板を貫くよう横向きに90㎜細ビスを打ち、壁に固定する

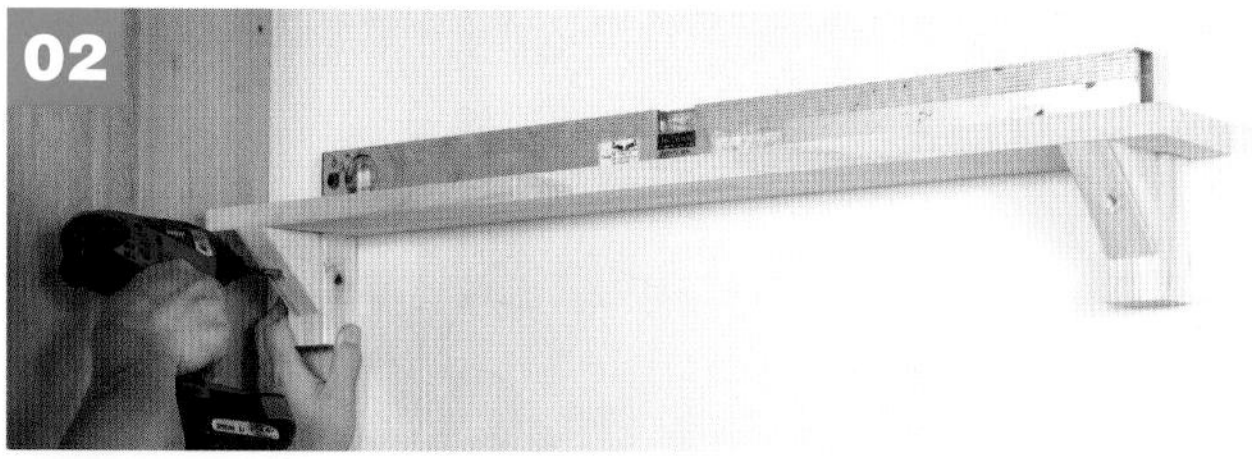

棚板の水平を水平器で確認しながら壁に固定

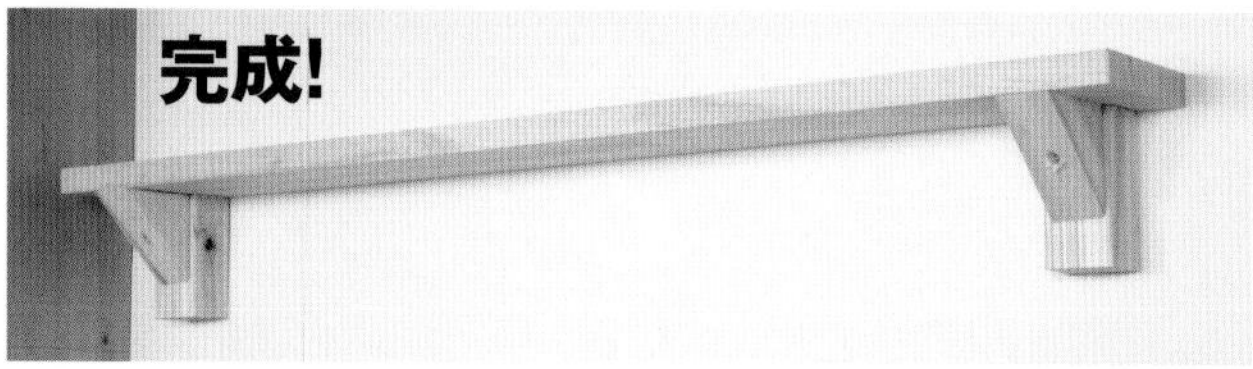

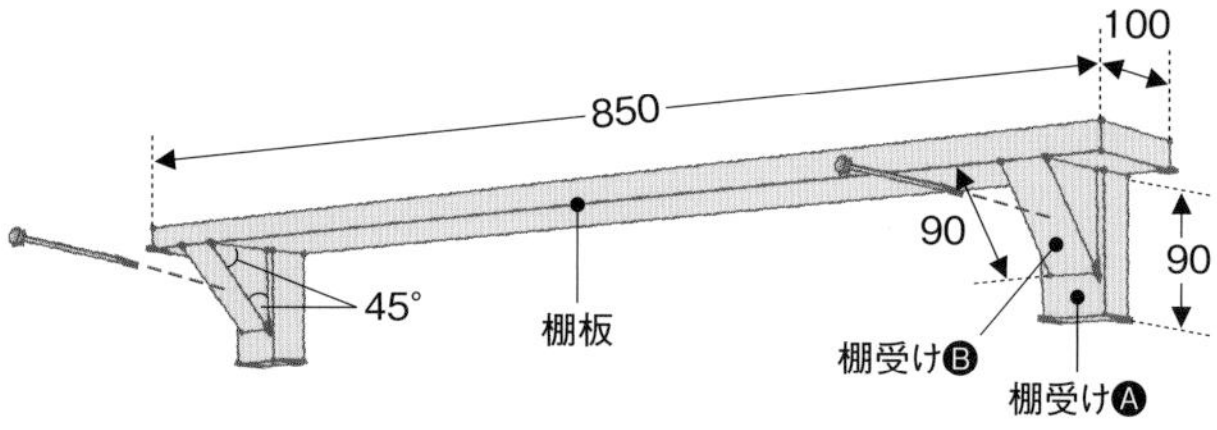

木取り表 ＊サイズの単位は㎜

材の種類	サイズ	数量	使用部位
パイン集成材(18㎜厚)	850×100	1	棚板
アカマツ垂木材(35×45㎜)	90	4	棚受けⒶⒷ

その他の材料…90㎜細ビス、32㎜ビス

主な使用道具

丸ノコ、インパクトドライバー(ドライバービット)、水平器

着脱式マガジンラック

**壁に固定した横板に、
フックをつけたボックスを着脱するマガジンラック。
エイジング加工と椅子鋲で、野外にも似合うようなワイルド感。**

木取り表 ＊サイズの単位はmm

材の種類	サイズ	数量	使用部位
アカマツ桟木材（24×48mm）	450	2	縦桟
	110	2	側板
	250	1	底板
スギ野地板材（12×120mm）	約550mm	3	横板
	340	2	前板、背板

その他の材料

90mm細ビス、32mmビス、30mm細ビス、38mmクギ、椅子鋲（頭径11.5×16mm）、フックまたは曲板（9×97mm）

主な使用道具

丸ノコ、インパクトドライバー（ドライバービット）、ディスクグラインダー（ペーパーホイル）、トーチバーナー、カナヅチ

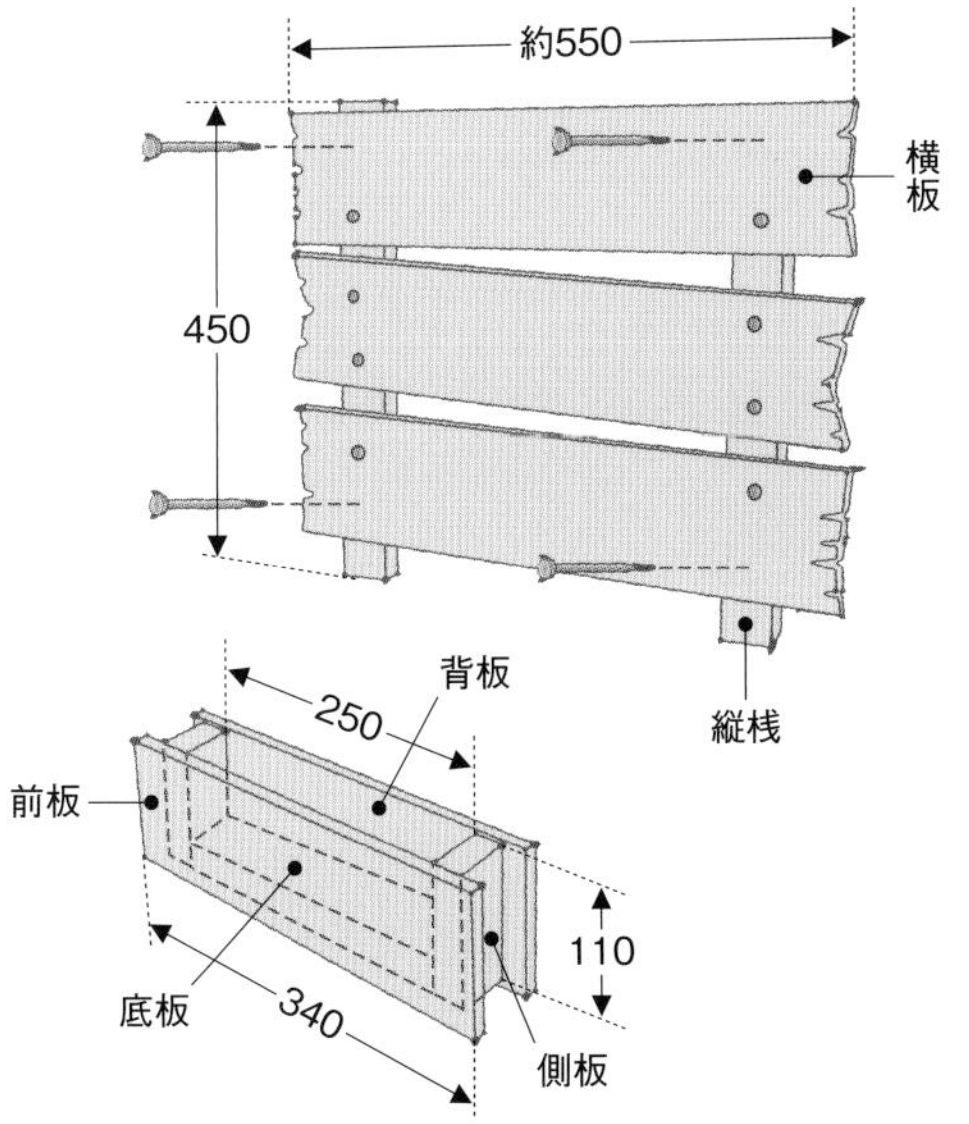

01

横板の端はあえてラフにカットし、エイジング加工を施す。ペーパーホイルをつけたディスクグラインダーで、溝を掘るように削る

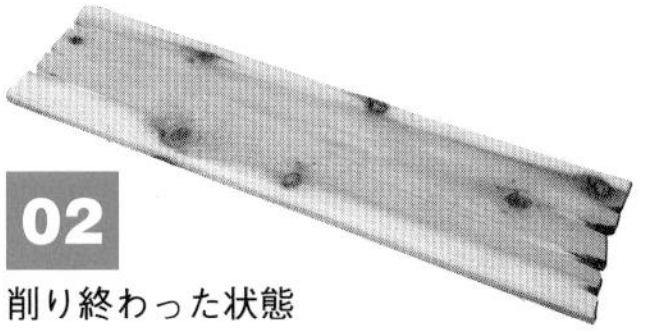

02

削り終わった状態

03

縦桟に横板を留め、トーチバーナーでエッジ部分を中心に焦がす

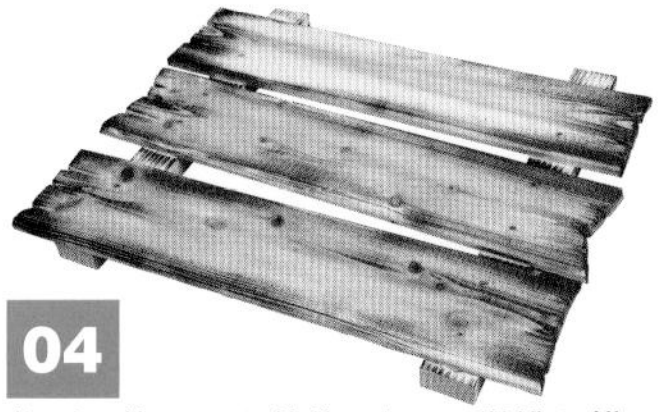

04

焦がし終わった状態。なお、縦桟と横板の接合は30mm細ビスを使用。一番上と下には壁に固定するためのビスを打つので、まだ打っていない。また、上2枚（写真手前2枚）の横板は少し斜めに張ってラフなデザインとした

05

ボックスを組み立て、焦がした。ボックスの表面の接合は、頭が目立たないように38mmのクギを使用。裏面は32mmビス使用

06

塗装した横板と縦桟を、90mm細ビスで壁に固定

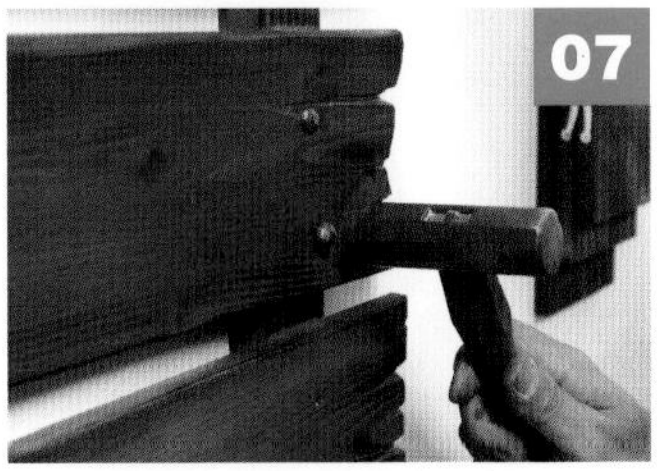

07

ビス頭を隠すように椅子鋲を打つ

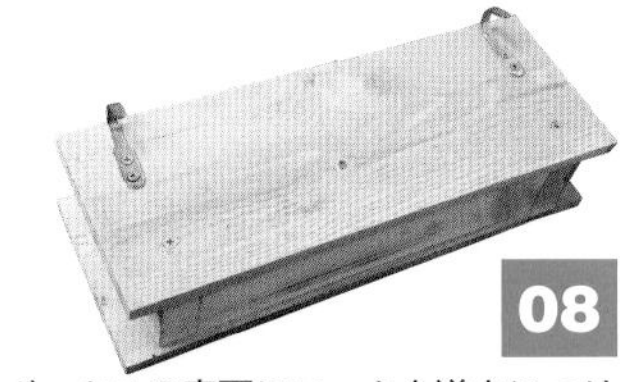

08

ボックスの裏面にフックを逆さにつける。30mm細ビス使用。これを一番下の横板に引っ掛けて完成

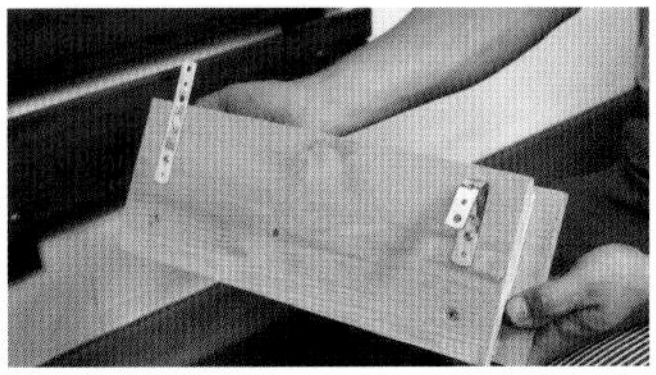

曲板を使ってもいい。こちらのほうが、横板の厚みに合わせて自在に曲げられる

完成！

Item 06
CDラック

縦枠の間にルーバー状に横板を渡し、そのすき間にCDジャケットを差し込む。ジャケットが前傾するので、高い位置につけると眺めは上々。

この形に組み立てる。横板はスギ野地板材を半分に割いたもの。横板の角度は目見当で決めた。横板1枚につき、65mm細ビス2本を打つ。壁には90mm細ビスで固定

木取り表 ＊サイズの単位はmm

材の種類	サイズ	数量	使用部位
アカマツ桟木材（24×48mm）	300	2	縦枠
スギ野地板材の半割り（12×60mm）	450	4	横板

その他の材料…90mm細ビス、65mm細ビス

主な使用道具

丸ノコ、インパクトドライバー（ドライバービット）

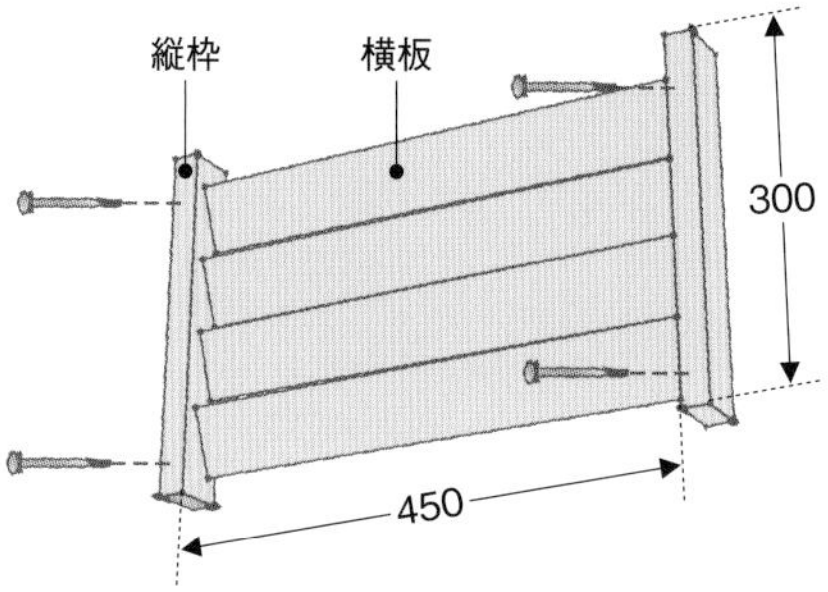

Item 07
長物ラック

縦桟に腕木をつけたものをふたつ作り、適当な間隔で壁につけて長物を収納。腕木の先端を面取りすれば、サボテンのようなデザインに。

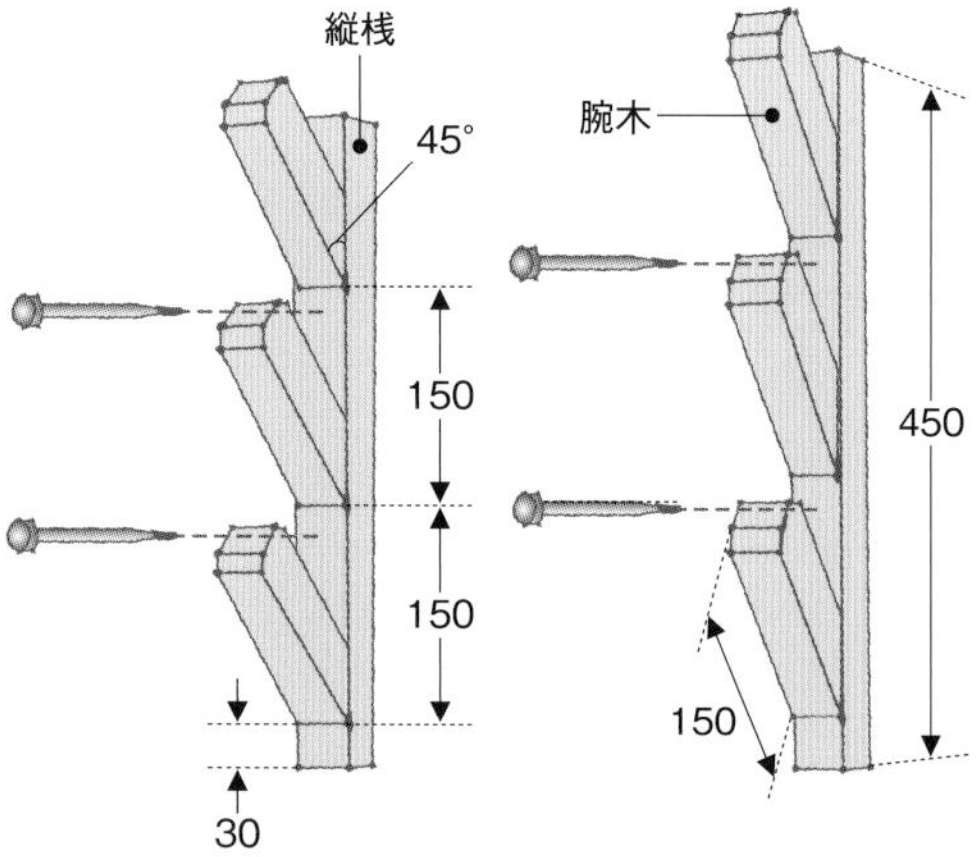

この形に組み立てる。腕木1本につき、縦桟の裏から65mm細ビスを2本打つ。壁への固定は、縦桟1本につき90mm細ビス2本

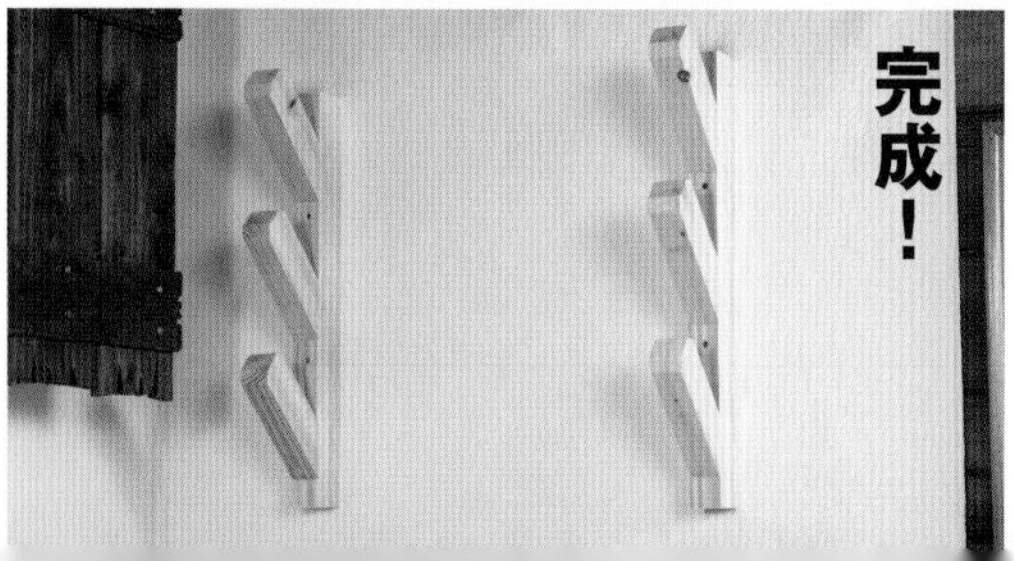

木取り表 ＊サイズの単位はmm

材の種類	サイズ	数量	使用部位
アカマツ垂木材（35×45mm）	450	2	縦桟
	150	6	腕木

その他の材料…90mm細ビス、65mm細ビス

主な使用道具

丸ノコ、インパクトドライバー（ドライバービット）

Item
08
ワイヤーネット

**コンクリート補強用の
ワイヤーメッシュを加工して、
S字フックなどを引っ掛けられるネットに。**

木取り表 ＊サイズの単位はmm

材の種類	サイズ	数量	使用部位
アカマツ桟木材（24×48mm）	400	2	縦桟

その他の材料

65mm細ビス、ワイヤーメッシュ（網目100mm、2.6mm径）

主な使用道具

丸ノコ、インパクトドライバー（ドライバービット）、番線カッター、トーチバーナー、ラジオペンチ

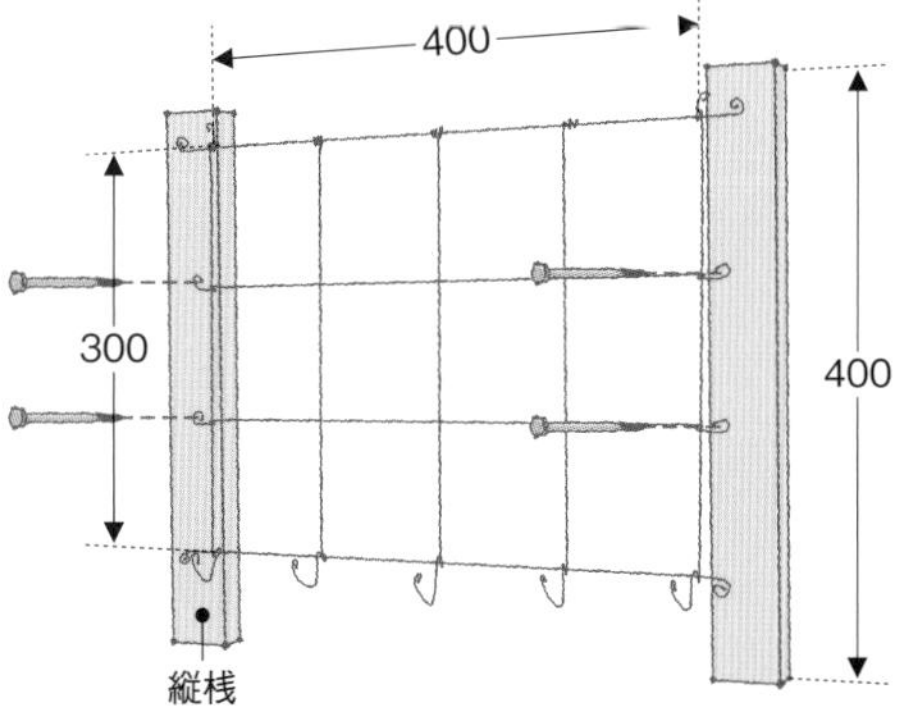

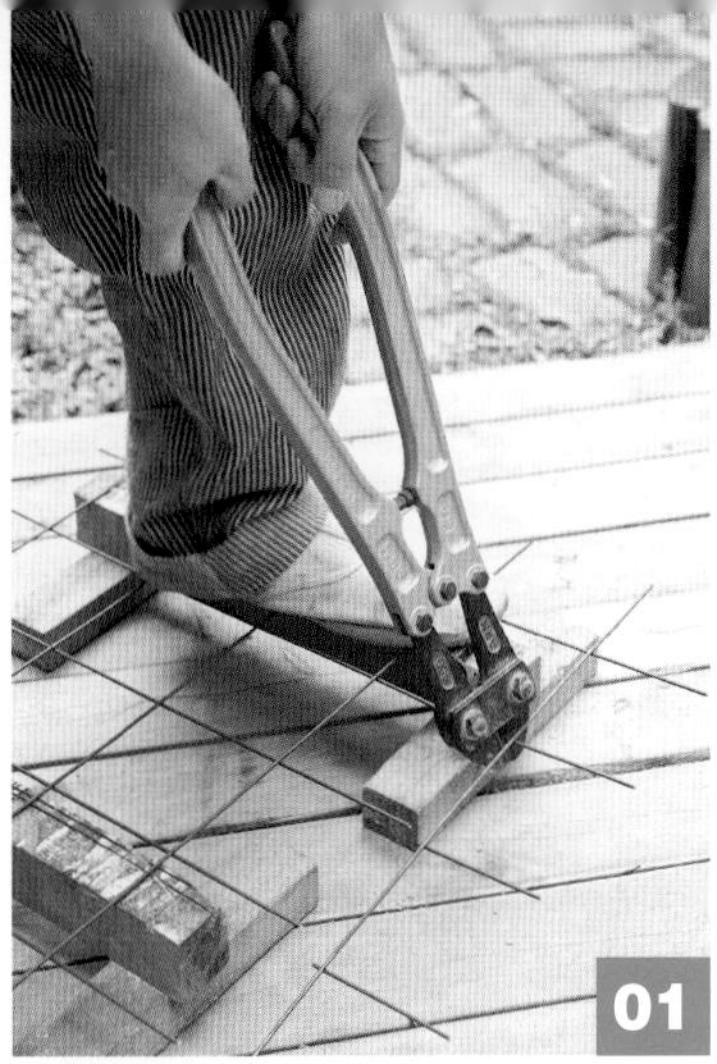

ワイヤーメッシュを番線カッターで使用サイズにカットする

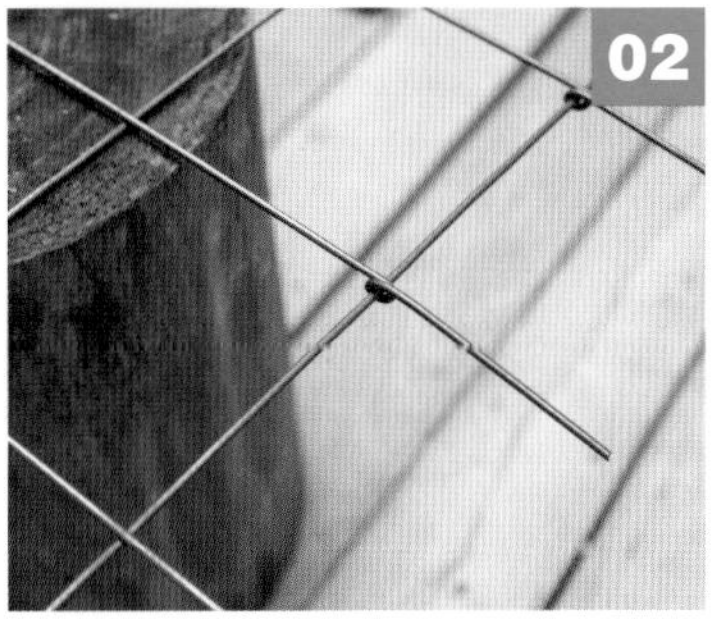

全体的に端はこのように巻いておく。長さがあるので手で曲げられる

完成時に上になる部分は、2重巻きにしてカットする

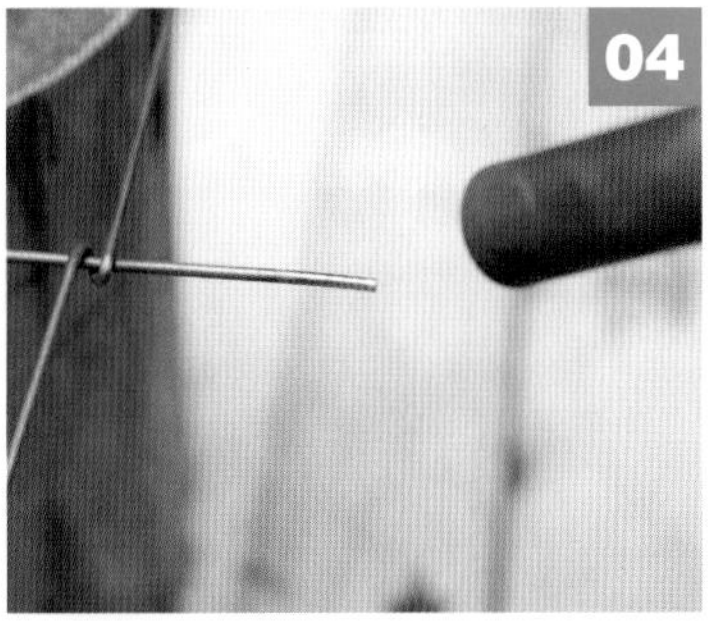

その他の部分は先端を丸める。短いので手では無理。まずトーチバーナーで熱して…

ラジオペンチでクルクルッと！

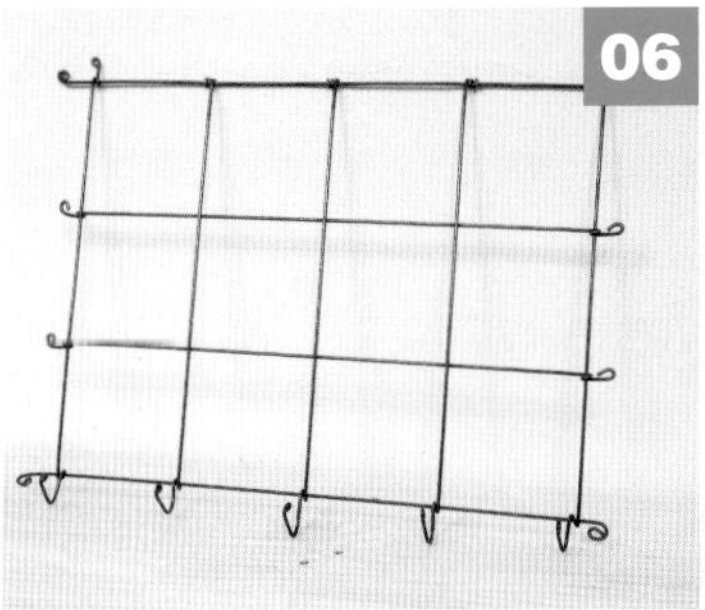

ワイヤーメッシュの加工が終了。下列はフックとして使えるように曲げた

取り付け位置に縦桟とワイヤーメッシュをあてがい、ワイヤーを丸めた部分を利用してビスを打つ。縦桟を貫通させ、そのまま壁に固定する

Item
09

手紙収納

蝶番と折りたたみ式のステーを使って
開閉自在にした手紙収納。
ちょっとしたスペースにササッと作れる手軽さ。

前板と中板を蝶番でつなぐ。蝶番に付属のビスを使用。蝶番をつける位置は目見当で決めた

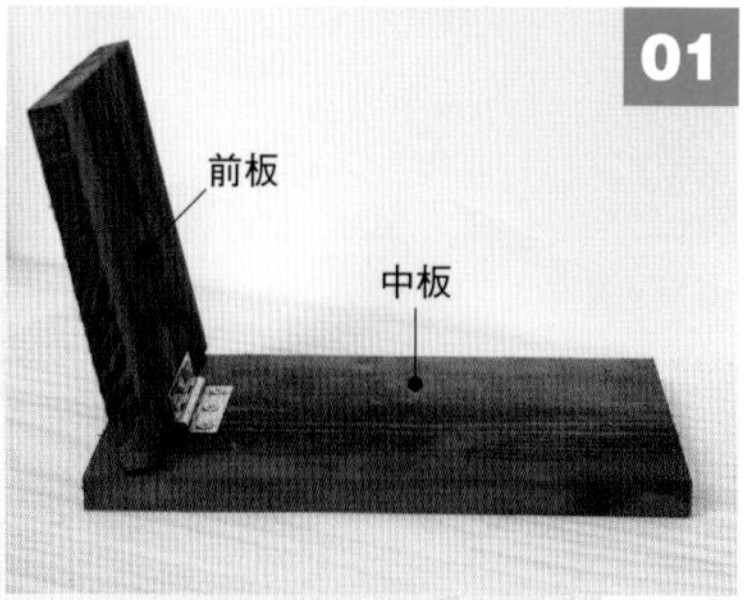

手順01で組み立てたものを、同様にして、背板に蝶番でつなぐ

背板を壁に固定

完成!

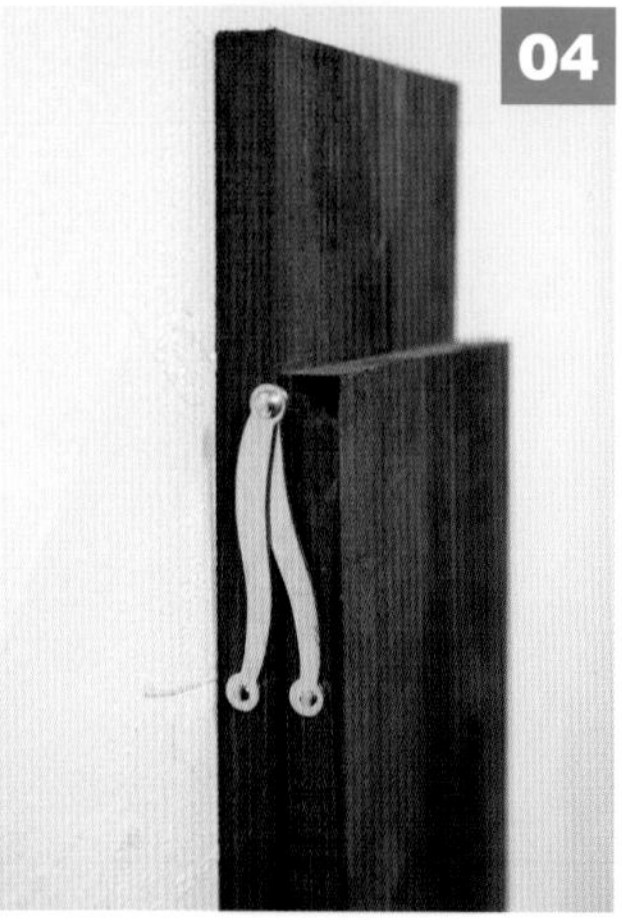

背板と中板を折りたたみ式のステーでつなぐ。ステーをつける位置は中板の上端を基準にする。同様に、中板と前板もステーでつなぐ

木取り表 ＊サイズの単位は㎜

材の種類	サイズ	数量	使用部位
スギ野地板材（12×120㎜）	120	1	前板
	200	1	中板
	300	1	背板

その他の材料

65㎜細ビス、蝶番（45㎜）、折りたたみ式ステー（60㎜）

主な使用道具

丸ノコ、インパクトドライバー（ドライバービット）

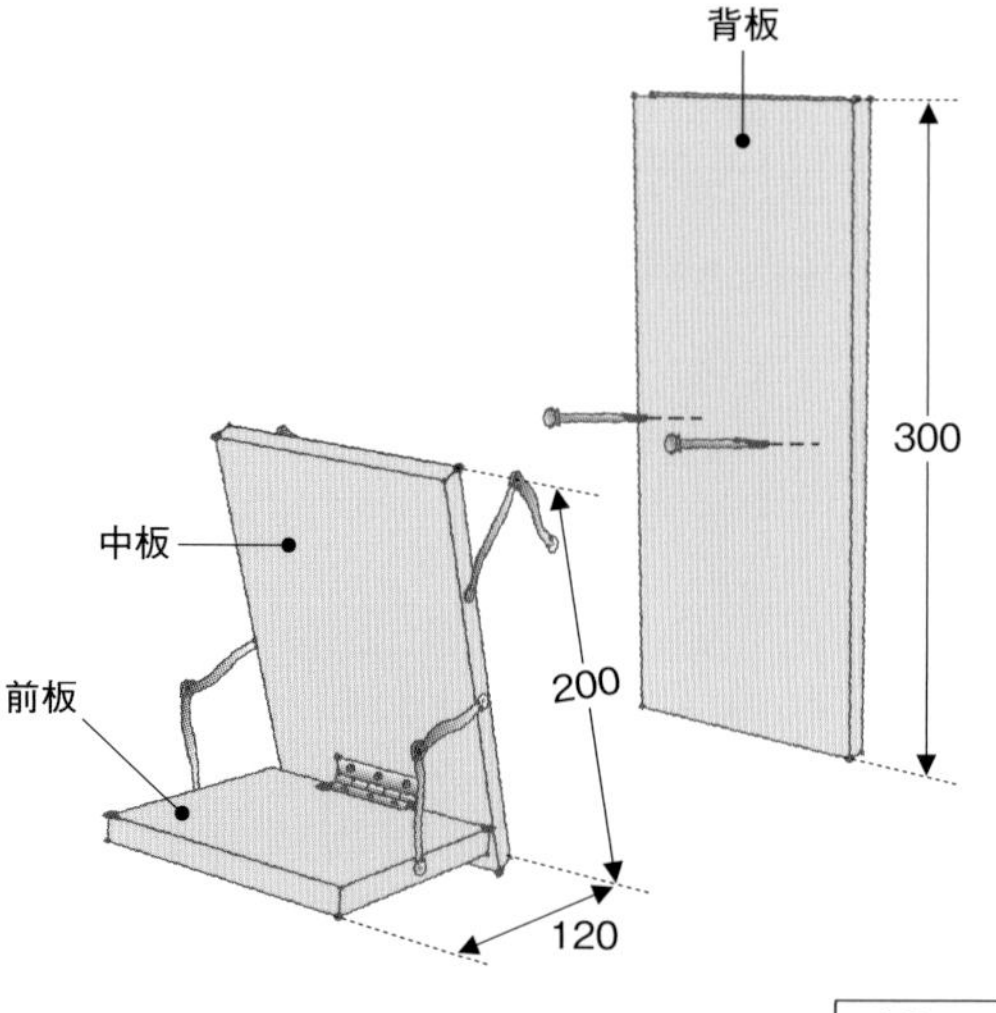

Item 10

デザイン有孔板

有孔板を壁に張って、S字フックを引っ掛けるだけで手軽に収納として利用できる。好みの形にカットし、好みの色を塗れば楽しいインテリアにも。

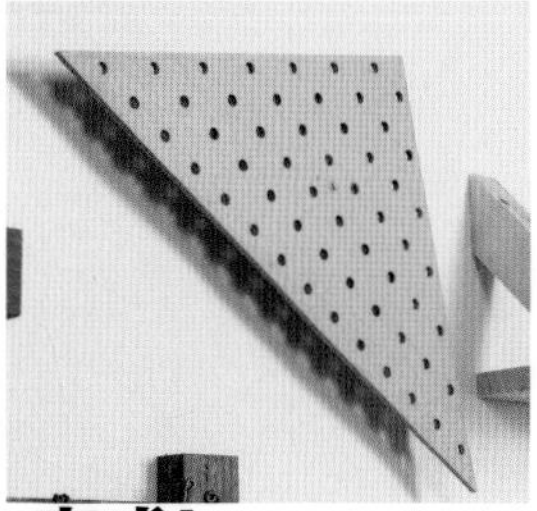

完成!

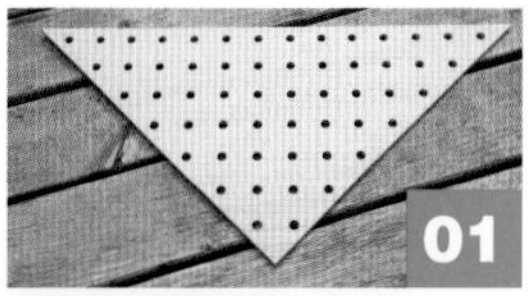

01 無地の有孔板を斜めにカットして三角形にした

02 表面に塗装した後、裏の中央付近に桟をあてがってビスを打ち、そのまま貫通させて壁に固定する

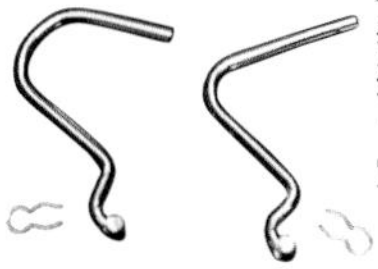

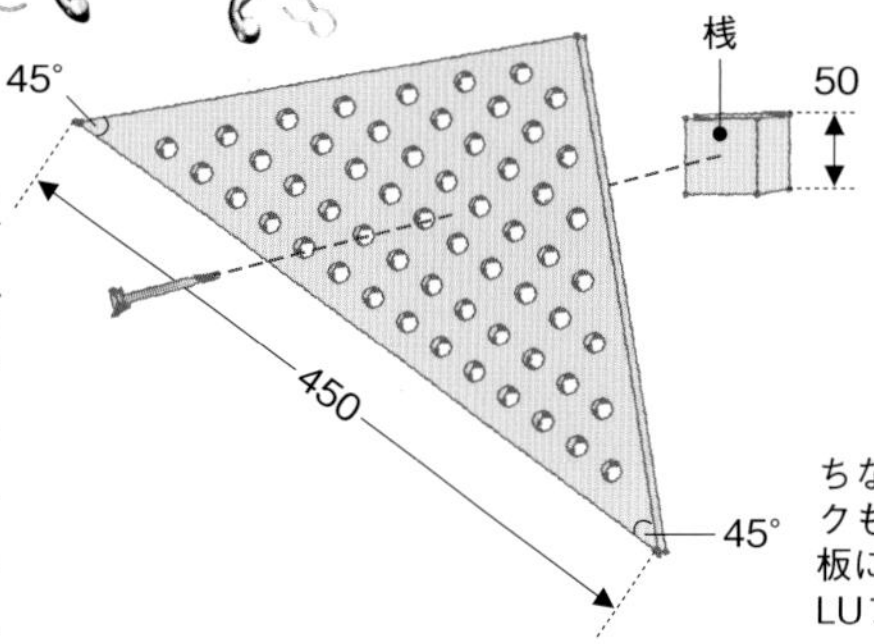

ちなみに、有孔板専用フックも市販されている。有孔板に引っ掛けやすい形状のLUフック

木取り表 ＊サイズの単位はmm

材の種類	サイズ	数量	使用部位
無地有孔板（5.5mm厚）	450（長い辺）	1	メインボード
アカマツ垂木材（35×45mm）	50	1	桟

その他の材料…65mm細ビス

主な使用道具

丸ノコ、インパクトドライバー（ドライバービット）

plus 01

可動式ボックス棚

板で同じサイズの枠を作り、壁面に積み並べるだけでオリジナルデザインのボックス棚に。枠のサイズを市販のバスケットに合わせれば引出しつきになる。

欲しい数だけ作って、縦に横に、好きな形に積み並べれば、まさにオリジナルに仕上げられる。手軽に並べ替えられるよう可動式としたが、ほかの作品と同じように壁に固定してもいい

サイズは手持ちのバスケットを基準に決めた。これで引出しつきボックスになる

03

01 木取りをして組み立てる。ビスを打つ位置が端に近いので、3mm径のドリルで下穴をあける

02 ビスで接合する

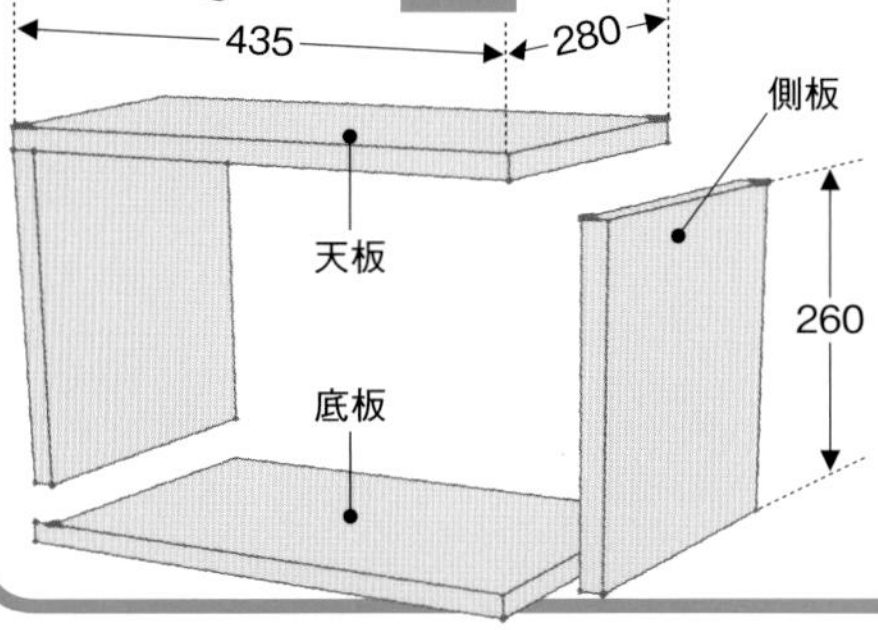

木取り表 ＊サイズの単位はmm

材の種類	サイズ	数量	使用部位
パイン集成材（18mm厚）	435×280	2	天板、底板
	280×260	2	側板

その他の材料…65mm細ビス

主な使用道具

丸ノコ、インパクトドライバー（ドライバービット、3mm径ドリルビット）

壁に棚を固定する方法

内装の壁に、ある程度重量のある棚を固定するには、壁材や壁下地を支える柱や間柱を探して、固定するのが安全です。どうしても中空部分に固定しなければならない場合は、アンカー類を利用する方法も。安全に固定するためのさまざまなノウハウをご紹介します。

その1 道具を利用して間柱を見つける

一般的な木造住宅なら、壁の裏に一定の間隔で間柱が立っています。その間柱にビスを打って固定するのが、強度的にはもっとも安心。間柱の位置を調べるには専用器具を使うと便利です。

下地センサーSuper

壁面に押し当て、ボタンを押しながら横にずらしていくと、間柱の位置でランプが点灯する

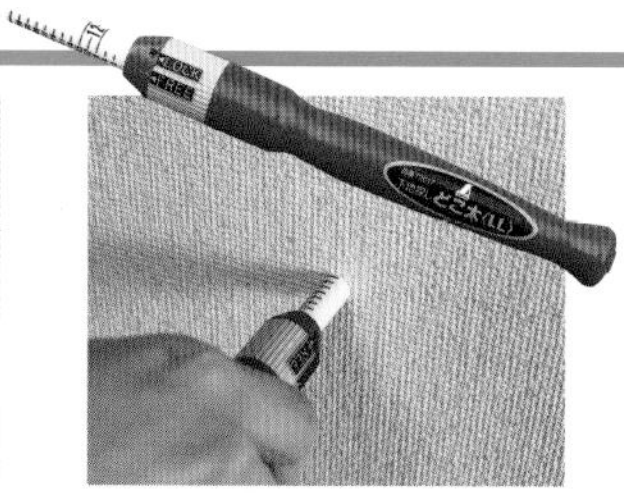

下地探しどこ太LL

先端に針と目盛りがついていて、針を壁面に刺し、その刺し具合で間柱の位置と、壁から間柱の距離がわかる

その2 間柱のない中空壁にはビスが打てるアンカーを

棚を固定したい位置の壁裏に間柱がない場合でも、左の写真のような強化材やアンカーを利用すれば、中空壁でも自由にビスを打つことができます。これらはすべてホームセンターで入手することができますが、アンカーの許容荷重に注意して購入することが大切です。

トリプルグリップ TG#8 (20本入り)

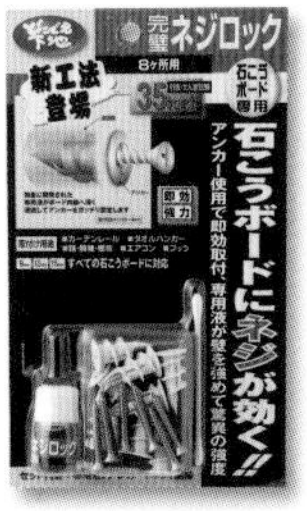

どこでも下地完璧ネジロック (8カ所用)

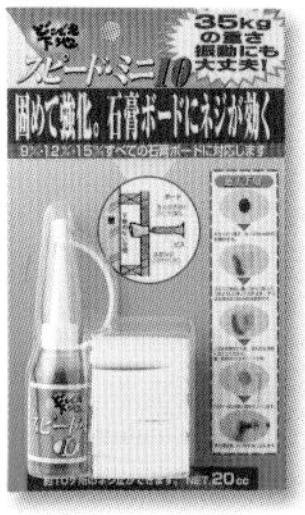

どこでも下地スピード・ミニ10

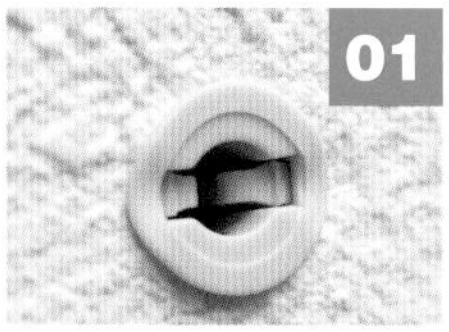

ドリルで6㎜の穴をあけ、トリプルグリップを押し込む

あらかじめ取り付ける物にビスを打ち、ビスの先端を出した状態で、トリプルグリップの位置に合わせて固定する

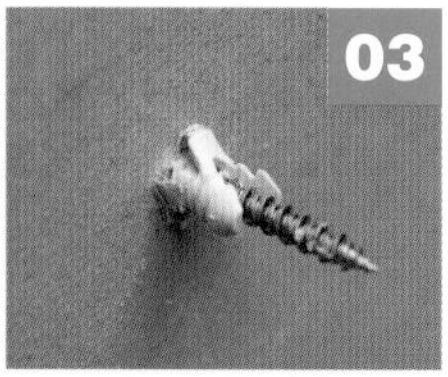

ビスを打つと壁の裏側でトリプルグリップが広がり、ガッチリと壁に固定される

壁面にドリルで7～8㎜の穴をあけ、専用液を綿棒で塗り込む

アンカーをドライバーでねじ込む

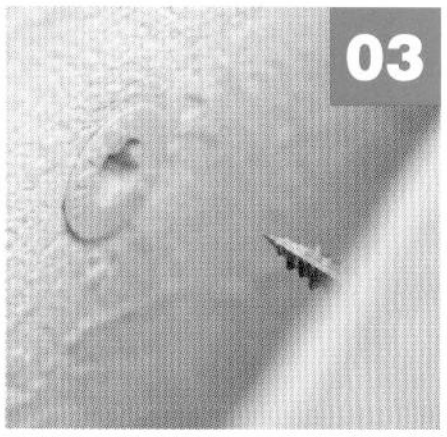

あらかじめ取り付ける物にビスを打ち、ビスの先端を出した状態で、アンカーの位置に合わせて固定する

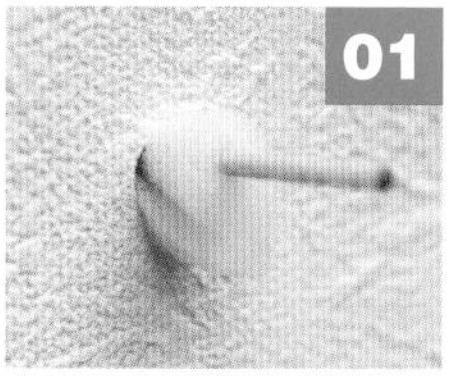

ドリルで8～10㎜の穴をあけ、水を含ませた付属のスポンジをつまようじに巻いて押し込む

スポンジを10㎜くらい表面に出した状態で、専用液を奥までたっぷり注入する

30～40分ほど乾かしてスポンジが硬化してから、はみ出している部分をカットする

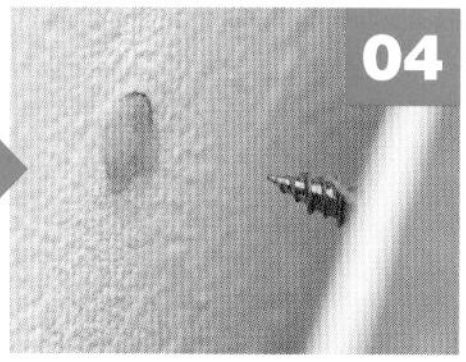

あらかじめ取り付ける物にビスを打ち、ビスの先端を出した状態で、アンカーの位置に合わせて固定する

その3
壁の垂直や水平を見極めて棚を取り付ける位置に墨つけする

垂直や水平を確認しながら、棚を固定する位置を決めていきます。この墨つけの線が基準となるので、墨つけがもっとも重要な作業です。

ただし、水平器を使えば簡単に測定できます。水平器には気泡管という、着色された水と気泡が密閉されたガラス管が取り付けられており、写真のように気泡の位置を見ることで、簡単に正確な水平、垂直を確認することができます。水平器の本体を直定規として利用すれば、壁面への正確な線引きも可能に。

水平器がなくても、糸と重りを使った簡単な道具で垂直を測定することもできます。ほかにサシガネなど直角定規があれば、水平線も簡単に引くことができます。

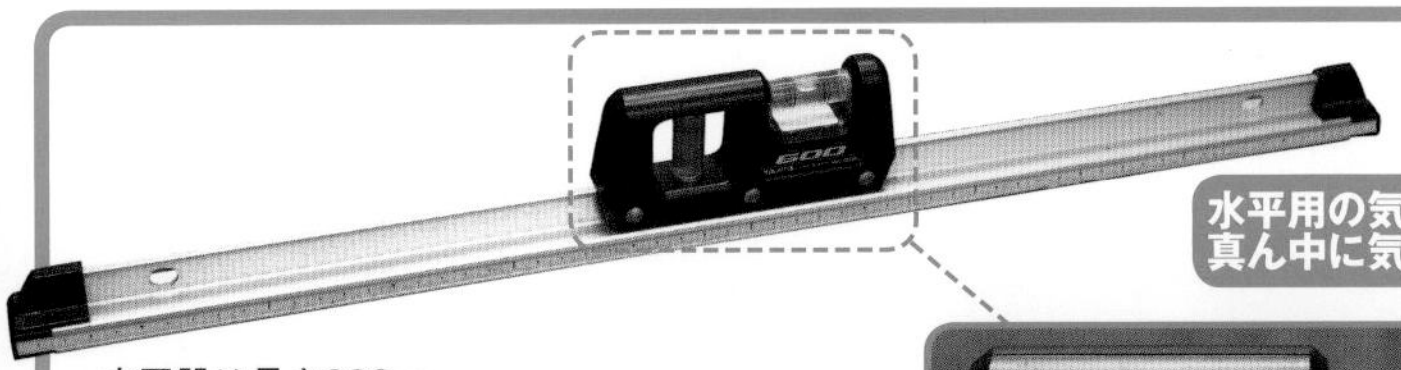

水平器は長さ300㎜から600㎜程度の腕（本体）、水平と垂直を測定できる気泡管のついた測定器

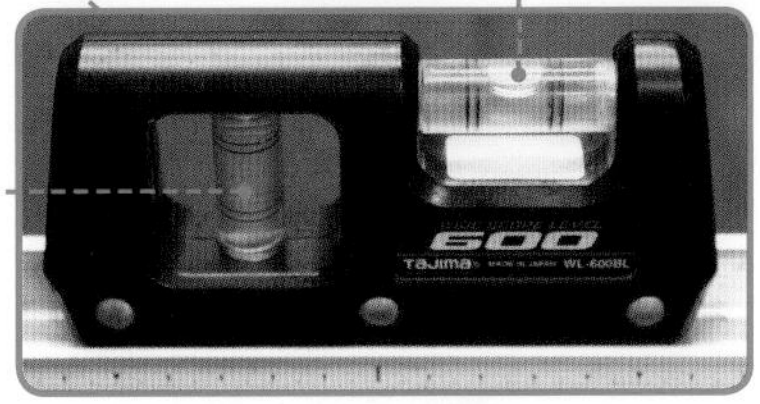

水平用の気泡管、左右の線の真ん中に気泡がきている状態

垂直用の気泡管

01

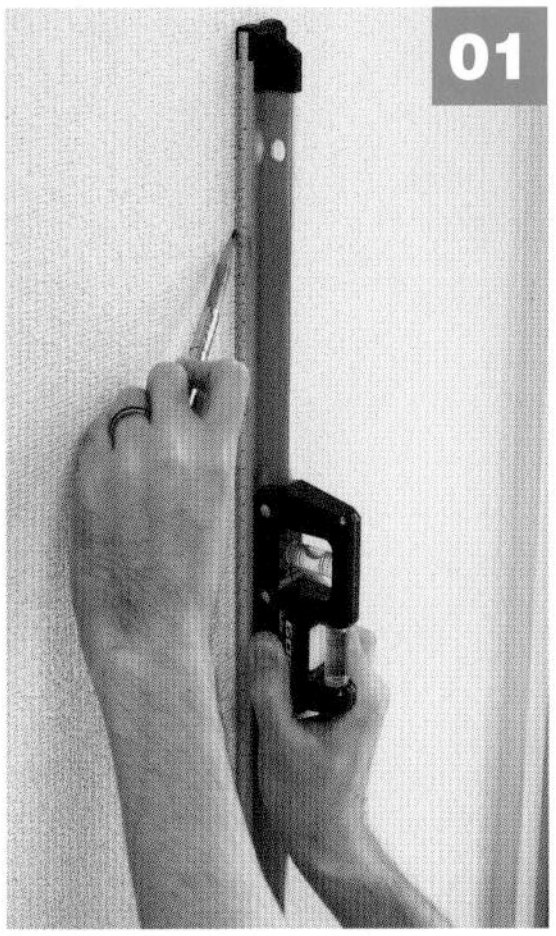

水平器で垂直を決めれば、水平器の腕を定規にして壁に墨線を引くことができる

02

水平用の気泡管で測定すれば、壁の水平線を測定したり、墨つけすることもできる

01

糸と重り（5円玉など）があれば垂直を測定することができる。下げ振りと呼ばれる道具。写真では見やすいように糸を太くしているが、糸は細ければ細いほど正確な測定ができる

02

下げ振りで出た垂直線にサシガネなど直角定規を当てれば、水平線を引くこともできる

その4
棚や作品を壁に打ちつける

棚を固定する位置に墨つけしたら、間柱がある場合は、棚を壁に当てて、そのままビスを打ち込んでいきます。

間柱のない場所に固定する場合は、①アンカーを詰める位置を決め、棚を壁に当てた状態で、ビスを慎重に打ち進め、ビスの先端が壁面に当たったところでやめます。②棚を外すと、壁面にビスの跡がついています。そこがアンカーを詰める場所になります。③右ページのその2で紹介した方法で、壁にアンカーを詰めていきます。

あとは、ビスの先端を少しだけ出して、アンカーの位置を確認しながら打ち込んでいきます。最後まで打ち込んで棚をしっかり固定すれば完了。

作品や棚に合わせて正確な位置にアンカーを打っておけば、中空壁でも棚や作品を取り付けることができる

壁の構造を知ろう

壁の厚みを利用したり、壁内部の柱を利用して収納スペースを作るとき、壁の内部がどうなっているのか、構造を理解しておけば、プランも立てやすくなります。ここでは、在来工法と2×4工法の例を挙げて、壁の構造を解説していきます。

在来工法壁構造例

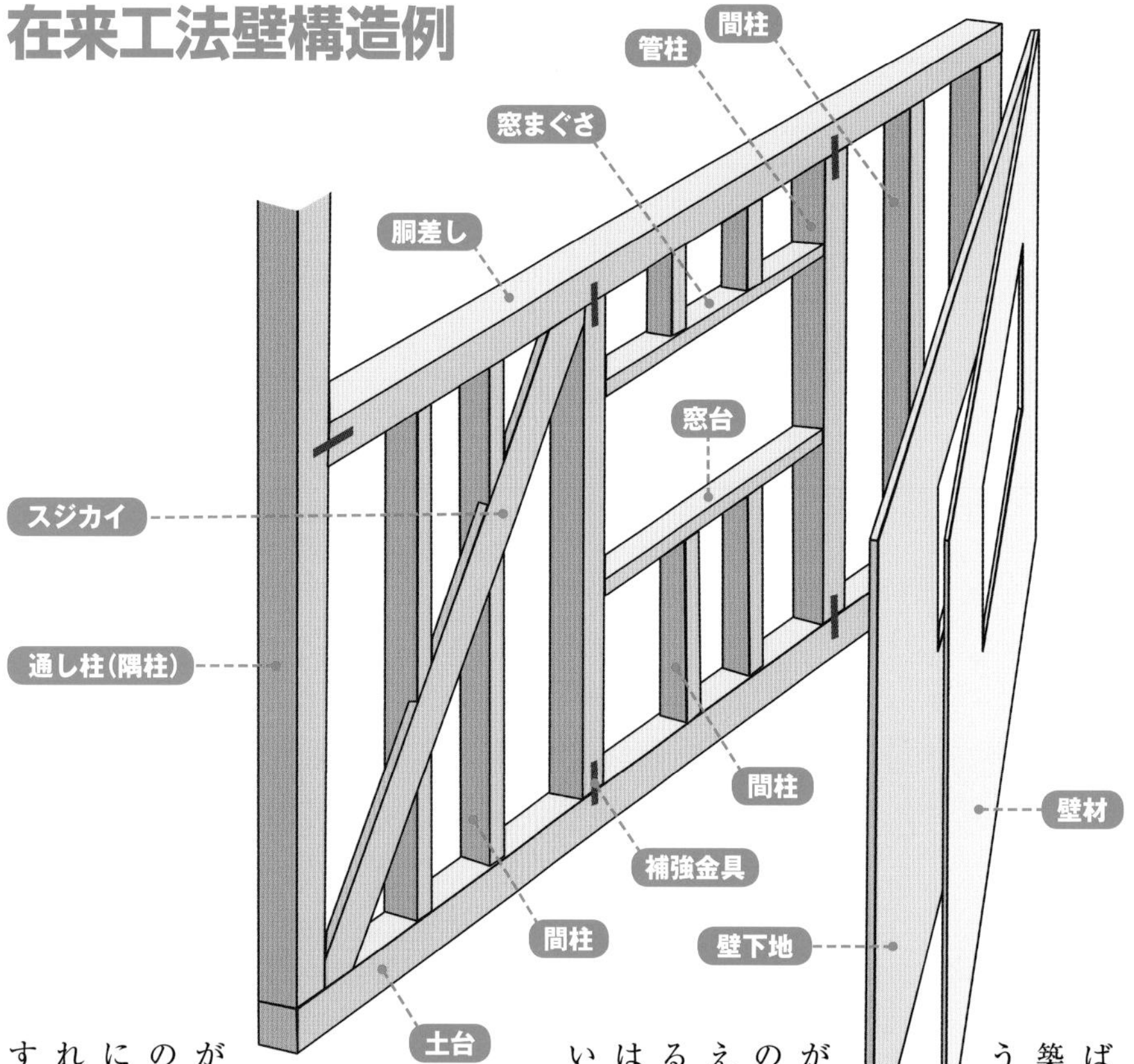

在来工法の壁構造

在来工法は軸組み工法とも呼ばれる、日本の伝統的な住宅建築の工法。軸組みと呼ばれるように、軸＝柱、梁、スジカイで家を支える構造です。

柱が構造の主体になるため、家作りの自由度が高く、開口部も大きく取れるのが特徴。夏の気候を基本に考え、風通しのよさを重視して作る、伝統的な日本の家作りには、よく合った工法といわれています。

柱と土台、胴差しの接合は2×4工法のようなクギや金物で接合するのではなく、柱にホゾを加工し、土台と胴差しにはホゾ穴を掘って差し込み組み立てるという、非常に手の込んだ工法となります。柱が構造の主体となるため縦方向の荷重には強いものの、横方向に揺さぶられるとぺたんとつぶれやすいのが弱点。それを防止するため、壁の要所にはイラストのようにスジカイを入れて、横からの荷重にも、十分対抗できるように組み立てられます。イラストの壁は大壁というタイプで、柱を壁の内部に隠す、どちらかというと洋間に使われる壁の作り方。ほかには真壁と呼ばれる、柱と柱の間に小舞という細い竹で編んだ薄い壁を立て、その上を土で塗り、漆喰などで仕上げるものがあります。

近年の在来工法では、2×4工法と同様の耐力壁を取り入れた設計のものや、さまざまな耐震構造を設計に取り入れた建築例がとても多く、純粋に在来工法だけで建築される家は少なくなってきているのが現状です。

腕木をつけた縦桟を壁につけて長物を収納。壁の中の柱につけることで重いものでもかけられる

2×4工法壁構造例

＊設計によってはスジカイの入らない場合もあります。

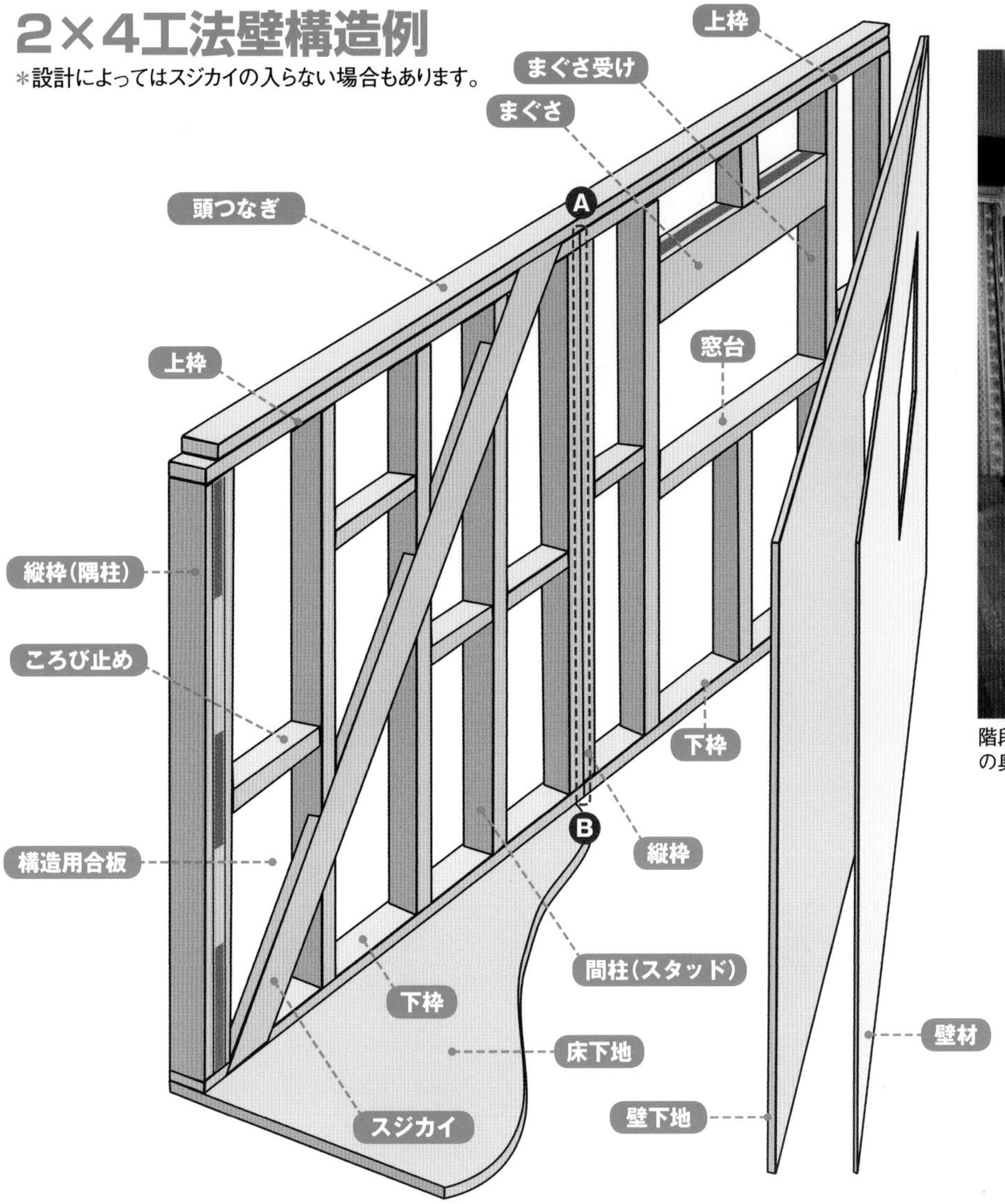

階段横の壁面を利用して、壁の厚みぶんの奥行きを持つニッチ収納の本棚

2×4工法の壁構造

一般的に2×4（ツーバイフォー）工法と呼ばれる住宅建築の工法は、北アメリカで一般住宅を建てる際に、多く採用されてきた工法。

2×4工法の構造は、基本的に枠組み壁と呼ばれる、2×4材で組み立てた枠組みに、構造用合板を張りつけ、耐力壁として床の上に建て並べて組み立てます。

在来工法が柱で支えるのに対して、2×4工法は壁で家を支えるのが特徴となるため、縦方向にも横方向にもしっかりと荷重を受け止めることができ、地震に強い構造となります。ただし、壁が家を支える構造材となるために、十分な壁の面積が必要になり、そのため大きな開口部が取りにくい傾向も。

イラストではAとBを結ぶ線で、左右2枚の壁が並んでいる状態。ひとつの枠組み壁は左右の縦枠と上枠、下枠で構成され、その間に補強用の間柱（スタッド）が入ります。

縦枠や間柱（スタッド）は455㎜の間隔（サブロク合板の縦幅910㎜の半分の長さ）で立てるのが基本となり、このため、縦枠の位置を1本特定してしまえば、ほかの縦枠・間柱の位置を簡単に割り出すことができます。また、ほとんどの場合、枠組み壁の内部には断熱材が充填されています。

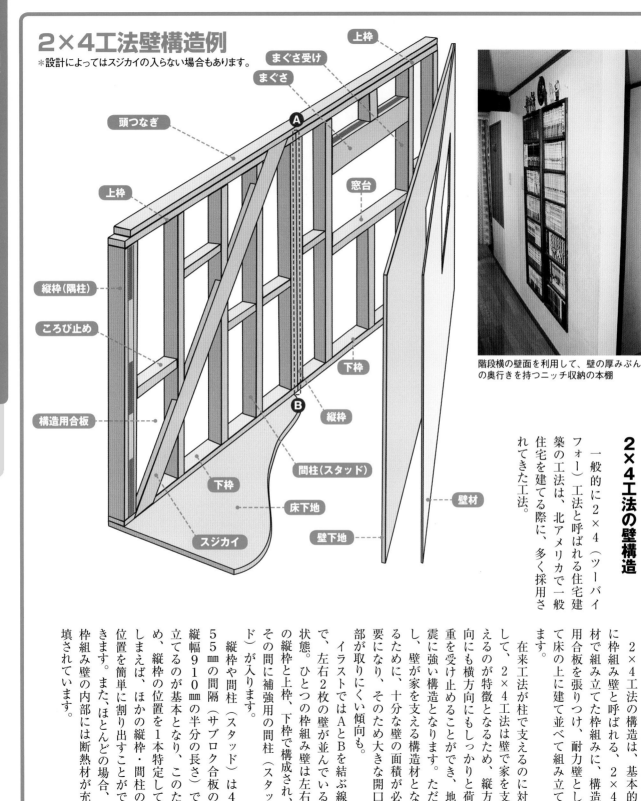

室内壁をくり抜いて飾り棚に変身！

ニッチの壁面収納を作る

本来は、室内壁の一部をくぼませ、聖像や燭台などを置くのに使われた構造をニッチと呼びます。
ここでは限られた室内空間を収納や飾り棚として利用するリフォームの方策として
壁にニッチを活用する収納を作る方法を実践してみましょう。

ＤＩＹ初心者の場合や、より安全に開口作業を行ないたい場合にはジグソーを使うことをおすすめする

製作◎白井 糺

ニッチの展開図

＊単位は㎜

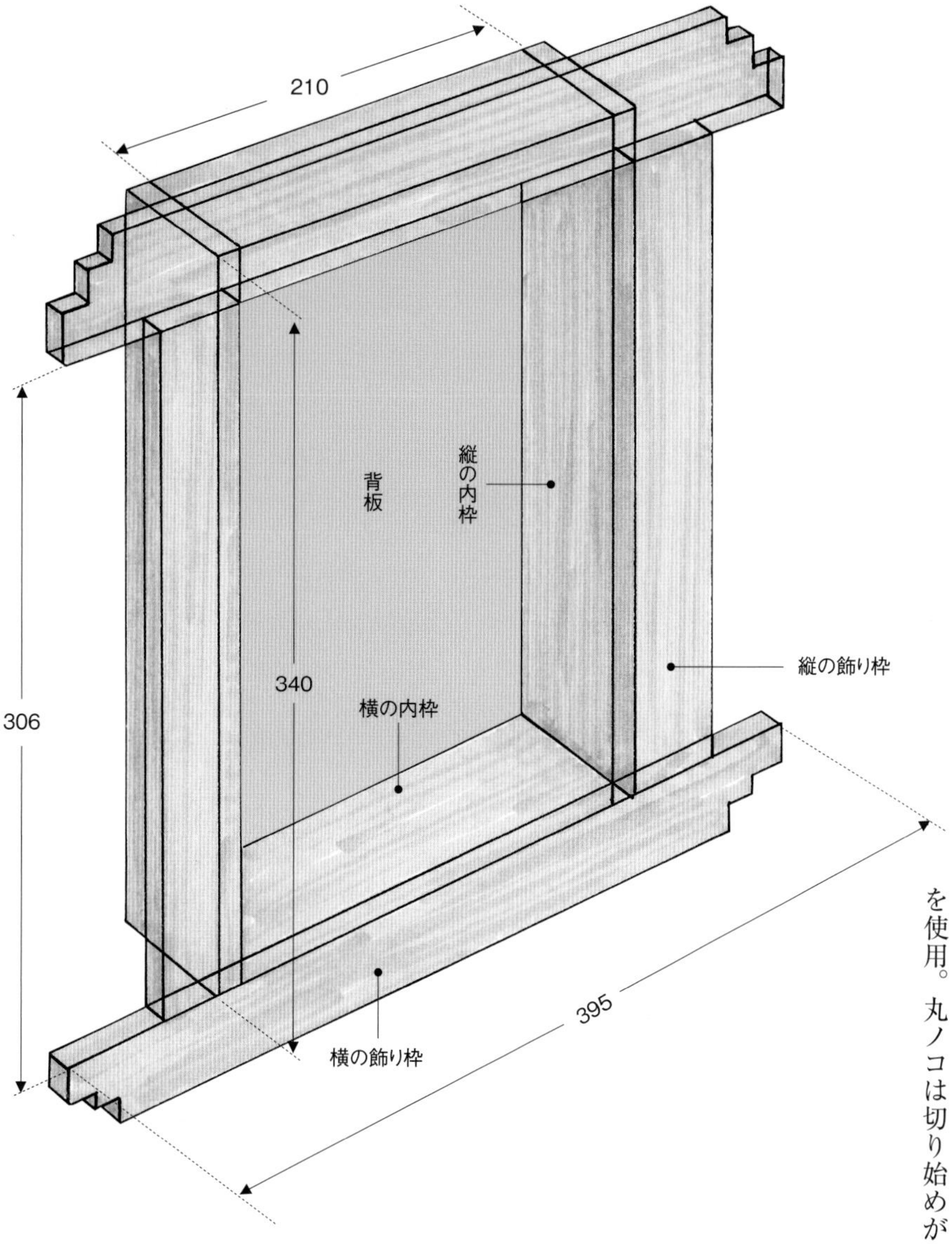

見えない壁の中の状態を把握するのが成功の条件

ニッチを設置する壁面は、壁内部に断熱材以外のものが入っていない部分を選びます。壁の内側に配線や配管、そして柱が立っている部分は避けて作業すること。

見えない壁の内部を調べるには設計図と照らし合わせるのがベストですが、壁内部の柱位置を感知する下地センサーなどで柱の位置を確認しておくと、安心して作業が可能。コンセントやガス栓など見えるものも、壁内部を予想するヒントになります。

基準になる水平線を設定し、墨線を引くには水平器を使います。水平器は水平、垂直の両方出せるものが一般的。

今回、壁を開口するのに丸ノコを使用。丸ノコは切り始めがポイントで、墨線に丸ノコの刃を合わせたら、刃を回転させた状態で墨線に押し当てて切ります。この方法はプランジングと呼ばれ、窓抜きの切断でよく使われる方法。

ベースが完全に壁に密着したら墨線に沿って切り進めば大きな窓を抜くことができます。

また、ニッチ本体は開口部に合わせ、箱を作る要領で。背板に、切り抜いた壁部分を流用すると違和感が出ないのでおすすめです。

木取り表　＊サイズの単位は㎜

材の種類	サイズ	数量	使用部位
SPF1×4材（19㎜厚）	340×90	2	縦の内枠
SPF1×4材（19㎜厚）	210×90	2	横の内枠
SPF1×4材を割いたもの（19㎜厚）	306×60	2	縦の飾り枠
SPF1×4材を割いたもの（19㎜厚）	395×60	2	横の飾り枠
プラスターボード（切り抜いた壁）	245×335	1	背板

その他の材料…飾りクギ、28㎜ビス、20㎜細ビス、接着剤、塗料

主な使用道具

丸ノコ、ジグソー、ドライバードリル（ドライバービット／下穴用ドリルビット）、下地センサー（壁裏センサー）、水平器、カッター、直定規、下げ振り

step 01

壁を開口する

壁の後ろに隠れている柱や電気の配線などを避けて加工するために設計図や下地センサーなどで確認を。

01 開口したい壁面の内部に柱がないかどうかを下地センサーでチェック。センサーの表示の見方には多少の慣れが必要だが、使いこなせば便利な道具だ

02 だいたいの大きさを決めて鉛筆で薄くラフに開口範囲の墨つけをする

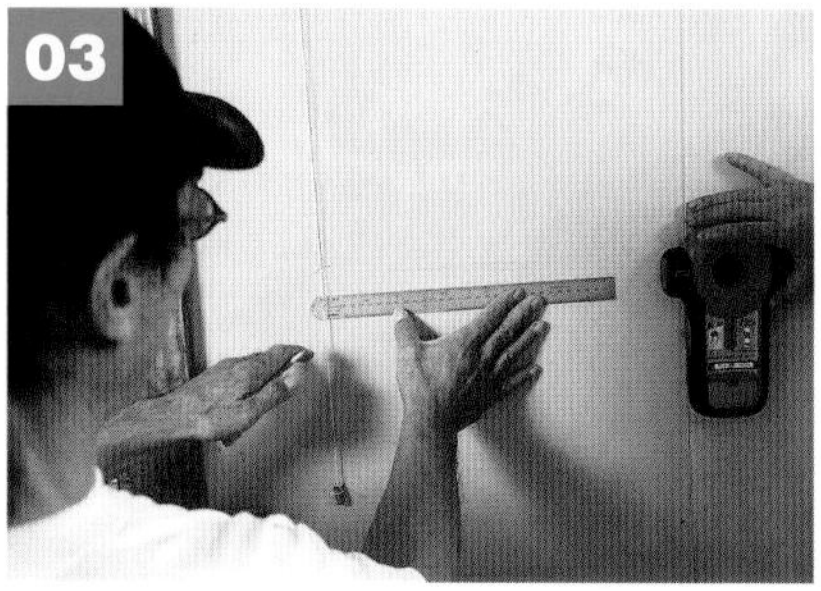

03 水平の基準線を墨つけする。水平器があるので一発で墨線を決められる

04 下げ振りを壁に吊れば正確な垂直線を得ることができる

05 墨線に沿って開口する。丸ノコを使う場合は、しっかりと機械を保持する腕力も必要だ。十分に注意して作業したい

06 横方向も墨線に合わせて切断する。丸ノコがぶれないように墨線通りに切っていく

07 壁のプラスターボードを取り外すと壁の内側が現れる。通常、写真のように断熱材が充填されている

step 02

ニッチ本体を作る

開口部の奥行きにより内枠のサイズも決まります。開口部のサイズに合わせて箱を作る要領。背板は外したボードの再利用で一体感を出して。

本体の箱（棚）を作る材料。取り外したプラスターボード1枚と1×4材4枚

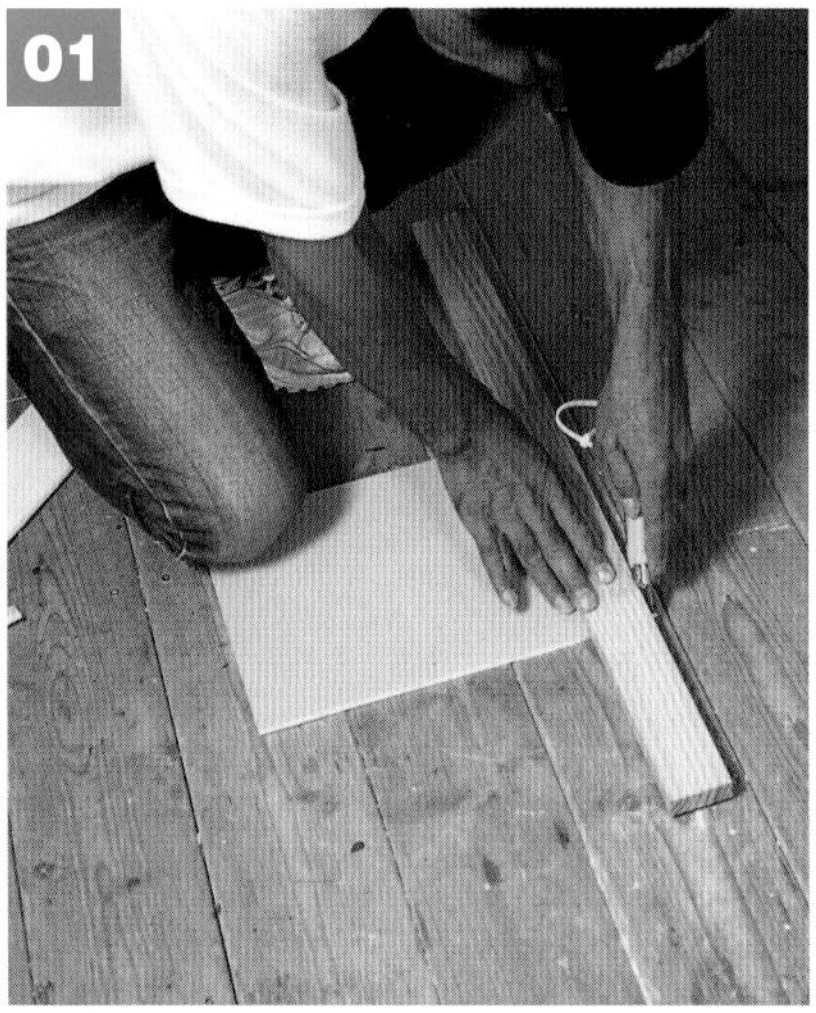

01 プラスターボードはカッターで切る。箱の縦横長さより5㎜ずつ小さく加工する

02 箱の組み立てには木工用接着剤を併用すればより丈夫な作品になる

03

28㎜ビスで箱を組み立てていく

使用するビス。28㎜と20㎜細ビス。20㎜はプラスターボードの固定に使用

04

背板には壁から切り抜いたプラスターボードを木工用接着剤で固定してから取り付ける

05

ビスでしっかり打ち留める

箱の内側の塗装に使った塗料。テラコッタ風のざらついた質感が楽しめる製品だ

06

箱の内側を壁と同じ塗料で塗装する。取り付けたときの一体感が出る

step 03

飾り枠を作る

開口部と、はめ込んだニッチのすき間や材の側面の目隠しに飾り枠は必要です。好きな形や色で自分らしさを表現して。

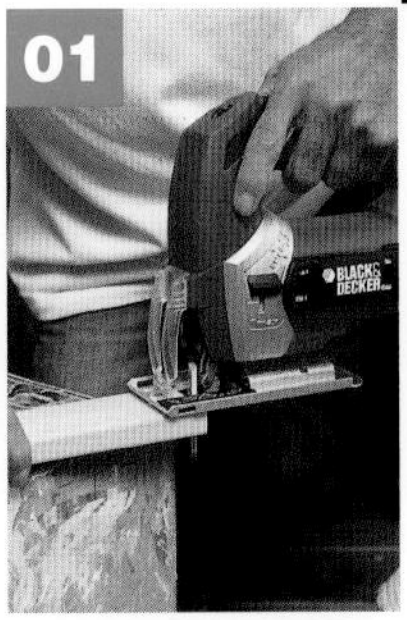
01

飾り枠には1×4材を幅60㎜に割いたものを使った。また横枠の縁のジグザグ加工はジグソーを使った

02

飾り枠の材には部屋の窓枠に合わせて同じような色調のジェルカラーニスで塗装する

03

材の端の部分にビスを打つので板割れ防止のため、あらかじめ下穴をあけておく

04

内枠の縁に沿って飾り枠部分を打ち留めていく

05

飾り枠部分には20㎜の細ビスを使うので、ドライバードリルのトルク（締めつけ力）は低めに設定して慎重に

06

飾り枠を留めたビスの頭を隠すようにアンティーク調の飾りクギを打つ

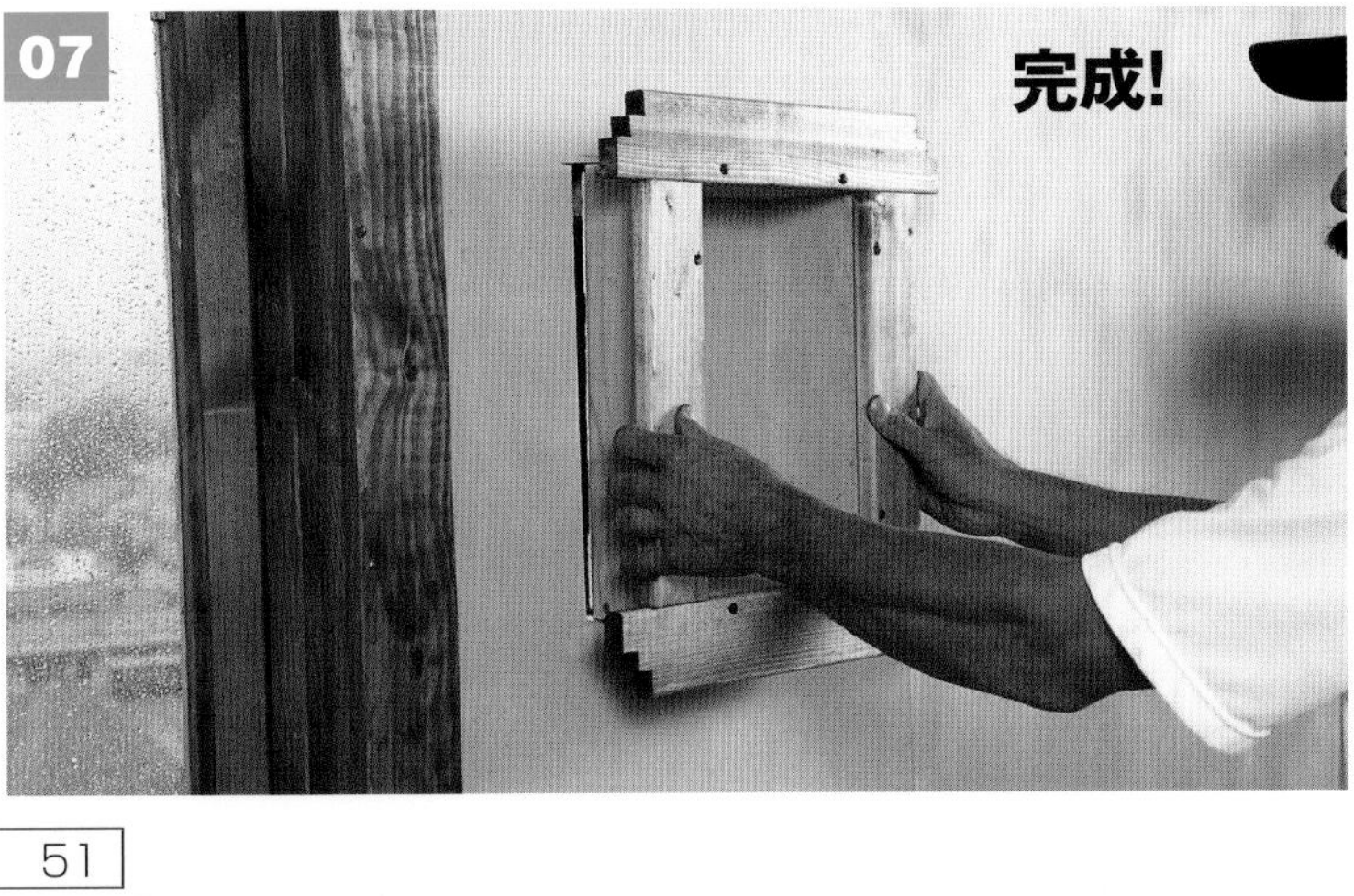
07

完成!

組み上がったニッチ本体を壁の開口部にはめ込めば完成。固定は両面テープやボンドを使えば十分

WORKS 01

難易度★☆☆

斜めに傾けて使い勝手を良くした

大型本整理棚

デスクサイドで使いやすいように、棚を傾けた整理棚。傾斜した棚のデザインは一見難しそうですが、材同士の組み立てはすべてビスによる突き付けを用いた、ビギナー向けの作品。

木取りは側板を除いてすべて直線切り。側板は長さ７４５㎜に切り、底辺を３００㎜、上辺を２００㎜幅に墨つけして切断。側板を立てるときに片側を垂直にすれば、もう片側も角度がつくことになります。

棚を組み立てるときは、実際にＡ４サイズ、Ｂ４サイズの本をあてがって位置を決め、35㎜のスリムビスによる突き付けで接合します。

なお、棚を支える枠は２×４材で、75㎜ビスでガッチリ組むこと。

作業手順

木取り
↓
側板の加工
↓
背板・棚板と側板の接合
（突き付け）
↓
枠板の組み立て
（突き付け）
↓
枠板と側板の接合
（突き付け）

製作◎白井 糺

大型本整理棚の展開図

＊単位は㎜

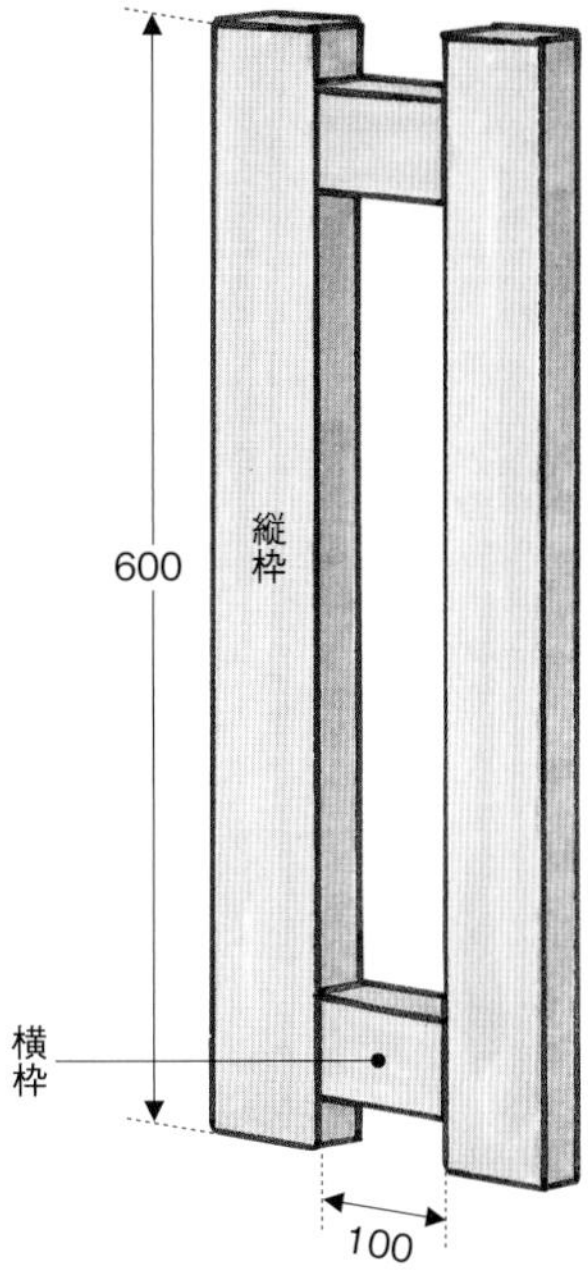

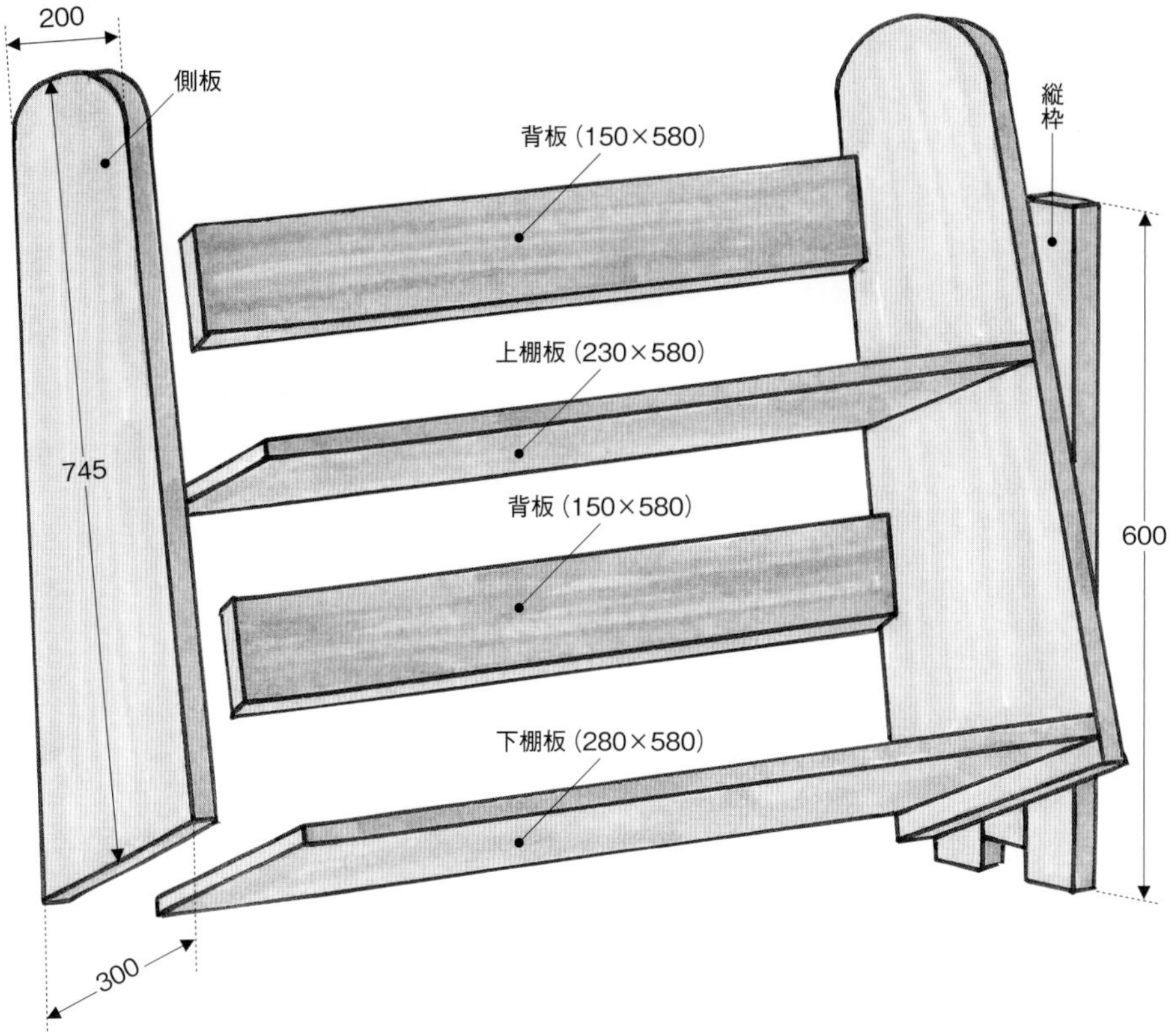

木取り表　＊サイズの単位は㎜

材の種類	サイズ	数量	使用部位
2×4材	600	4	縦枠
2×4材	100	4	横枠
集成材（15㎜厚）	300×745	2	側板
集成材（15㎜厚）	230×580	1	上棚板
集成材（15㎜厚）	280×580	1	下棚板
集成材（15㎜厚）	150×580	2	背板

その他の材料

75㎜ビス、35㎜スリムビス

両側につける枠。これで本棚を支える

01
左右の側板と上下の棚板を接合した状態。棚の位置は実際に本をあてがってみて決める

02
背板を取り付ける

03
クランプで固定しながら、枠の取り付け位置を探る

WORKS 02

難易度★★☆

デッドスペースを有効活用

コーナーシェルフ

木取りは展開図にあるように、左右の側板の手前端を45度に丸ノコでカットします。切る長さが１７００㎜と長いので、正確な墨つけをしてから、真っすぐに切り進めることを意識しましょう。

側板に取り付ける三角形の棚板は、側板同士を仮組みして、現物合わせで正確なサイズを測ってからカットしたほうが確実です。

材の接合はドリルビットで下穴をあけ、丸棒で埋めていきます。

棚板の取り付け位置を側板にしっかり墨つけすることを忘れずに。一番上の棚板には棚ダボを取り付け、側板にはダボ穴をいくつかあけておけば、好みの高さに変えることもできます。

写真の作品の扉は、向かって右側しか開かないようになっていますが、両扉が開閉できるように、左の扉にも蝶番を取り付けるなど、自分なりの創意工夫を楽しんでみましょう。

製作◎白井 紀

作業手順

木取り
↓
側板の加工
↓
三角形の棚板を切り出す
↓
側板同士を接合してから
棚板を側板に接合する
↓
側板の下側を丸棒で埋めて
扉を取り付けて完成

木取り表 ＊サイズの単位はmm

材の種類	サイズ	数量	使用部位
1×10材	235×1700	1	側板A
1×10材	215×1700	1	側板B
1×10材	196×196×276	6	棚板
1×10材	235×850	1	扉A
1×10材	100×850	1	扉B
垂木	20×30×180	2	戸当たり

その他の材料

丸棒（8mm径）、木工用接着剤、ビス、
蝶番、ドア取っ手、キャッチ、棚ダボ

コーナーシェルフの展開図
＊単位はmm

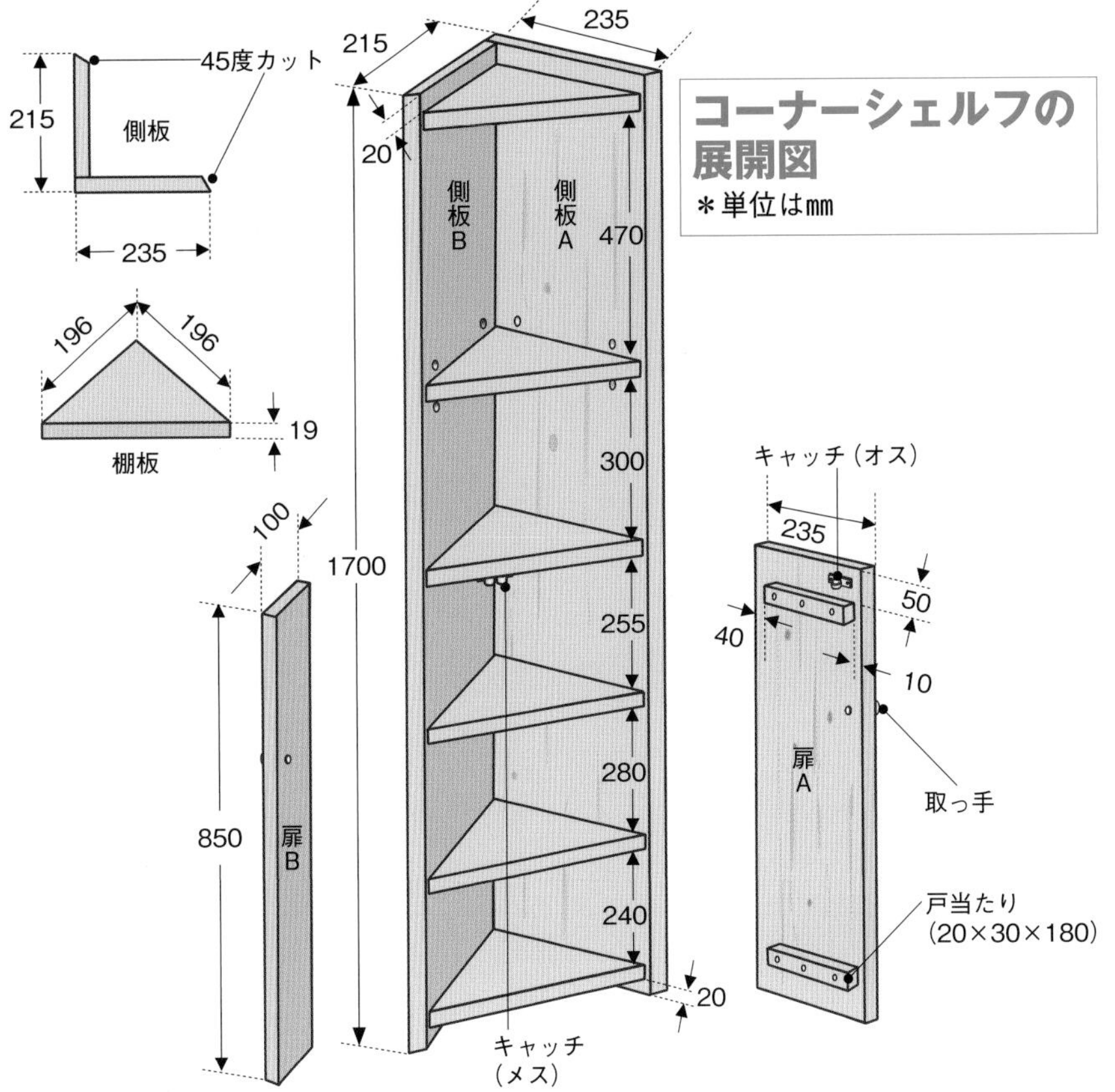

1×10材から棚板を切り出したら、実際に側板に棚板を仮置きして、サイズを確認しておく

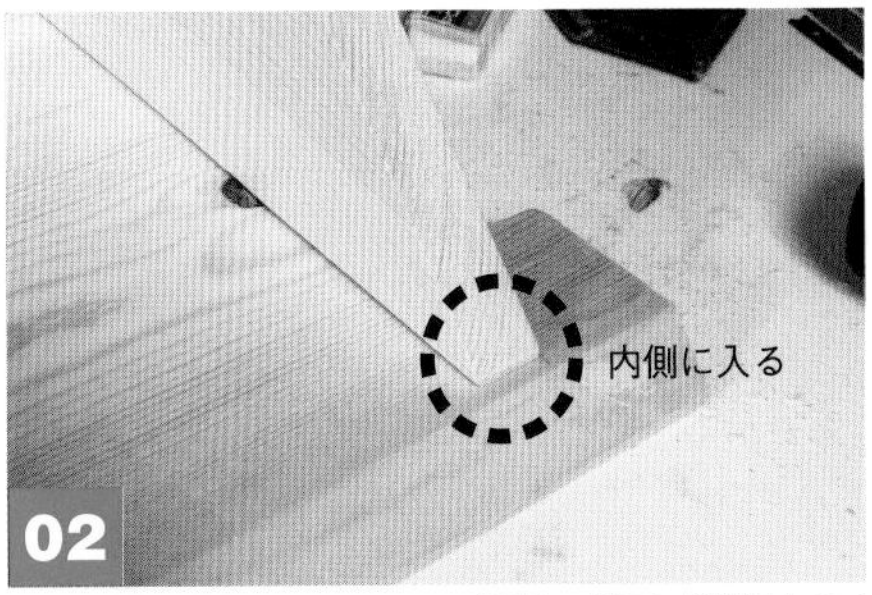

後に側板に扉をつけるため、棚板の側面が側板より少し内側に入っているくらいがちょうどよい

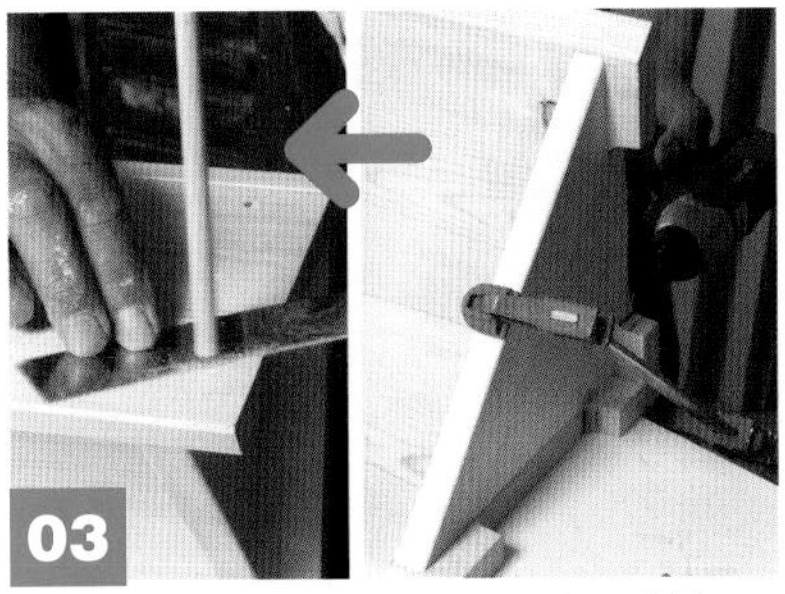

8mm径のダボ用ドリルビットで側板の外側に下穴をあけ、側板同士をビスでしっかりと接合。棚板を設置後、クランプで固定。外側の下穴に丸棒を埋めてアサリのないノコギリでカットしておく

残りの棚板を取り付ける。棚ダボの位置を変えることで、好きな位置に棚板の高さを変えることができる

扉に20×30mmの角材で戸当たりをつけてから、蝶番の位置を決めてネジでしっかり固定する

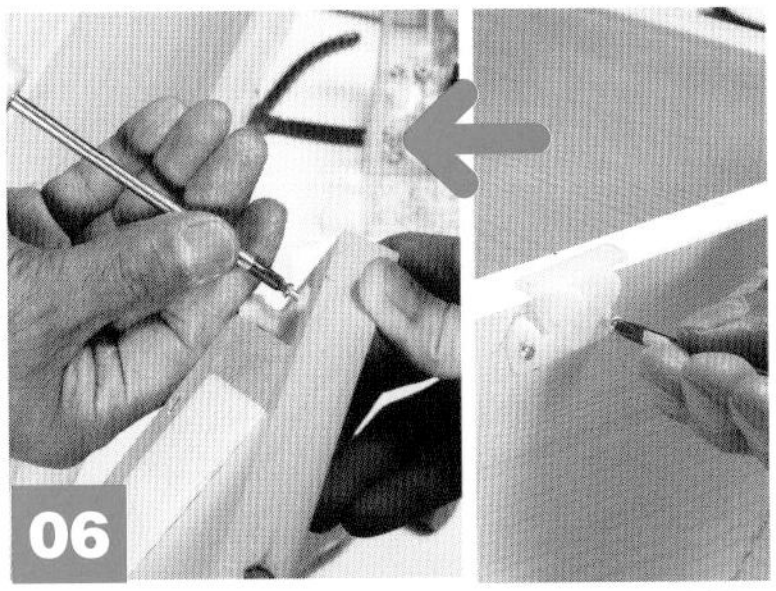

棚板に扉のキャッチ（メス）をつけ、扉側にキャッチ（オス）をつける。最後に扉Bを側板にしっかり接合する

WORKS 03

シェルフ・リンクス棚

2×4材専用の接合パーツを使った簡単棚

難易度★☆☆

01

正確に墨つけした2×4材をカットする。サイズを書き込んだ簡単なプラン図をもとに、一挙にカットする

アメリカ製の
2×4材専用パーツ
シェルフ・リンクス

2×4材が差し込めるように成形された、合成樹脂製の接合パーツ。専用ビスも付属しており、ビス穴もあけてある。アメリカ製で、2×4材を2本、縦に差し込んで側板とし、そこへ4本の2×4材を載せて棚板とする。固定はすべて、付属のビスで留める。幅は395㎜。つまり奥行き395㎜の棚になる。

「シェルフ・リンクス」という市販の2×4材専用の接合パーツを使って、2×4材をつなぎ合わせるだけで完成。木工初心者でもストレスはまったく感じません。

シェルフ・リンクスの数や棚板間・側板間のサイズを変えることで、さまざまな高さや幅の棚も簡単にできてしまいます。

作業は、2×4材を木取りし、シェルフ・リンクスに通したら、これを付属のビス（木ネジ）で打ち留めていくだけ。簡単なキット家具を組み立てる感覚です。

最初に、どんなサイズ、どんな構成の棚にするかプラン図を作っておくと、作業効率がさらにアップします。

作業手順

↓

木取り

↓

接合パーツを使って側板を組み立てる

↓

棚板をつけて固定する

シェルフ・リンクス棚の展開図
＊単位は㎜

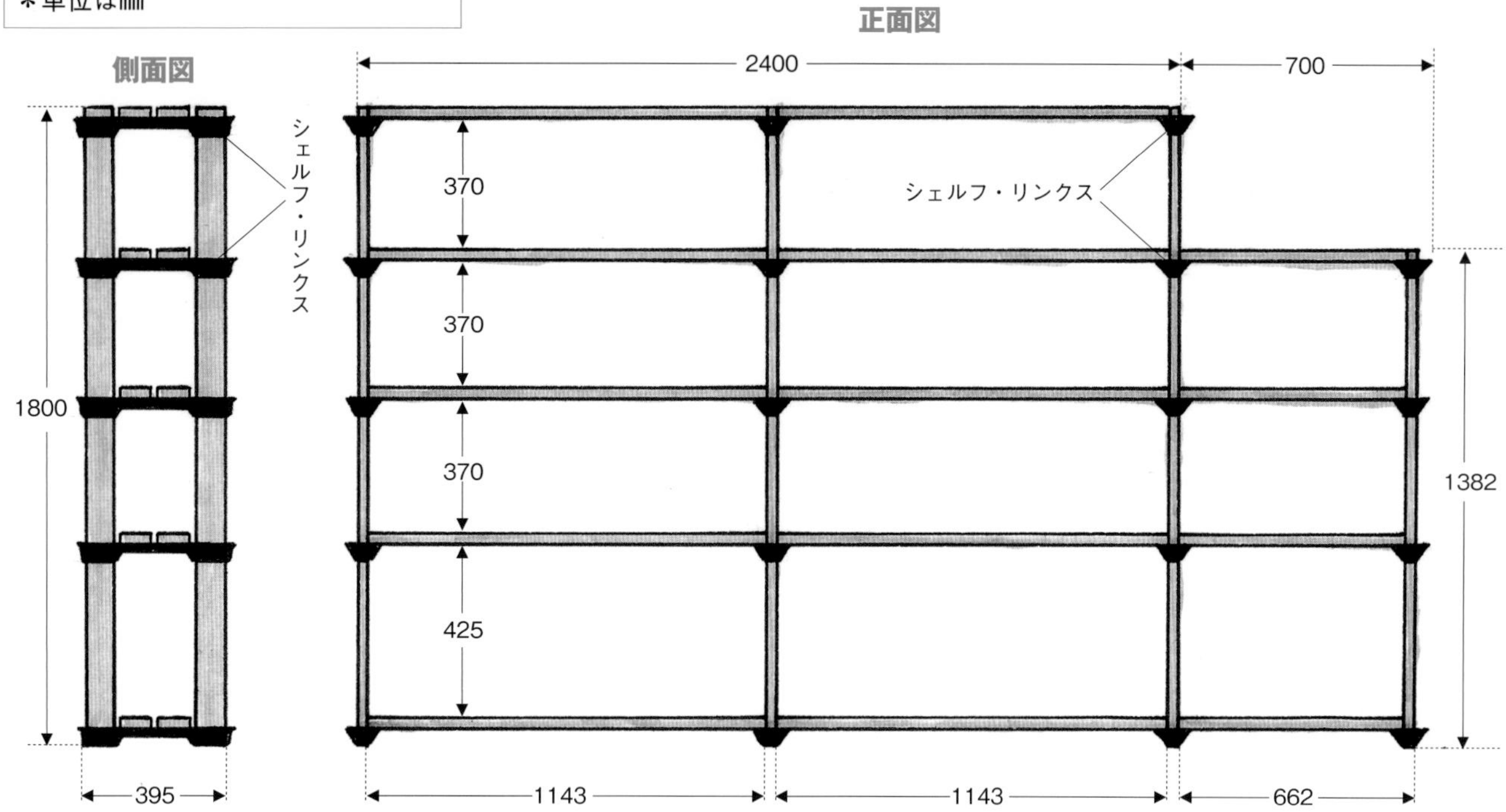

木取り表 ＊サイズの単位は㎜

材の種類	サイズ	数量	使用部位
2×4材	1800	6	縦枠
2×4材	2400	10	横枠
2×4材	1143	20	側板
2×4材	1382	2	上棚板
2×4材	700	8	下棚板
2×4材	662	8	背板

その他の材料

シェルフ・リンクス19個

02
棚の位置に合わせて墨線をつけた側板（縦板）をシェルフ・リンクスに通していく。ややきつめなので、プラスチックハンマーで叩いて入れた

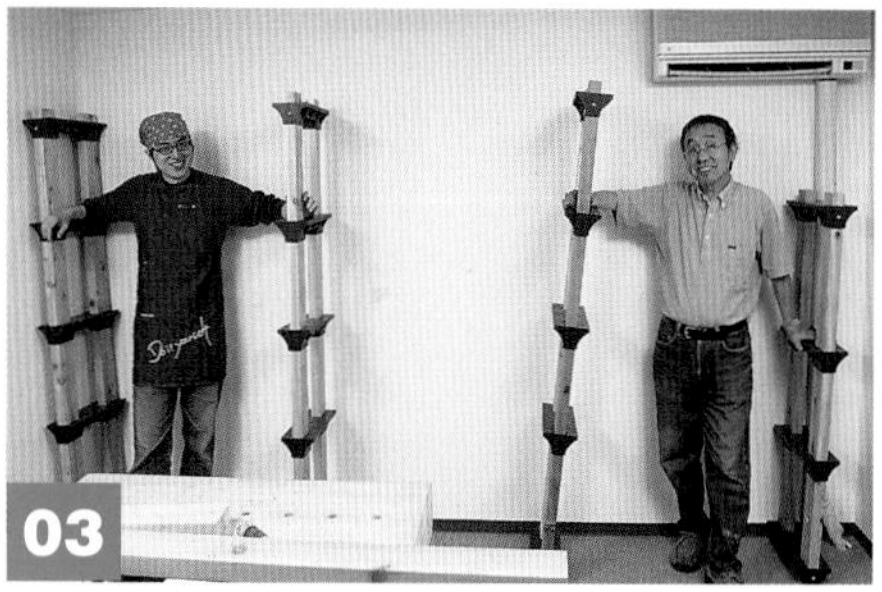

03
シェルフ・リンクスにすべての側板を通した。この段階ではまだシェルフ・リンクスは固定されていない。側板の長さは1800㎜。これが整理棚の高さになる

04
いちばん上と下のシェルフ・リンクスをビスで固定し、棚板の一部を載せた状態。必要に応じて棚の位置を決めていく

05
棚板の位置を決めたら、側板とすべてのシェルフ・リンクスを固定。水平器を棚板に載せ、水平を確認しながら固定していくこと

06
無骨で、頑丈な整理棚が完成。工房やガレージに置いてもよし、室内に置き、オーディオラックとして使ってもOK

WORKS 04

難易度★★☆

扉の中央を円形にくり抜いたデザインがユニークな

多目的飾り棚

まず3×6板にすべての墨線を入れ、丸ノコでカット（切り幅を考慮すること）。扉以外の部材は切り口にサンダーをかけます。側板の内側に棚ダボを取り付けて、箱型に組み立てれば棚部分が完成。

扉部分の円形カットは、正方形に木取りされた扉用の部材の対角線に墨線を引き、対角線の接点にコンパスで好みの大きさに円を墨つけ。次に丸ノコで墨線ぎりぎりまで直線カットし、残った部分をジグソーでカットします。円が残っている側の扉の半円部分をトリマーで墨線に沿って彫れば扉部分のできあがり。

棚と扉を蝶番で接合し、キャッチをつければ完成します。

作業手順

木取り
↓
棚部分を作る
↓
扉部分を作る
↓
棚と扉を接合する

製作◎高橋浩樹

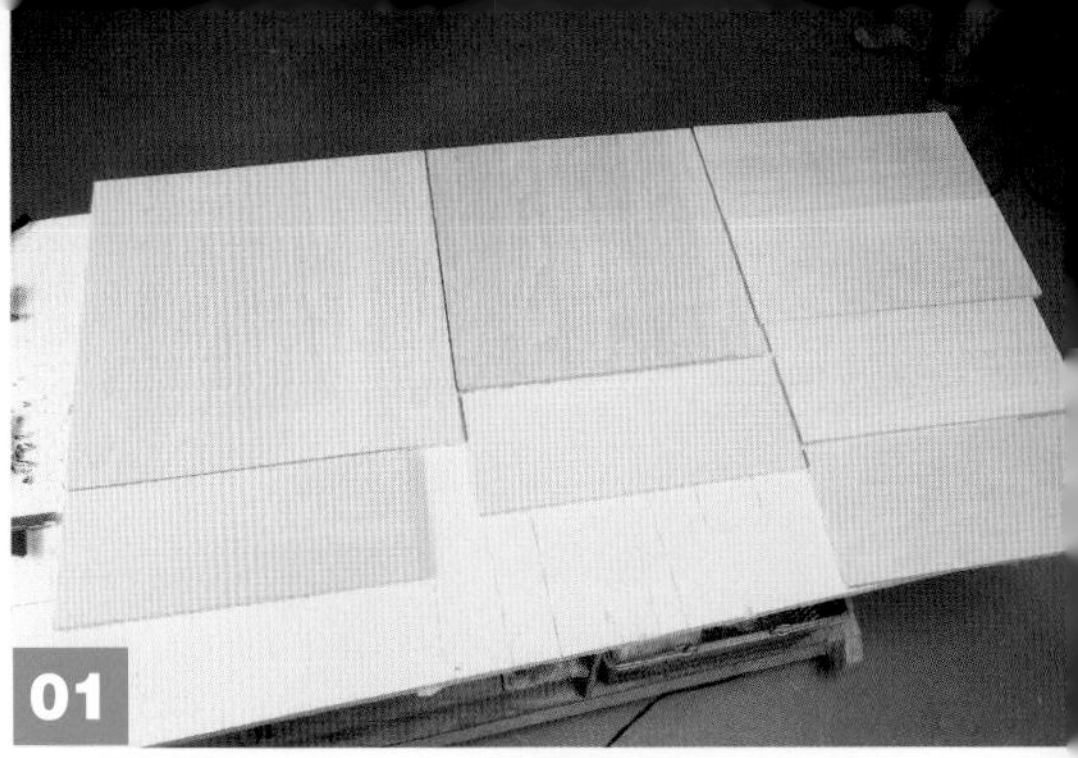

01
3×6板に墨線を入れ、丸ノコで木取りする

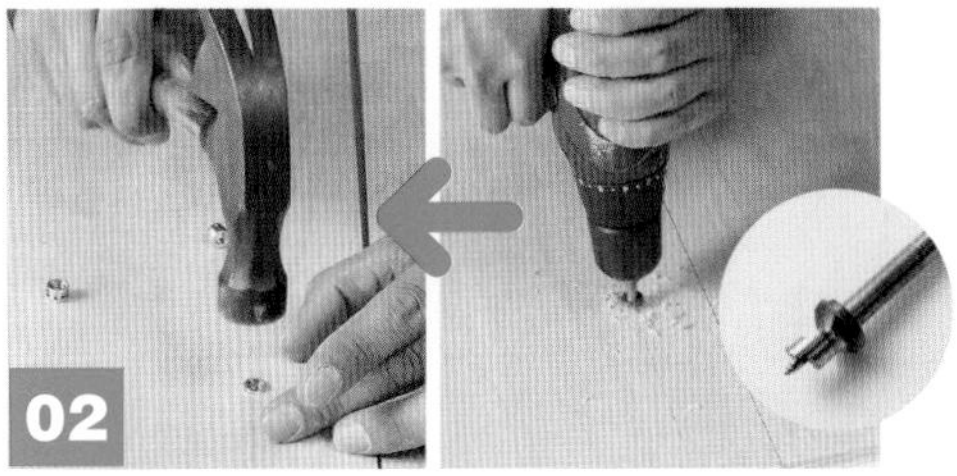

02
側板の内側に径9㎜のダボ用ビットを装着したドライバードリルで穴をあけ、ダボ受けをダボ穴にカナヅチで打ち込む。金属製の棚ダボは、ダボ受けとダボのふたつでワンセットになっている（左円内）

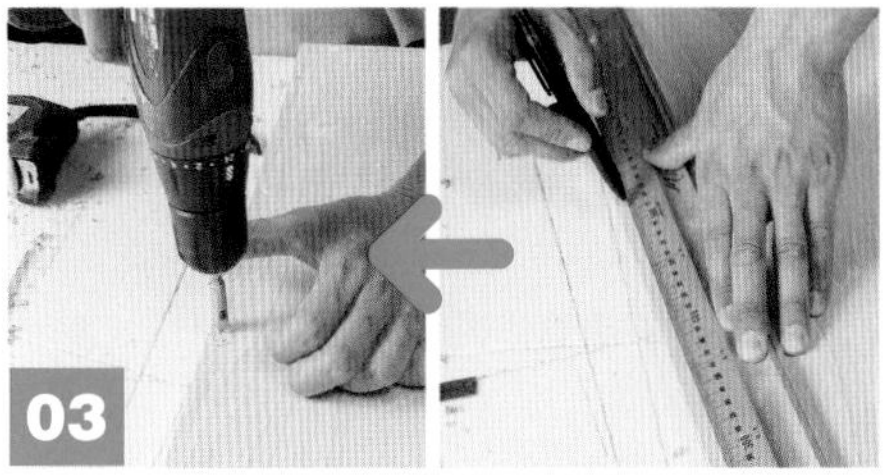

03
棚を組み立てるための下穴位置に墨線を入れ、皿取りビット装着のドライバードリルで下穴をあける

04

側板と天板を接合し、背板を取り付けたら棚が入る箱が完成。ダボ受けにダボを取り付けて棚板を置けば、棚部分が完成する

05
扉用の正方形の板の対角線を結んで中心を出し、コンパスを使って円を描く

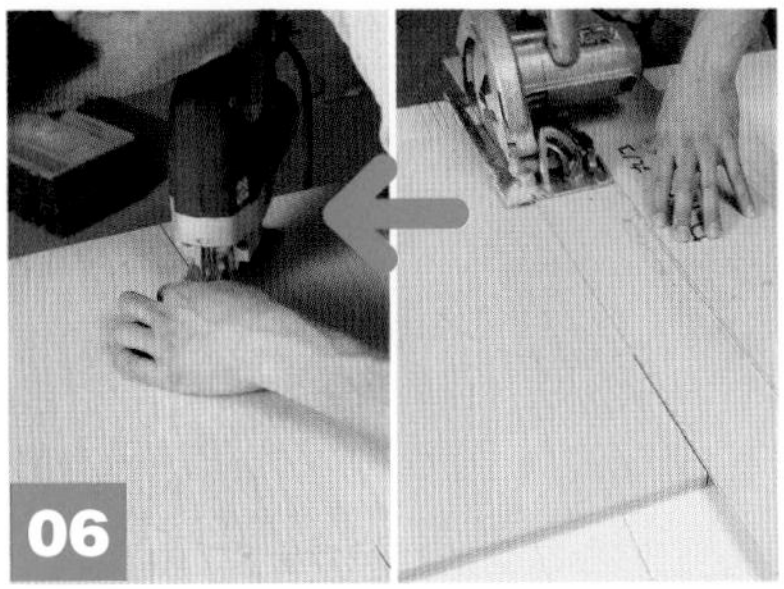

06
円の墨線ギリギリまで、円の中心に向かって丸ノコでカットしたら、ジグソーできれいな半円になるよう「仕上げ曲線用ブレード」でカット

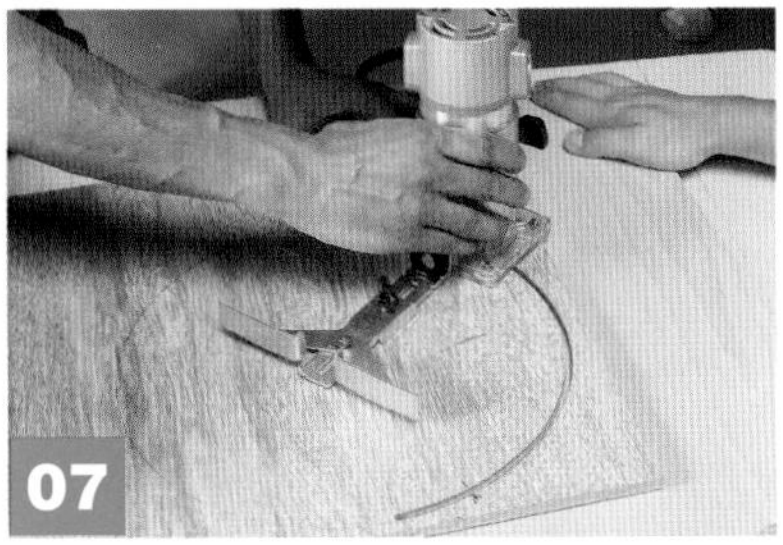

07
円が残っている側の扉の半円部分をトリマーで彫るため、端材の合板などでガイドを作り、コンパスの要領で扉にあてて半円形に彫る

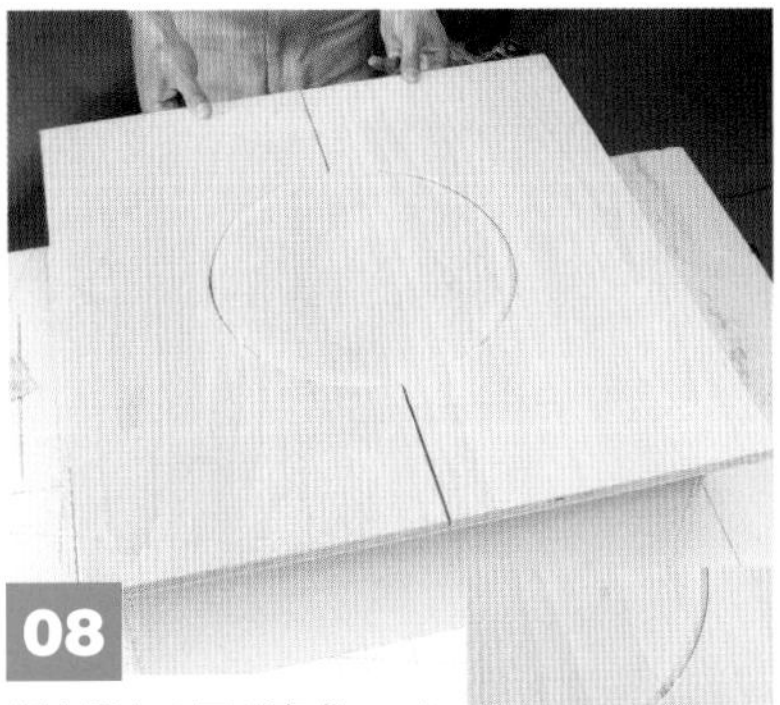

08
観音開きの扉が完成。ストレートビットで約5㎜の深さに彫った半円は、あえて突き出た円部分とは結合させなかった

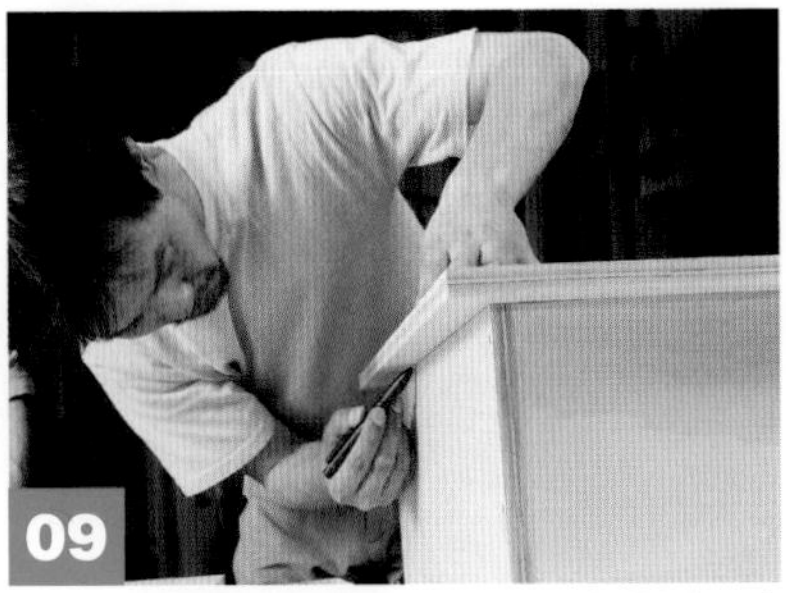

09
カットした扉を箱に載せ、スムーズに開くか確認したら、扉の取り付け位置を決めて扉裏に墨つけをする

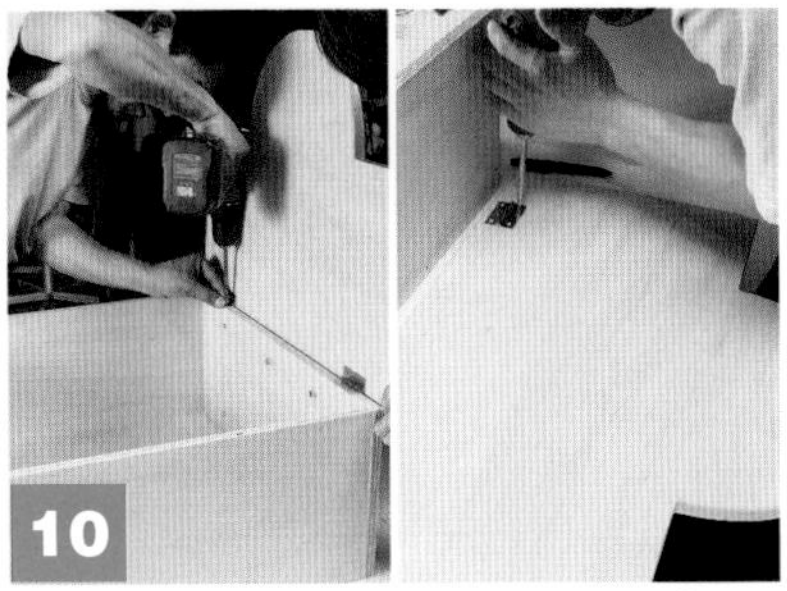

10
蝶番を取り付けていく。蝶番用のビスは小さいのでナメないように慎重に取り付ける

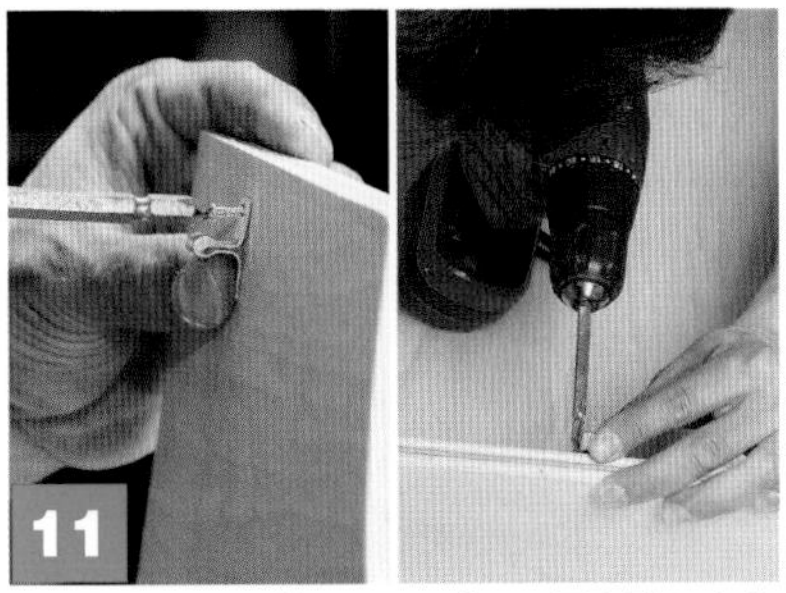

11
左右の扉を取り付けたら、次に、扉を閉じたときにきっちり閉まるよう、キャッチを箱と扉両方に取り付ける。現物で合わせ、先に箱側にメスを設置。オスを結合させたまま扉を閉じ、軽く押して扉側にオスの跡が残るようにしてやれば、オスを正確な位置に取り付けやすい

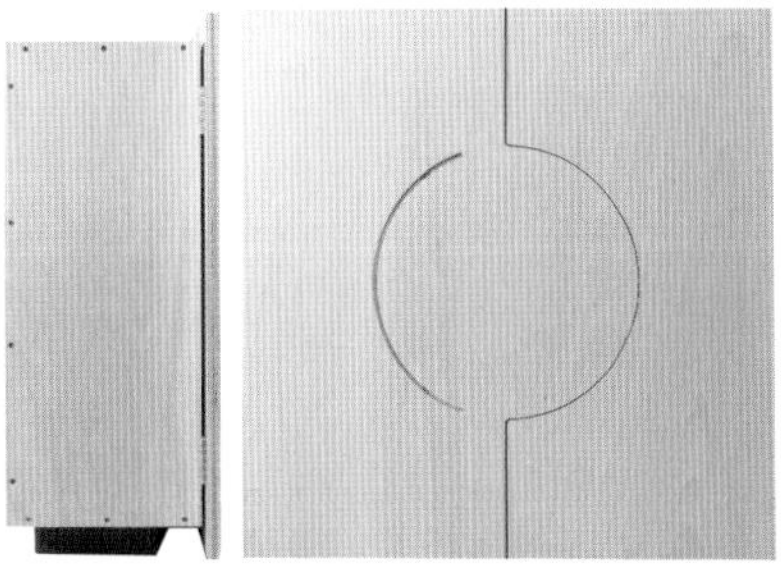

右は正面、左は側面から見た飾り棚。扉のほうが箱より大きいため、床に置いて使用するより、壁に設置したほうがよい

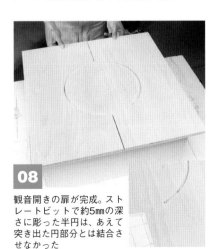

多目的飾り棚の木取り図と展開図、構造図

＊単位は㎜

正面図

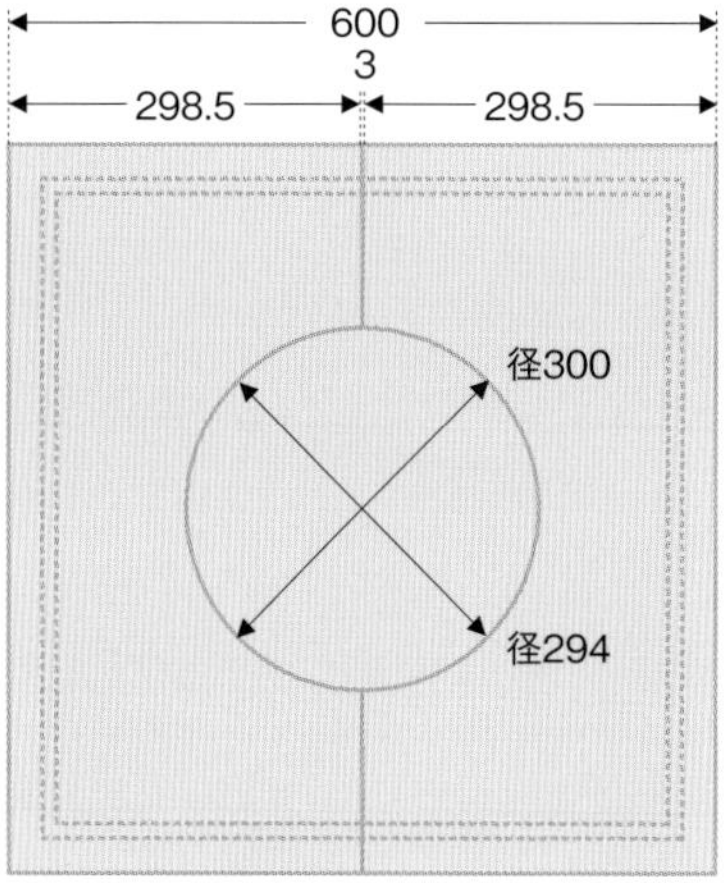

側面図

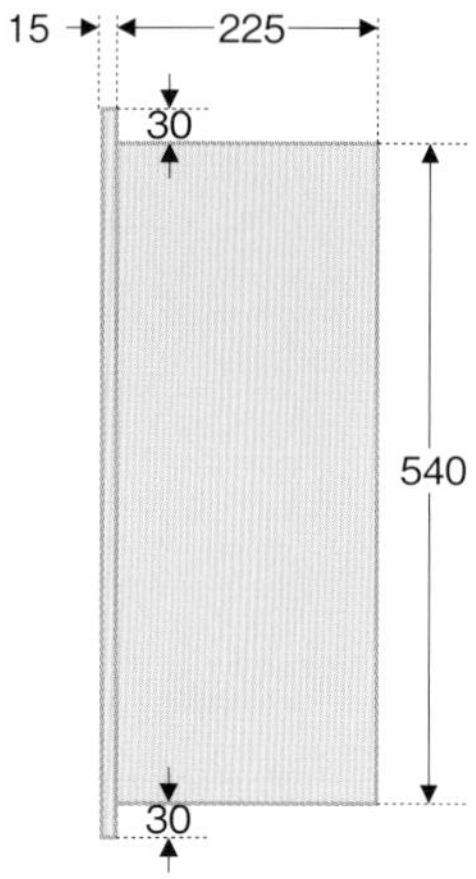

棚位置

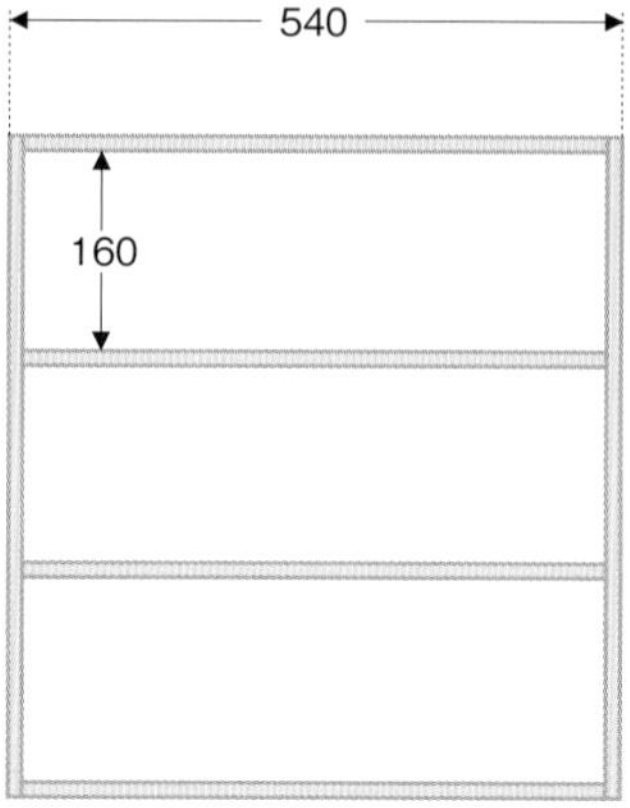

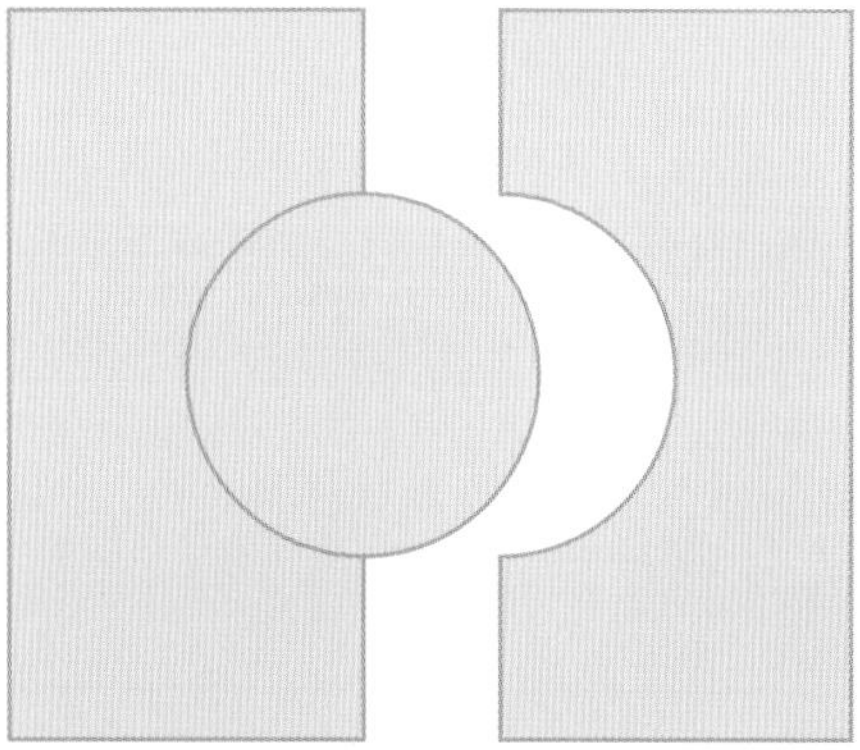

扉構造図

木取り表　＊サイズの単位は㎜

材の種類	サイズ	数量	使用部位
シナ合板（15㎜厚）	600×600	1	扉
シナ合板（15㎜厚）	510×510	1	背板
シナ合板（15㎜厚）	510×200	2	棚板
シナ合板（15㎜厚）	540×225	2	側板
シナ合板（15㎜厚）	510×225	2	天板・底板

その他の材料

スリムビス（50㎜）、棚ダボ（9㎜）、
キャッチ（2セット）、木工用接着剤

3 × 6 合板木取り図

編集部注：木取り図・図面内にはカット時に生じる切り幅（1〜2程度）が表記されていません。

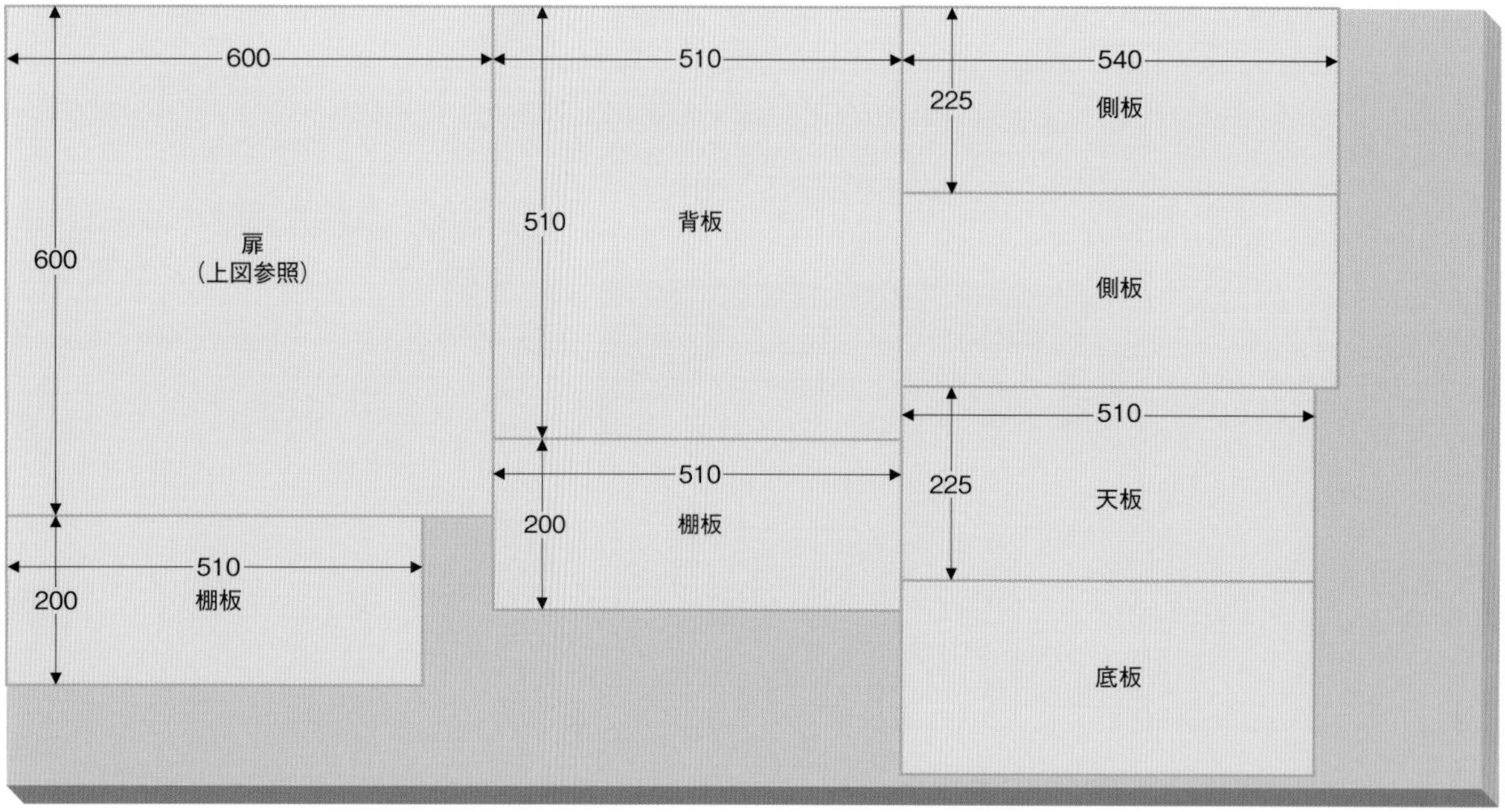

Part3

ボックス収納

しまうものの大きさに適したボックス収納が
スッキリした部屋作りを実現します。
レターボックスやベッドサイド・テーブルなど、
フタやトビラ、引出しをつければ
便利で使いやすい収納箱ができあがります。

CONTENTS

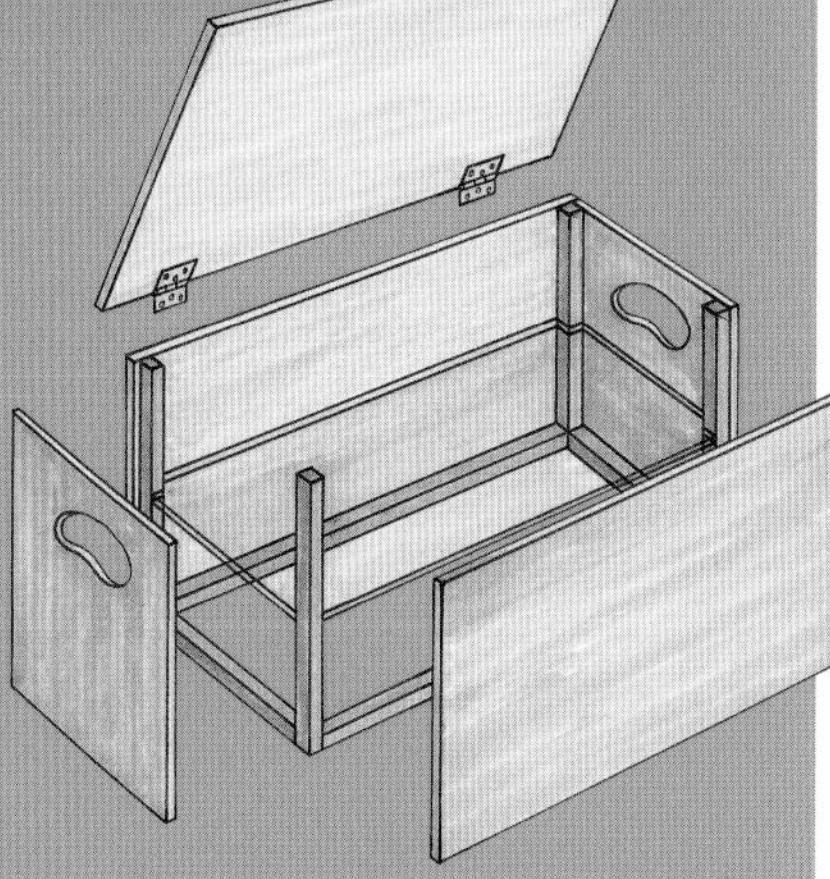

●編集部の判断で、72ページからの作例に「難易度」を表記してあります。目安としてご利用ください。　★☆☆……簡単、★★☆……普通、★★★……中級者以上向き

入れるものに合わせた形に

棚がディスプレイも兼ねる収納アイテムだとしたら、フタや扉、引出しがついたボックス収納は基本的に〝隠す〟〝しまう〟ことを目的としたアイテム。モノを入れた状態で移動させることも多いため、しっかりとした作りを心がけましょう。

シンプルなボックス収納

シンプルな箱作りは木工テクニックの基本

見た目にとてもシンプルな箱だからこそ、仕上がりを見れば成功か失敗かがわかってしまうもの。板を直角につなぎ合わせたり、底が抜けないように底板をはめる溝を彫るなど、DIY収納を作るうえで基本的なテクニックが必要とされます。

たとえば大きさも手頃で構造も簡単なCDボックスなどは、難易度の点からも初心者向けに最適。

こうしたシンプルな箱作りが正確にできれば、ほかの作品作りにも応用がきくので、しっかりノウハウを会得しておきたいもの。

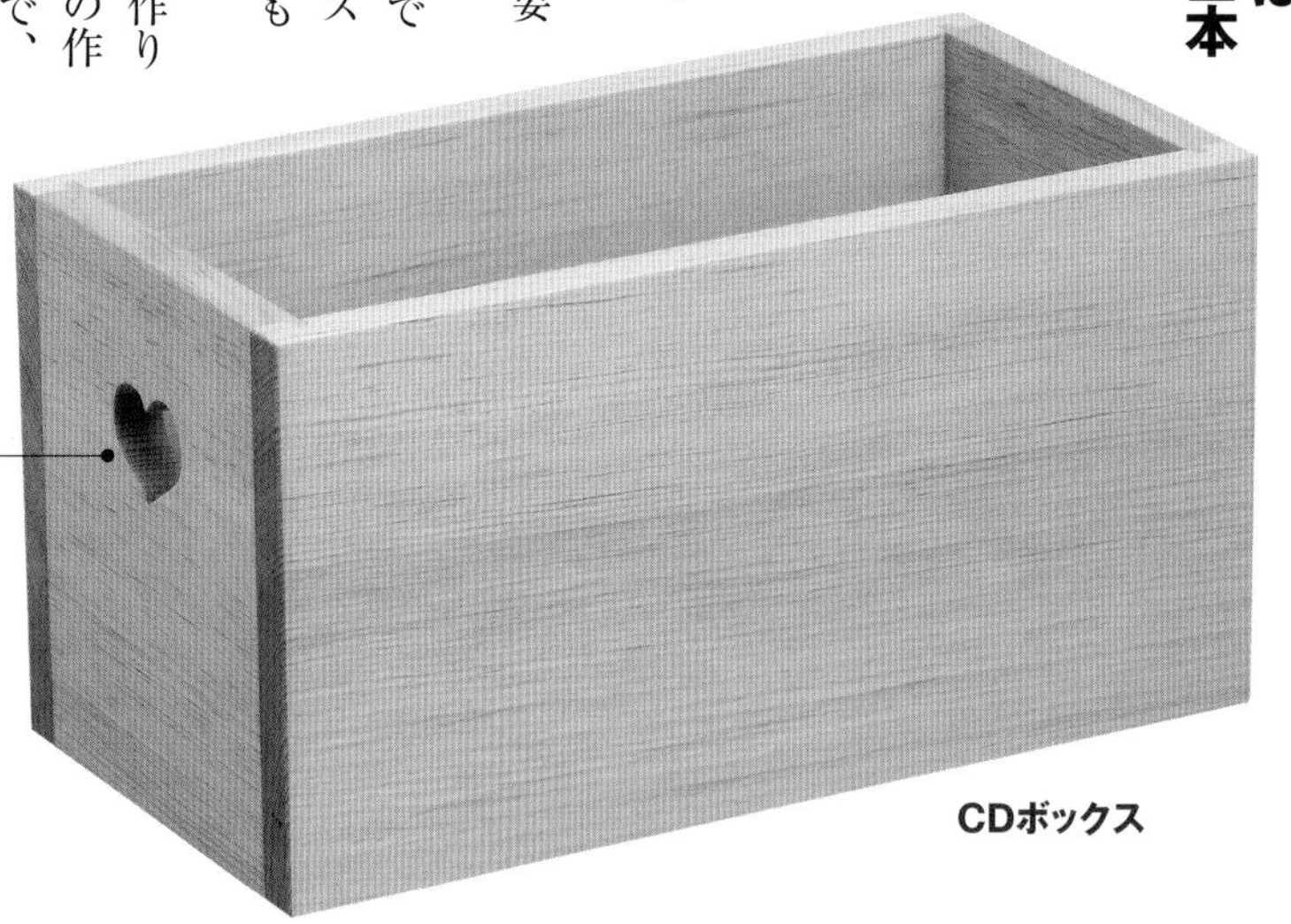

デザインのアクセントにもなっているハート形は、ボックスを持ち運ぶ際の取っ手にもなる。ドライバードリルで穴をあけてから、ジグソーを入れて型通りに切り抜いていく。仕上げはサンダーで切り口をなめらかに

CDボックス

CDボックスの展開図

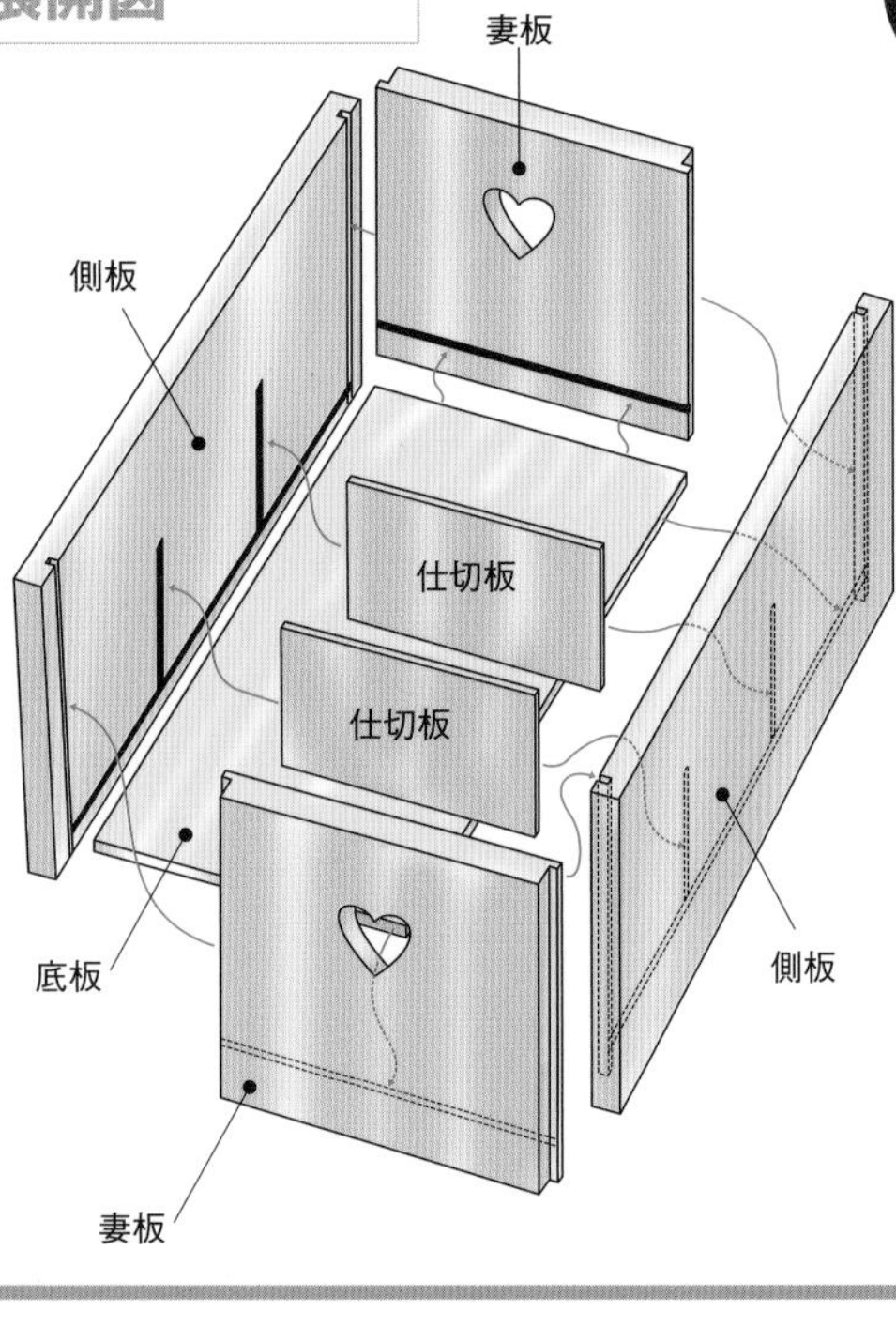

CDが傾かないよう、側板に溝を彫り、差し込むように仕切板を入れた

側板や妻板に底板をはめる溝を彫っておくと組み立てた後の仕上がりがきれいになる（写真）が、ビギナーは面同士を合わせる〝突き付け〟で十分

中級者向けのキャビネット

重みに耐えられるしっかりとした構造に

キャビネットのような、いろいろな大きさや形のものを収納することを目的とした箱物は、スペースをどこにどう設けるのかが設計のポイント。

収納量を増やそうとすればそれだけ大きくなりますし、大きくなれば、重みに耐えられるしっかりとした構造にしなければいけません。重みに耐えられなければ次第にゆがみ、引出しや扉がスムーズに開かなくなるため、家具として使い物にならなくなってしまいます。

こうしたことのないよう、重さやゆがみに強い設計や材料選び、加工法などを知っておく必要があります。

引出しの角を強化

引出しは中にものを入れて引っぱって使うもの。ゆがんだらスムーズな出し入れができないので、手前の角にはクギを打ってダボ埋めし、強度をあげている

引出し正面

引出し背面

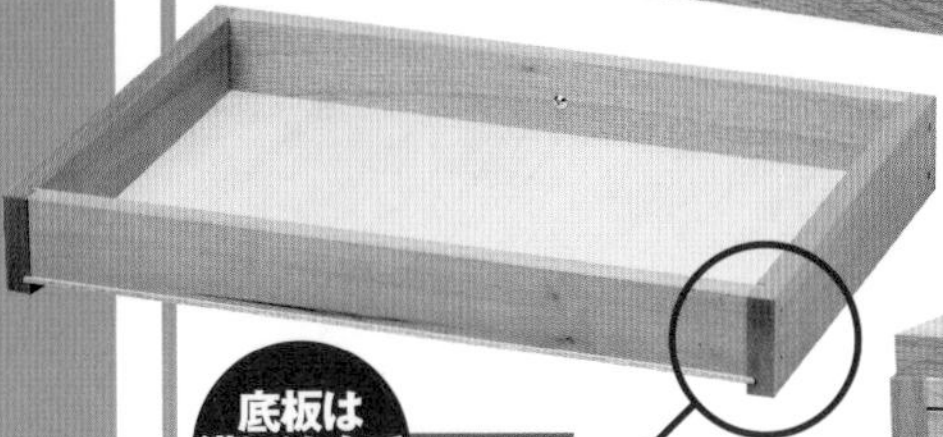

底板は溝にはめて固定

引出しの底板は、ものの重みで抜け落ちてしまわないように、前板と左右の側板にだけ溝を彫ってはめる

キャビネット正面

キャビネット背面

側板は板をはぐ

側板や天板のような大きなパーツは、2枚の板をつなげて使うことが多い。ビスケット・ジョイントを使えば、境目がわからないほどきれいにつながる

本体に脚を付ける

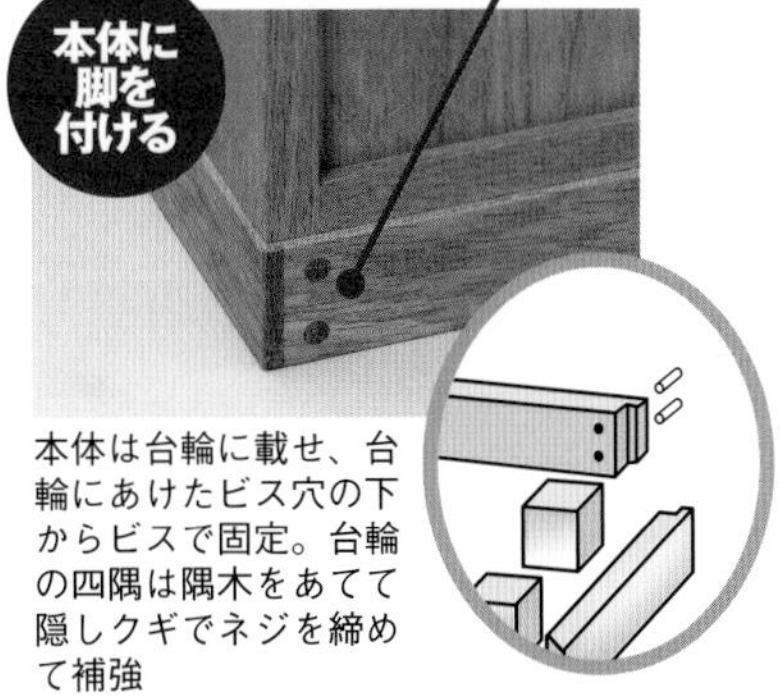

本体は台輪に載せ、台輪にあけたビス穴の下からビスで固定。台輪の四隅は隅木をあてて隠しクギでネジを締めて補強

扉は蝶番で取り付け

箱物の上部に引出し、下部に扉をつけるのはよく見られるデザイン。扉は鏡板という中央の板を四方から框と呼ばれる枠で囲んだ形。これを蝶番で本体の側板に取り付ける

箱作りのプランニング

step01 箱の形状と寸法を考える

●箱の構成を考える

収納するもののサイズや量と、それをどこから出し入れすれば便利で使いやすいかを考えていくと、引出しのサイズや数、フタや扉の要否や開け方、棚板の数など、作りたい箱の方向性がおのずと見えてきます。

ものを整理・収納するためのボックス収納では、箱の中にどう収納スペースを設けるかがポイントになります。何を収納したいのかを決めたら、入れるもののサイズや数に合わせて寸法を決めると、ムダがなく使いやすいボックス収納を作ることができます。

箱は天板（フタを含む場合も）、側板、前板(扉を含む場合も)、背板、底板を組み立てますが、組み方や扉の意匠、取っ手の種類なども千差万別。自分なりのひと工夫をすることで、デザインも使い勝手もよりよいものに変わっていきます。

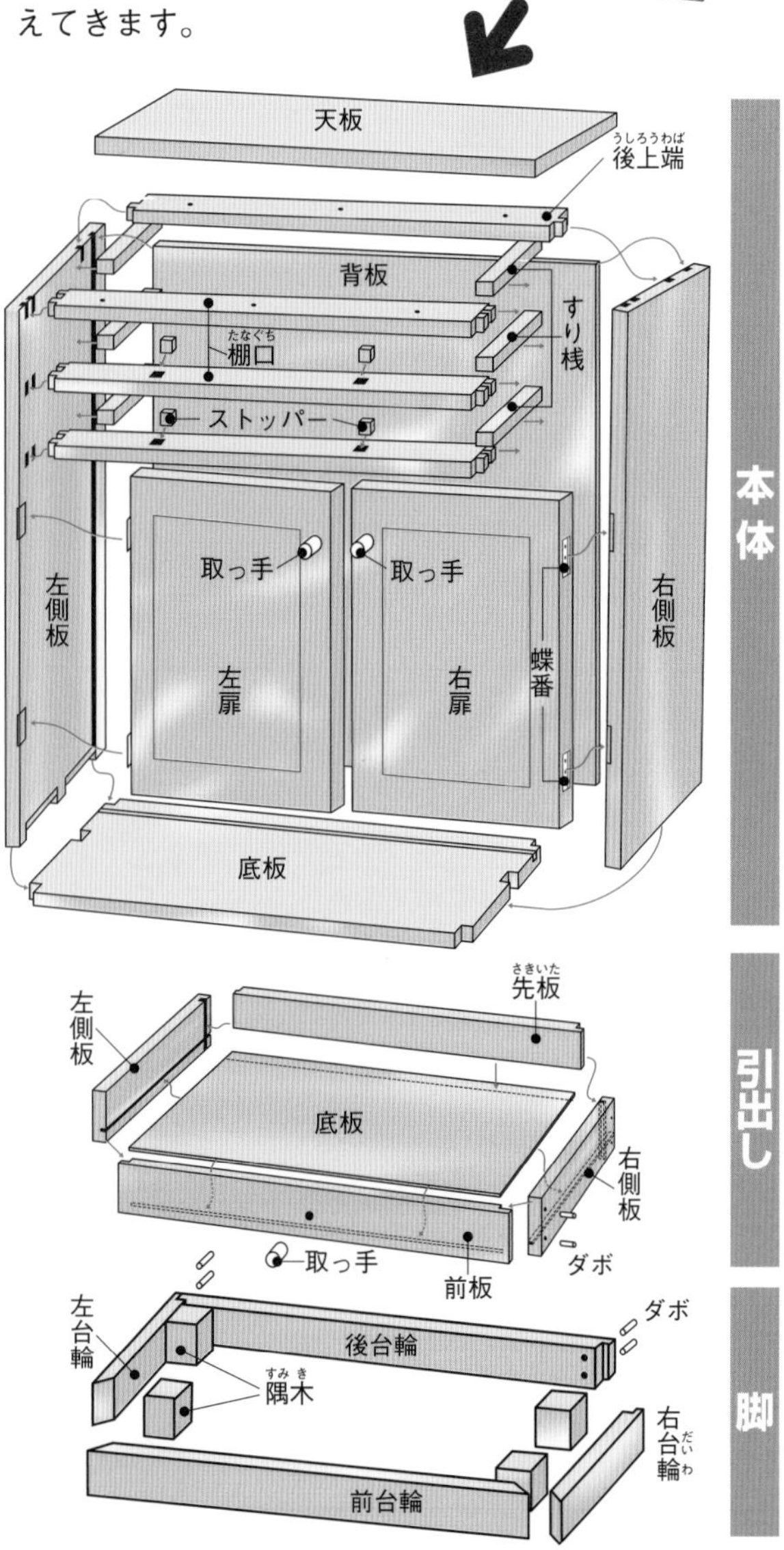

薬箱

薬箱に入れるものは消毒薬や絆創膏、塗り薬など、こまごましたものが多いので、小分けに分類・整理できるよう、仕切りを設けられる構造が基本

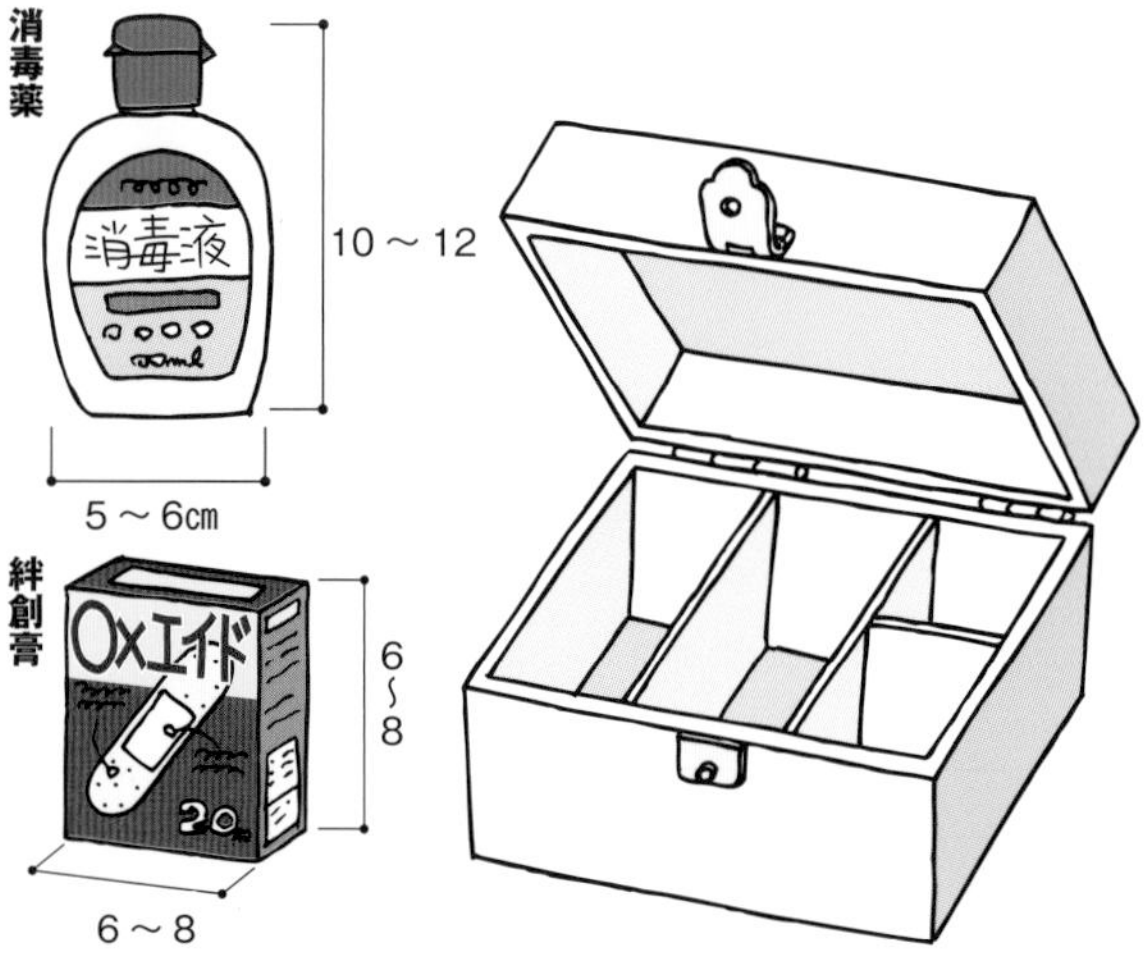

CDケース

CDがちょうど入るサイズの深さと幅で、必要量が入る形にする

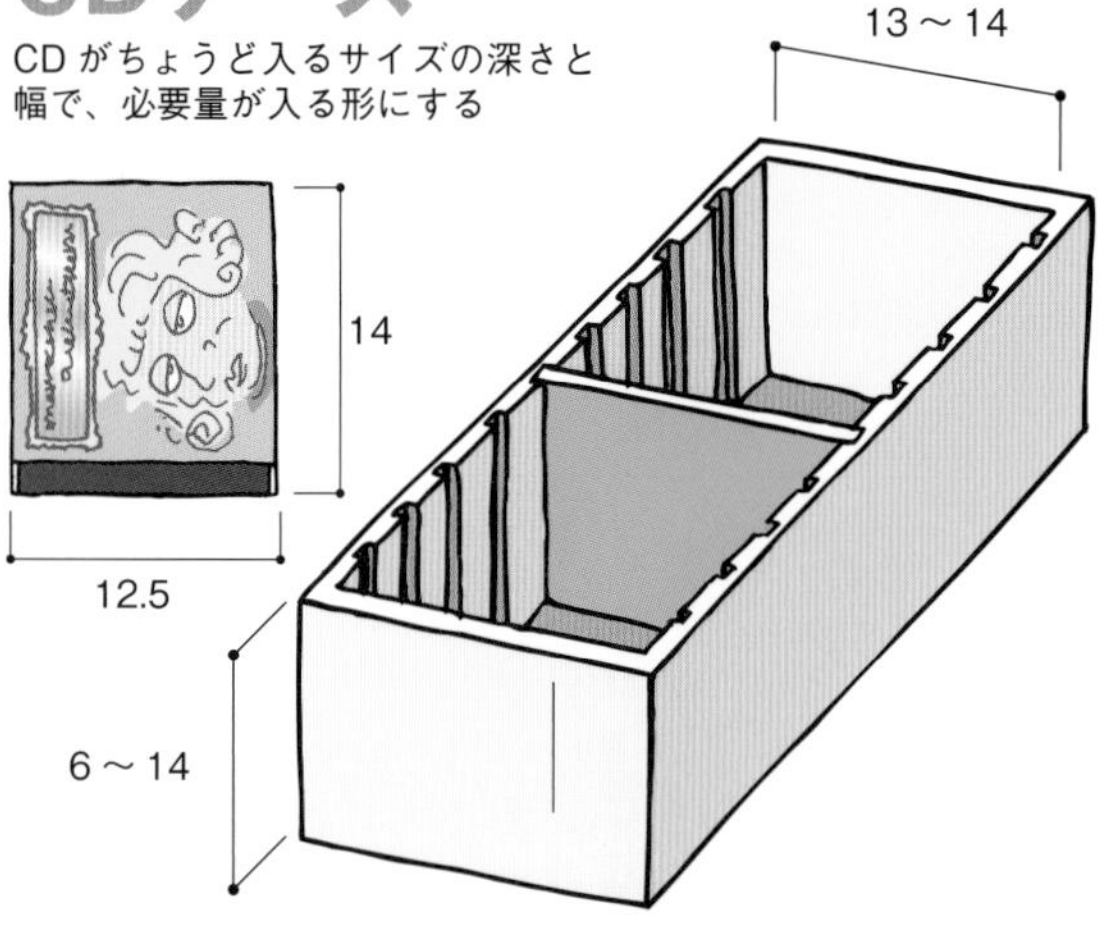

※寸法の単位はcmです

step02 箱の設計と造作を考える

●引出しを設ける？

手前に引き出すことで奥のものも簡単に取り出せたり、箱の上部に設置すればデッドスペース解消にも。重いものを入れるなら材を厚くしたり、引出しの固定法を考慮する必要があります。

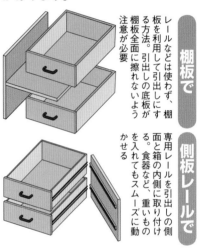

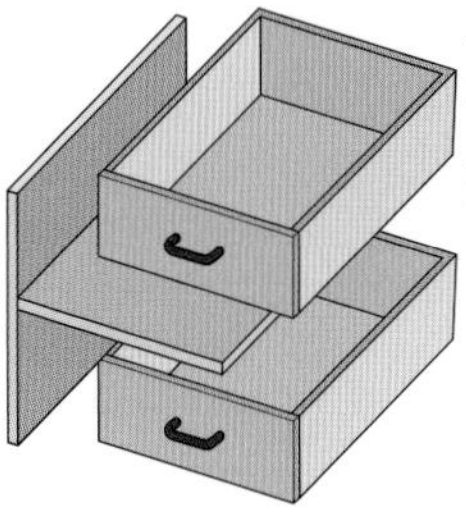

棚板で

レールなどは使わず、棚板を利用して引出しにする方法。引出しの底板が棚板全面に擦れないよう注意が必要

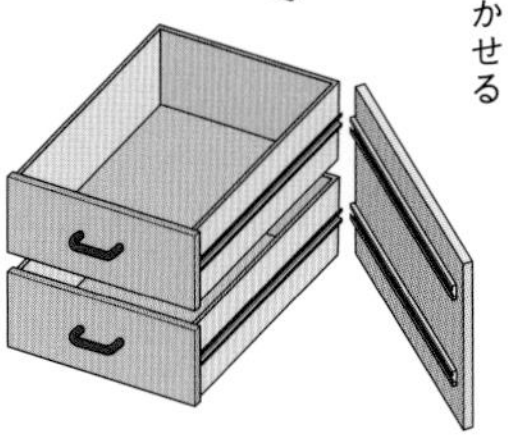

側板レールで

専用レールを引出しの側面と箱の内側に取り付ける。食器など、重いものを入れてもスムーズに動かせる

●フタや扉をつける？

中にホコリが入らないようにしたり、目隠ししたいなら必要です。キャビネットなど、前面に扉がついている場合は、扉に装飾を施すことで高級感を出すことも可能。取っ手や蝶番も選択が必要です。

→蝶番で開閉するフタをつけたおもちゃ収納ボックス。フタをつけたことで積み重ねることも可能に

↑重量があるミニ七輪用の箱は、上からはめるスライド式フタで取り出しやすく
→雑多にものを入れる手提げタイプならフタは不要

補強金具を使えばより堅牢な構造に

木材の接合部分に補強金具を添えて印をつけ、ビスで留めれば、クギやビスだけで組むより強固な作りに。安いものでひとつ40円から販売されているので試してみては。

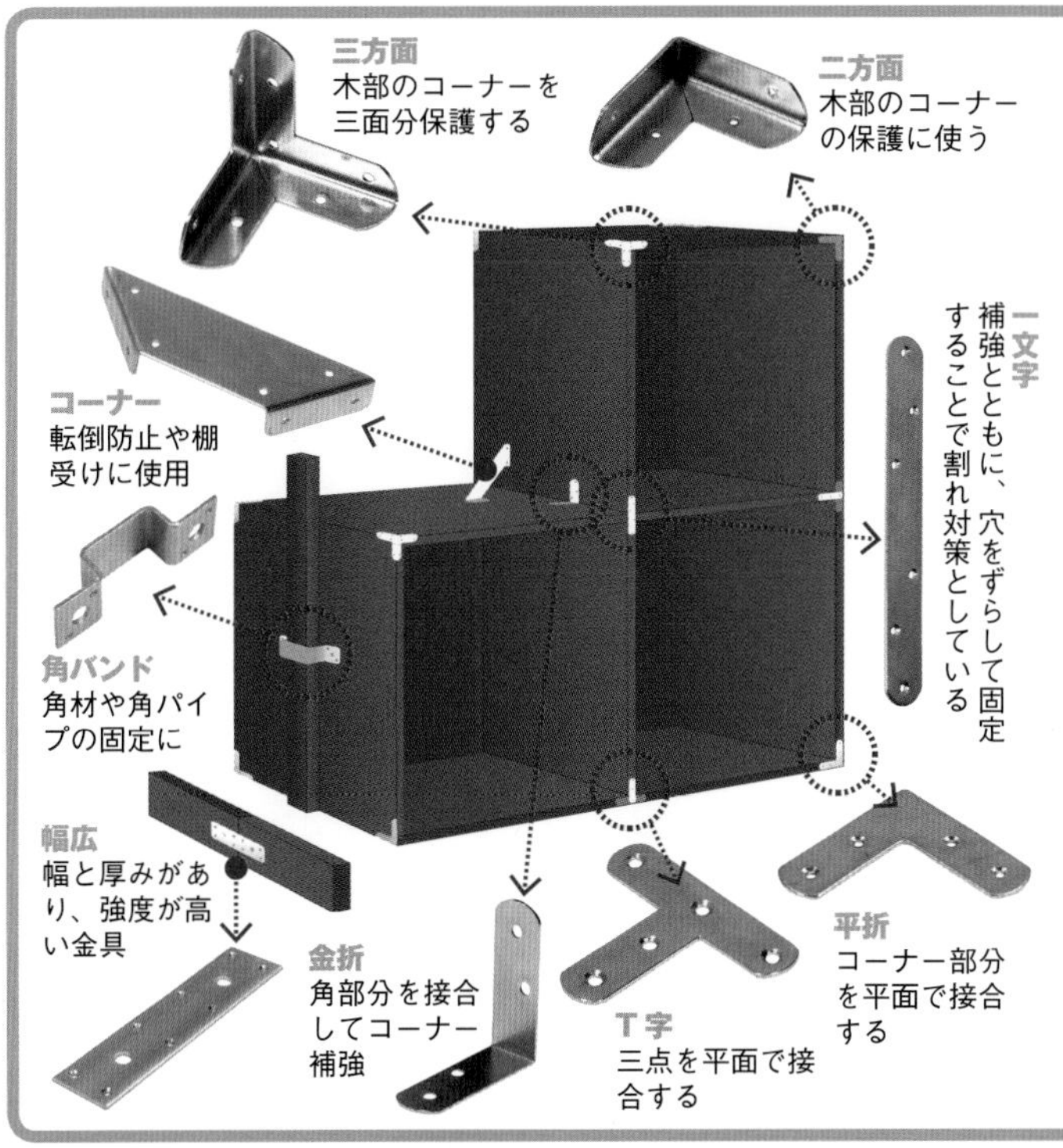
三方面
木部のコーナーを三面分保護する
二方面
木部のコーナーの保護に使う
一文字
補強とともに、穴をずらして固定することで割れ対策としている
コーナー
転倒防止や棚受けに使用
角バンド
角材や角パイプの固定に
幅広
幅と厚みがあり、強度が高い金具
金折
角部分を接合してコーナー補強
T字
三点を平面で接合する
平折
コーナー部分を平面で接合する

●箱の組み方はどうする？

クギやビスを使った簡単な方法から、職人技のような正確さが要求されるアリツギ加工までさまざま。道工具の充実度や習熟度に応じて考えたいもの。以下の例では、下へ行くほど難易度が高くなります。

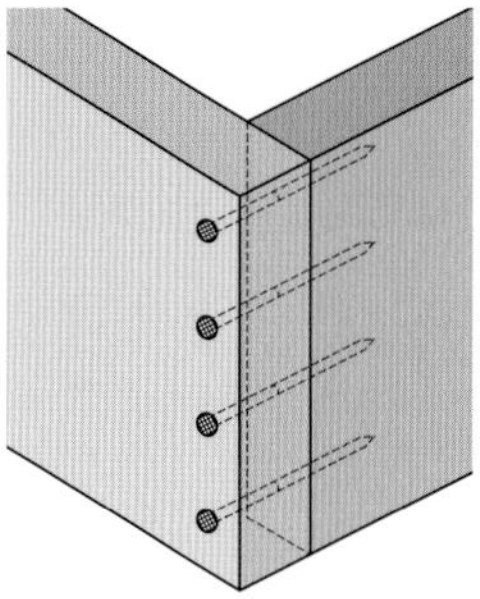

クギ・ビスで

側板同士をクギやビスで接合する手軽な方法。クギの頭が気になるなら深く打ち込んで上からパテで埋めるか、隠しクギで丸棒を使い、隠すこともできる

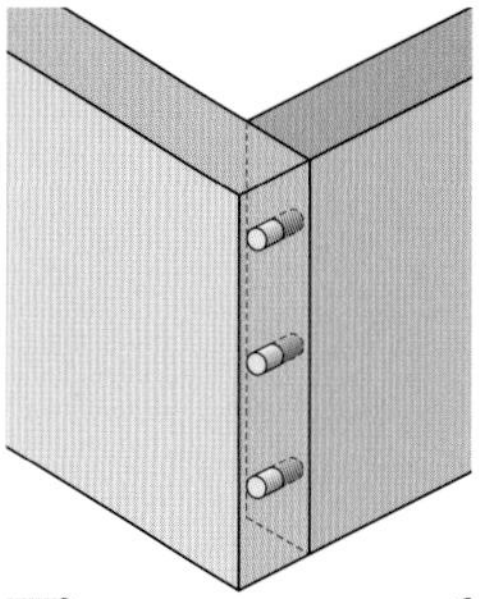

ダボで

側板の接合面にそれぞれダボ穴をあけ、接着剤をつけたダボを両面に差し込んで固定する。ダボ穴の位置を正確に同じにすることが重要

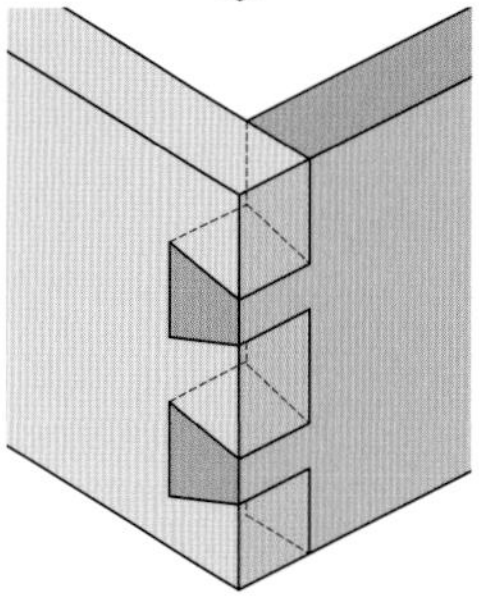

アリツギ加工で

アリ溝を作って接ぐ方法。難しいと思いがちだが、ルーターと専用ガイドを使えば簡単。ワンランク上の仕上がりを手にしたいならぜひ挑戦を！

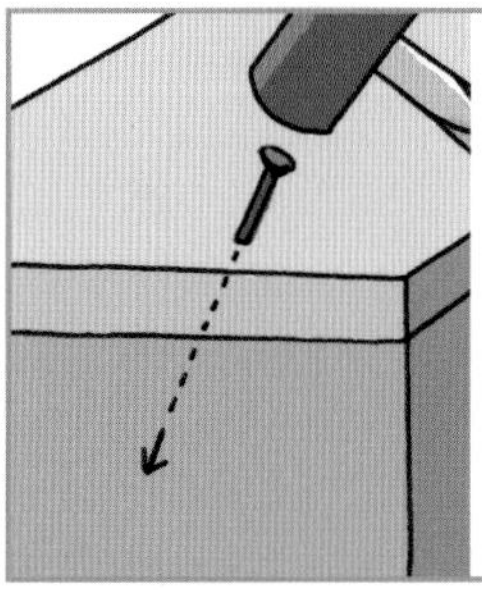

クギの打ち方

クギの接合強度を高めるには、垂直ではなく斜めに打ちつけるのがよい。材料内で交差するよう数本打つのがコツ。接着剤を併用するとより強度が高まる

箱もの収納

本体の素材はOSB合板で、引出しはMDFを使用

Point 市松模様に見せるアイデアも完璧!!

鏡面仕上げで塗装したキャビネット

志村雅さん＊埼玉県草加市

光沢のあるゴージャスな塗装が特徴のキャビネット。下地剤（木工用シーラー）→水性塗料を塗装→研磨→ウレタンクリアを塗装→研磨→液状のコンパウンド（研磨剤）で磨き上げる…という手順で塗装。一見、木工作品とは思えない仕上がりです。

鏡のように仕上がった塗装面。塗装にはハケではなく、スプレーガンを使っているそう

専用収納は美しい！小型七輪のための箱

上石浩一さん＊埼玉県所沢市

収納物に合わせてピッタリサイズに仕上げられるのがＤＩＹ収納のいいところ。というわけで小型七輪専用の収納箱を作りました。この遊び心こそＤＩＹ精神です！

Point 一緒に使う道具も一括収納

ビスの頭は丸棒で隠した。フタの両脇はビス留めしていないが、ダミーで丸棒をあしらっている

↑七輪のまわりにあるのは、穴あきプレートを輪にしてボルトナットで留めた自作の五徳。仕切り板の上には七輪台と網を収納
→七輪を収める穴と、五徳、仕切り板の溝はトリマーで加工

孫の部活道具をしまう昔デザインの道具箱

中島克元さん＊栃木県下都賀郡

四隅に立てた細材に1×4材をビス留めして作った収納。真ん中付近に仕切り板を入れ、上部にフタ、下部に扉を設けています。特徴的なのは、家にあった古いタンスを真似たという装飾金具。厚さ1㎜の鉄板を金切りバサミでカットし、ヤスリをかけてから縁をハンマーで叩いて膨らみを持たせました。

大きめの物は上部、小物は下部と使い分けているそう。装飾金具は黒の油性塗料で仕上げ、丸頭のクギで留めた

Point 民俗家具調が古くて新しい！

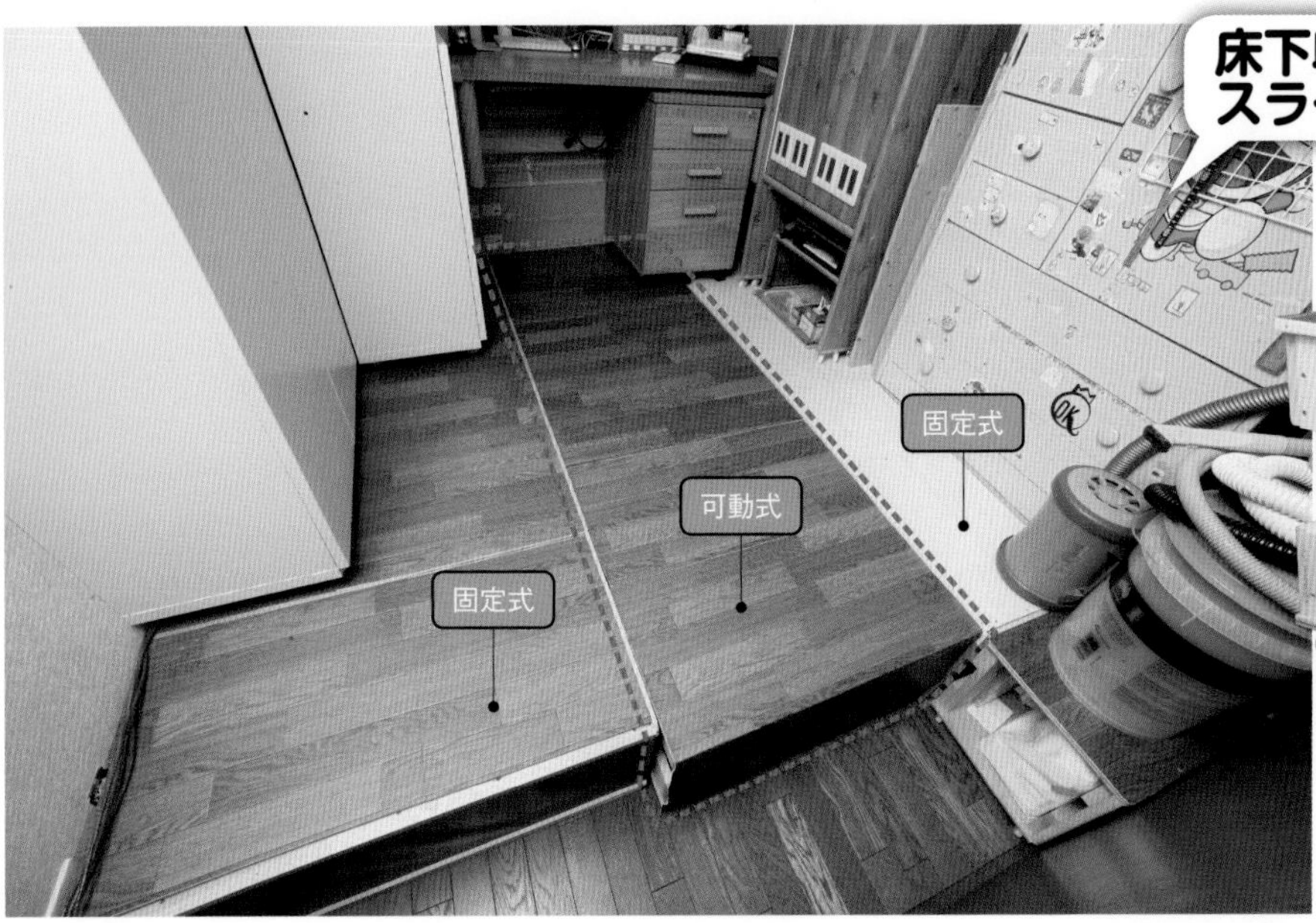

↑がっしりした棚。学校の下駄箱のような雰囲気もある

床下収納がスライドして動く!!

可動式の収納箱本体。小さいキャスターをたくさんつけている

↓可動式の収納箱を動かすと、固定式の収納箱が利用できる

床下収納ならぬ床“上”収納！収納箱を敷き詰めた床

野坂貞夫さん＊大阪府吹田市

なんと部屋の床ほぼ全面に収納箱を敷き詰め、大容量の収納スペースに。3列に並ぶ収納箱のうち、真ん中の列のみキャスターつきの可動式にして、それらを動かすことによって物を出し入れできるようにしています。箱はひとつずつ角材で骨組みを作り、天板にベニヤ板を張って、その上にクッションつきフロアクロスを張りました。可動式の収納箱のみ、底板としてベニヤ板を張っています。「収納箱をテトリスのように動かして収納するのを楽しんでいます」とか。

白とブルーグレイに塗られた茶箱。取っ手と蝶番をアンティーク風にするだけで、本来の和テイストがモダンに変わる

茶箱特有の密封性のよさが、衣類の収納にも役立つ

和にも洋にも合う万能収納ボックス

古い茶箱がモダンなコンテナボックスに変身

山本八郎さん＊千葉県勝浦市

密封性のいい茶箱を好きな色に塗装し、フタにアンティーク風の蝶番や取っ手をつけただけなのに、なぜかとってもモダンで、便利なコンテナボックスに変わるから不思議。山本さんの場合は、衣服やシーツなどを収め、寝室に置いています。部屋のインテリアとしても楽しめそう。

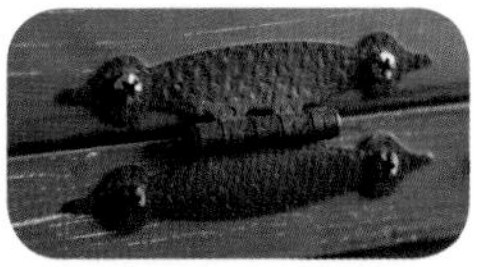

アンティーク風の蝶番

お気に入りをきれいに整理できる！

おもちゃの収納ボックスを作る

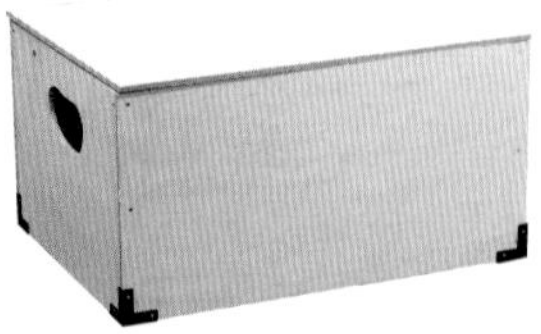

合板ならではの余裕のある板面を使えば、容量のある箱作りも簡単。
かさばるおもちゃも、簡単工作で箱を作れば、簡単に整理できるようになります。
薄い合板も骨組みを組み合わせれば、実用強度も十分となります。

木取り表　＊サイズの単位は㎜

材の種類	サイズ	数量	使用部位
シナ合板（5.5㎜厚）	396×200	2	前板・背板
シナ合板（5.5㎜厚）	280×200	2	側板
シナ合板（5.5㎜厚）	396×291	1	フタ
シナ合板（5.5㎜厚）	385×280	1	底板
10㎜の角材	200	4	骨組み
10㎜の角材	260	2	骨組み
10㎜の角材	365	2	骨組み

その他の材料

木工用接着剤、ビス、蝶番、天開きステー、三つ折り隅金具

主な使用道具

丸ノコ、ジグソー、スクリュードライバー、ノコギリ、カナヅチ、定規、クランプ、マイターボックス、プライヤー、サンダー

散らかりがちなおもちゃの指定席ができると、子どもも片付け癖をつけるので一石二鳥

製作◎ドゥーパ！編集部

収納ボックスの展開図

＊単位は㎜

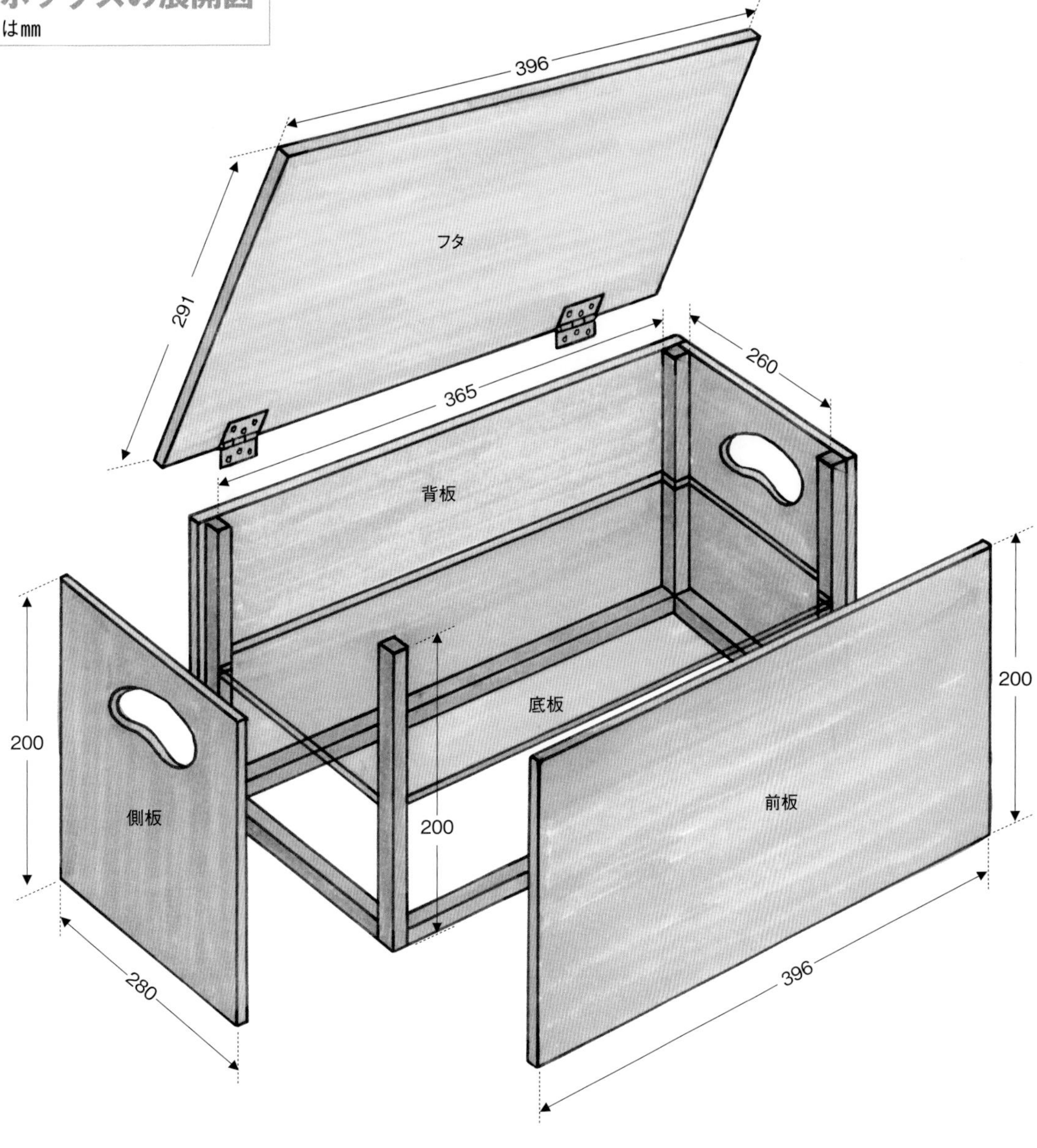

骨組みを組み合わせて見えない個所の強度アップ

作品は工作の基本ともいえる箱。合板の軽量さに丈夫さを加えるために、内側に角材で骨組みを作って補強しています。

木材料は2種類、5・5㎜シナ合板と10㎜角材だけ。それに蝶番などの金具があれば大丈夫。シナ合板は９００×９００㎜が1枚、角材は1mが3本あれば足りる計算です。

組み立ては骨組みに各板材を木工用接着剤で張りつけてから、クギで打って固定しました。クギは長さ13㎜という短いものを使うので、プライヤーでクギを支えながら打つと作業が安定します。

箱を持つために、側板にジグソーを使ってフリーハンドで窓を抜きました。カーブがきつい窓抜きなので、ジグソーの切断スピードは低速にした方が思うように切れます。

金具をつけるとき、合板が5・5㎜と薄いので、付属のビスが合板を突き抜けてしまいます。こうした場所では、板の厚さを増やすように角材などでかさ上げしたり、ビスがほんの少し飛び出す程度なら、金工用ヤスリで削り取ることもできるので、お好みの方法を試してみましょう。

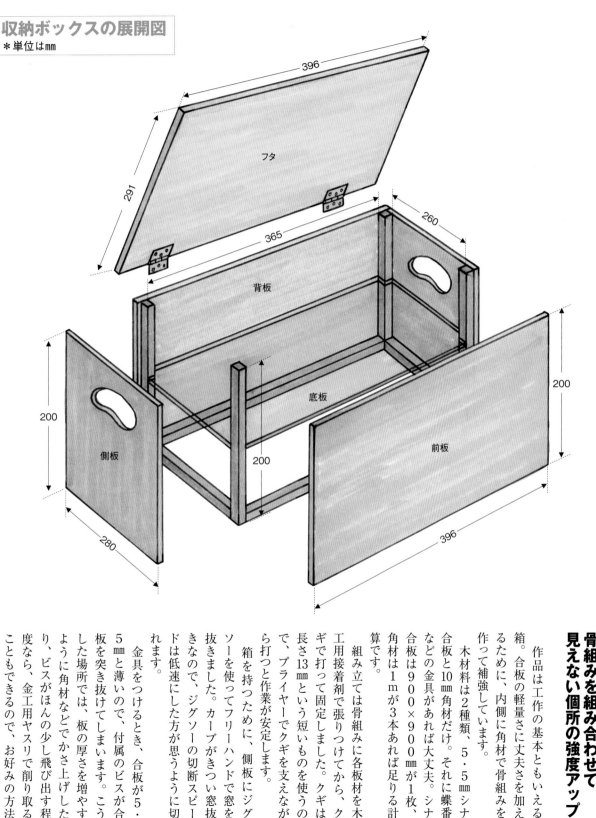

step
01

骨組みを組み立てる

各部材を寸法通りに切り、さらに直角をしっかり出すことが重要。ジグやマイターボックスなど補助具を使うと初心者でも簡単・きれいに仕上がる。

01

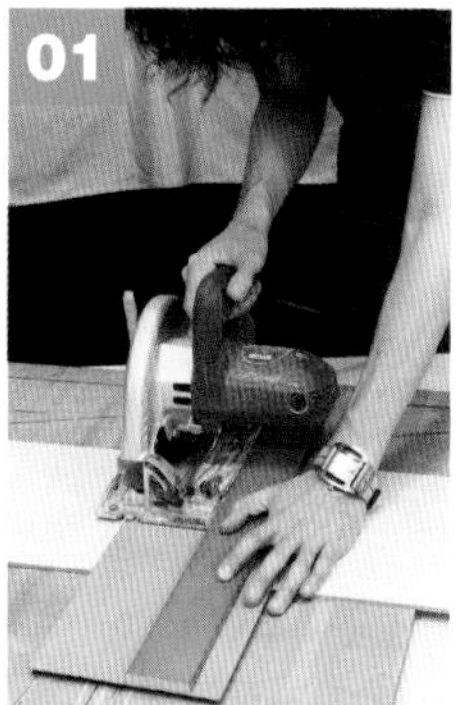

合板の直線切りにはジグを使い、正確な寸法で切り出す

02

木取りした6枚の5.5㎜厚シナ合板

03

骨組みになる10㎜の角材

04

角材の切断はマイターボックスを使って真っすぐに切断する

05

クギはプライヤーで保持し、まず安定したところで仮打ちしておく

06

逆L字にクギを打つので安定するように同じ長さの支えの棒を立てて安定させる

07

組み立てた骨組み。このままでは、まだグラグラだが合板と組み合わせると丈夫になる

08

側板をウマに載せて、ジグソーで持ち手の穴を窓抜きする

09

骨組みに側板から木工用接着剤で接着して、組み立てていく

10

角材と、合板の面同士は木工用接着剤がよく効く

step 02

箱を組み立てる

底板は骨組みの分、四隅を切り欠いておく。合板がやや薄いので、板裏に出るビスの先を安全のためにしっかり削り落とすこと。

箱の側板4面を組み立てる。木取りで前から合板の積層が見えないように組み立て工夫している

底板の四隅は骨組みに合わせて切り欠く

底板は四隅を切り欠いて写真のように収まる

箱と骨組みを長さ13㎜のクギで固定する。箱の内側には支えの板などをかませて、骨組みが落ちないように押さえておく

箱の組み立てが済んだら、上面の目違い（段差）をサンダーやカンナで削り、全体を平らにする

フタに蝶番を取り付ける

板裏に飛び出したビスの先は棒ヤスリで削り落とす

箱の底四隅には隅金具を取り付けて補強と装飾にした

フタには天開きステーをつけた。ネジの長さがあるので角材でかさ上げしている

10 完成!

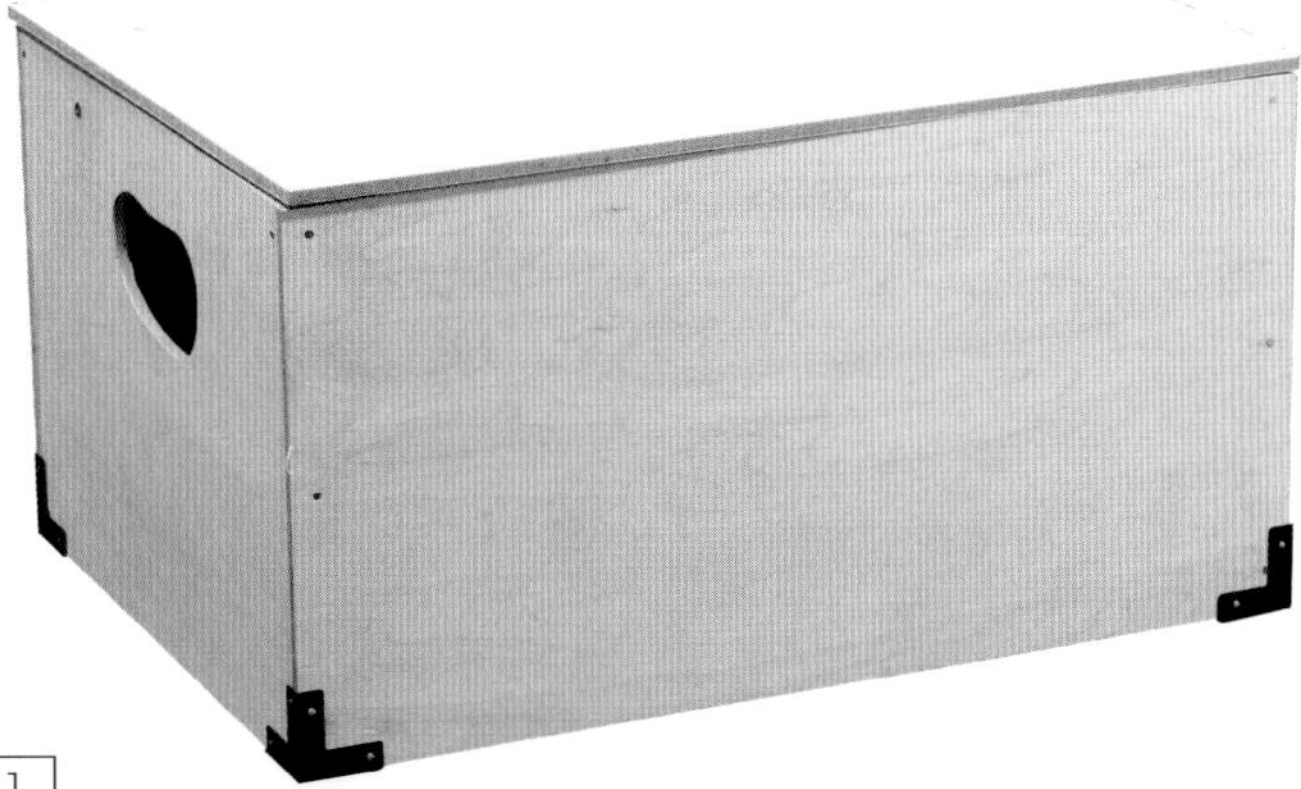

材料費を安く済ませ、軽い作品とするため、5.5㎜合板を使ったが、9㎜合板にして剛性を高めてもいい

難易度★☆☆

90㎜の薄い板材で作る

リモコンホルダー

厚さ9㎜、幅90㎜、長さ910㎜のヒノキ材1枚だけで作ったリモコンホルダー。組み立ても瞬間接着剤だけで行ない、ビスやクギは使いません。丸ノコあるいはノコギリで寸法通りにカットし、角をヤスリでなめらかにすれば、あとは接着剤で組み立てるだけです。

ここでは4個のリモコン収納を想定していますが、各自の事情に合わせたサイズや数を設定して、ヒノキ材をカットするときに「切り幅＝約2㎜」を忘れずに計算すること。

作業手順

↓
木取り
↓
後板と底板に仕切り板を接合
（瞬間接着剤）
↓
側板の接合
（瞬間接着剤）
↓
前板の接合
（瞬間接着剤）

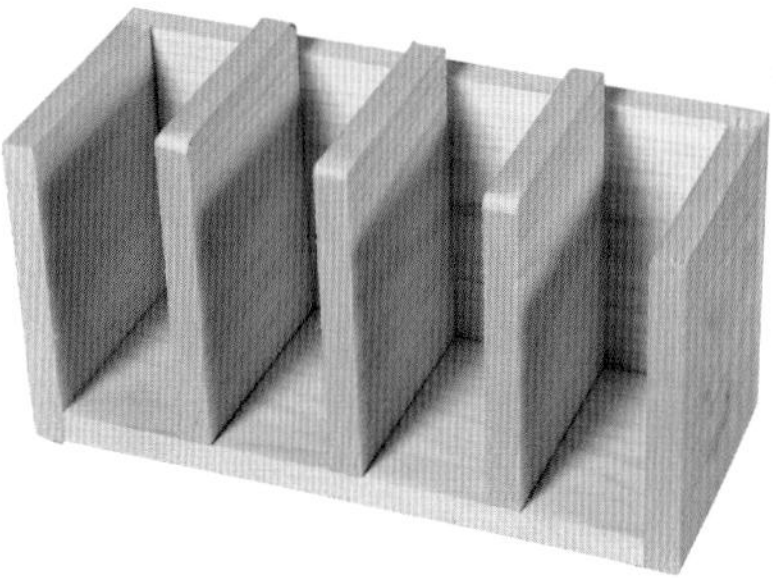

後板、底板、仕切り板を接着した状態。このあと最後に前板を接着する

木取り表

＊サイズの単位は㎜

材の種類	サイズ	数量	使用部位
ヒノキ材（9㎜厚）	90×185	2	前板、後板
ヒノキ材（9㎜厚）	90× 70	5	側板、仕切り板
ヒノキ材（9㎜厚）	70×167	1	底板

その他の材料

瞬間接着剤（アロンアルファ・ゼリー状）

リモコンホルダーの展開図

＊単位は㎜

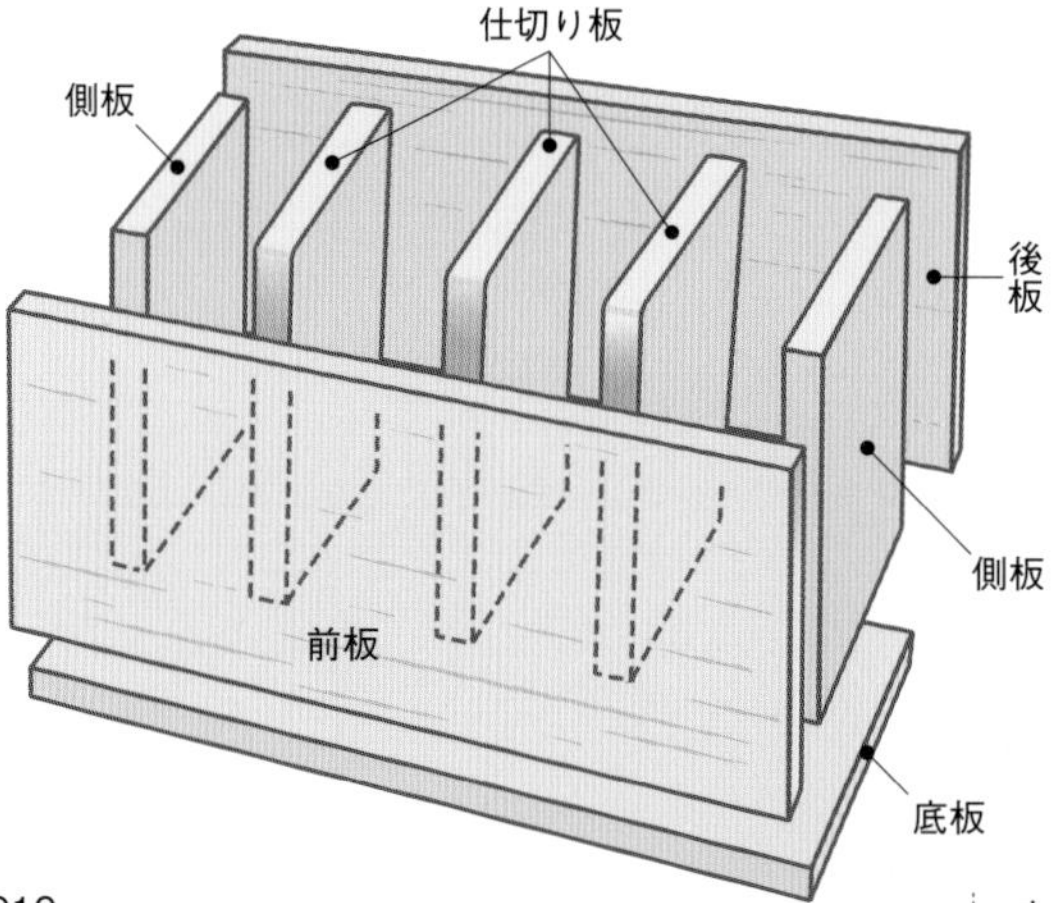

木取り図

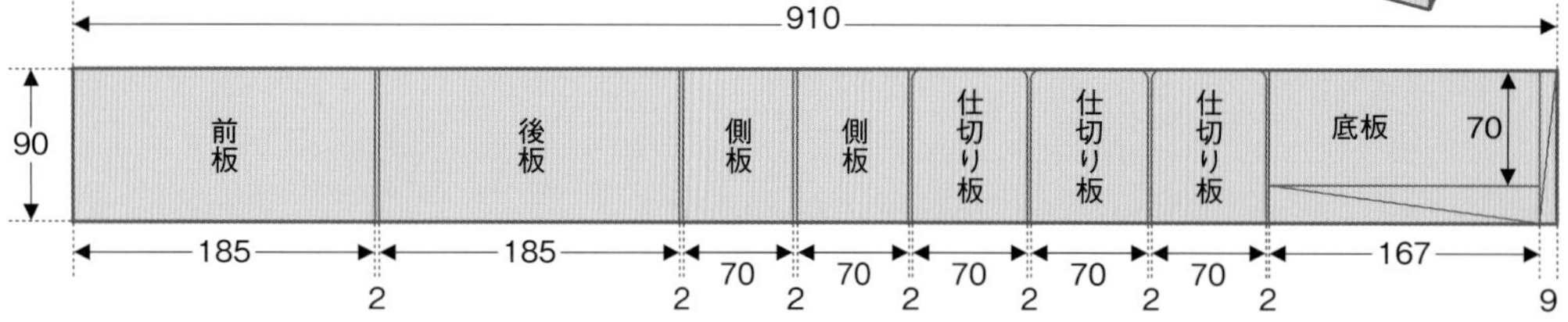

難易度★☆☆

接着剤＋細クギで組み立てる

眼鏡収納ボックス

4つの眼鏡が並べられるウッディな収納ボックス。厚さ9㎜の合板でボックスと眼鏡のハンガー部分を作り、眼鏡のツルを載せるバーには10㎜径の丸棒を使用しました。接合には木工用接着剤と細クギを併用。接合面に木工用接着剤を塗ってから細クギで打ち留めること。ハンガーとなる材には眼鏡のブリッジを引っ掛けるため、ノコギリとノミで切り欠きます。ツル置き（丸棒）は瞬間接着材で取り付けて。

眼鏡収納ボックスの展開図

＊単位は㎜

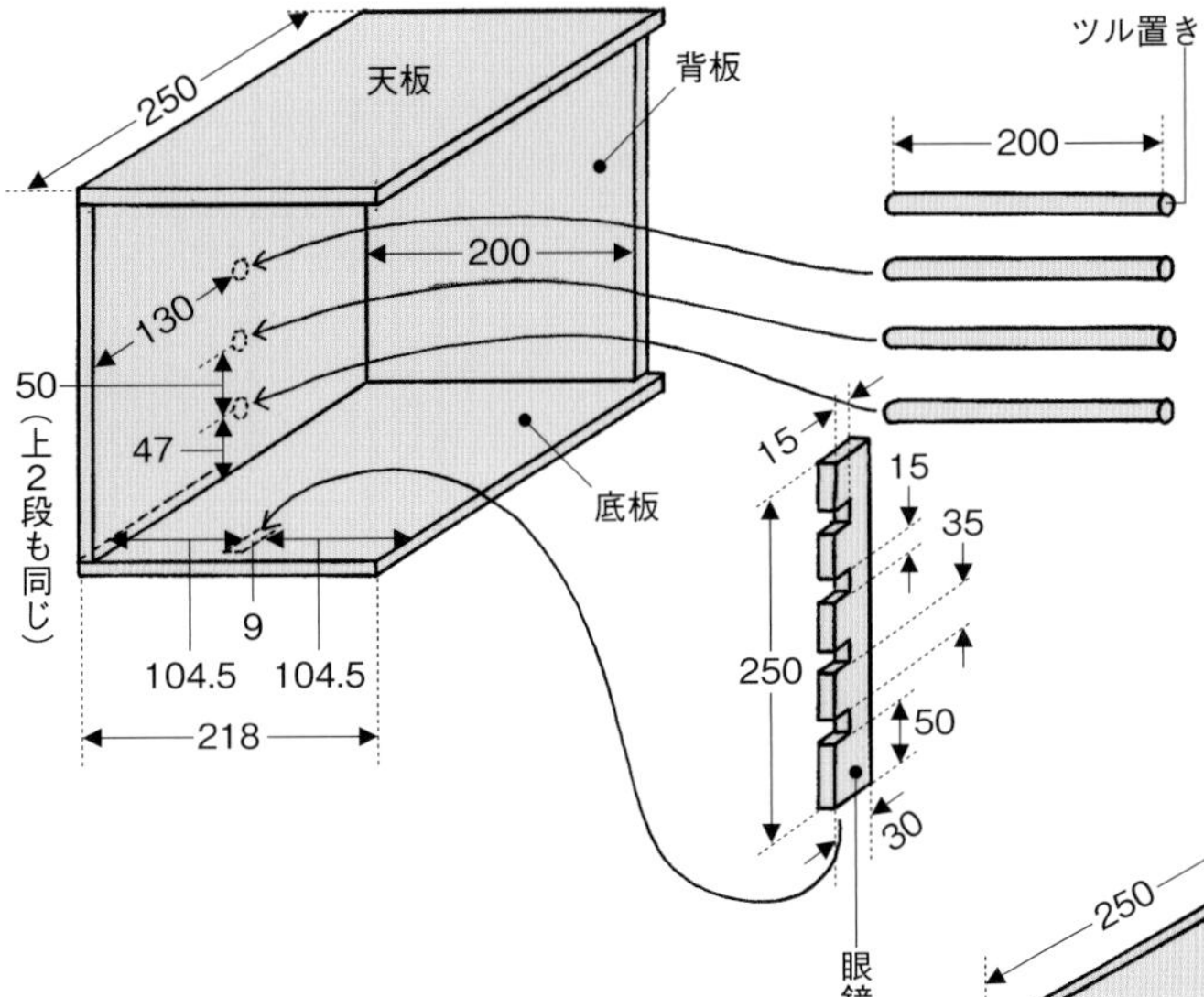

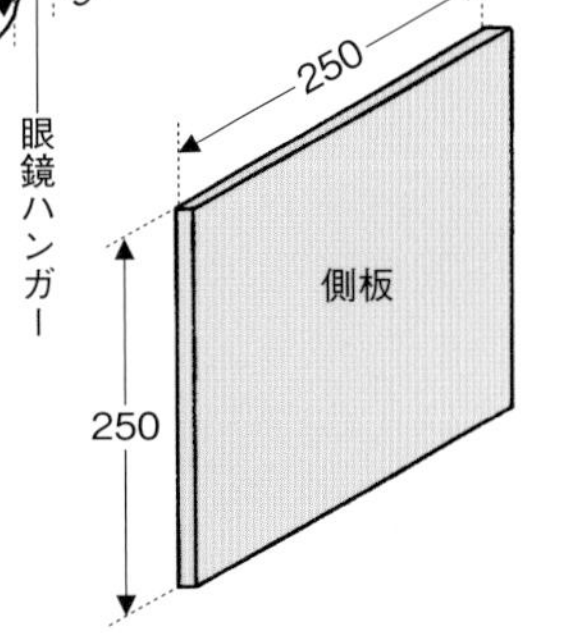

木取り表 ＊サイズの単位は㎜

材の種類	サイズ	数量	使用部位
合板（9㎜厚）	250×218	2	天板、底板
合板（9㎜厚）	250×200	1	背板
合板（9㎜厚）	250×250	2	側板
合板（9㎜厚）	250×30	1	眼鏡ハンガー
丸棒（10㎜径）	200	4	ツル置き

作業手順

1. 木取り
2. 片方の側板と天板、背板、底板の接合（突き付け）
3. ハンガーの切り欠き加工
4. ハンガーの取り付け（突き付け）
5. ツル置きの接合（瞬間接着剤）

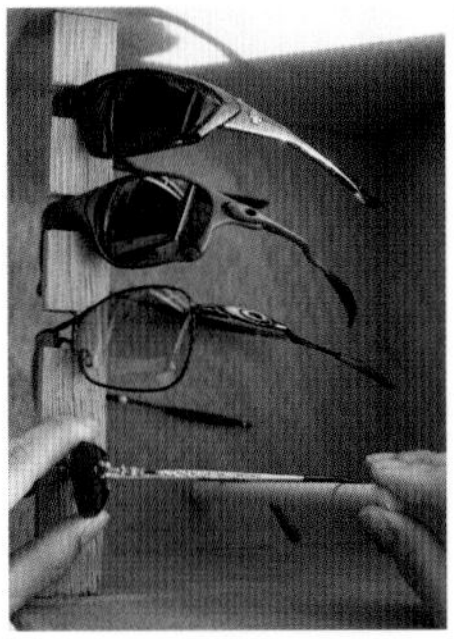
ツル置きはハンガーに眼鏡を置き、現物合わせで取り付け位置を決める

製作◎ドゥーパ！編集部

難易度★☆☆

超簡単構造の 新聞紙ストッカー

新聞を四つ折りにして収納できる簡単構造のストッカーです。各辺の中央に切り込みを入れていますので、あらかじめヒモをかけておくと、新聞をしばるときに手間がかかりません。

各部の接合は、木工用接着剤をつけ真ちゅうの丸クギで打ち留めます。このとき必ずドライバードリル（またはインパクトドライバー）かキリで下穴をあけてから行なうこと。ポイントは合板を正確にカットすることと、正確に合わせて接合することにつきます。

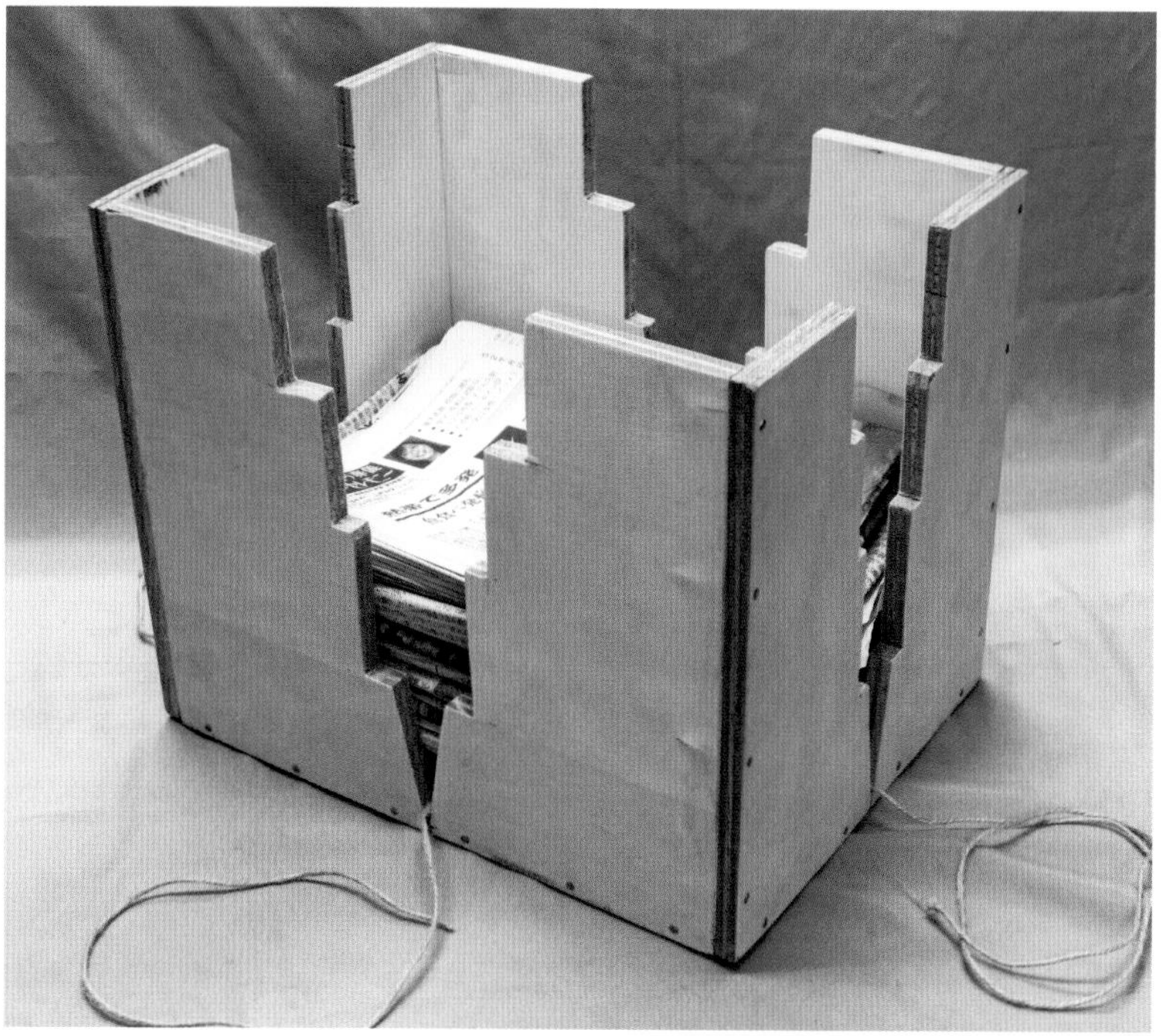

底板はコンパネを使っているがシナ合板でもOK

木取り表 ＊サイズの単位はmm

材料の種類	サイズ	数量	使用部位
シナ合板（12mm厚）	270×160	4	側板
シナ合板（12mm厚）	270×125	4	側板
コンパネ（12mm厚）	320×226	1	底板

新聞紙ストッカーの展開図
＊単位はmm

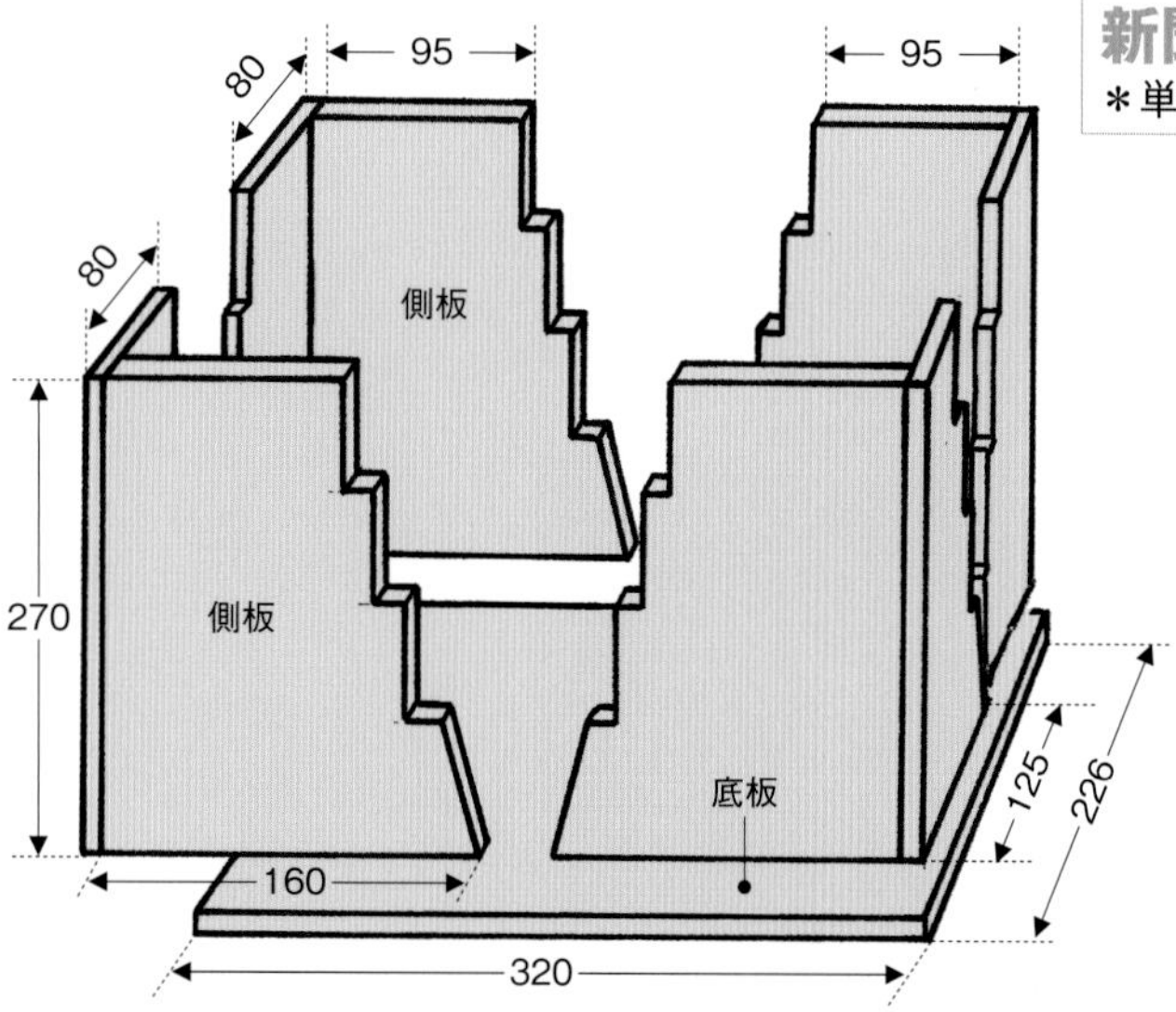

作業手順

木取り
↓
ジグソーで側板のデザインカット
↓
側板同士の接合（突き付け）
↓
底板の取り付け（突き付け）

SIMPLE WOOD WORKS
BEST SELECTION
WORKS 04

スノコのすき間を生かした スノコ収納箱

難易度★☆☆

市販のヒノキ材製スノコ2枚を使って作った収納箱。ヒノキの角材や板材を準備するより安くあがるうえ、作業も簡単です。板厚が10㎜なのでカット作業はノコギリを使いましたが、切り口が真っすぐ直角になるように注意すること。スノコの特性を生かし、脚をつけたままの状態を利用します。木取りも5枚のスノコ板がつながった状態で行ないます。ただし、背板だけは、ボックス本体を組み立ててから、脚がついているはみ出し部分を脚ごと切り落としています。

木取り表 ＊サイズの単位は㎜

材の種類	サイズ	数量	使用部位
スノコ（10㎜厚）	305×330	2	天板、底板
スノコ（10㎜厚）	195×330	4	扉、背板、側板
角材（スノコからはがし脚部 30㎜厚）	330	2	脚

その他の材料

蝶番（40㎜）、マグネットキャッチャー（小）

作業手順

木取り
↓
左右の側板と天板・底板の接合（突き付け）
↓
脚の取り付け（突き付け）
↓
背板の取り付け（突き付け）
↓
扉の取り付け（蝶番接合）
↓
扉のキャッチャーの取り付け

スノコ収納箱の展開図

＊単位は㎜

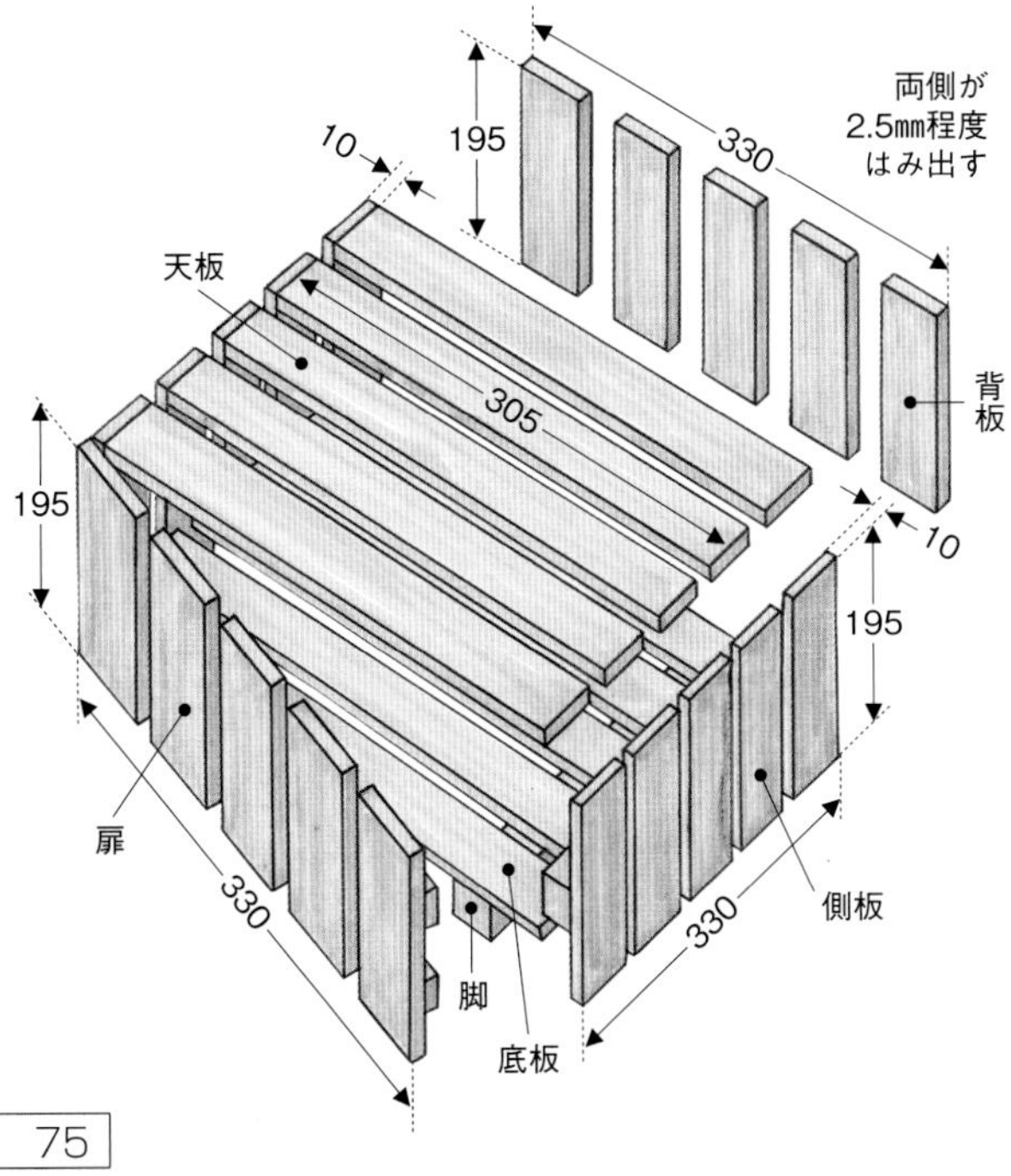

箱の底につける脚の取り付け。この脚は組み立てた天板の底板からはがしたものを再利用した

製作◎白井 糺

難易度★☆☆

書類や手紙、マニュアルなどA4版まで収納できる
レターボックス

箱物はDIYの中でもひとつのジャンルとして成り立っているほど奥の深い工作。しかし、形状そのものはシンプルなので、作り方を覚えてしまえば、初心者にも簡単に作れます。今回は木工の基本である突き合わせで枠組みします。このとき木口をどう見せるかを考えることも忘れずに。底板は、底板の厚み分だけ欠き込みを作り、そこへ底板をはめ込む方法を取っています。ただ、これはトリマーがないと難しい作業なので、欠き込みを作らず、底板も突き合わせでつけてしまう方法もあります。

　非常にシンプルな作品なので、大きさを変えたり、塗装を施したりとそれぞれアレンジを加えて作ってみてはいかがでしょう。

作業手順

↓
木取り
↓
側板の接合
（突き付け）
↓
クギ穴の穴埋め
（木工用パテ）
↓
底板用欠き込みを作る
（トリマー、カッターナイフ）
↓
底板とフタの接合
（接着剤、蝶番）

製作◎白井 糺

レターボックスの展開図

＊単位は㎜

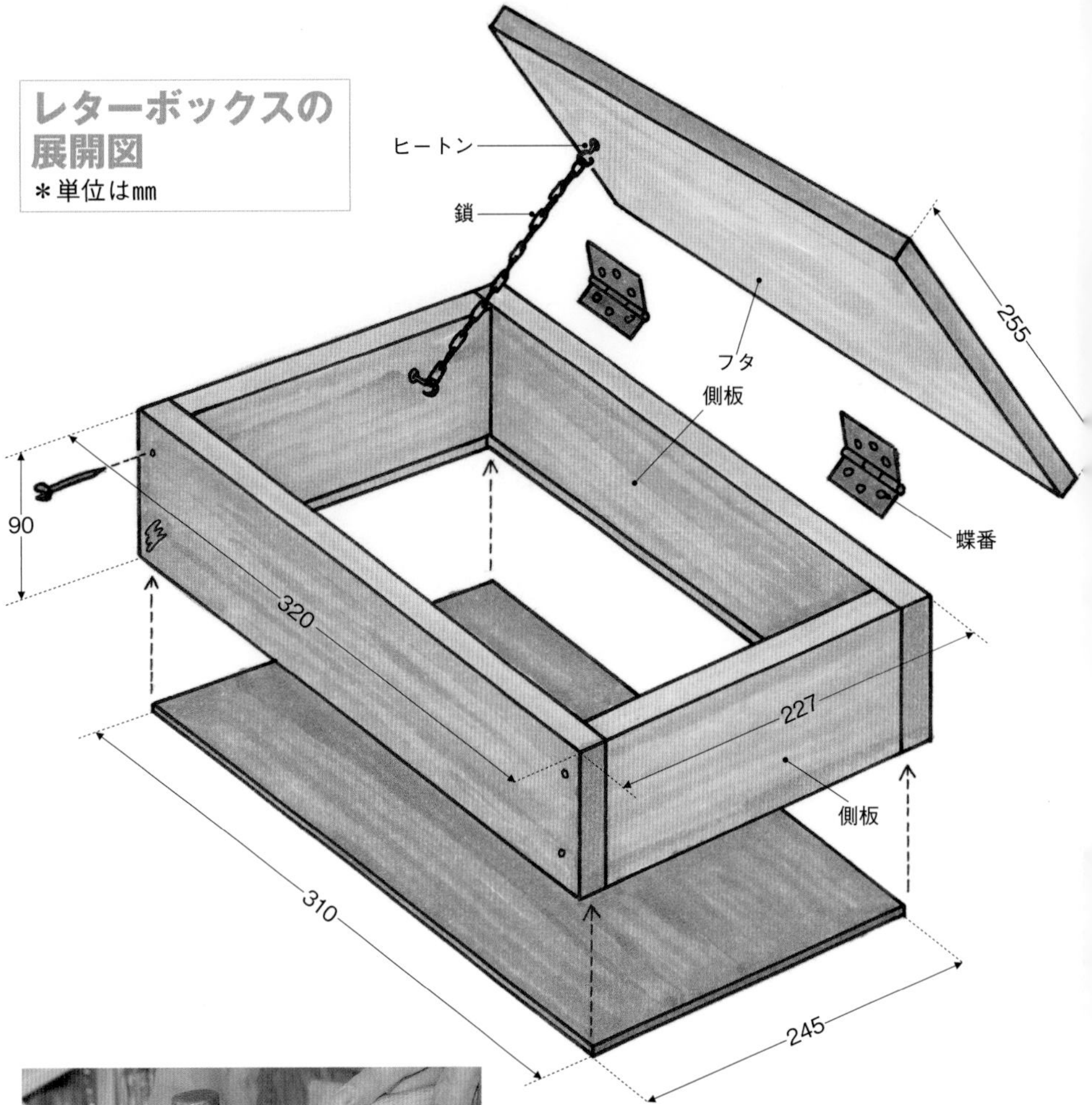

突き合わせる材の位置を墨つけして確認。クギを打つときに木が割れてしまわないようにキリを使って、あらかじめ下穴をあける

木口に木工用の接着剤をつける。一度、軽くつけて伸ばしてしみ込ませてからもう一度接着剤をつけ、クギを打ってしっかりと材同士を接合する

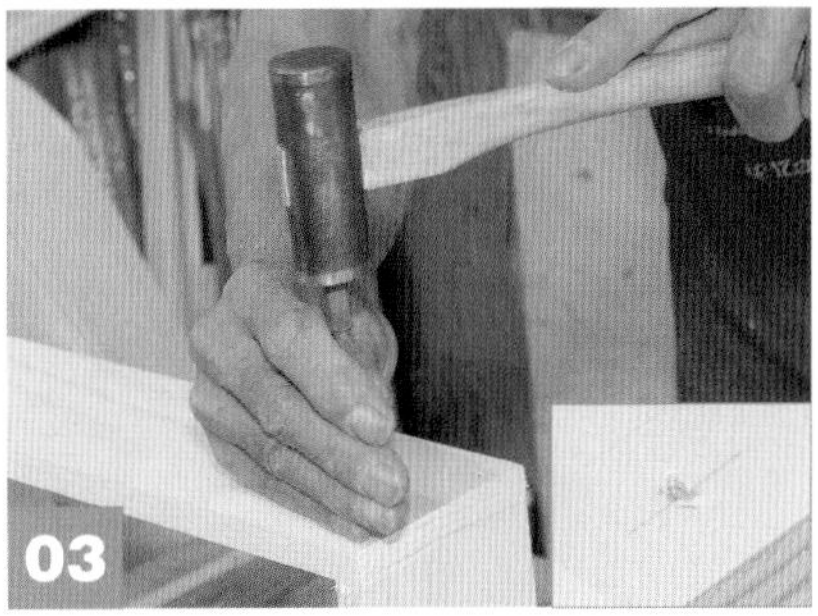

クギ締めを使って、クギを材よりも少し沈ませてやる。強く打ち込み過ぎて木を割らないように。クギ穴は木工用パテで埋めていく

箱の枠組みを組んだら、底板を取り付ける欠き込みをトリマーで掘る。角の部分はトリマーを進めすぎて掘りすぎないように注意する

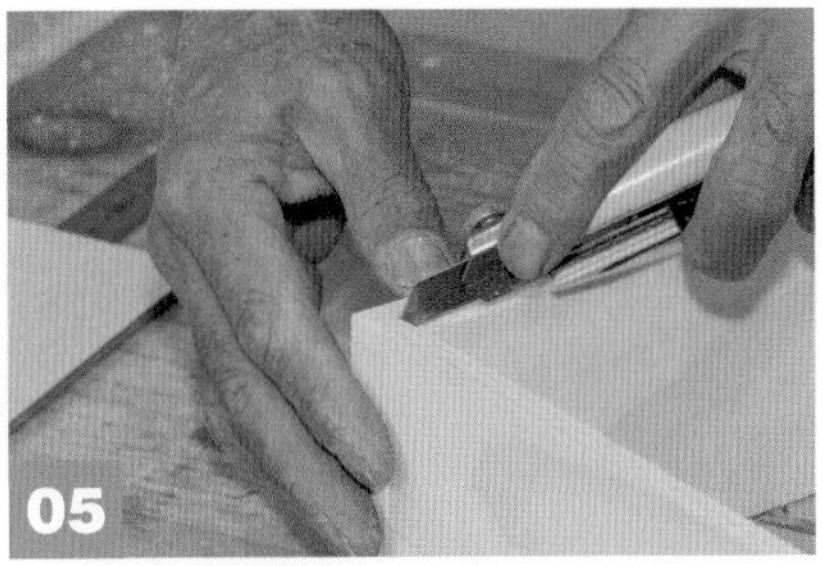

欠き込みの角の部分は丸くなっているので、カッターナイフなどで削って直角にしてやる

底板を枠板の欠き込みに合わせて切り、ぴったりと合うか確認。大きければカンナで削り調整する

底板をクギで打ちつける。使用するクギが小さくて指で支えるのが難しい場合は、ラジオペンチなどを使う。最後に蝶番を使ってフタを取り付ける。フタと本体をクランプで固定して作業をすると蝶番の位置がずれなく仕上がりがきれいになる

その他の材料

蝶番、ヒートン、鎖、木工用接着剤、木工用パテ、クギ

木取り表　　＊サイズの単位は㎜

材の種類	サイズ	数量	使用部位
パイン材（14 ㎜厚）	90×320	2	側板
パイン材（14 ㎜厚）	90×227	2	側板
合板（4 ㎜厚）	245×310	1	底板
集成材（10 ㎜厚）	255×320	1	フタ

主な使用道具

メジャー、留め定規、ノコギリ、サンダー（240番）、クランプ、プラスドライバー、キリ、クギ締め、トリマー、カンナ、カッターナイフ、カナヅチ

あれば活用できる工具

丸ノコ、テーブル丸ノコなど

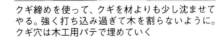

難易度★★★

引出しもついて実用度も高い
ベッドサイド・テーブル

ホゾとダボを使った箱を作る要領で製作するベッドサイド・テーブル。材料の1×4材は製品によって厚さが16～20㎜とばらつきがありますので、カンナ加工して17㎜に統一しました。またテーブル側面と背面にはめる鏡板は厚さを8㎜まで削って使用。4本の脚は2×4材を切って35㎜角にしたものを使いました。

　ダボの穴あけにはドリルガイドやドリルスタンドなどを使い、正確な垂直穴をあけることを心がけましょう。垂直な穴でないと、ダボを立てることができません。さらに、本体は正確な正方形に組めていないと、引出しが動かなくなります。組み立て中は時々、直角を確認して、必要ならば、クランプで締めて修正する必要もあります。

作業手順

各パーツの加工
↓
本体の組み立て
↓
クギ穴の穴埋め
↓
天板をダボで接合
↓
塗装して仕上げる

製作◎白井 糺

01

天板と棚板はビスケットを使ったジョイントで接合。ルーターに取り付けたビスケットジョイントカッターで加工する

02

ビスケットではぎ合わせた天板と棚板はクランプをかけてしっかり接着するまで置いておく

03

引出しの枠4枚はルーターテーブル上でフィンガージョイントカッターを使って加工する

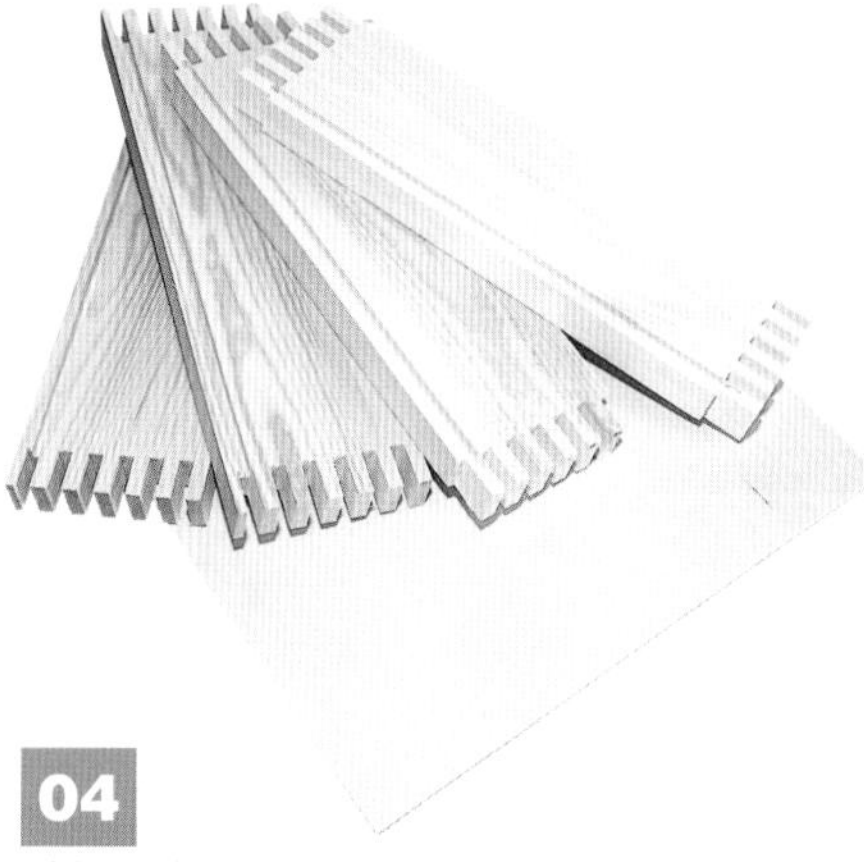

04

引出し底板は5.5㎜のシナ合板を使用。枠には4分の1インチストレートビットで底板を差し込む溝も掘っておく

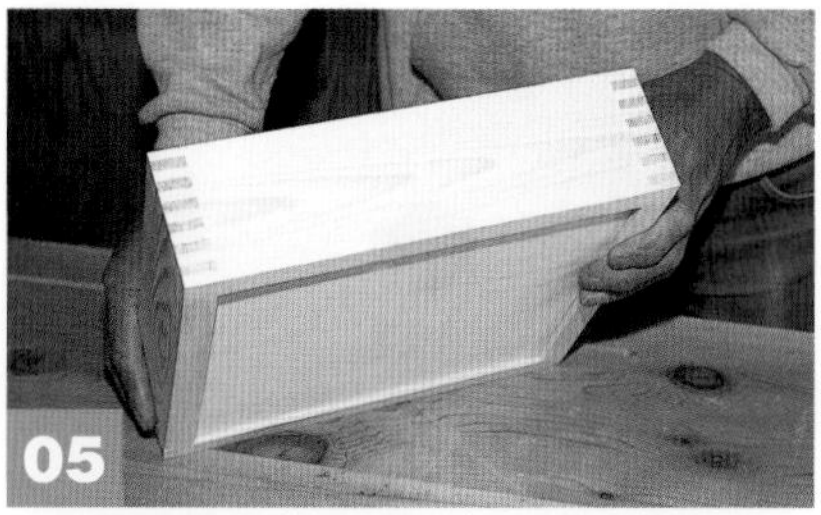

05

引出しを組み立てた状態。フィンガージョイントの深さはぴったり板厚に合わせる

06

ルーターかトリマーで35㎜角に製材した脚に、ホゾ穴と鏡板のはまる溝を掘っておく。ホゾ穴幅は4分の1インチ、溝幅は9㎜見当

07

ルーターで削り加工した材。上が側面の横桟で木端に鏡板を差し込む溝も掘られている。真ん中は側面の鏡板。厚さ8㎜に加工したあと、左右木端5㎜幅でしゃくってある。下は加工途中の横桟

08

ホゾ先はホゾ穴に合わせて、角を丸く削っておく

09

前面で脚をつなぐダボ穴はドリルガイドなどを使い、深さ10㎜程度に真っすぐにあける

10

用意したパーツを並べて確認。仮組みしてみるとパーツの不足や不備などがわかりやすい

11

側板の組み立て。横桟を脚に差し込んでから、鏡板を差し込む。接着は木工用接着剤を使う

12

もう一方の脚を差し込む。カナヅチで叩くときは当て木でパーツを保護しながら叩く

13

クランプをかけて木工用接着剤が乾き接着するまで置く。ほかの2つの側面も同様に

14

3枚の側面部を組み合わせて本体を組み立て、前面の２本の横桟は脚に手順09であけたダボで接合。ゆがみの出ないようにクランプで固定する

本体背板の内側に棚の載る桟をつける

ダボで接合した本体前面の上桟に合わせて引出しの載る桟を取り付ける。木工用接着剤ではりつけてからスリムビスで固定する

側面内側のへこんだ部分に、引出しがスムーズに動けるように補助の桟をつける。材の厚さはへこみに合わせる

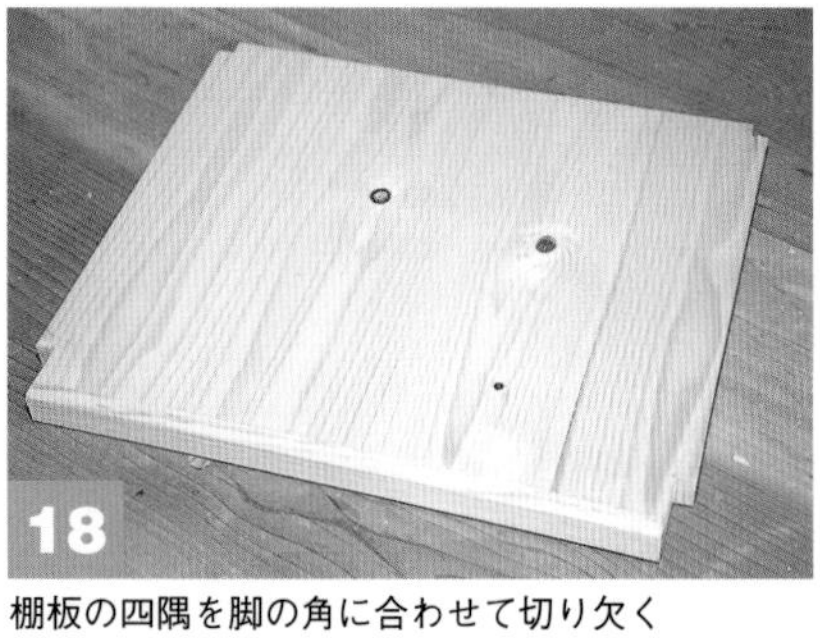

棚板の四隅を脚の角に合わせて切り欠く

角を脚の角に合わせて切り欠いた棚板を、本体に差し込む

棚板が乗った桟の下からスリムビスで固定する

本体上面にダボを打つ位置を墨つけする。位置決めは材の真ん中にくるようスコヤを使って正確に。その後ドリルガイドなどを使い、脚と横桟全部で10個の真っすぐな穴あけをする

本体上面のすべてのダボ穴にダボピンを差し込む

本体をひっくり返して位置決めした天板の上に置いて叩き、ダボピンの印を天板に写す。そのダボピンの印に合わせて天板の裏にダボ穴をあける

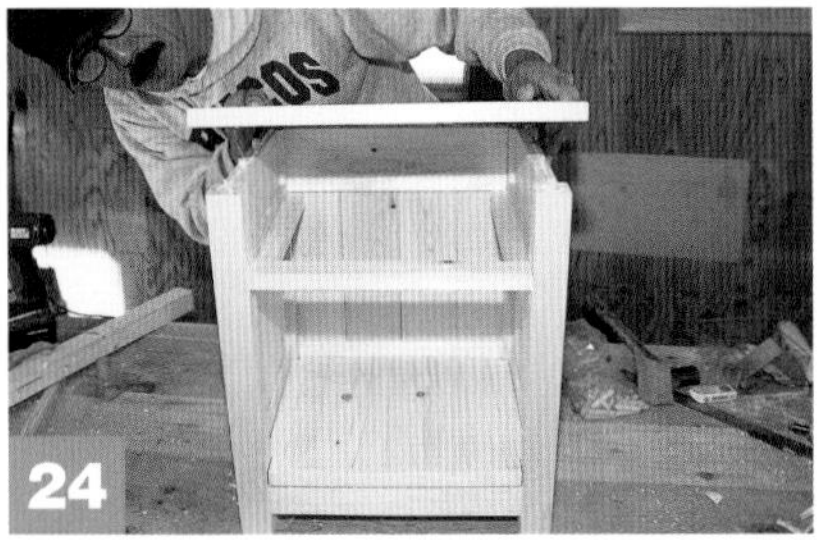

本体側のダボピンを外してダボを打ち込み、ダボの長さを合わせて天板を組み立てる

塗装前にあらためて全体を研摩して、表面を滑らかにしておく

塗料は水性の多用途タイプが使いやすい

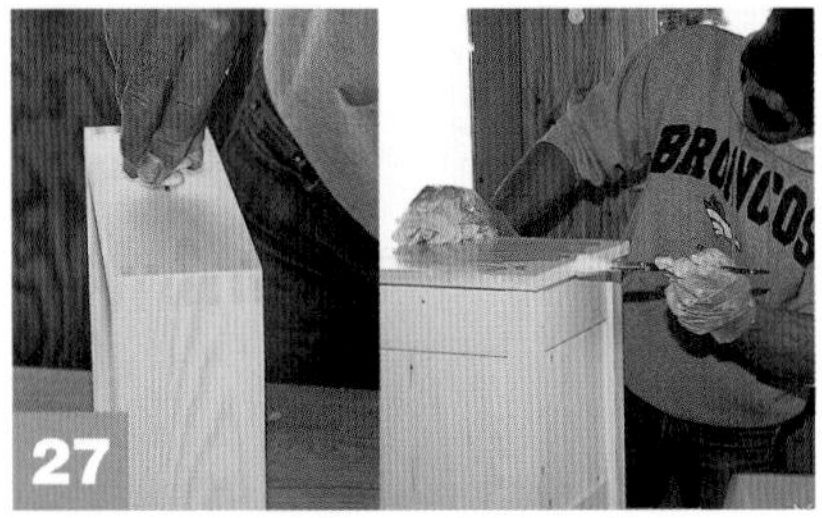

塗装は水性の多用途タイプの塗料を使い、ハケで塗ってはすぐ布で拭き取り、ごく薄い仕上げにした。最後に引出しのつまみを取り付けて完成

できあがったベッドサイド・テーブル。いろいろな技術が凝縮された作品

主な使用道具

丸ノコテーブル、ルーターテーブル（4分の1インチストレートビット、ビスケットジョイントカッター、フィンガージョインター）、平ヤスリ、自動カンナ、カンナ、ドライバードリル、ノコギリ、カナヅチ、サンダー、メジャー、ケビキ、スコヤ、塗装道具等

ベッドサイド・テーブルの展開図

＊単位は㎜

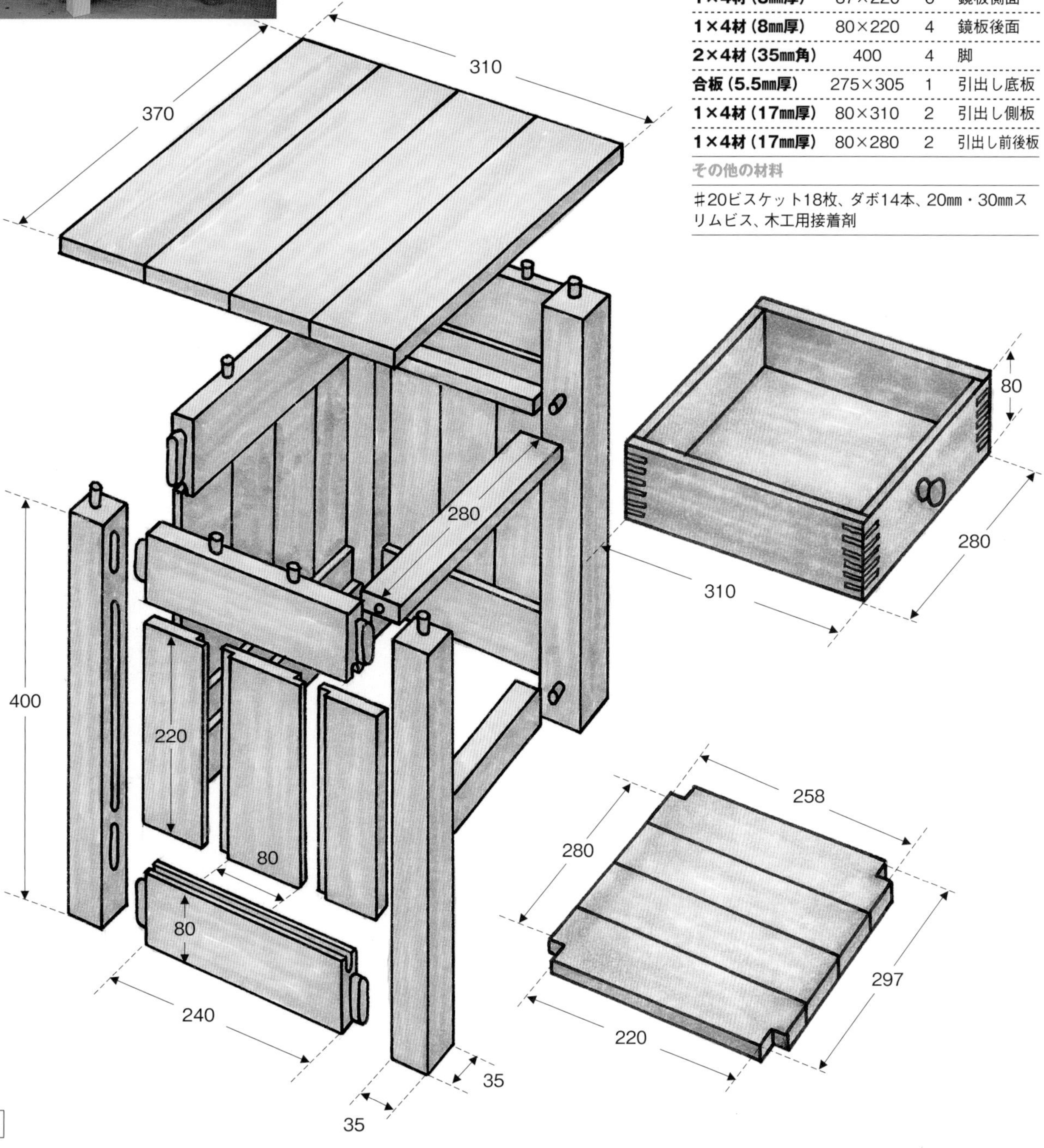

木取り表

＊サイズの単位は㎜

材の種類	サイズ	数量	使用部位
1×4材（17㎜厚）	77.5×370	4	天板
1×4材（17㎜厚）	74.25×258	4	棚板
1×4材（17㎜厚）	80×250	6	横桟
1×4材（35㎜幅）	280	1	桟
1×4材（35㎜幅）	240	2	桟
1×4材（40㎜角）	280	1	桟
1×4材（20㎜角）	280	1	桟
1×4材（8㎜厚）	87×220	6	鏡板側面
1×4材（8㎜厚）	80×220	4	鏡板後面
2×4材（35㎜角）	400	4	脚
合板（5.5㎜厚）	275×305	1	引出し底板
1×4材（17㎜厚）	80×310	2	引出し側板
1×4材（17㎜厚）	80×280	2	引出し前後板

その他の材料

♯20ビスケット18枚、ダボ14本、20㎜・30㎜スリムビス、木工用接着剤

WORKS 07

難易度★★☆

両面扉で使いやすい 収納つきカウンター

使いやすさを考えて、本体は両面扉に。したがって材が左右対称になっているのがポイント

ほとんどのホームセンターにある、身近な1×4材とパインの集成材を使って作るキッチンカウンター。上級者向けの作品と思うかもしれませんが、並べた1×4材に桟をつけて各面のパーツを作り、それを組み立てるだけでできてしまいます。

各面のパーツを組み立てていくのはビスを使った突き合わせによる組み立てで、天板、棚板、底板には歪みと狂いの少ない集成材を採用。天板の真下につく棚はビスで固定していますが、その他の棚板は桟に載せているだけです。

すべてのパーツを組み立てたら、取っ手やキャッチャー（扉を留める金具）をつけて、塗装で完成です。

作業手順

- 木取り
- 側板の加工
- 本体側面のパーツと扉を作る
- 飾り板を作る
- 本体側面のパーツと底板の固定
- 天板と棚板の固定
- 仕切り板を取り付ける
- 扉を取り付ける
- 金具を取り付ける
- 塗装

製作◎番匠智香子

01

木取り表にしたがって使用する各部材をカット。木口がぴったり合うように、側面の板4枚を並べ、30㎜角の桟を取り付ける位置に墨つけする

02

墨線は木口から90㎜の位置。底板の厚み分（15㎜）下げたところにビスで桟を取り付ける

03

1×4材の両端に桟を取り付けたら、写真のように端材を支えにして木口をそろえ、真ん中の桟がずれないように取り付ける。すべての桟を取り付けたら、もう一方の側面用に同じものを製作する

04

側面パーツと同様に1×4材を並べ、桟をつけて扉を作る。ドライバードリルでビスを桟に打ち込む

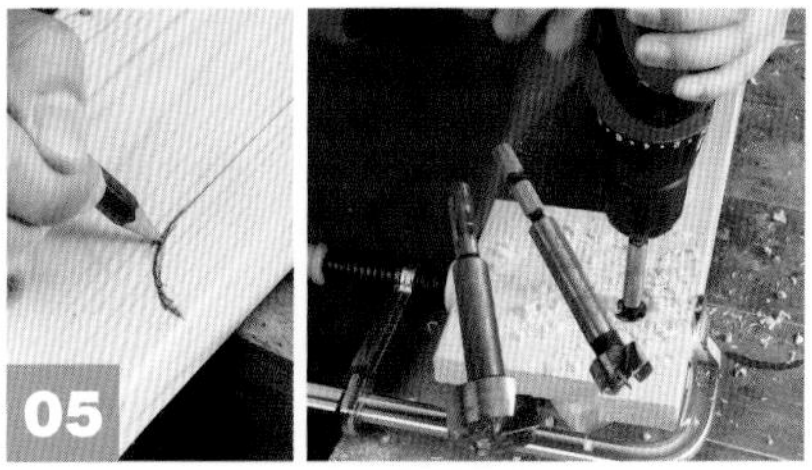

05

木口を隠すための飾り板の曲面は、エンピツでカーブを墨つけする。描いた曲線にドリルに1×4材のほうに径28㎜、幅40㎜のほうには径18㎜のフォスナービットをつけて穴をあける

06

穴のもっとも端と端を結ぶようにして墨線を引き、ジグソーで直線カット。丸棒にサンドペーパーを巻きつけ、曲線部分を研磨して形を整える

07

側面のパーツと底板（集成材）を接合。30㎜角の桟が割れないように径3㎜のドリルビットで下穴をあける

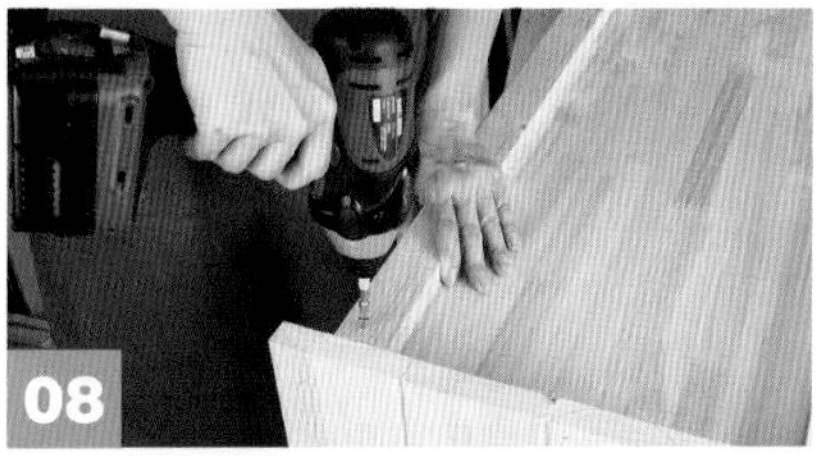

08

本体の横揺れを防ぐために、幅40㎜、長さ940㎜にカットした1×4材をビスで打ち留める

09

天板の下に幅40㎜の加工した飾り板を取り付ける。埋め木をしてビスの頭を隠すため、ドリルで径12㎜、深さ10㎜の穴をあけ、穴からビスを打ち込む。天板はまだ固定していない

10

天板を固定する。側面パーツにつけた桟からビスを打っていく。天板の表側にビスが飛び出さないように、ビスの長さに注意する

11

飾り板からもビスを打って天板を固定する。これで天板が安定して留まる

12

天板の下の棚板を留める。取り付け位置は、天板の裏側より185㎜下げた位置にした

13

収納部を2カ所に分けるために仕切り板を入れた。4枚の1×4材（うち1枚は幅80㎜に加工）に桟を取り付ける作り。ここでは下から360㎜に桟をつけたが、位置を変えても問題ない

14

天板下部の飾り板と同様に、本体下部の飾り板を取り付けたあと、扉を取り付けるための受けとなる材をつけた。固定はビスで反対側にも取り付ける。なお、この材は1×4材を幅40㎜にしたもの

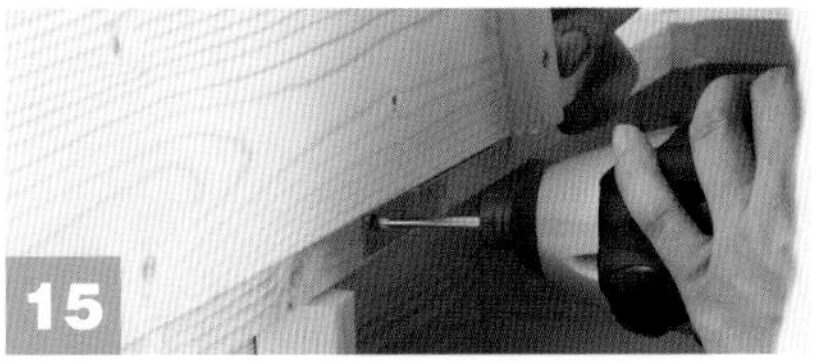

15

扉に蝶番をつけ、手順14でつけた扉の受け材に取り付ける。下穴をあけたら、1番のドライバービットを使ってビスを留める

木取り表　　＊サイズの単位はmm

材の種類	サイズ	数量	使用部位
1×4材	850	8	側板
1×4材	1040	2	飾り板（下）
1×4材	560	3	仕切り板
1×4材	580	16	扉
1×4材	1200	5	天板
1×4材（幅40mmに加工）	1040	2	飾り板（上）
1×4材（幅40mmに加工）	940	2	横揺れを防ぐ材
1×4材（幅40mmに加工）	578	2	扉受け板（短）
1×4材（幅40mmに加工）	723	2	扉受け板（長）
1×4材（幅80mmに加工）	560	1	仕切り板
垂木	355	19	補強桟
集成材	1000	2	固定棚板、底板
集成材	220	1	棚板
集成材	760	1	棚板

その他の材料

取っ手、キャッチャー、蝶番、木ネジ、塗料（オイル）

主な使用道具

丸ノコ、インパクトドライバー、ドライバードリル、ジグソー、サンダー、クランプ、サシガネ、メジャー、ノコギリ、カナヅチ、下穴用ドリルビット、フォスナービット

最後にウエスを使って塗料のオイル（色はウォールナット）を塗装。本体だけでなく、棚板にも塗装して、対面式のキッチン用カウンターが完成

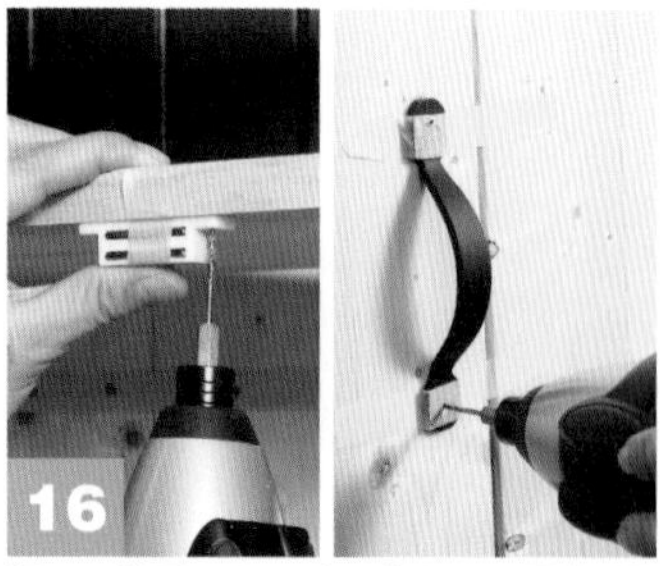

好みの位置に取っ手を木ネジで固定。扉が勝手に開かないように、棚板の下にマグネットタイプのキャッチャーをつけ、扉の裏側にも受けとなるマグネットをつける

収納つきカウンターの展開図

＊単位はmm

天板

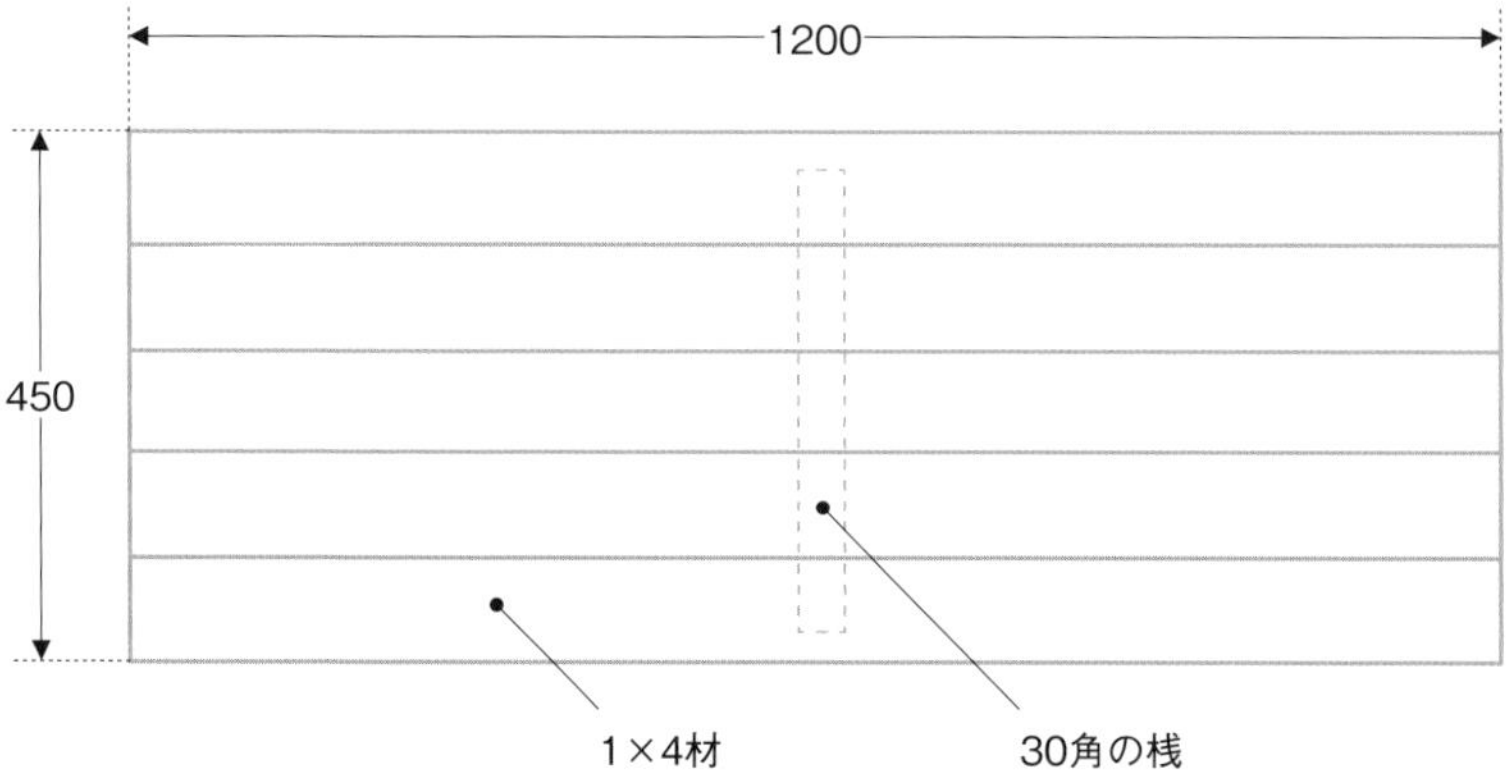

正面図

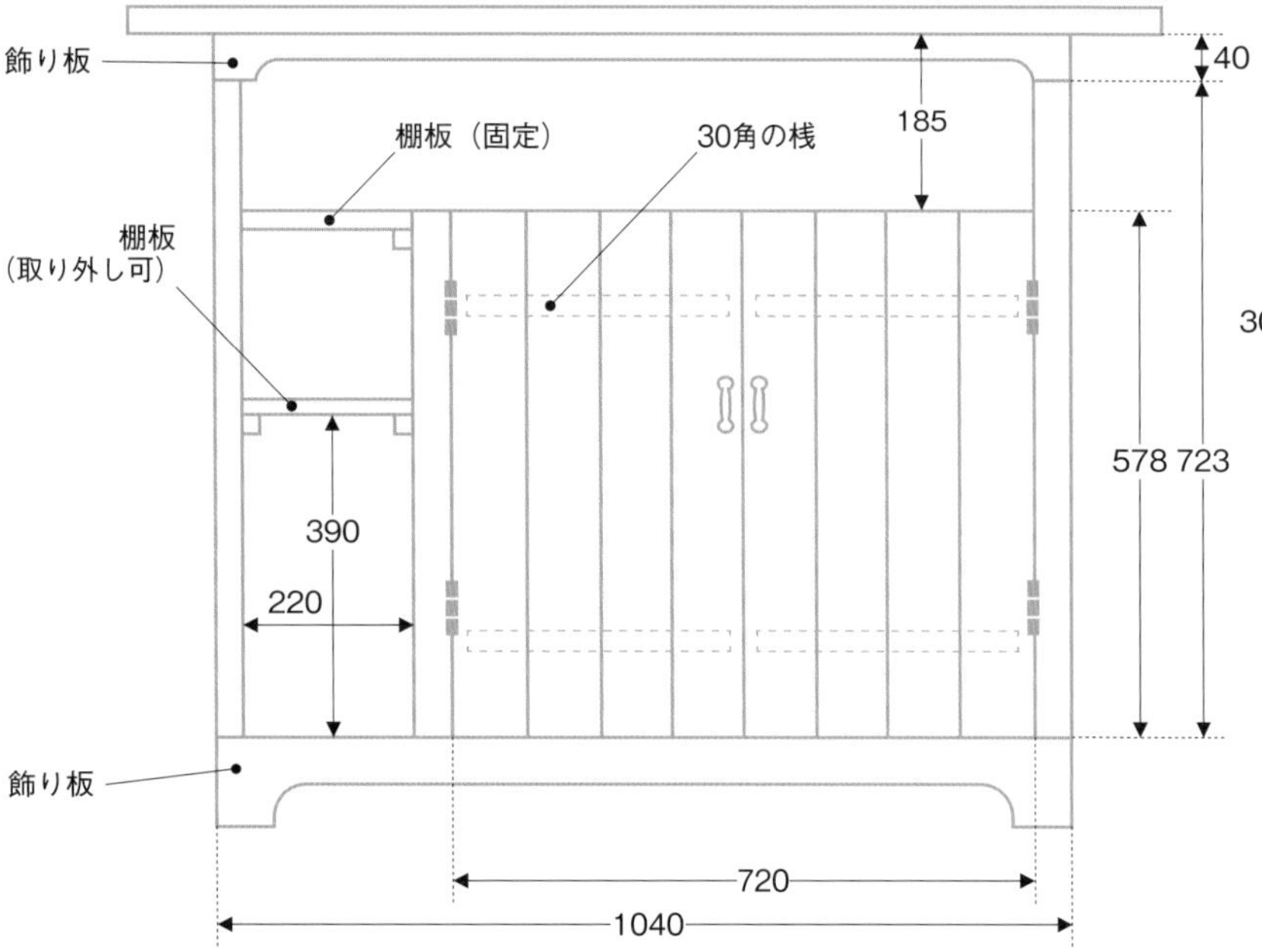

側面図

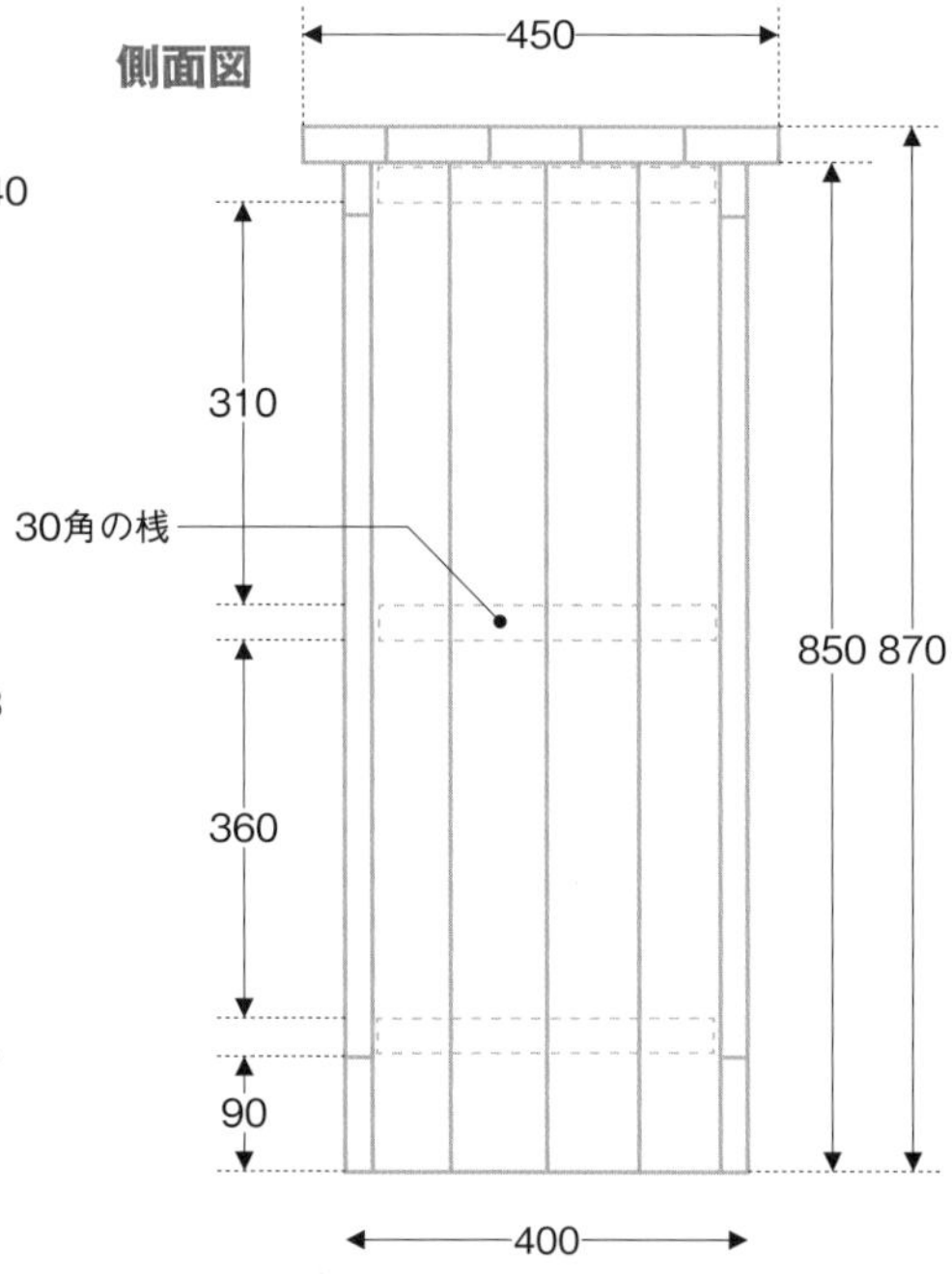

Part4

ガーデン収納

カントリー調のラックから物置小屋まで
ウッドデッキや家の外壁を上手に活用した
収納スペース作りを大公開！
お気に入りの庭がスッキリして
より使い勝手のいいスペースに変身!!

CONTENTS

●編集部の判断で、98ページからの作例に「難易度」を表記してあります。目安としてご利用ください。　★☆☆……簡単、★★☆……普通、★★★……中級者以上向き

デッキまわり

Point
収納と間仕切りを
兼ねて一石二鳥

左から物置、収納つき飾り棚、市販のプランター台を挟んで、プランターカバー

物置にはガーデニングで使用する長尺ものを収納

フェンスを兼ねた収納は、外壁材やタイルがアクセント！

中園義利さん＊福岡県太宰府市

フェンス製作時、庭を立体的に見せるために作った、いわばガーデン壁面収納。物置、収納つき飾り棚、プランターカバーが並んでいます。物置の構造材は2×材ですが、壁にはモルタルを塗り、外壁仕上げ材（ベルアート）を使ってコテ仕上げに。収納つき飾り棚の天板に張ったタイルなども相まって、全体的に欧風の雰囲気となりました。

Point
使う場所の近くにモノを収納できた！

デッキの階段の下にサンダルなどを収納

デッキの階段収納

河上芳郎さん＊神奈川県横浜市

デッキに泥をつけず、雨からサンダルを守るために作られた階段収納。板のすき間から雨水の浸入を防ぐように、ゴムを板の裏側から張っています。収納部の底板は取り外しができるので、掃除もラクラク。ポイントは蝶番の取り付けでフタが浮いたり、開いたときにデッキとぶつかったりしないように調整すること。

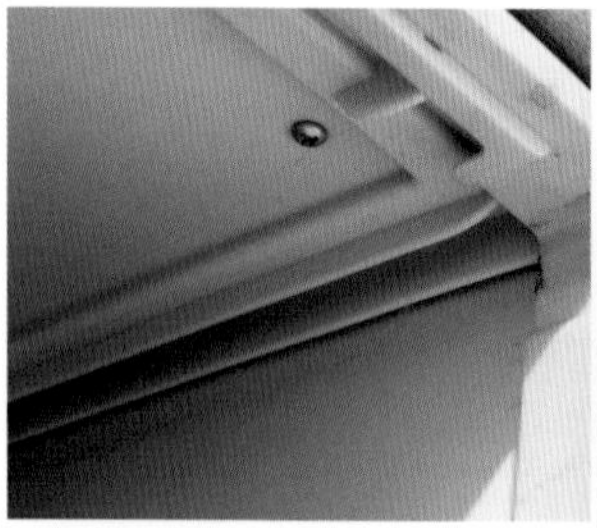

プラスチックケースは、天板の裏側にビスで留めている

Point
室外機が隠れて
見た目もオシャレ！

室外機カバーのほか、同じく市販のプラスチックケースを使ったミニテーブルも製作

収納つき室外機カバー

斎藤 淳さん＊東京都杉並区

引出し収納つきの室外機カバー。引出しには市販のプラスチックケース（幅255×奥行405×高さ137㎜）を利用し、横に3つ並べて入れられるよう設計。材料は、2×材やラティスなど、デッキ製作時の端材を活用。

デッキで使う細々したものもスッキリ！

バーベキュー用品を入れたコンテナボックスを4つ収納できるデッキ下収納。自宅のリビングルームと段差のない高さになっている

デッキの家側の出入り口が少し高くなっており、そこがデッキ下の収納になっている

自宅との出入りをフラットにしたデッキ下収納

齊藤秀宇さん＊神奈川県葉山町

自宅からフラットに出入りするために設けられた、ベンチのようなウッドデッキ下収納。デッキの床板より16cmほど高くしており、ウッドデッキの床板上に作られていないため、深さのある収納箱などをしまうことも可能です。フタは2分割。齊藤さんはバーベキュー用品などをしまっています。

デッキの端に作ったガーデンキッチン。天板の下が収納庫になっている

収納庫つきガーデンキッチン

製作／ドゥーパ！編集部＊千葉県市川市

ガーデンリビングを快適にしようと、デッキにシンクと調理台を作製。天板の下は、両開きの扉がついた収納スペースとし、炭やバーベキュー用品を整理。主な資材はサイプレス（豪州ヒノキ）。塗装が不要なほど耐久性のある木材ですが、とくに雨対策をしていないのは、デッキ上にはポリカーボネイトのパネルを張ったパーゴラがあるから。

水道は既存の外部水栓から直接引いて配管しており、排水は地面に深めの穴を掘って石を置いて簡単な暗きょを作り、そこに流しています。したがって、ここのシンクでは油を流すことはもちろん、洗剤および石鹸の使用禁止を心がけています。

天板の下は、スモーカー、ジンギスカン鍋、ダッチオーブン、クーラーボックス、炭、食器類が入る

料理に必要なモノがまとめて入りました

収納庫・エクステリアetc.

↑観音開きの扉をあけると雨どいが出現。棚にはジョウロが置かれている

→立水栓施工前の状態。雨どいは垂直に設置されていたが、立水栓施工時にこのような形になった

Point 雨どいの目隠しと収納を兼ねたアイデア!

無粋な雨どいが隠され、おしゃれスペースに仕上がっている

雨どいを隠して おしゃれに演出!

猪野勝行さん＊千葉県我孫子市

おしゃれな立水栓にそぐわない雨どいを隠すために作った雨どい収納。雨どいが横に伸びる部分にはウエスタンレッドシダーで観音扉の収納を作り、縦に伸びる部分はウリンでカバー。観音扉の下にはプランター台も作り、空間全体が大幅にグレードアップ!

Point 使い勝手に合わせて扉の開き方も変えました

ドアにワイヤーラックをつけて小物を収納。向かって左に長尺物、右は棚板で仕切り、工具やキャンプアイテムを置いている

収納物が取り出しやすい! 便利な3ドアの物置

角谷敏広さん＊長野県諏訪郡

幅1820×奥行910×高さ2252㎜の物置。骨組みに2×4材、床に防腐剤注入済みの2×6材、内壁に合板、外壁にスギ板と2×4材を使用。ドアを3分割し、必要な部分だけをあけられるようにしているのが特徴です。

取っ手に自然木、基礎に自然石とワイルド

ガーデニング好きの施主のセンスが出ている収納アイデア

Point 白い壁面が爽やかさを演出!!

ガーデンツールのハンギングパネル

関口洋子さん＊埼玉県

自宅壁面のむき出しになっている配管を隠すために、1×4材で作った扉風のパネルを2枚壁面に張り、ガーデンツールの壁面ハンギング収納を設置。大きなカントリー風の蝶番やアンティーク風の金物を使って、ナチュラル＆カントリー調に演出しました。

長い屋根がゆがまないよう、しっかりした下地が入っている

長さが2800㎜、高さが840㎜もある長い箱。建物に合わせたカラーリングもおしゃれだ。後面はルーバー状のパネルをはめ込んでいるが、これは母屋を作るときに余ったものを流用している。屋根のトップは水切り材を張った

Point ガレージに合わせたカラーリングがキモ

ガレージ前の長〜い収納ボックス

山本八郎さん＊千葉県勝浦市

当初は薪の収納にと作った収納ボックスでしたが、結局は長尺ものの資材入れに重宝な存在となった長〜い収納ボックス。よくみれば屋根（フタ？）は単純な片流れ式ではなく、アスファルトシングルを屋根材にした変形三角屋根。屋根をあけると下地になっている三角形の枠板が見えますが、なかなかしっかりした作り（ただし重い！）。雨流れを考えて屋根サイズが受けの箱よりも大きいことがポイントです。

Point 廃材がモダン収納に生まれ変わった!!

サイズは間口1700×奥行630×高さ1600㎜

薪収納箱の収納小屋

根本晴美さん＊千葉県大多喜町

同じサイズの箱が整然と並ぶ薪収納棚。実はこの箱、スーパーマーケットでゴミとして処理されそうになっていたリンゴ箱。ウォルナット色に塗装し、骨董市で見つけた古ダンスの取っ手などをつけて、アンティークな雰囲気に仕上げました。棚の材料は廃材だった丸太の半割り。屋根にはフランス製の屋根材、オンデュリンのクラシックシートを1枚張ってあります。

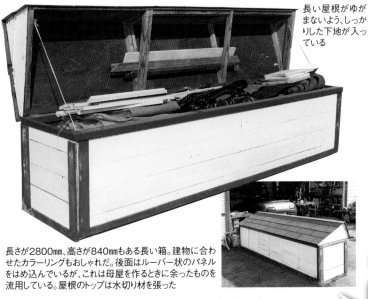

Point
作業台と棚の扉を兼用させました

壁面に収納できる作業台

田仲徹也さん＊熊本県大津町

ログハウス作りの端材から作ったという作業台は、工具が収まったまま壁に収納できるスグレモノ。壁に直接棚枠と棚を取り付け、蝶番を使い作業台天板を棚枠に固定。カーブを描いた脚は焼酎の樽枠を利用したもので、作業台天板の裏側に蝶番を使って取り付けました。天板収納時の自作留め具も樽枠を利用して製作。壁面収納と作業台が一体になったアイデア作品です。

工房・アトリエ

←きれいに収まった作業台天板と上部扉

自作留め具の留め方

→❶を下向きに倒す

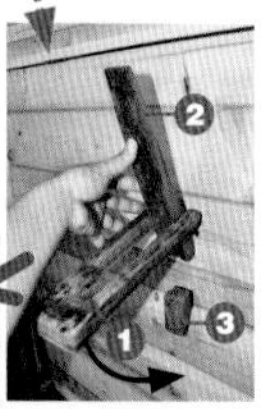

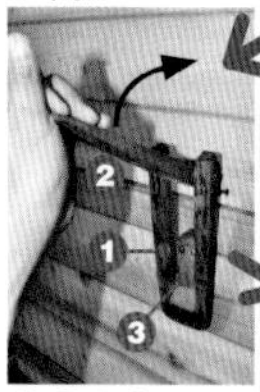

↑❶を❸に引っ掛けながら❷を上げる

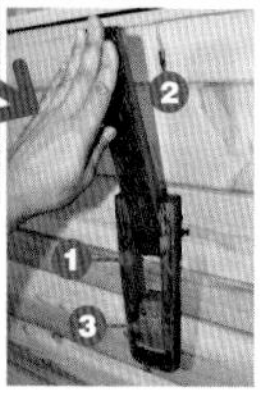

↑❷を上げれば留まる

ログハウスの自室に作った作業台。天板は材を2枚重ね合わせて強度を高めている

道具別の専用収納を完備したラクラク移動の収納ユニット

堰口義正さん＊大阪府和泉市

合板と集成材、床板材の端材で作ったキャスター付き工具収納。引出しに各種ビット、プライヤー、カンナなどを入れ、右部はノコギリやノミの、左部はサシガネとモノサシ、カナヅチ専用の収納として使っています。いずれも出し入れのしやすさを考えたシンプルな構造。

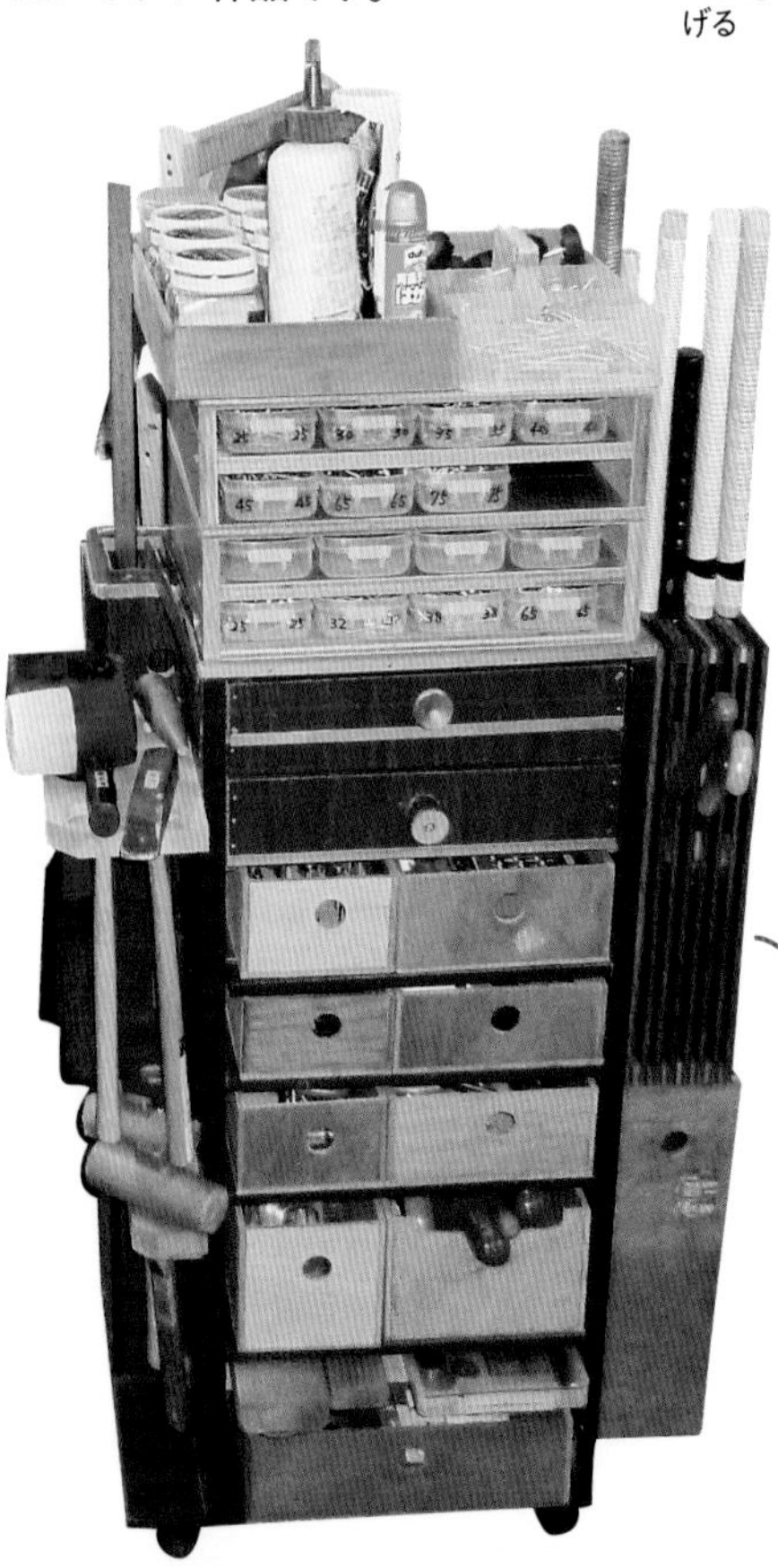

プラスチックケース（ビス類を収納）が入った収納棚は、棚ごと作業台に持ち運べるよう、本体に接合していない

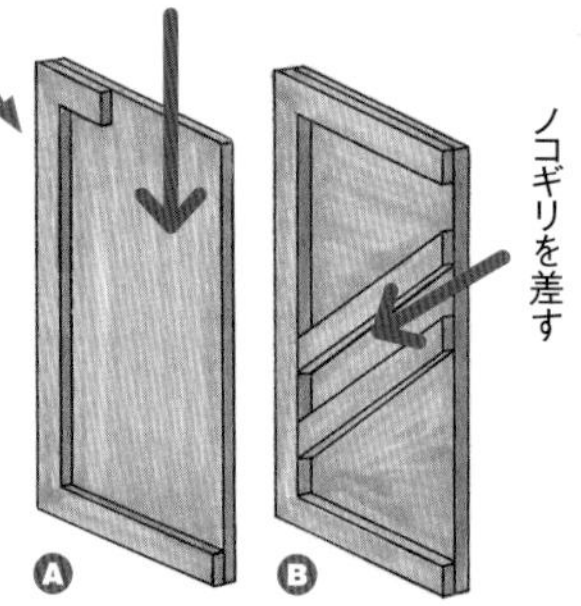

ノコギリ収納部は、イラストⒶⒷが交互に、重なっている

Point
工具は立てて収納してあるからしまいやすく取り出しやすい

ノコギリの下にある引出しはノミ収納部。C字型に切り欠いた部分にノミの柄を引っ掛けるだけ

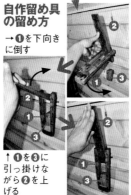

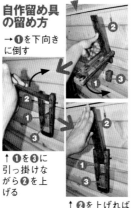

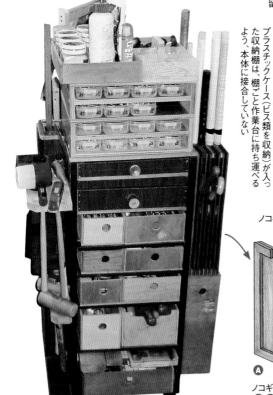

側面もラックで活用 ビスやビットを保管

移動式の電動工具収納棚

服部広史さん＊福島県福島市

天井まで届きそうなキャスターつきの収納棚にロッカーのような扉をつけ、移動式の電動工具収納に改造。ひとつひとつの扉には枠板と2個ずつの蝶番をつけているというていねいな作りで、インテリア効果もありそう。

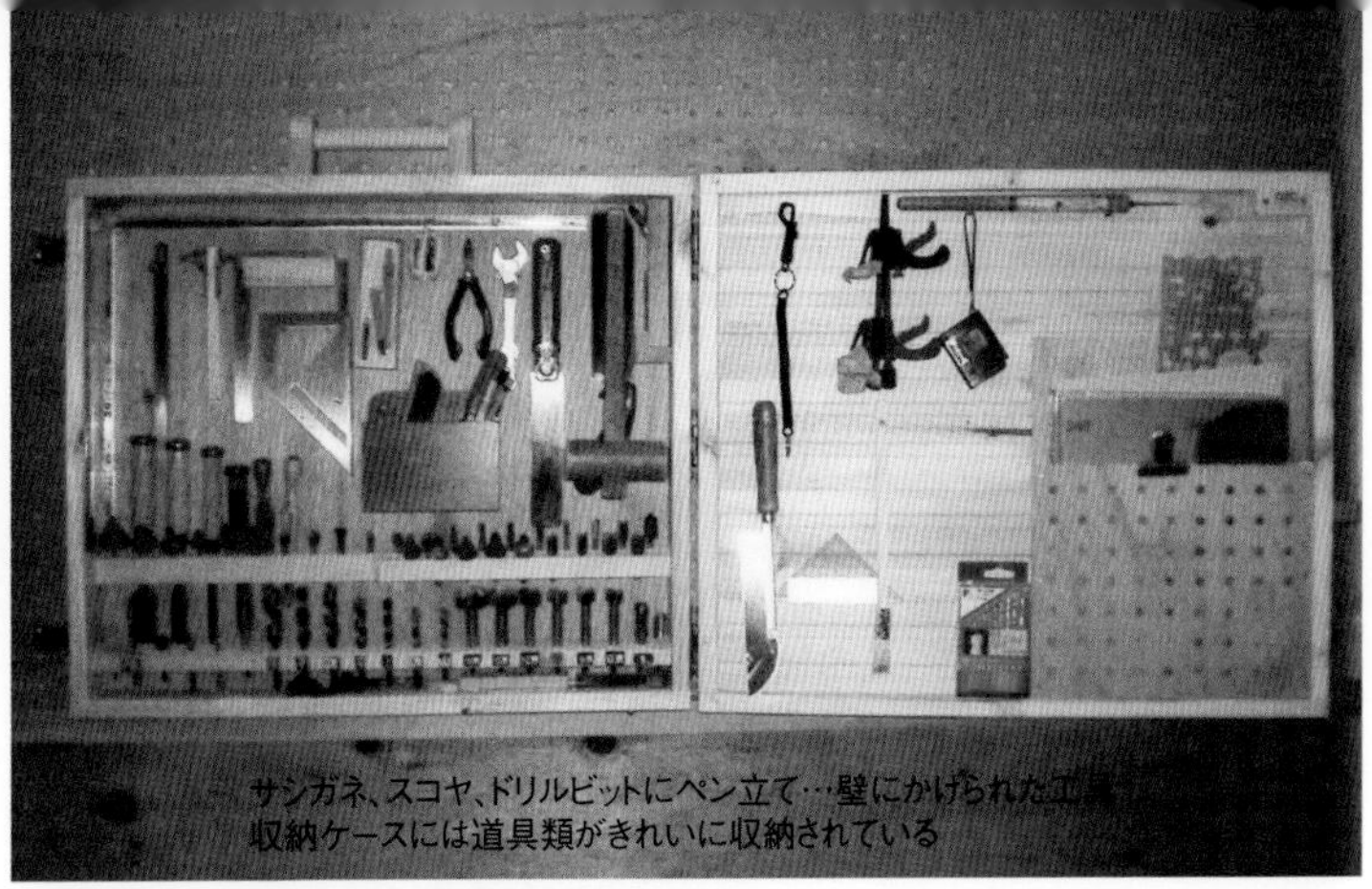

サシガネ、スコヤ、ドリルビットにペン立て…壁にかけられた工具収納ケースには道具類がきれいに収納されている

壁掛け式工具収納は 持ち運びもできるアタッシュケース型

井上賢さん＊広島県東広島市

普段は工房兼ガレージの壁が定位置の壁掛け式の工具収納は、アタッシュケース型で持ち運び可能！ ケース背面にはドリルで穴をあけてあり、有孔板の壁に取り付けた2カ所の鍋頭ビスに引っかけるようにして、収納ケースを設置。枠材（1×4材）にトリマーで溝を掘って、その枠に本体（合板）とフタ（フローリング材）の板材をはめ込み、蝶番でフタと本体をつなげた。DIYで頻繁に使うビットやサシガネ、ノコギリなどを入れているほか、ケース内にはビスで取り外し可能なペン立ても取り付けられています。作業に合わせて工房の外へケースごと気軽に持ち出せるのもポイント。

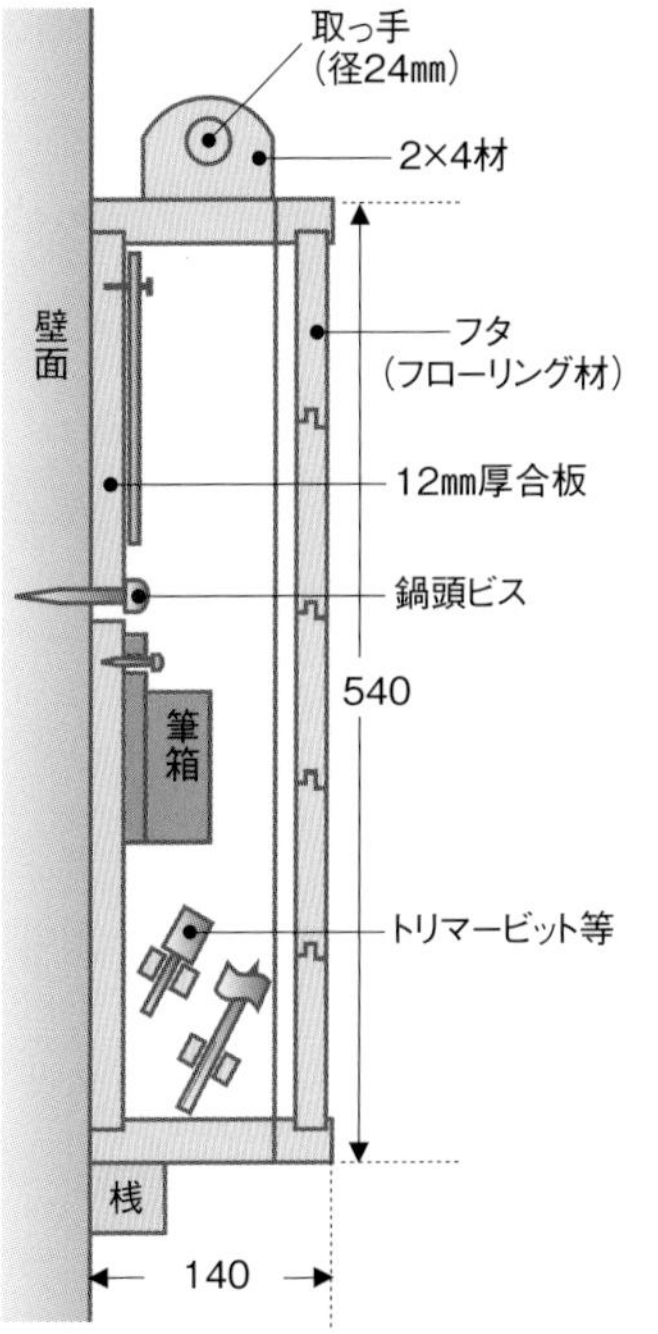

壁掛け式工具収納
ケースの構造図 ＊単位はmm

工具ごと持ち運べる！

アタッシュケース型なので気軽に持ち運べて便利！

細かいビスが整理できた!!

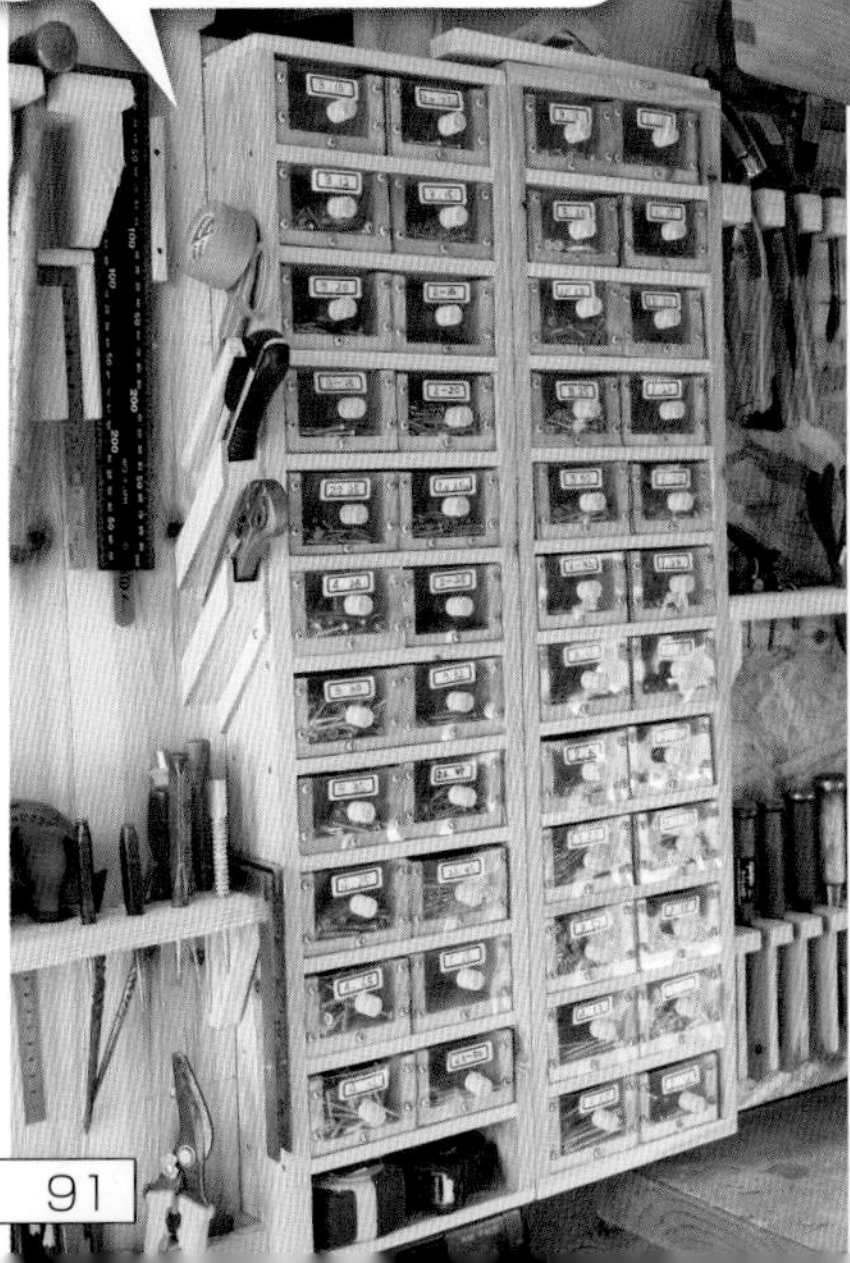

引出しの裏を見れば1合枡と いうことがわかる

中身がよく見える 1合枡のビス収納棚

田中竹男さん＊東京都町田市

たまたま家にたくさんあったという1合枡を引出しにして作ったビス収納棚。枡の1面をカットし、そこに透明のビニールシートをビス留めすることで中が見えるように加工。ビスのおおよその量などが容易に把握でき、補充のタイミングがわかりやすくなりました。また、それぞれにビスのサイズを記したシールを貼っているので、必要なビスをすぐに取り出せます。

床下収納から収納式ローテーブルまで

ウッドデッキに5つの収納を作る

ウッドデッキをより快適で使い勝手のよいスペースにするために、
デッキのいろいろな場所を活用して「収納を作る」というテーマに挑戦。
簡単に作れて役立ち度のかなり高い収納を、材料費の目安もつけて5つ製作してみました。

01収納式作業台（P93）
02自転車収納（P93）
03床下収納（P94）
04フェンス棚（P96）
05収納式ローテーブル（P97）

これが収納製作前の状態。中空ポリカを張ったパーゴラがある半野外デッキ

製作◎田母神一彦

Item 01

収納式作業台

折りたためば家壁にしまえる作業台。工房として使うことがあるデッキには、最適なアイテム。

完成図（使用時）

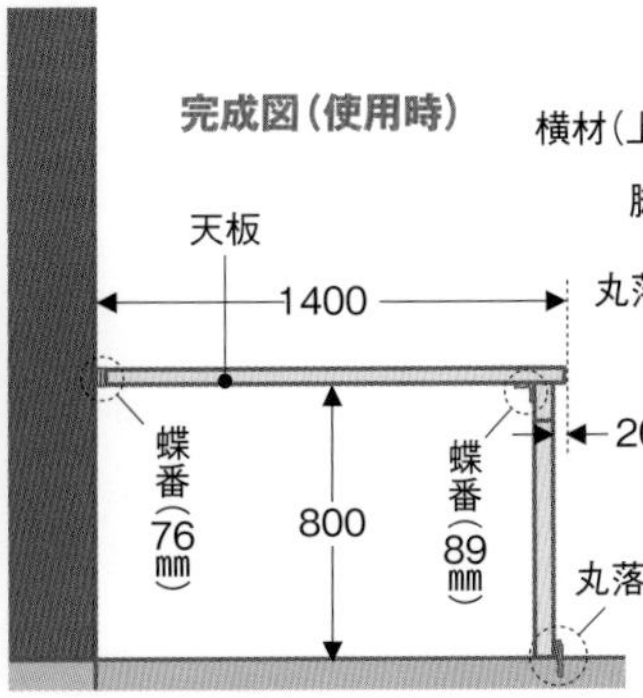

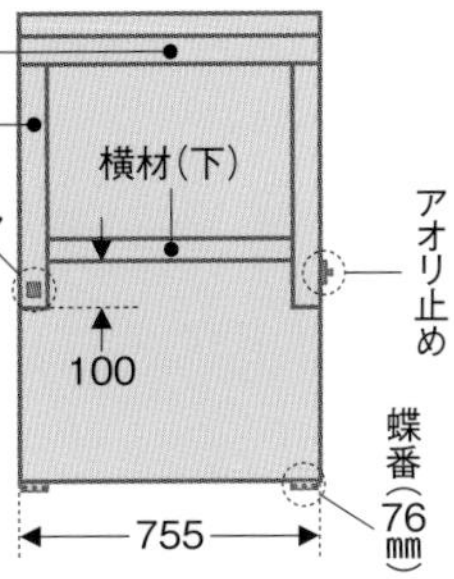

完成図（収納時）

＊単位は㎜

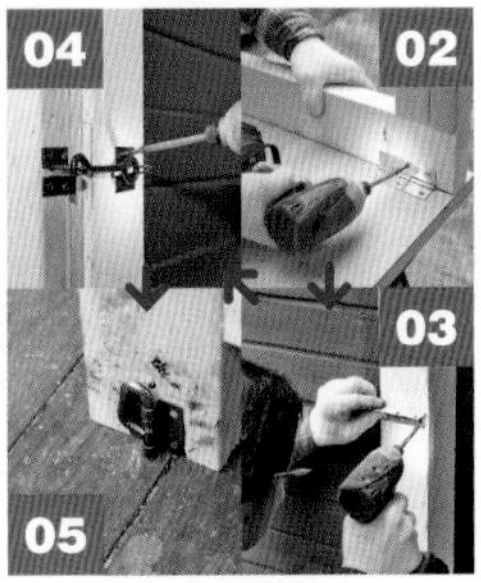

蝶番（89㎜）を横材（上）と天板の裏に留め、蝶番（76㎜）を家壁の柱に留める。家壁に留めた蝶番に、天板を留めたら（A）家壁の柱と作業台の脚にアオリ止めをつけ、脚の下端に丸落としをつける。丸落としの位置に合わせて穴をあければ完成

脚と横材（下）を突き付けで接合。120㎜ビスを使用。ビス頭が十分に潜る程度にしっかり打ち込む。次に横材（上）と脚を突き付けで接合。横材の端部に120㎜ビスを打つので、先に2㎜径ドリルで下穴をあけておく

木取り表 ＊サイズの単位は㎜

材の種類	サイズ	数量	使用部位
ラワンランバーコア合板（24㎜厚）	755×1400	1	天板
SPF（2×4材）	710	2	脚
	755	1	横材（上）
	575	1	横材（下）

その他の材料

蝶番（89㎜、76㎜）各2個、アオリ止め1個、丸落とし1個、ビス（120㎜）

材料費の目安（塗料は除く）
約5500円

主な使用道具

丸ノコ、インパクトドライバー（ドライバービット、2㎜径ドリルビット、8㎜径ドリルビット）、サンドペーパー、メジャー、サシガネ

天板を押さえる補助者がいたうえで、つっかい棒を使うと作業がスムーズ

ドリル穴をフック部分として全体の形を墨つけし、墨線どおりにジグソーでカット

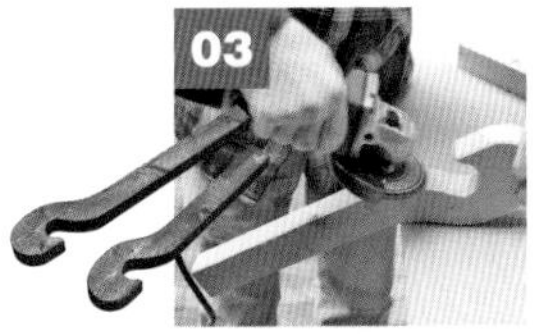

サンディングディスクをつけたグラインダーで面取りし、パーゴラの色に合わせて塗装

パーゴラの垂木にドリルで下穴をあけてからフックをつける。65㎜ビスで留める

完成図

＊単位は㎜

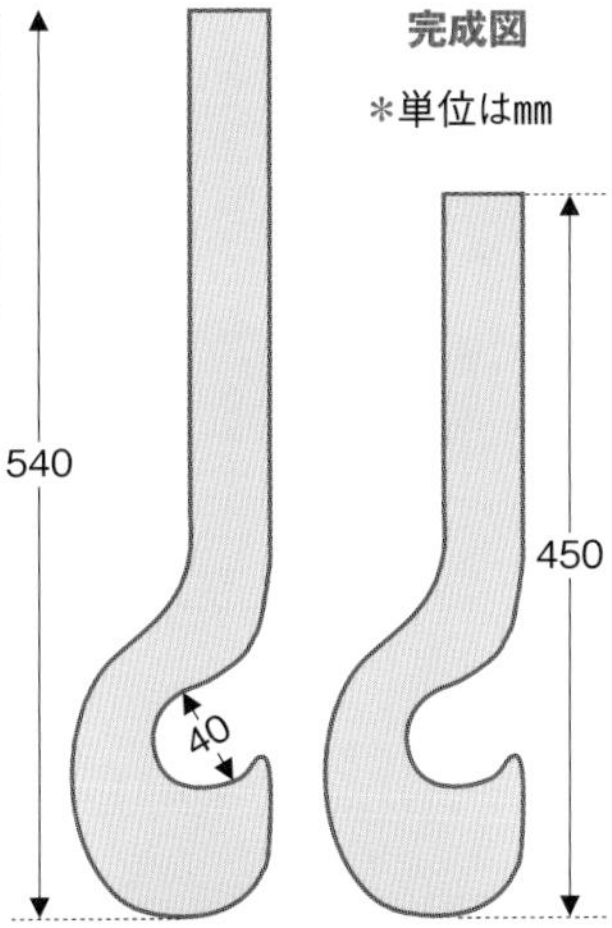

2×材の適当な位置にドリルで穴をあける。この穴がフック部分になる

Item 02

自転車収納

2×6材の端材などをフック型に切り出して、パーゴラの垂木などにつければ自転車収納のできあがり。釣り竿などの長物収納にも便利。

木取り表 ＊サイズの単位は㎜

材の種類	サイズ	数量	使用部位
SPF（2×6材）	540	1	フック
	450	1	フック

その他の材料

ビス（65㎜）

材料費の目安（塗料は除く）
約500円

主な使用道具

ジグソー、インパクトドライバー（ドライバービット、自在錐ビット、2㎜径ドリルビット）、ディスクグラインダー（サンディングディスク）、水平器、脚立

Item 03

床下収納

デッキ収納の定番、床下収納。不使用時は邪魔で無粋なホースリールがすっぽり収まるサイズに設定。

木取り表 ＊サイズの単位はmm

材の種類	サイズ	数量	使用部位
SPF（2×4材）	535	2	デッキ補強材
	360	1	デッキ補強材
垂木材（40×50mm）	485	2	側板の桟
	400	2	側板の桟
サイプレス（20×90mm）	410	16	側板、フタの桟
	360	9	側板、底板
	420（30mm幅に割いたもの）	2	底板の桟
	300（30mm幅に割いたもの）	2	底板の桟

その他の材料

回転取っ手1個、ビス（40mm細）

材料費の目安
約7500円

主な使用道具

丸ノコ、インパクトドライバー（ドライバービット、2mm径ドリルビット、15mm径ドリルビット）、ノミ、カナヅチ、スコップ、メジャー、サシガネ

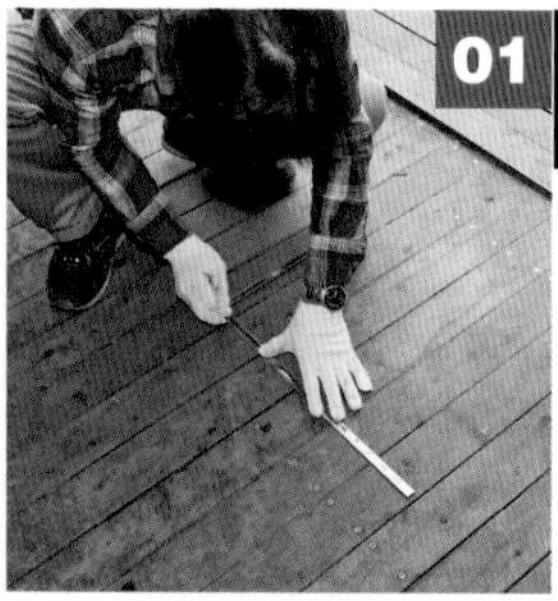

開口部を墨つけする。開口する場所は根太の間を選ぶ。根太の位置は床板のビス頭を見ればわかる

墨線に合わせてカットする。丸ノコの刃を上から入れる場合は、キックバックに用心を。自信がなければ、できるだけ目立たないようドリルで穴をあけてからジグソーでカットする

開口が完了。たまたま、都合がいい位置に大引きがあったので、フタ受けとして利用することにした

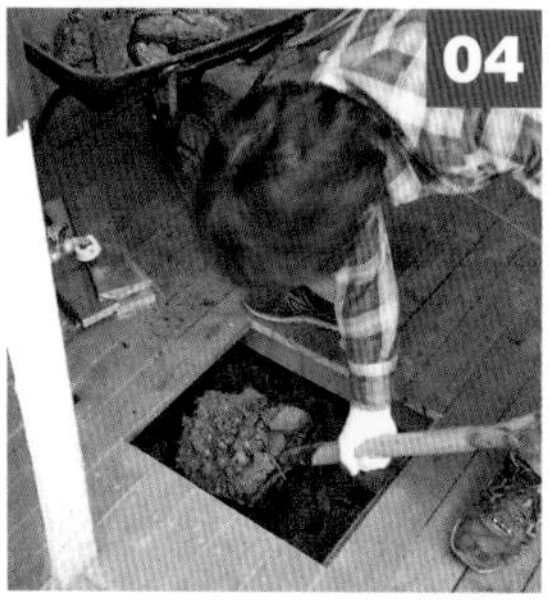

床下の深さが足りないので、地面を掘った

床下に留めるデッキ補強材を、あらかじめ組んでおく。通常は四角形に組むが、もともとあった大引きを使うため1本が不要となる

デッキ補強材を床下に入れ、床上から下穴をあけてビス留め

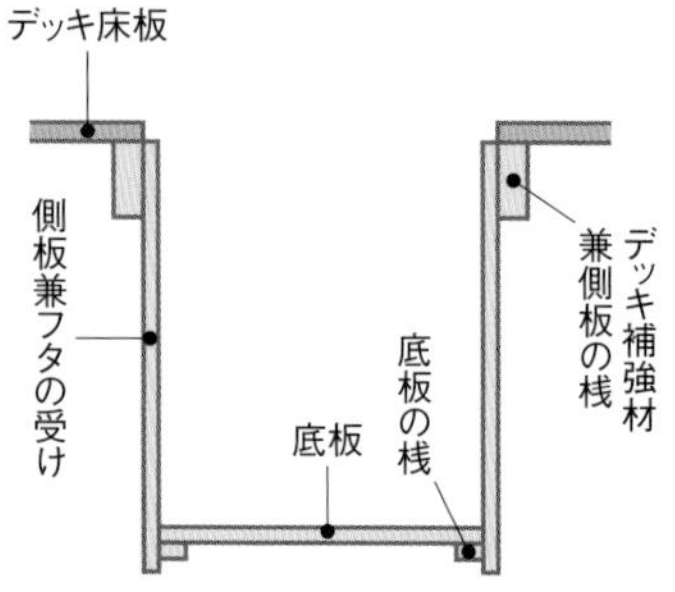

より簡単な作り方

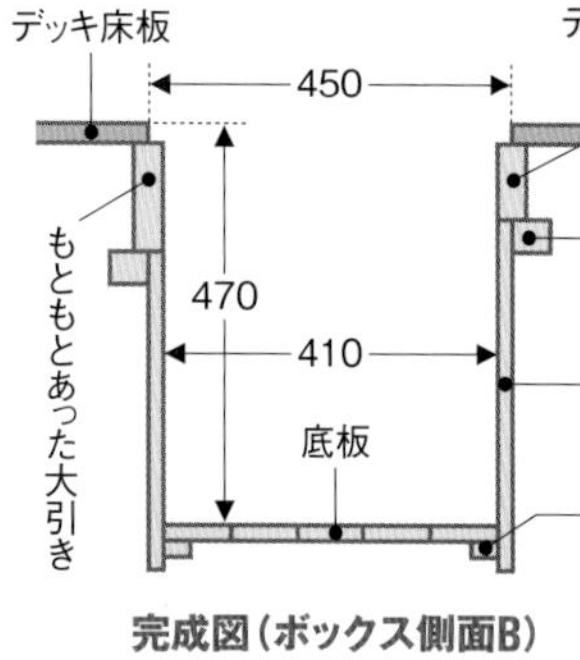

完成図（ボックス側面B）

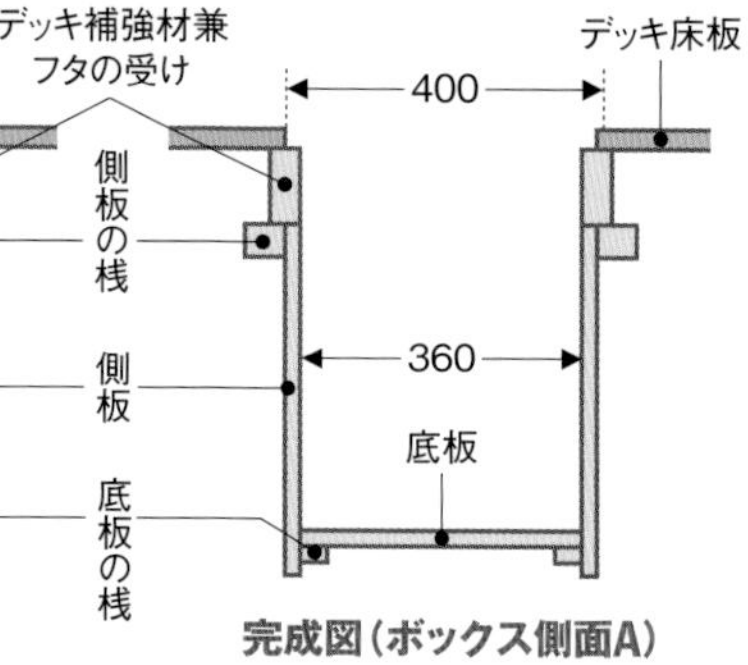

完成図（ボックス側面A）

＊単位はmm

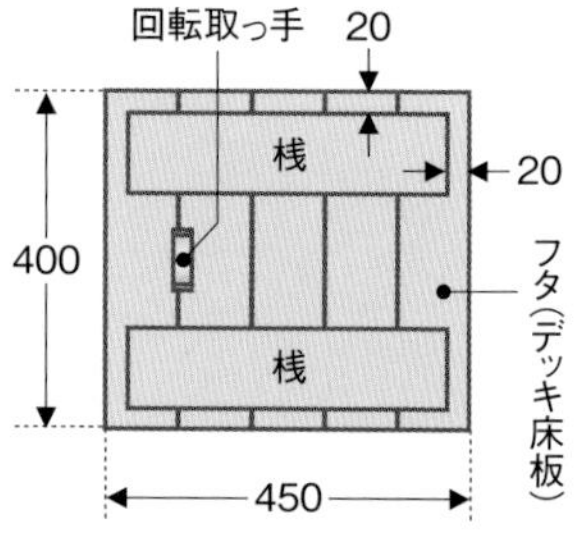

完成図（フタ裏面）

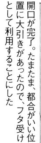

デッキ補強材の下面につける側板の桟を組んだ。補強材は2×4材、大引きは2×6材と厚さが異なるため、大引きの下面につける桟は別途留める

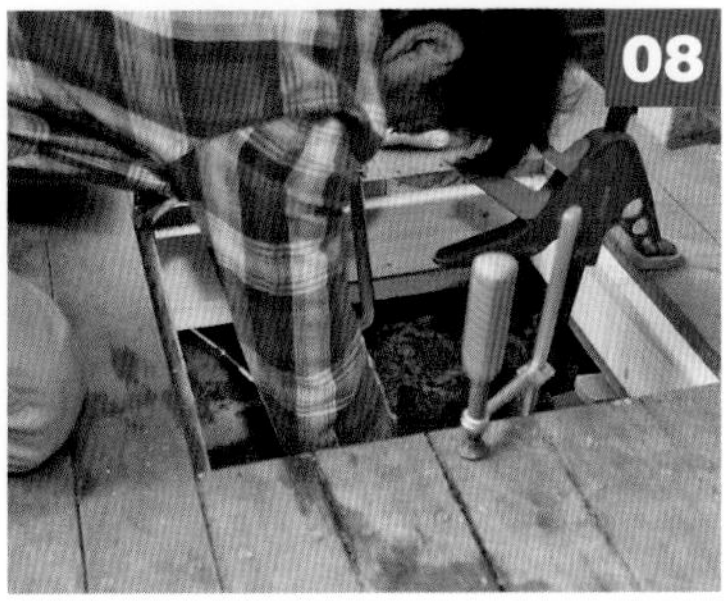

クランプで固定しながら、側板の桟を補強材に留める。下からビス留め

補強材、大引きの下に側板の桟がついた

側板に底板の桟を留める。下穴をあけてからビスを打つ

2面の側板ができた。下部に底板の桟をつけ、上部にはあらかじめビス留めのための下穴をあけた。また、大引きに干渉する部分を切り欠いている

桟に側板の上部をビス留めする

2面の側板がついた

残りの側板を作る。先につけた側板下部の桟に干渉する部分を切り欠いた

すべての側板をつけた

桟に底板をビス留めした

最初にカットしたデッキの床板の裏に桟をつけてフタを作る

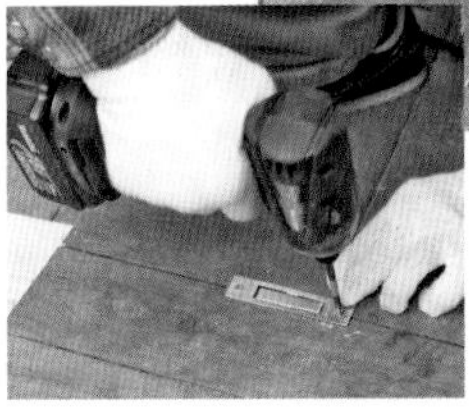
フタに回転取っ手をはめる穴をあける。15㎜径ドリルで穴をあけてからノミで削り、回転取っ手をつける

フタの裏はこうなる

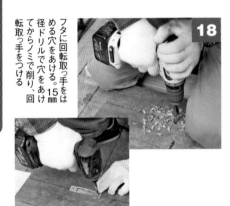

Item 04

フェンス棚

デッキのフェンスに板を接合するだけで、園芸用品などの収納場所や花台を置いたり、グラス、皿、本などちょっとしたものを置くにも便利な棚ができあがり。

パーゴラの支柱にカウンターをはめるための切り欠きを作る。まずはカウンターの厚さに合わせて切り込みを入れる。ここでは丸ノコを使っているが、慣れていないと危険。ノコギリのほうが安心

一方の支柱には3面に切り込みを入れた（裏の1面にも入っている）

もう一方の支柱には2面に切り込みを入れた

切り込みの間をノミで欠いていく

切り欠き完了

支柱の切り欠きに合わせて、カウンター材を切り欠く。少しキツめに組むのが理想なので、広めよりは狭めに切り欠くことを意識しよう

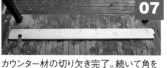

カウンター材の切り欠き完了。続いて角を斜めにカット

支柱の切り欠きにカウンターをはめた。組むのがキツい場合は、当て木をしてカナヅチで叩く

さらに、カウンターの下から柱に75mmビスを斜め打ち

カウンターの下にフェンスを張っていく。40mm細ビスを使用

木取り表 ＊サイズの単位はmm

材の種類	サイズ	数量	使用部位
SPF（2×8材）	2500	1	カウンター
	1180	2	棚板
	185（現物合わせ）	1	棚板の支え材
SPF（1×4材）	2500	9	フェンス

その他の材料

ビス（75mm、40mm細）

材料費の目安（塗料は除く）
約6000円

主な使用道具

丸ノコ、インパクトドライバー（ドライバービット、2mm径ドリルビット）、ノコギリ、ノミ、カナヅチ、メジャー、サシガネ

完成図 ＊単位はmm

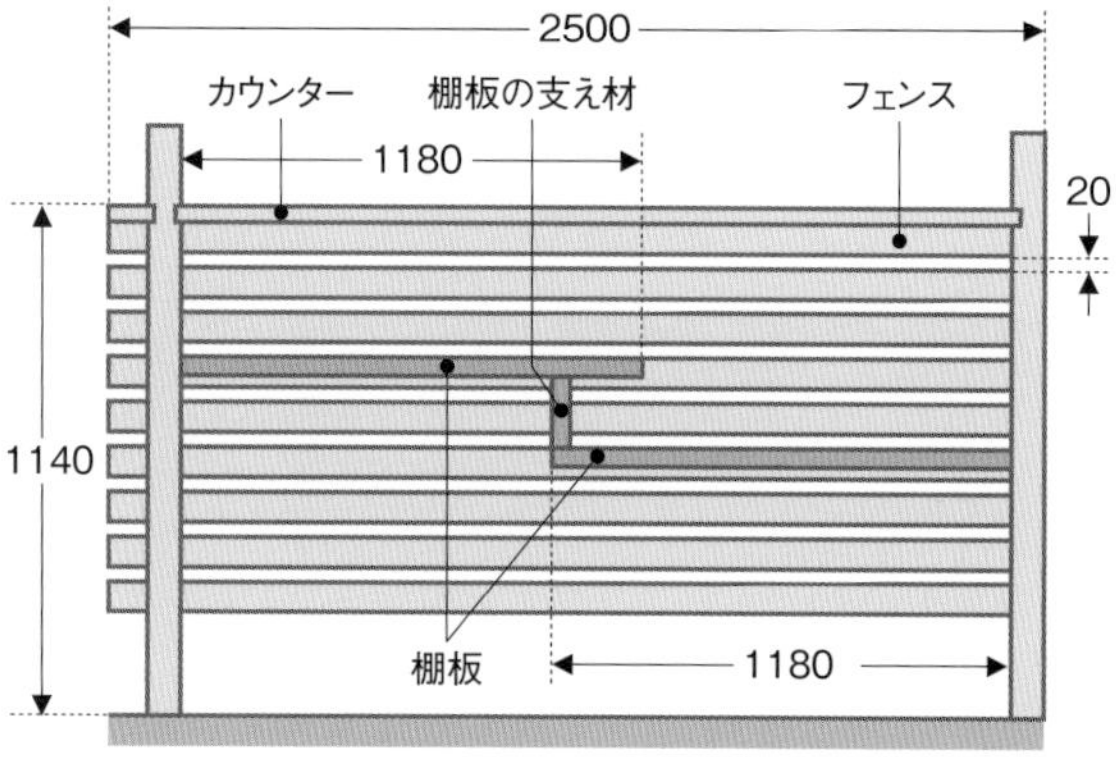

フェンスを張り終えたら棚をつける位置を決める

棚はフェンスの裏側からビス留めする。あらかじめドリルで下穴をあけておくとビスを打ちやすい

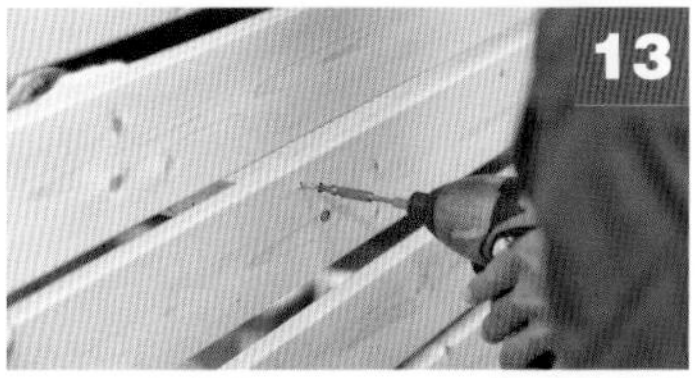

ひとりが棚を保持し、もうひとりが裏からビスを打つ。75㎜ビスを使用

段違いにつけた棚の間に支え材を入れる。まずは下から40㎜細ビスで接合。端部なのでドリルで下穴をあけておく

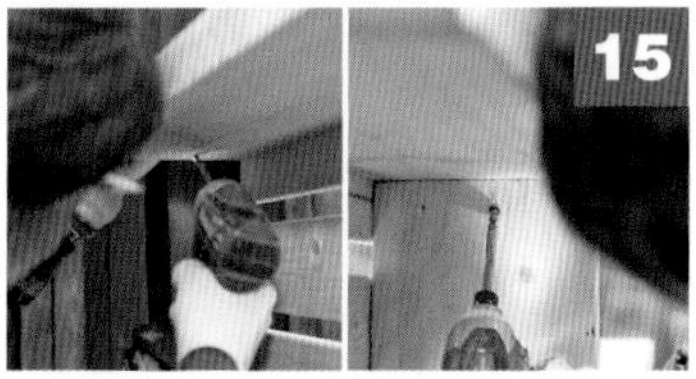

支え材から上の棚に40㎜細ビスを斜め打ち。ここも下穴をあけておく。次に棚の下からパーゴラの支柱に75㎜ビスを斜め打ちする

Item 05

収納式ローテーブル

床を引き上げればローテーブルに早変わり。適当なサイズでカットした床板の裏に蝶番を使って折りたたみ式の脚をつけるだけ。

床下収納（P94）と同様に床面を開口する

開口部周囲の床下に補強兼受け材を留める。防腐処理済みの2×4材や2×6材の端材を、75㎜ビスで床上から留めたり、根太に留めたりした。なお、このデッキは床板が2枚重ねという特殊な例だが、通常のデッキでも同様に補強兼受け材をつける

カットした床板の裏に桟を留めて天板を作る。表から40㎜細ビスで留めた

仮留めした脚の上に天板を載せ、天板が開口部の真上になるようにサシガネで確認しながら調整する

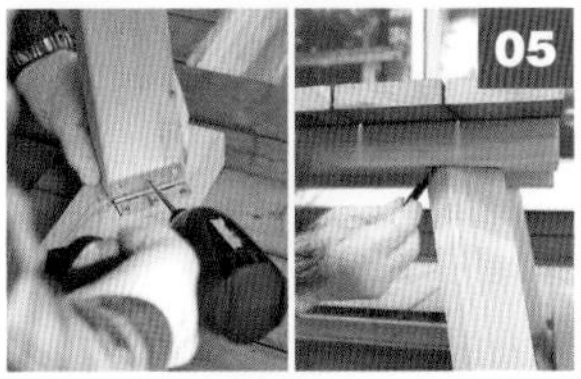

天板の位置が決まったら、現物合わせで、桟に脚の位置を墨つけし、蝶番を留める

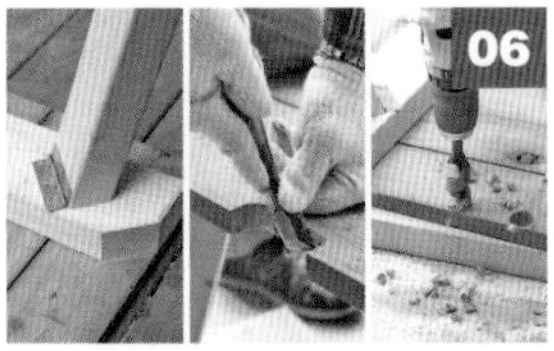

天板の両端を切り欠いて持ち手にする。まず24㎜径ドリルで2カ所に穴をあけ、穴をつなぐように、丸ノコやジグソーでカットし、ノミで仕上げる。最後に、桟の角をノコギリでカット

木取り表　＊サイズの単位は㎜

材の種類	サイズ	数量	使用部位
SPF（2×4材）	720	2	桟
	300＋α（70㎜幅に割いたもの。＋αは角度切りの分）	4	脚
防腐処理済みSPFなど	適宜	適宜	デッキ補強兼受け材

その他の材料

蝶番（64㎜）4個、ビス（40㎜細）

材料費の目安
約3000円

主な使用道具

丸ノコ、インパクトドライバー（ドライバービット、2㎜径ドリルビット、24㎜径ドリルビット）、ノミ、カナヅチ、サンドペーパー、メジャー、サシガネ

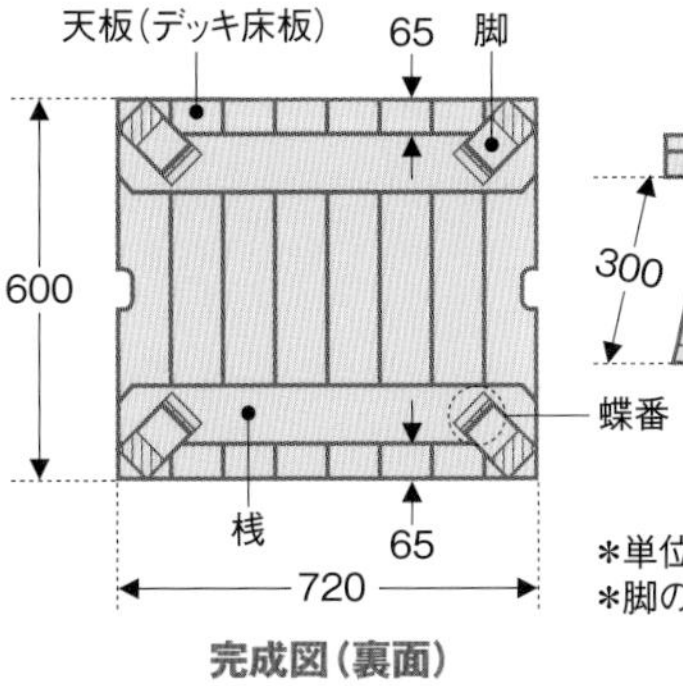

完成図（裏面）

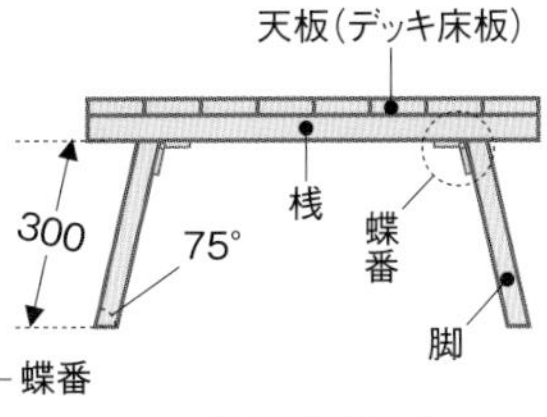

完成図（側面）

＊単位は㎜
＊脚の位置は現物合わせ

難易度★☆☆

自転車ラック

デッキ空間の頭上を利用したアイデア収納

デッキの上にパーゴラを作り、雨よけのための波板やアクリル板などが張ってある場合、パーゴラの垂木は自転車ラックを吊るすのに最適です。材料はわずかなので、デッキを作ったときに出る端材程度で十分。材料はパーゴラで使ったサイプレス（オーストラリアヒノキ）にしましたが、加工しやすい2×材の板材などを利用してもかまいません。今回の作業では、横の貫材を通しホゾ穴に通すという加工を行ないました。ただ、面倒であれば突き合わせでもOK。ただし、サイプレスは硬木なので簡単に割れが出ます。ビス打ちの前には、必ず下穴をあけましょう。

さて、作り方はとてもシンプルです。各材の木取りを終えたら、欠き取りや穴あけなどの細かい加工をしてから接合するだけ。パーゴラの垂木との接合はビスで行ないますが、吊り下げる自転車が重い場合には、念のためにボルト&ナットで接合することをおすすめします。

2本の支柱（サイプレスの床材使用）の加工をする。まず、パーゴラの垂木を挟み込むように欠き取るために、墨つけをする

ジグソーを使い、2本の支柱の欠き取りを行なう。欠き取り幅はパーゴラの垂木の厚さに現物合わせしたもの

2本の支柱を結んで固定するための貫材を差し込むための通しホゾ穴をあける。これもジグソーを使用

作業手順

木取り
↓
支柱の加工
↓
クロスバーホルダーの加工
↓
各パーツの接合

自転車ラックの展開図
＊単位は㎜

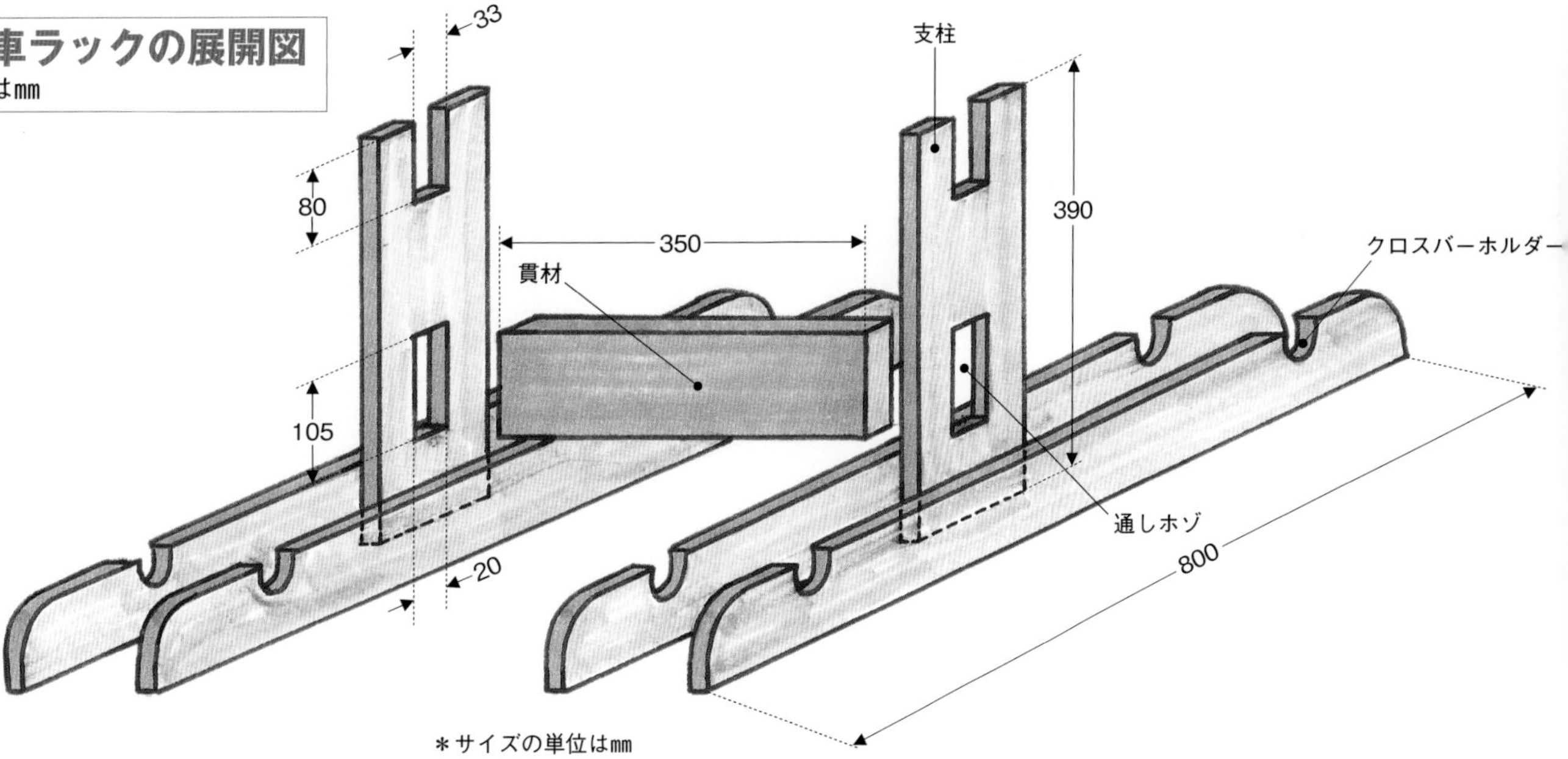

木取り表　　＊サイズの単位は㎜

材の種類	サイズ	数量	使用部位
サイプレス・床材（25×120㎜角）	390	2	支柱
サイプレス・フェンス材（12×90㎜角）	800	4	クロスバーホルダー
サイプレス・垂木材（20×105㎜）	350	1	貫材

その他の材料

ビス（38㎜、65㎜）

4本のクロスバーホルダーを作る。まず、クロスバーが載る部分を半円に欠き取るために墨線を引く。計8カ所

ジグソーで半円状に欠き取る

コーナーを曲線状に面取りした

クロスバーホルダーと支柱を接合する（ビス留め）。ビスは38㎜を使用。下穴用のドリル刃で下穴をあけてからビス留めすること

既存のパーゴラの垂木に接合する。ビスは65㎜を使用。両側からしっかり打ち込むこと。もちろん下穴をあけてからが絶対条件

これで完成

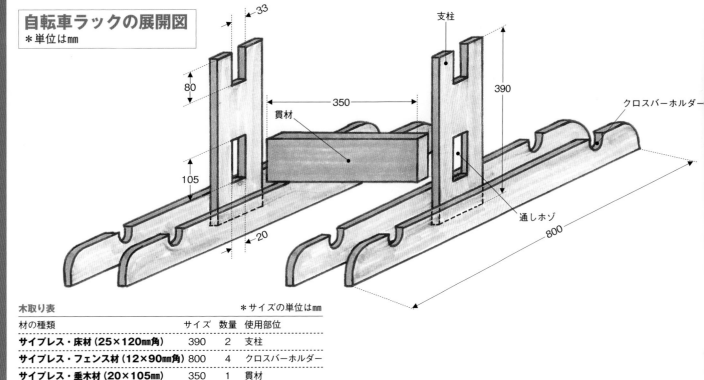

WORKS 02

難易度★☆☆

ガーデニング好きの家族も喜ぶ

Aフレームプランター台

Aの文字をかたどった骨組みのプランター台。この作品の最大のポイントはAフレームの上の角の合わせ方。脚を突き合わせる部分と天板の載る部分の2カ所を切って合わせる加工が必要になります。ここに使う材は少し長めに木取りしておき、現物合わせで切り、できあがった片方にもう片方を合わせるという手順で作業します。プランターを載せる台なので、棚板はすべて20㎜のすき間を空けて水はけ、通気がよいように組み立てていくのもポイント。

水気がつきもの、かつ野外に置かれる作品なので、できあがったら裏表全体を屋外用の塗料で塗装して仕上げておきましょう。

作業手順

木取り
↓
Aフレームの加工
↓
棚板を張る
↓
天板を張る

製作◎白井 糺

Aフレームプランター台の展開図

＊単位はmm

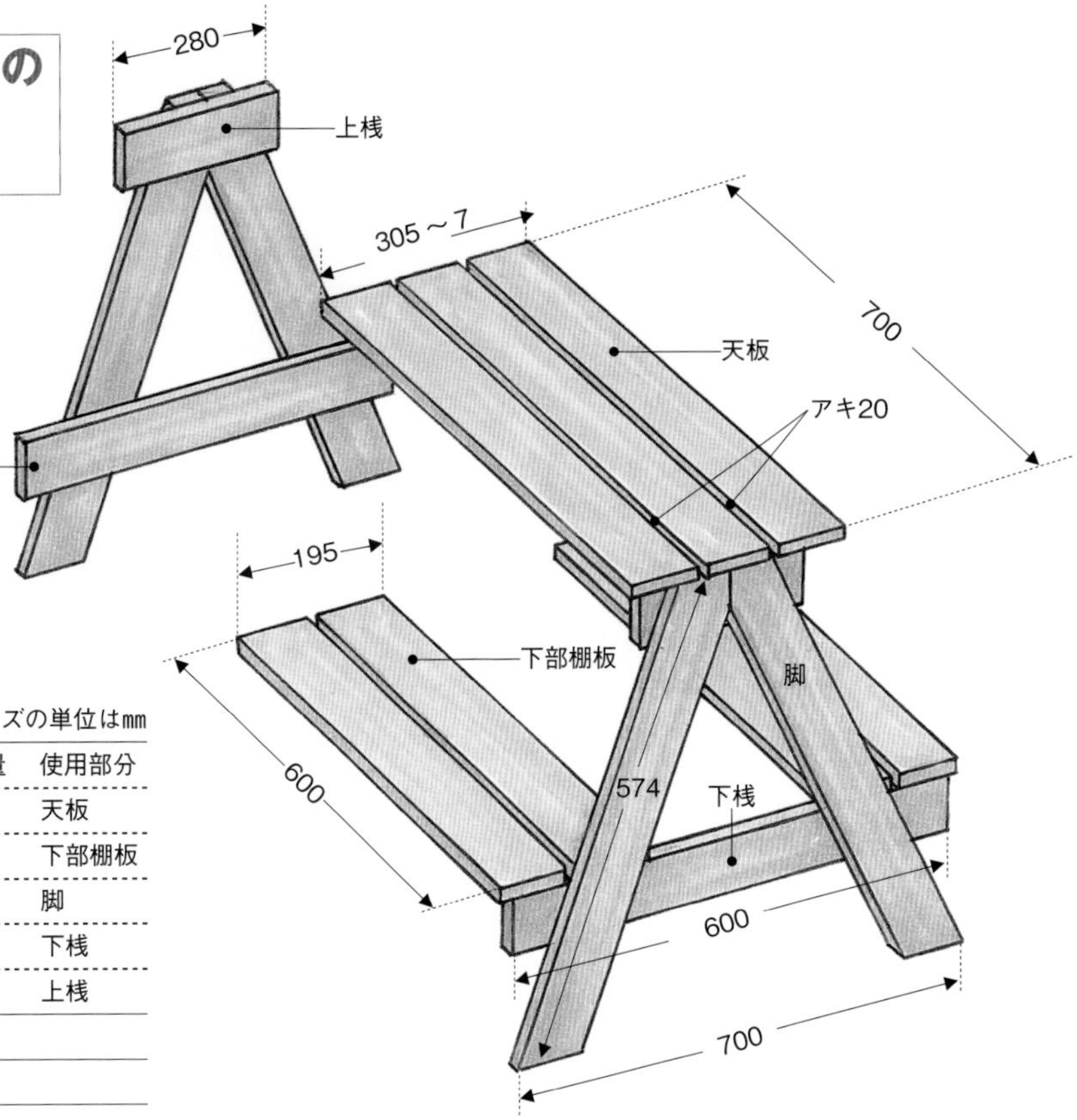

木取り表 ＊サイズの単位はmm

材の種類	サイズ	数量	使用部分
1×4材	700	3	天板
1×4材	600	4	下部棚板
1×4材	600	4	脚
1×4材	600	2	下桟
1×4材	280	2	上桟

その他の材料

ビス

木取りした材を並べてフレームを並べる。A字型を組む材は右のように加工しておく

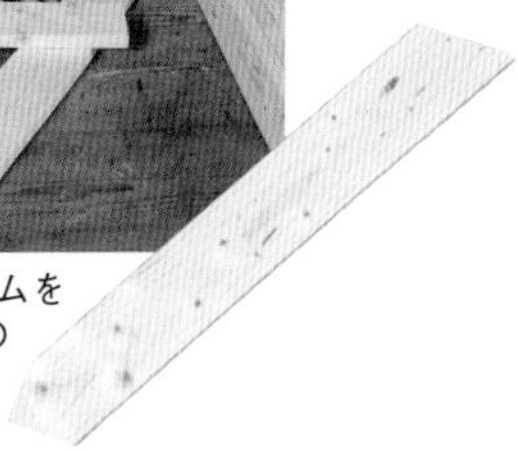

フレームの先端を仮組みしたら、下桟の位置を決めて、内側から打ち留める。ビスは30mmを使い、突き抜けないように注意して

上桟の位置を合わせて内側から打ち留め。写真はAフレームの先端部分を外側から見たもの。天板方向と突き合わせ部を切って組み合わせた

組み上がったAフレーム。同じものをもうひとつ作る

上下の桟を利用してフレームに棚板を取り付ける。まずは下桟から取り付けて、ふたつのフレームをつなげよう。棚板のすき間は20mm

天板も同じく20mmのすき間を空けて固定。位置を墨つけしておくときれいに仕上がる

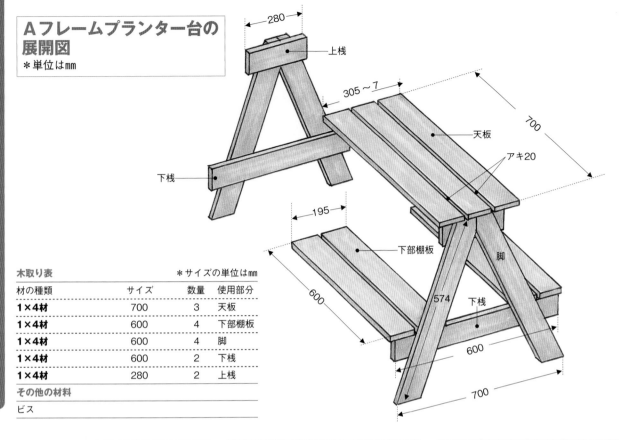

WORKS 03

難易度★☆☆

多目的シェルフ

どう使いこなすかはアイデア次第

作業手順

↓
木取り
↓
後脚と前脚の角度を決め
前脚の下端をカット
↓
脚の棚板を取り付ける位置に
墨つけする
↓
脚に棚板の桟をビスで固定
↓
棚板を切り出し脚の桟に固定
↓
天板をつけサンドペーパーで
面取りすれば完成

多目的シェルフの展開図

＊単位は㎜

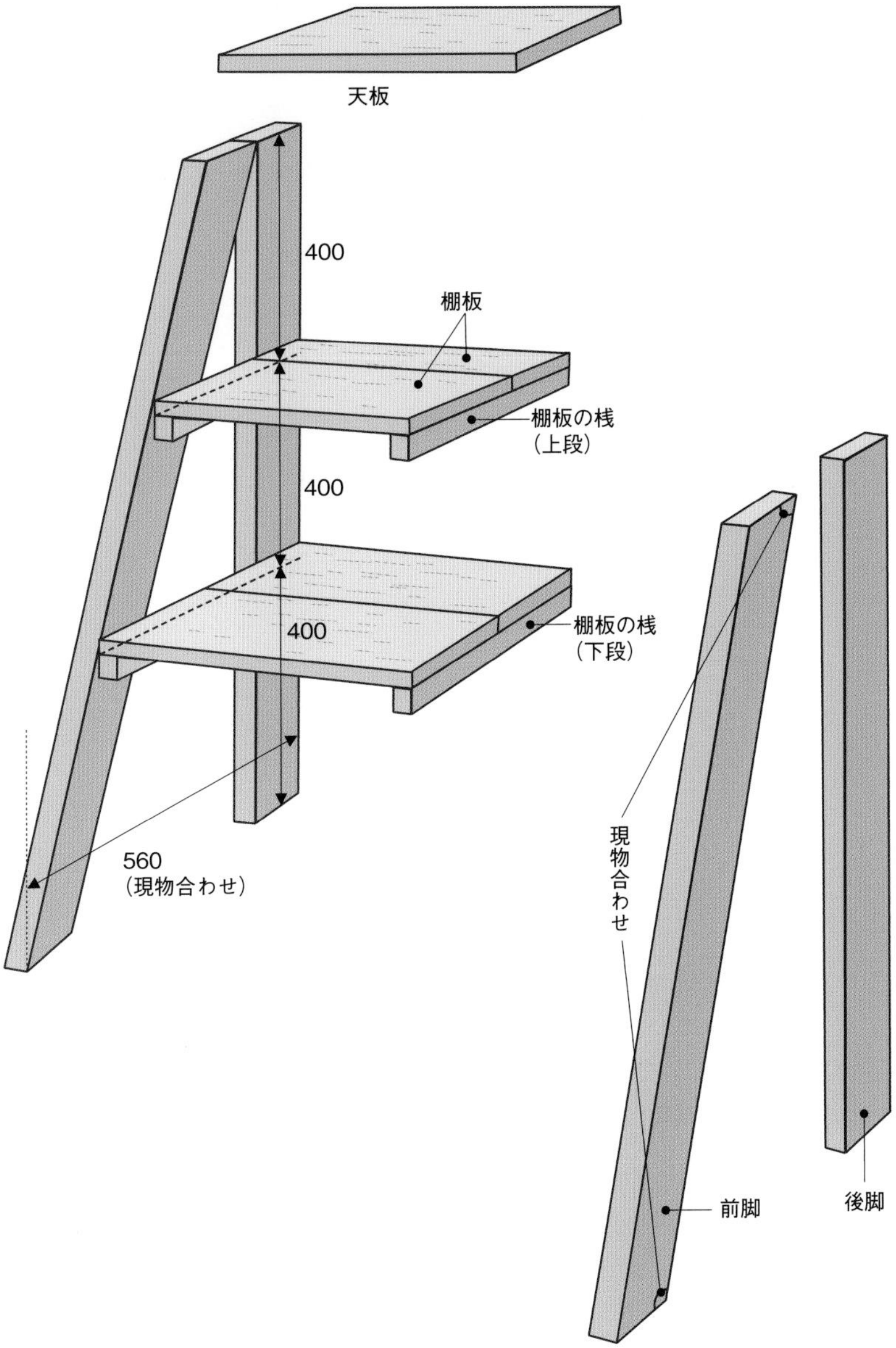

角度を自在に変えられる角度定規。丸ノコで角度切りをする際のガイドとして便利

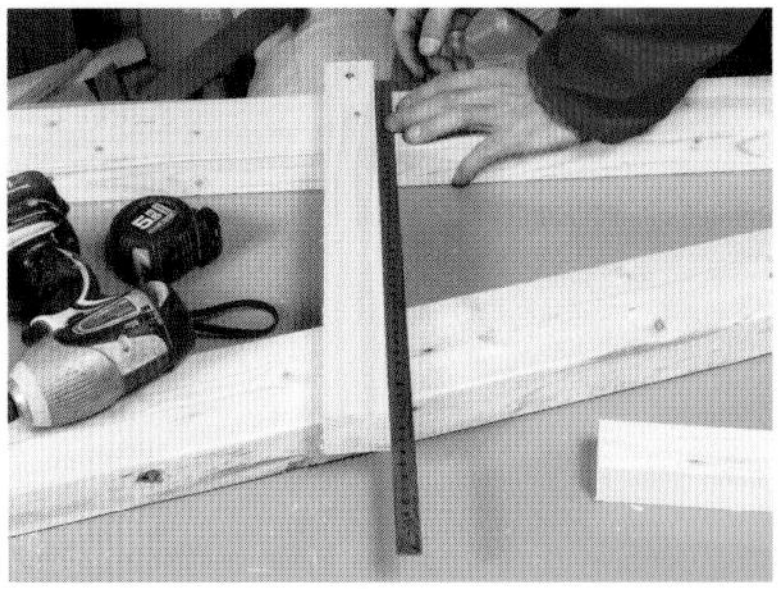

墨線に合わせて、棚板の桟を51㎜ビスで留める。サシガネや角度定規を使って、後脚と直角になっていることを確認しながら行なう

後脚は垂直に、前脚を斜めにして三角形に組み、棚板の奥行きに変化をつけたシェルフ。

前脚の斜めの角度は、現物合わせで決めます。その際、合板の上で作業を行なうとスムーズです。市販されている合板の角は正確な直角になっているので、それを利用して、後脚の材を、合板の角と端にぴったり合わせて置きます。続いて前脚（斜めの材）を、棚板の奥行き寸法を基準にして配置。後脚と前脚の上端と下端がきれいに一直線になるように墨つけしたら丸ノコでカットします。

前脚をうまくカットできれば、あとは単純な作業です。左右両脚の内側に棚板を載せる桟をビスで留めたら、そこに棚板を固定。最後に天板をビス留めすれば完成。上段の棚板を85㎜幅に切り出すのは少し難しいですが、これはサイズの設定次第で避けられます。

ラックを屋外で使用する場合は、塗装による防腐処理が必須です。

木取り表 ＊サイズの単位は㎜

材の種類	サイズ	数量	使用部位
2×4材	1200	2	後脚
2×4材	1300程度（現物合わせ）	2	前脚
アカマツ垂木材（30×40㎜）	295	2	棚板の桟上段
アカマツ垂木材	420	2	棚板の桟下段
スギ破風板（24×210㎜）	450	5	天板、棚板
その他の材料			
ビス			

WORKS 04

難易度★★☆

ガーデニンググッズをまとめて整理する

ガーデンシェルフ

道具を整理して収納し、庭をすっきりと見せるガーデンシェルフ。小柄な女性でも出し入れが簡単にできるよう、高さ１１００㎜で製作しました。材料はＳＰＦ材で、４本の脚は２×３材、奥行きは１×６材を２枚分使い、長さ以外は材を切断せずに組み立てられるよう設計しました。

棚板の加工は作りが簡単になるようにと固定式を採用。同じ理由でその他部材の接続も、ホゾ組みなどの継ぎ手加工ではなく、突き合わせとしました。

マンションのベランダなど、スペースが十分にない場合には、棚板を１枚もしくは両方を１×４材にするなどアレンジしてください。

作業手順

↓

木取り

↓

各パーツの木取りと側板の組み立て

↓

背板を取り付ける

↓

棚板をつけて完成させる

製作◎大智ガーデン

ガーデンシェルフの展開図
＊単位はmm

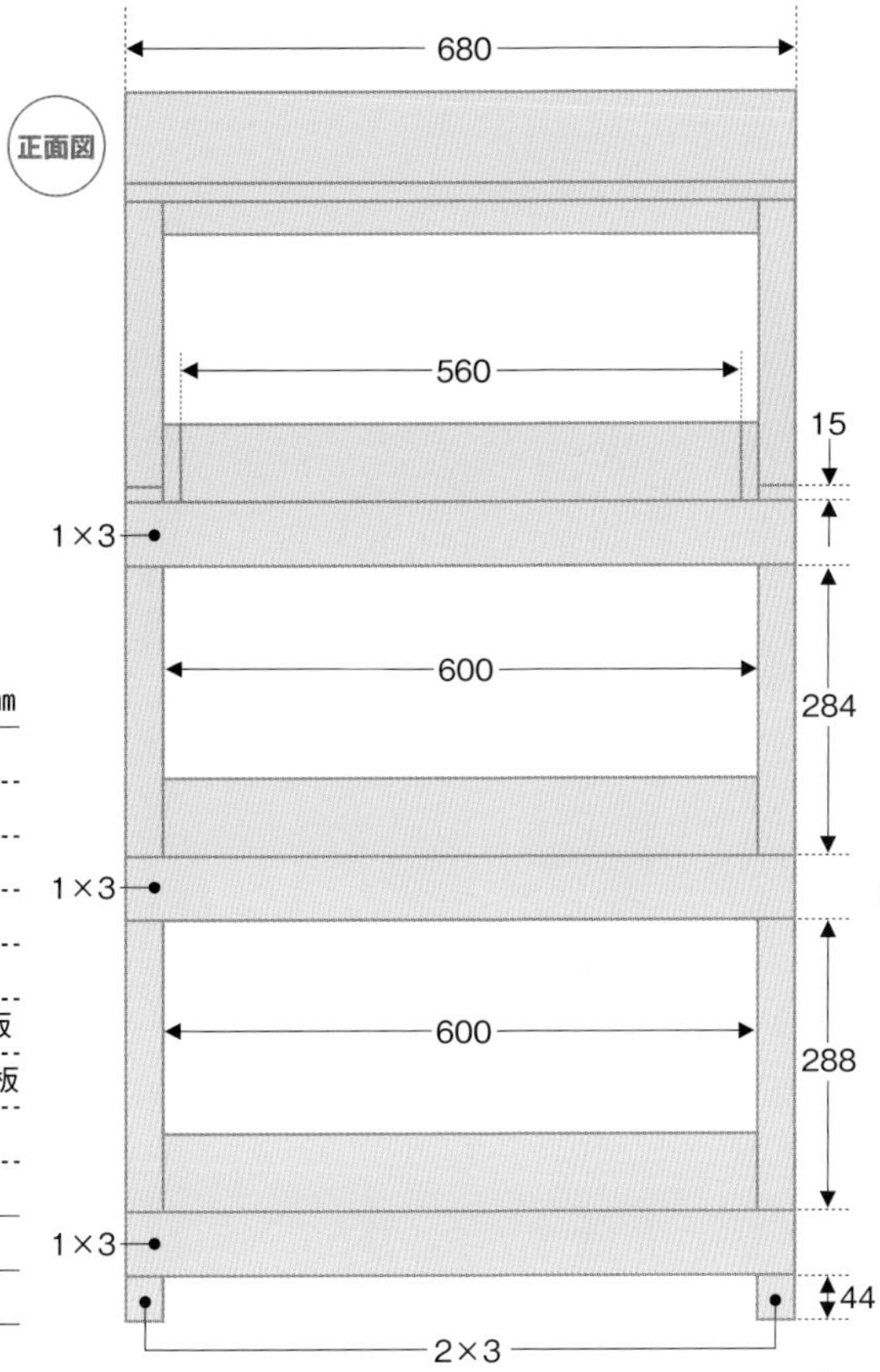

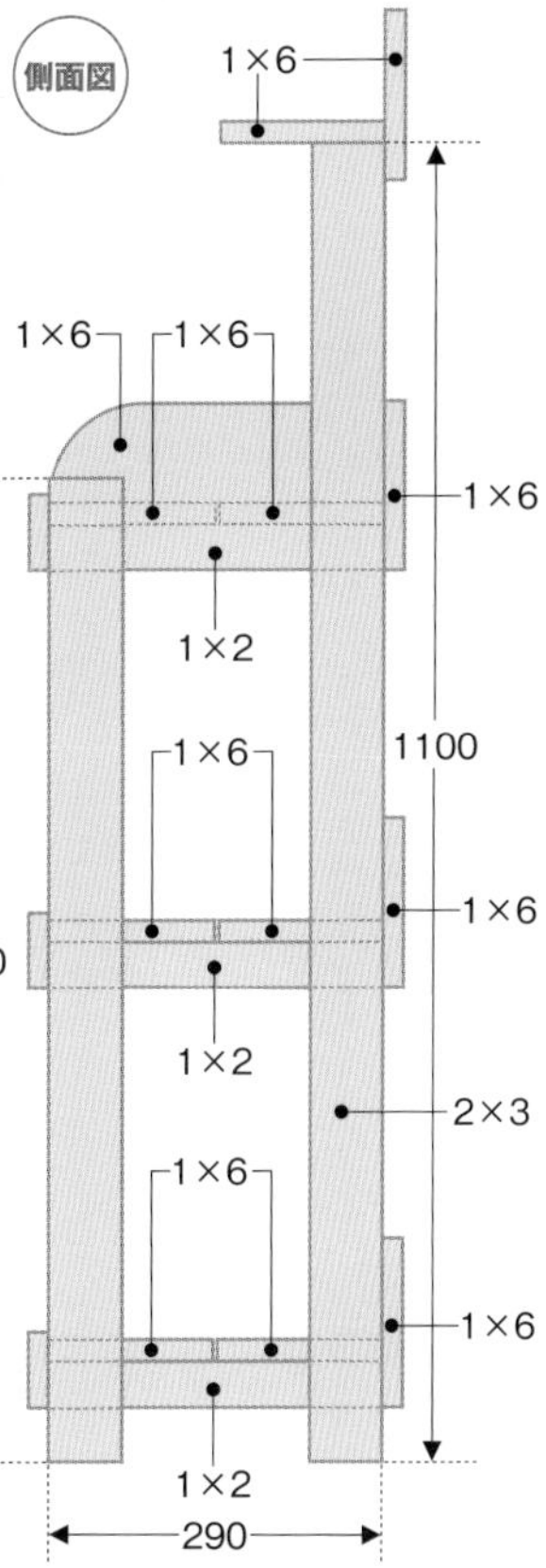

木取り表 ＊サイズの単位はmm

材の種類	サイズ	数量	使用部位
1×2材（19×38mm）	290	6	棚受け
1×3材（19×63mm）	680	3	飾り板
2×3材（38×63mm）	1100	2	後脚
2×3材	820	2	前脚
1×6材（19×140mm）	680	5	背板、棚板
1×6材	600	4	中下段棚板
1×6材	560	2	上段棚板
1×6材	290	2	側板
その他の材料			
ビス（40mm、65mm）			

01

脚になる４本の材を並べて棚板を支える横木の位置を墨つけする。高さがバラバラにならないように下をしっかりとそろえておく

02

3段目の棚は側板を取り付ける。ちょうどカーブがはじまる部分が前の支柱の先端と同じ高さになるようにした

03

左右の側板が完成した

04

棚板の前の部分に板を取り付ける。棚に置いた物がすべり落ちないように棚板よりも5mm程度高くしている

05

背板を固定する

難易度★☆☆

使い古した風合いを再現した ガーデンツール・キャビネット

長時間使用した風合いを塗装で再現したガーデンツール・キャビネット。使用した材のメインは1×6材で、材の接合は突き付けのみ。側板を貫通しているハンガーはφ15㎜の丸棒。棒を通した穴はインパクトドライバーに取り付けたドリルビットで加工。丸棒をあえて側板から飛び出させることにより、ガーデンツールを引っ掛けて収納できるよう工夫しました。

背板はキャビネット内の通気のため、あえて板同士の間をあけて接合。ドアに取り付けた金網は適当なサイズに金切りバサミでカットし、タッカーで取り付けました。

エイジングペイントのやり方ですが、全体にヤスリをかけたあと、ホワイトの外部用塗料をベタ塗りして乾燥を待ちます。その後、角を重点的にヤスリをかけることで、塗装を剥がしていきます。さらに汚れた風合いを出すため、黒に近い茶系の塗料を塗り上からウエスで伸ばせば完成！

センスの良し悪しが仕上がりの見た目に大きく影響するので、一度端材などで練習することをおすすめします。

作業手順

- 木取り
- 側板の斜めカット
- 棚の受け板の取り付け
- 天板、棚板、底板の取り付け
- 側板に丸棒を差し込む
- 背板の取り付け
- 扉の組み立てと取り付け
- 塗装

製作◎ドゥーパ！編集部

ガーデンツール・キャビネットの展開図
＊単位はmm

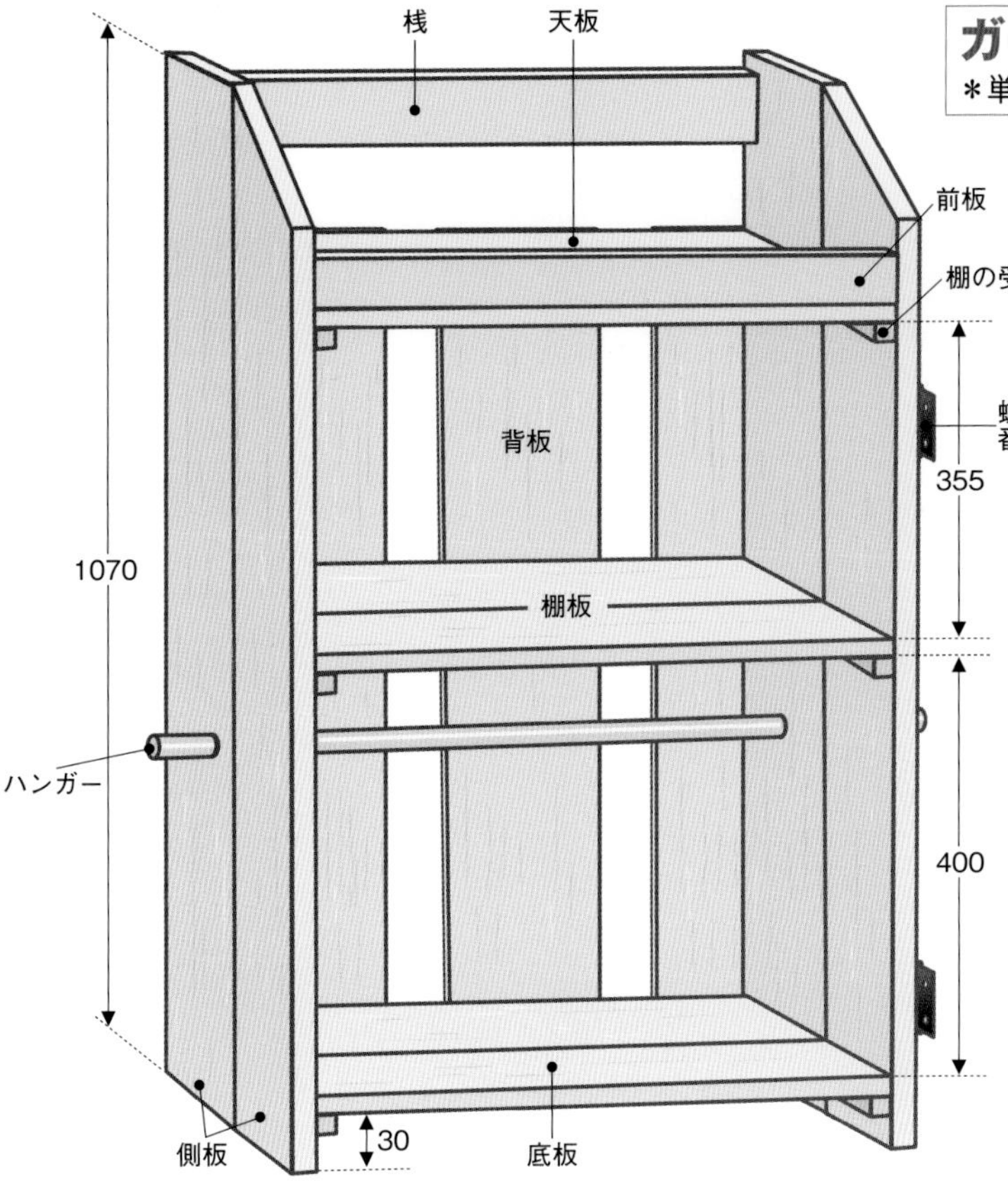

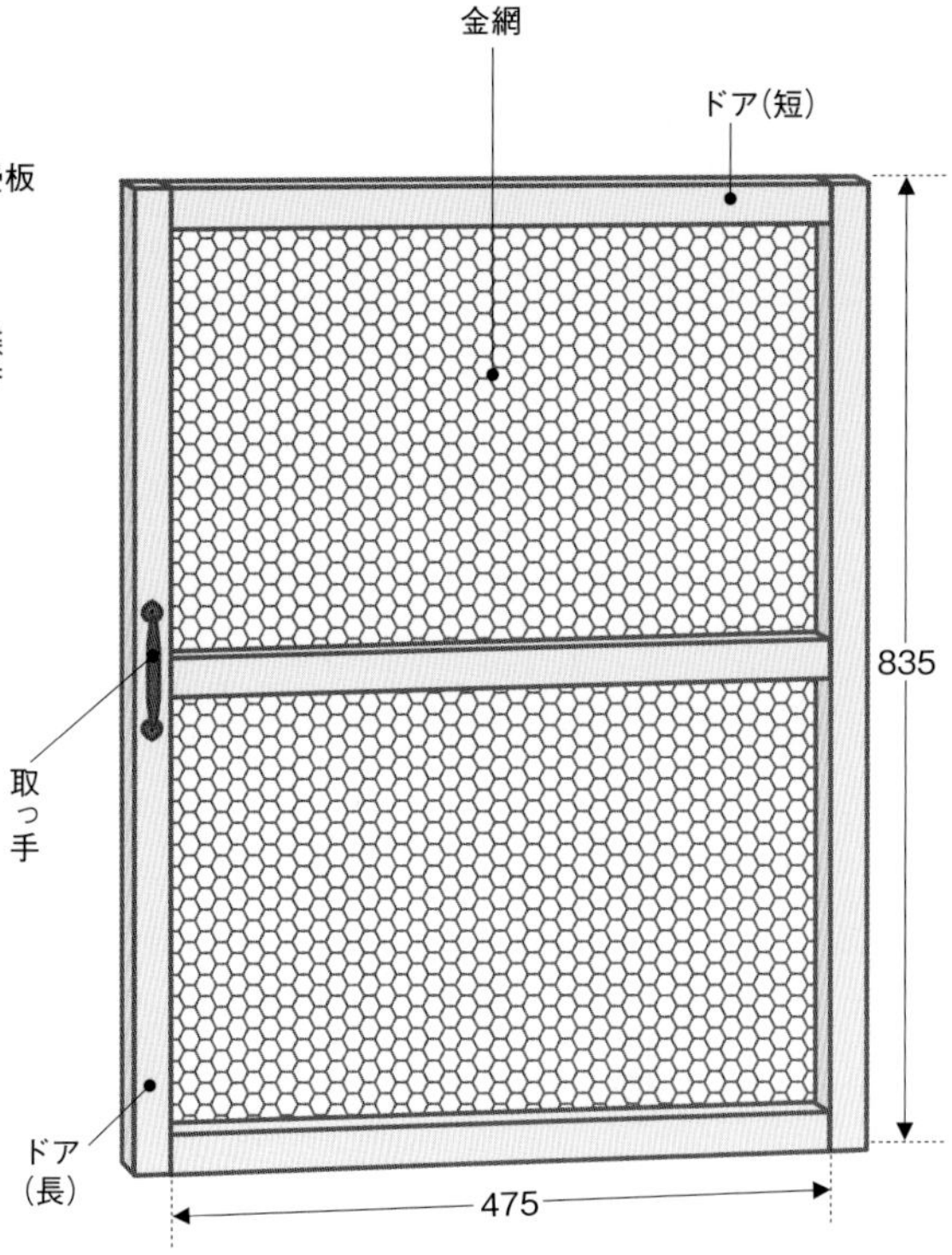

キャビネット下段には丸棒を通し、フックを使った吊り下げ収納機能を持たせた

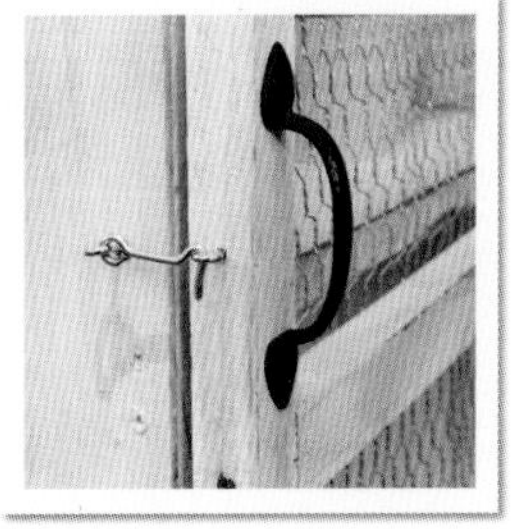
扉の固定にはあおり止めを使用

後ろから見る

木取り表 ＊サイズの単位はmm

材の種類	サイズ	数量	使用部位
1×6材	1070	4	側板
	500	2	天板
	500	2	棚板
	500	2	底板
	815	3	背板
1×4材	500	1	栈
スギ板（45×15mm）	500	1	前板
ヒノキ角材（20×30mm）	835	2	ドア(長)
	475	3	ドア(短)
	280	6	棚の受板
丸棒（φ15mm）	600	1	ハンガー

その他の材料

金網、蝶番、取っ手、あおり止め（32mm）

WORKS 06

野菜ストッカー

ベランダや勝手口脇に置ける

難易度★★☆

作業手順

木取り
↓
パーツの切り出しと底板の組み立て
↓
背板を作る
↓
背板、側板を張る
↓
金網を張る
↓
天板、棚板を取り付ける
↓
収納部分のフタを作る
↓
金物を取り付ける

ジャガイモやニンジン、玉ネギ、ダイコンなどを収納しておく野菜ストッカー。秋から冬場にかけては暖かい屋内に置くよりも、涼しい屋外の方が野菜は長持ちします。

ジャガイモや玉ネギなどを入れる縦1列の棚の下に、ダイコンやネギなど葉のついた長い野菜類も収納できるよう、L字型に設計しました。材料はSPF材の1×4材、1×6材を中心に使用しましたが、どこのホームセンターでも手に入る2×4材を使ってもいいでしょう。

突き合わせのみの加工・組み立てなので、部材は多いですが技術的な難しさはありません。作業をするうえで気をつけることは、完成形をきちんとイメージして、図面を見ながらひとつひとつの作業をしっかりと進めることです。これらのことを注意すれば、製作にかかる時間はそれほどでもありません。ただし、仕上げの塗装には注意が必要。理由は、食べ物を入れる収納庫だからです。くれぐれも、体に有害な成分を含む塗料は使用せず、体にやさしい自然成分由来などの塗料を使ってください。

製作◎大智ガーデン

01

ストッカー全体の土台となる下側の箱から作りはじめる

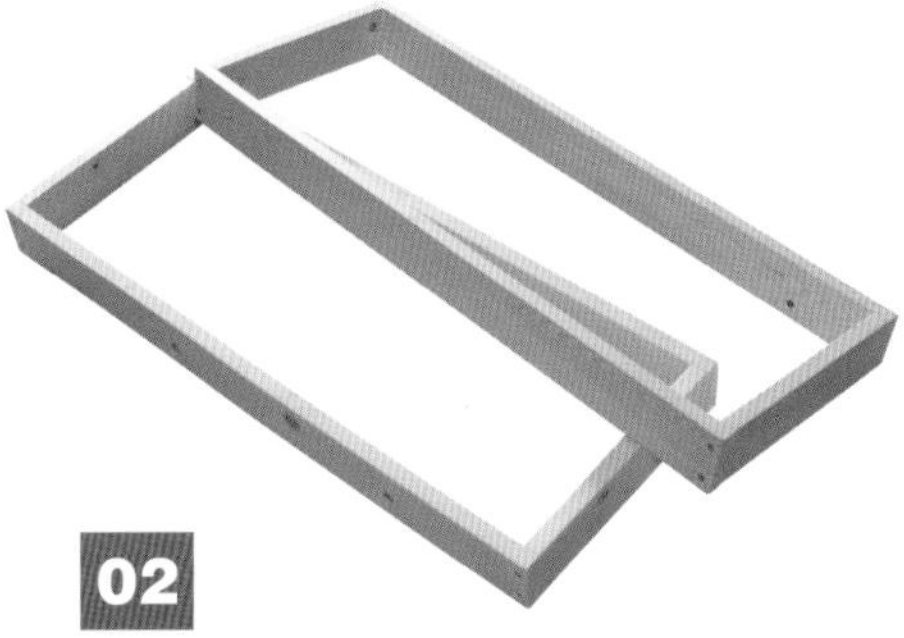

02

同じ長方形の枠がふたつ（1×3材）。これが箱の上下の枠になる

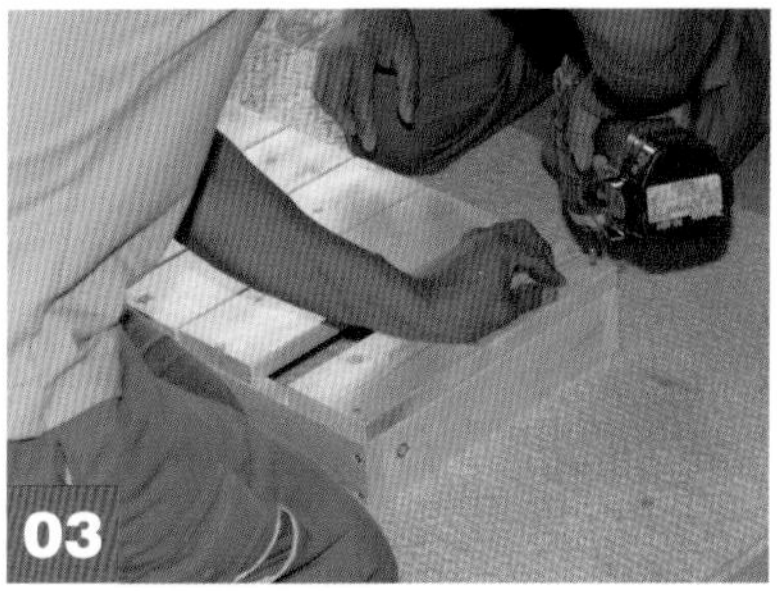

03

底板の固定には38㎜のビスを使用。材が割れたりしないように下穴をあけてからビスを締める

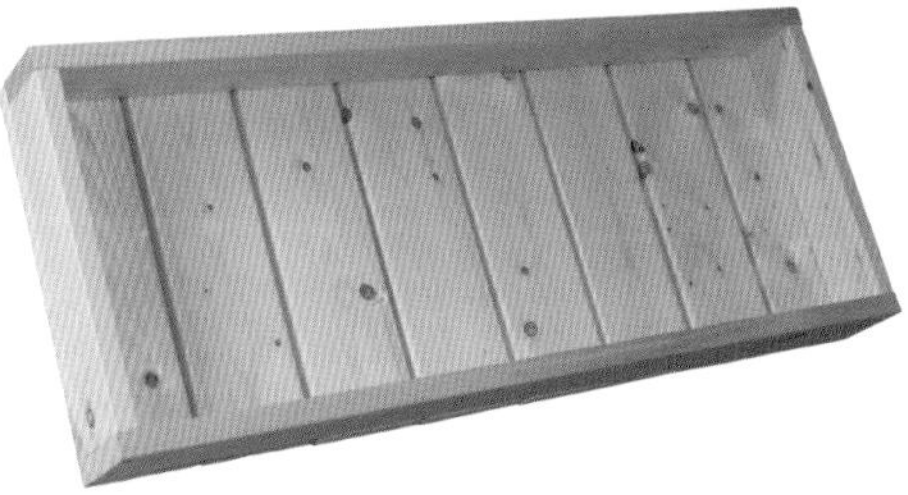

04

ストッカーの底板ができた。すき間は野菜が傷まないように風通しをよくするためにあけた

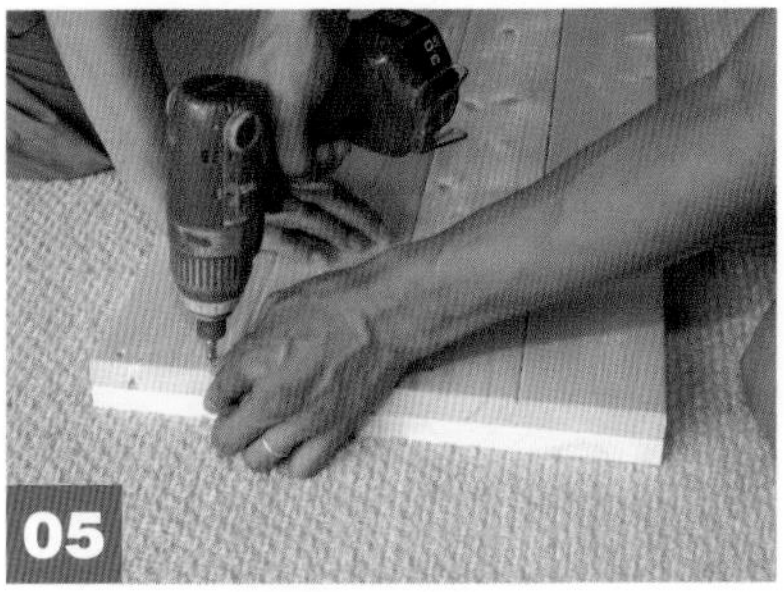

05

ストッカーの棚の部分の背板を作る。1×4材を4枚並べ、棚板を受ける横木（1×1材）で固定する

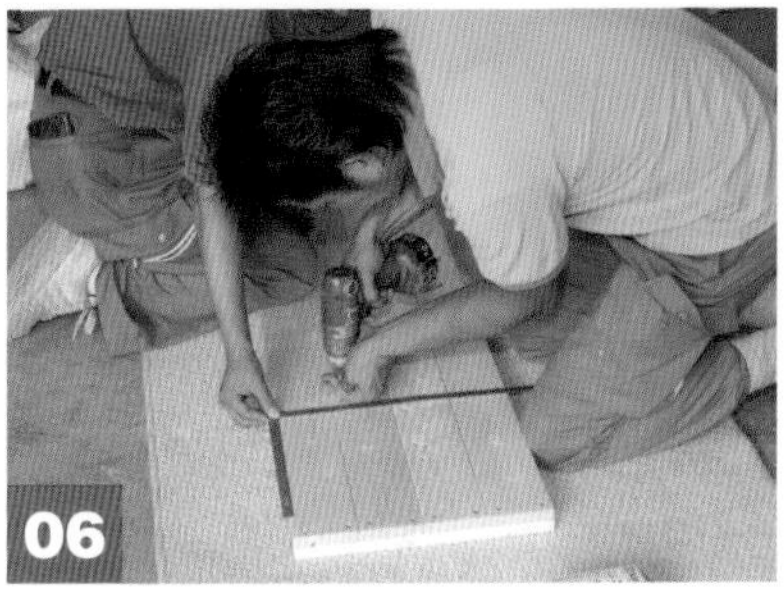

06

ビスが一直線に並ぶようにサシガネをあてながらドリルドライバーで締めていく

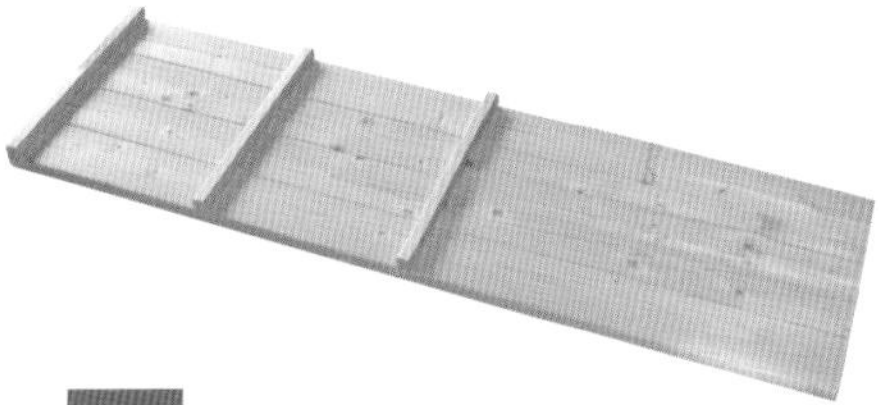

07

できあがった背板。棚板を受ける横木は上から300㎜間隔で3本取り付けた

08

側板を底板につける。側板は横木で繋げずに1枚1枚張っていく

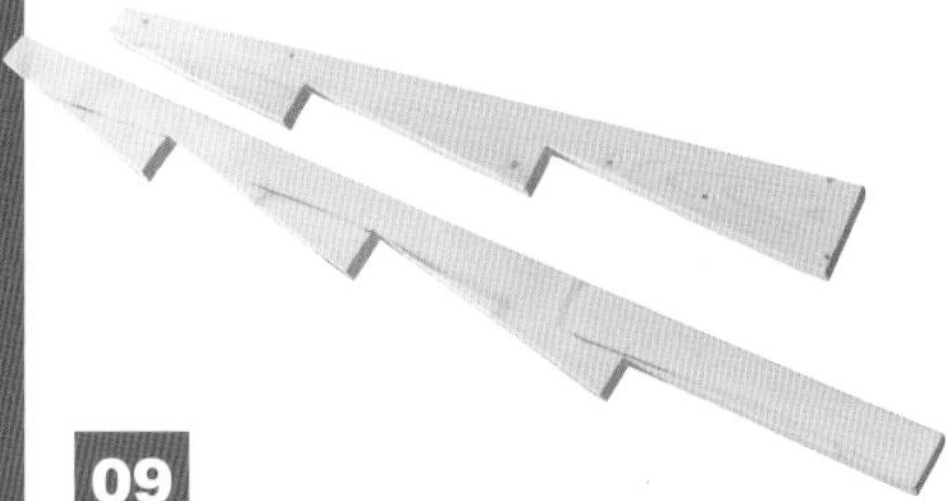

09

側板の一番前に来る材を加工。横方向の切込みを先に入れてから縦方向を切断するようにする

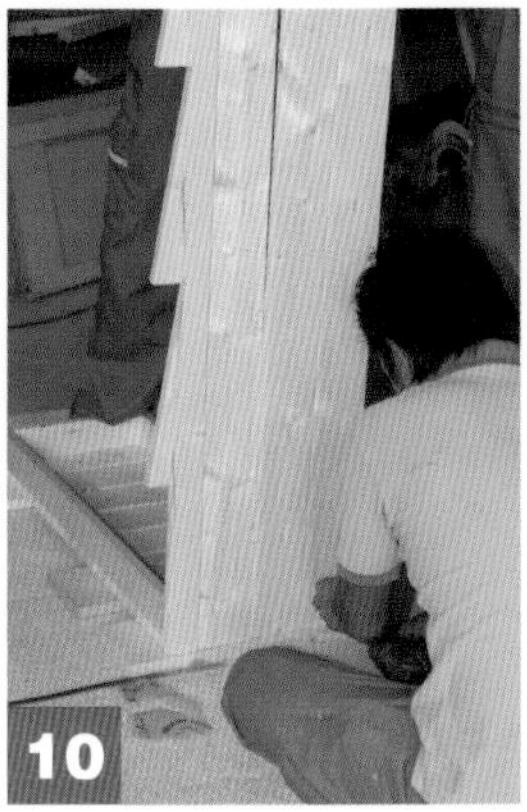

10

側板をすべて固定した

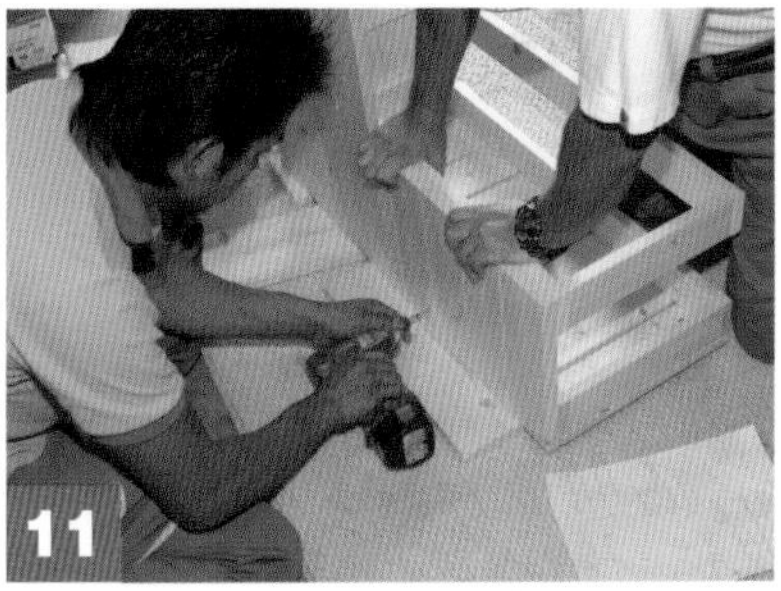

11

続いて残りの左半分の背板、側板を張っていく

12

ここまでくると全体の形が見えてくる。完成までもう少し

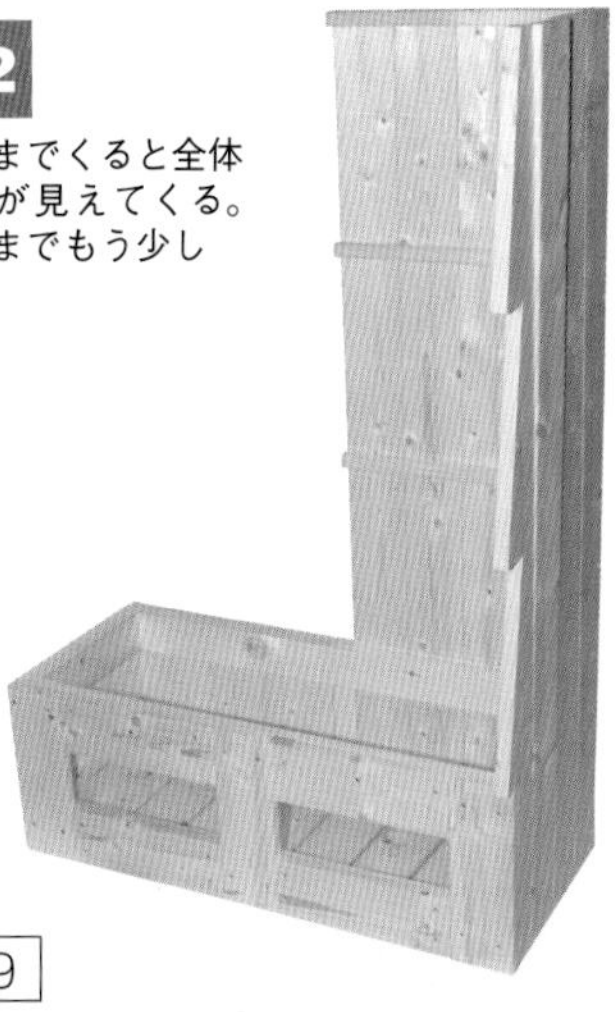

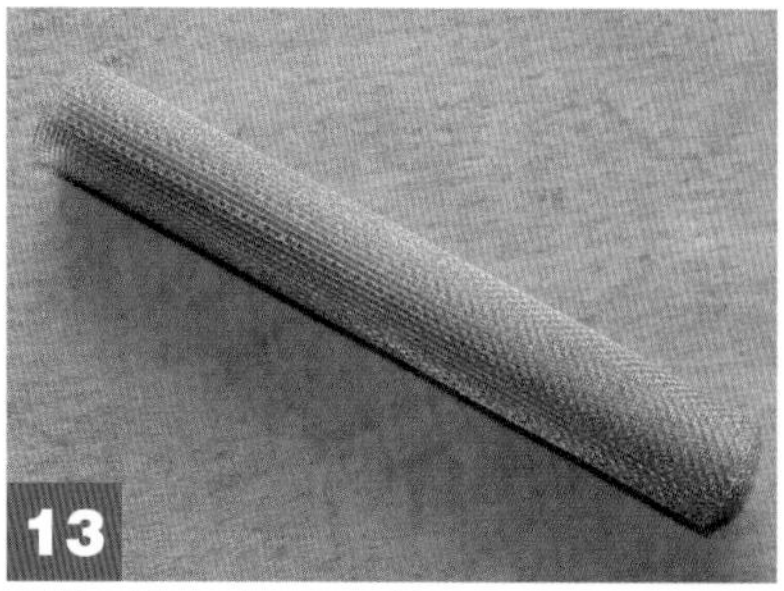

下側の前面や棚に取り付けるフタに張る金網。虫などが入らないように網目は細かい3㎜幅のものを使用した

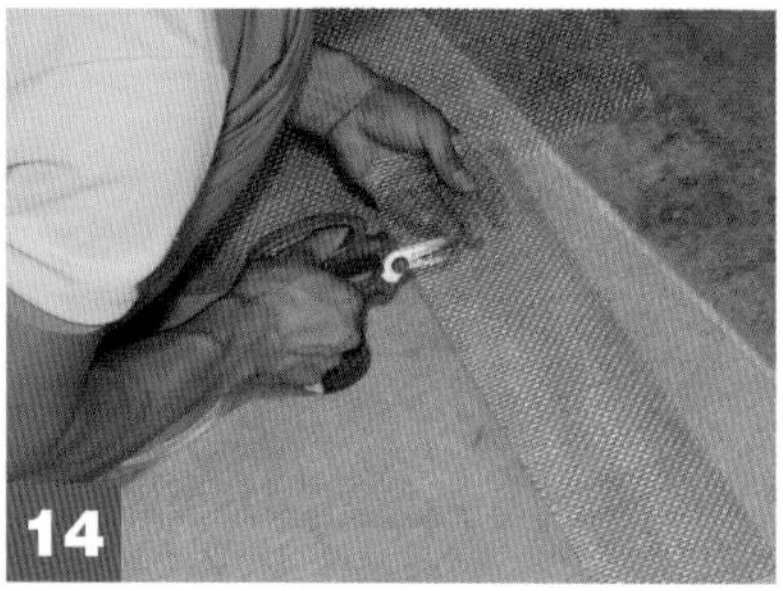

金網は窓の大きさよりも上下、左右共に1㎝ほど大きく切る

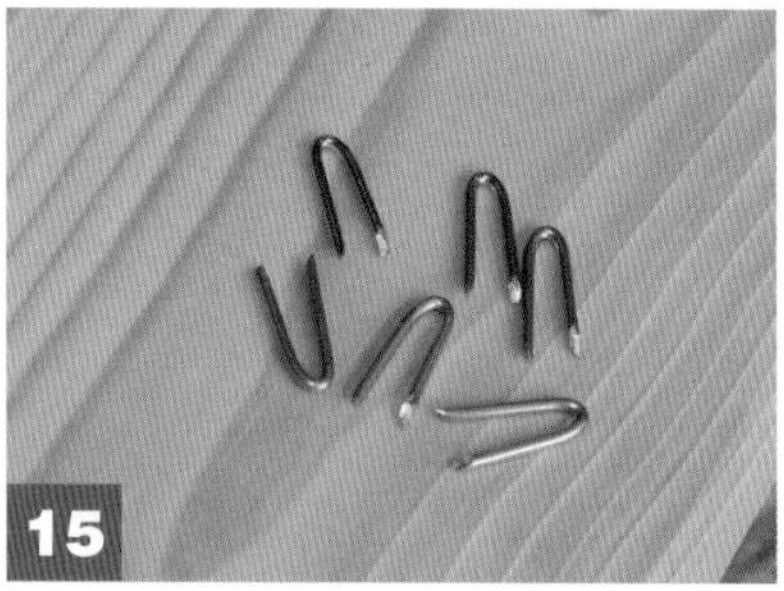

金網の固定にはU字釘を使ったが、タッカーを使ってもいい

金網を取り付けるとグッと野菜ストッカーらしくなってきた

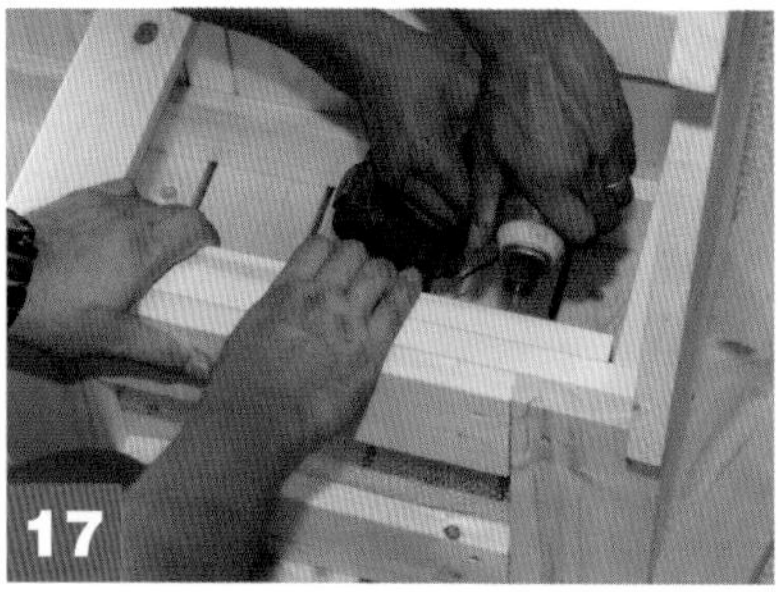

土台になっている箱の天井兼棚板を受ける横木を取り付ける。中央部分の横木は側板やその隣のフタも載せるので、ほかよりも幅のある1×4材を使った

箱の天板兼棚板を張る

3段棚の左側の側板を張っていく

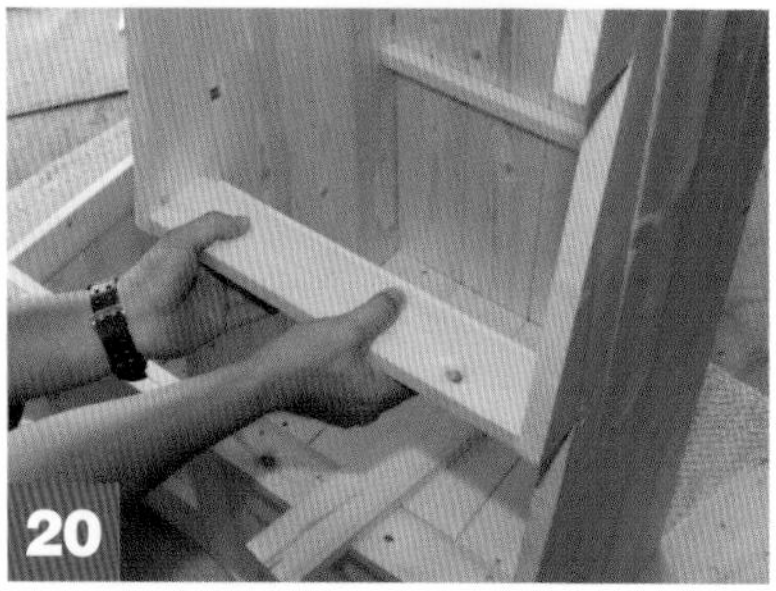

棚板を受ける横木を取り付けていく

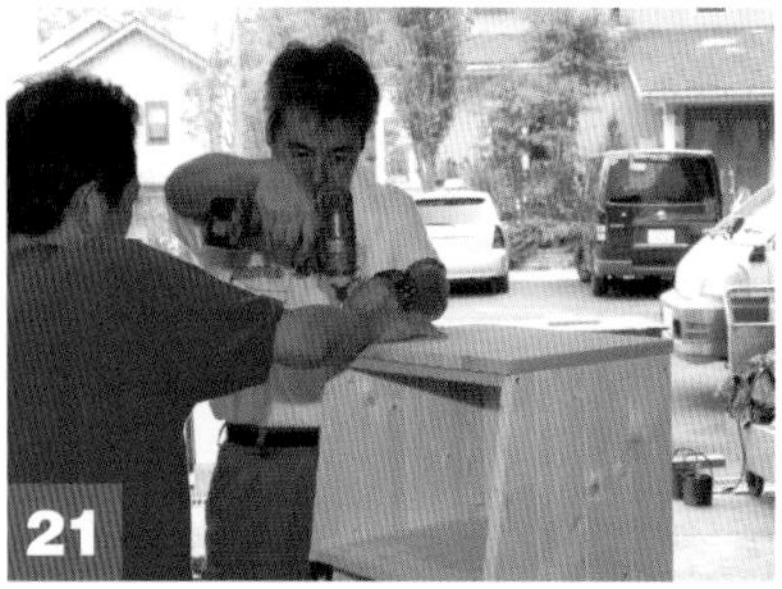

棚板、天井を張っていく。棚板は1×4材を4枚並べるが、天板は側板の厚みの分だけ幅があるので、1枚だけ1×6材にする

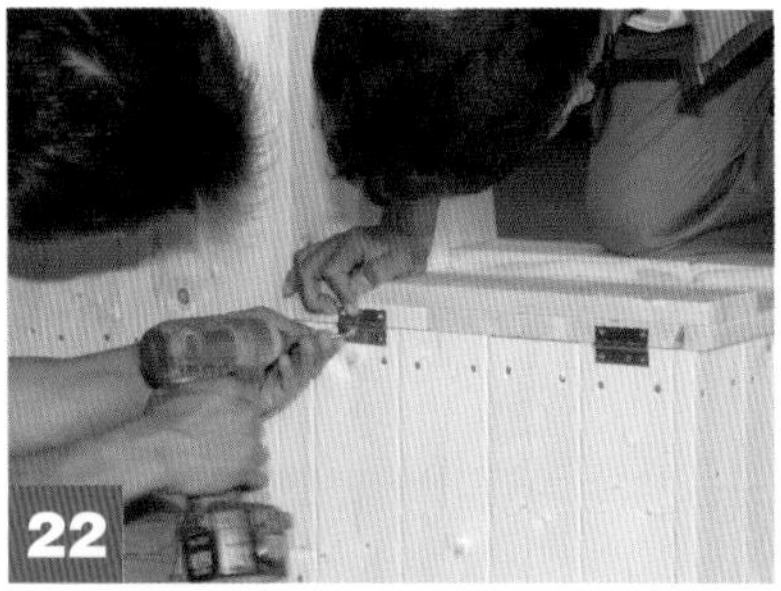

フタは蝶番を使って留める

3段の棚の部分につけるフタを作る。枠には1×2材（19×38㎜）を使用した

24

完成。塗装をする場合は無害な自然塗料を使用しよう

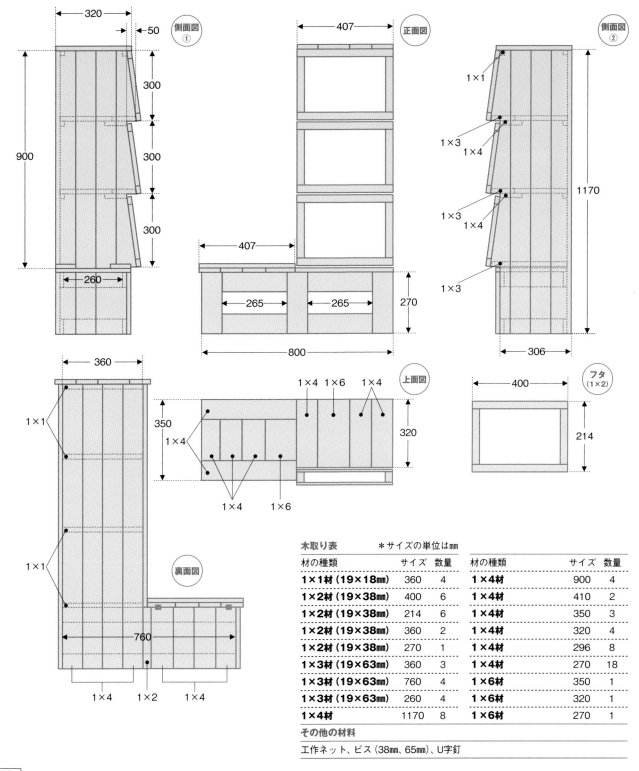

野菜ストッカーの展開図

＊単位は㎜

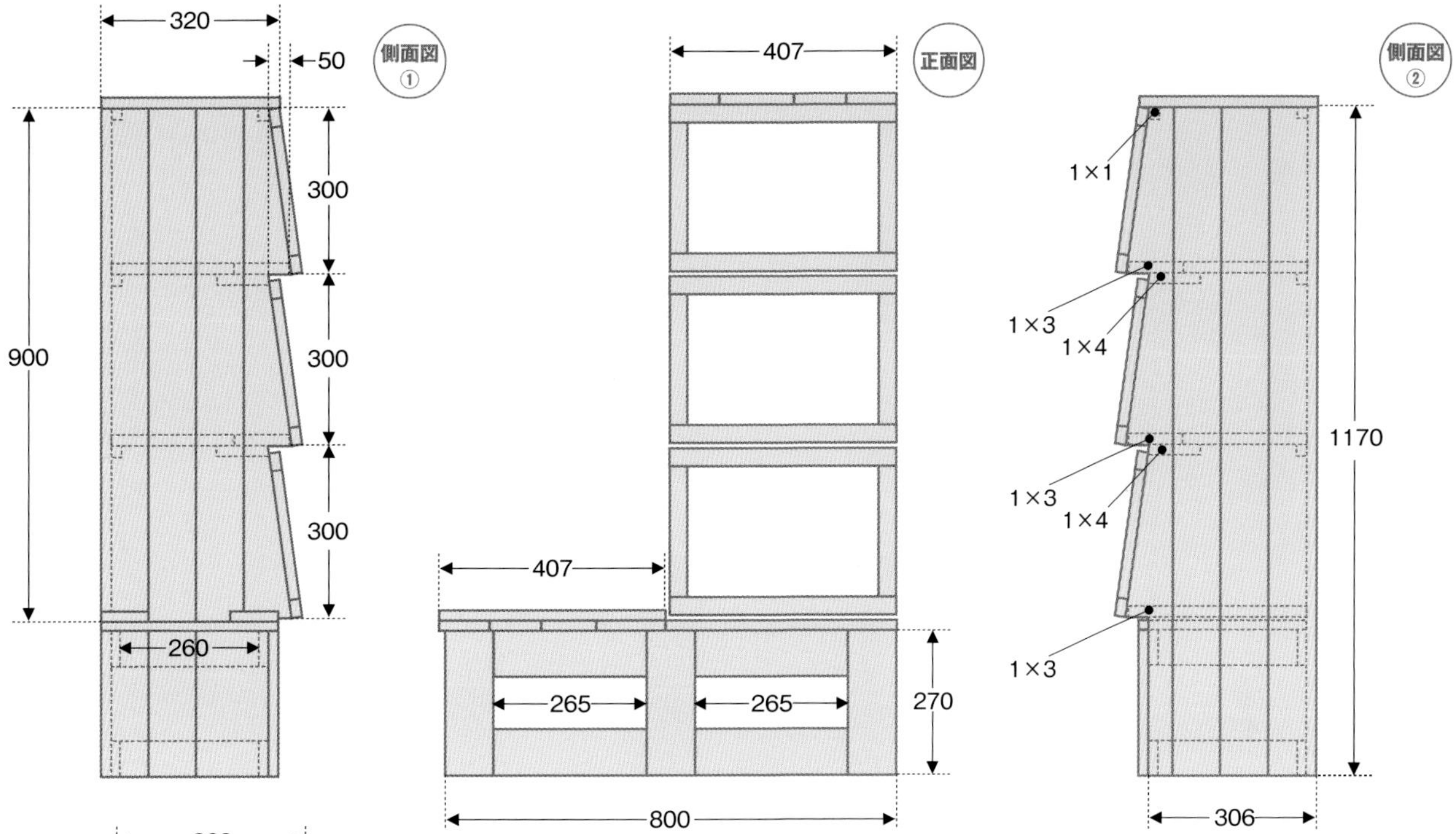

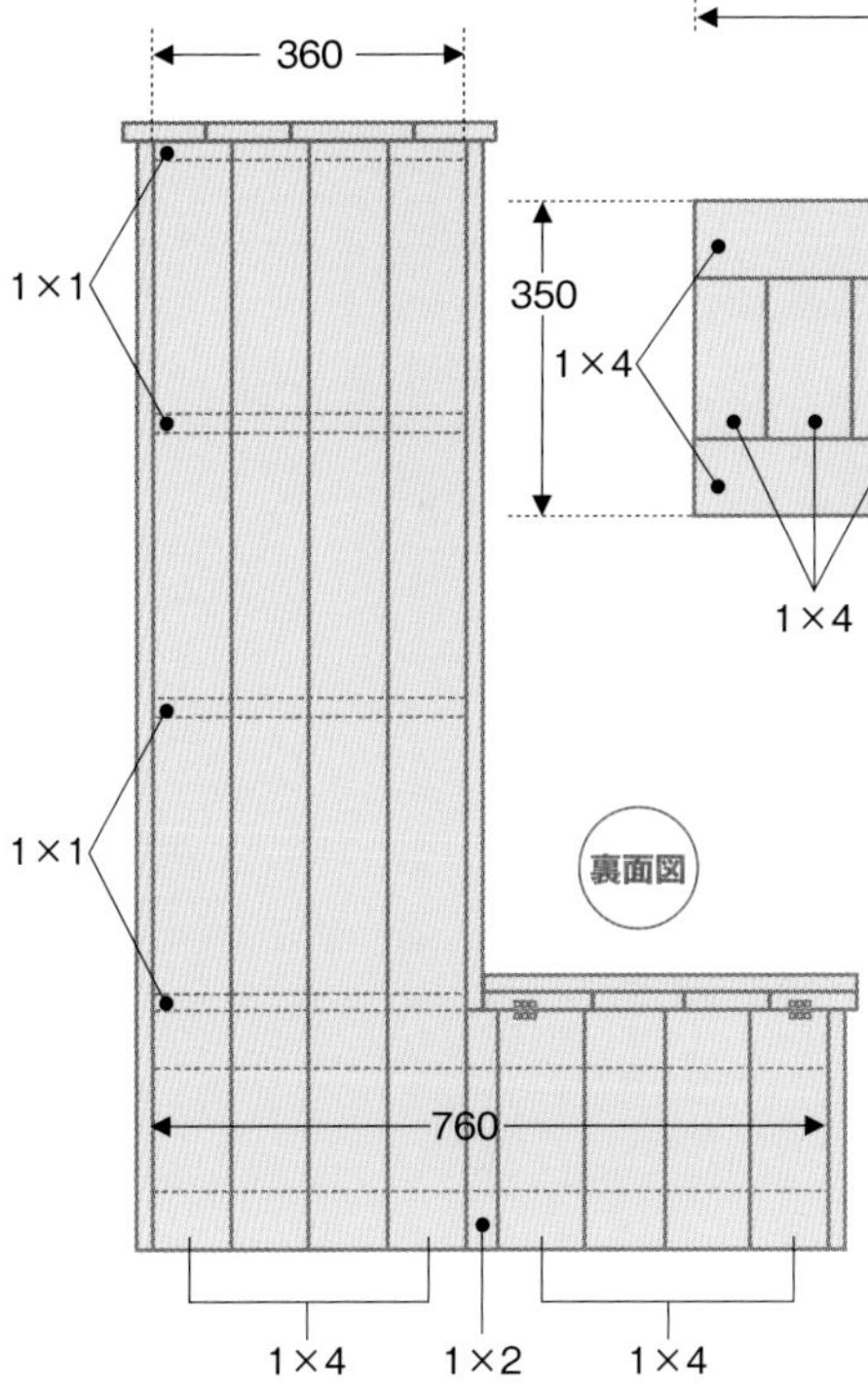

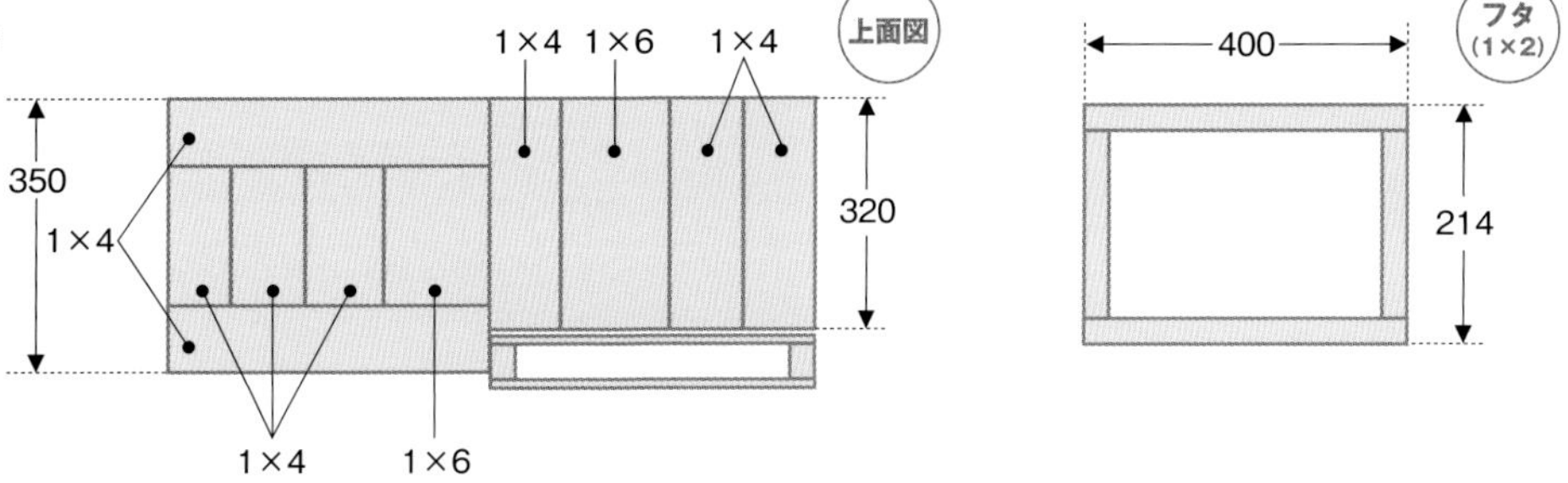

木取り表　　＊サイズの単位は㎜

材の種類	サイズ	数量	材の種類	サイズ	数量
1×1材 (19×18㎜)	360	4	**1×4材**	900	4
1×2材 (19×38㎜)	400	6	**1×4材**	410	2
1×2材 (19×38㎜)	214	6	**1×4材**	350	3
1×2材 (19×38㎜)	360	2	**1×4材**	320	4
1×2材 (19×38㎜)	270	1	**1×4材**	296	8
1×3材 (19×63㎜)	360	3	**1×4材**	270	18
1×3材 (19×63㎜)	760	4	**1×6材**	350	1
1×3材 (19×63㎜)	260	4	**1×6材**	320	1
1×4材	1170	8	**1×6材**	270	1

その他の材料

工作ネット、ビス（38㎜、65㎜）、U字釘

難易度★★☆

プラスアルファがうれしい

室外機カバー兼用ガーデンシェルフ

作業手順

木取り
↓
室外機カバー本体を作る
↓
ルーバーを作る
↓
棚作りと塗装

室外機カバー兼ガーデンシェルフは、プランターなどを置いて飾り棚にも使え、ジョウロなどガーデングッズを置く収納棚にも活用できるプラスアルファがうれしい室外機カバーです。

材料は手に入れやすい30×40㎜角材や2×材などを使用しました。ビギナーでも簡単に製作できるよう、ビスとクギだけで組み立てができるように設計。作業のポイントは、一部の組み立てを塗装のあとに行なうこと、カバー本体と棚本体を個別に製作していくことです。カバー本体からルーバーを取り外すこともでき、塗装が剥げたら塗り直すことが可能です。

土台となるカバー本体は、側板2枚に前と背の幅木を接合させ、天板を張ればOK。ルーバーは460㎜に木取りした2本の柱に、ルーバーを9本取り付けるという緻密な作業。イラストや手順03を参照し、墨つけをきちんとした上で慎重に行ないましょう。棚の製作は、カバー本体に棚本体を仮留めして正確な棚板のサイズを測り、その後組み立てればOK。

製作◎小田部清助

室外機カバー兼用ガーデンシェルフの展開図

＊単位はmm

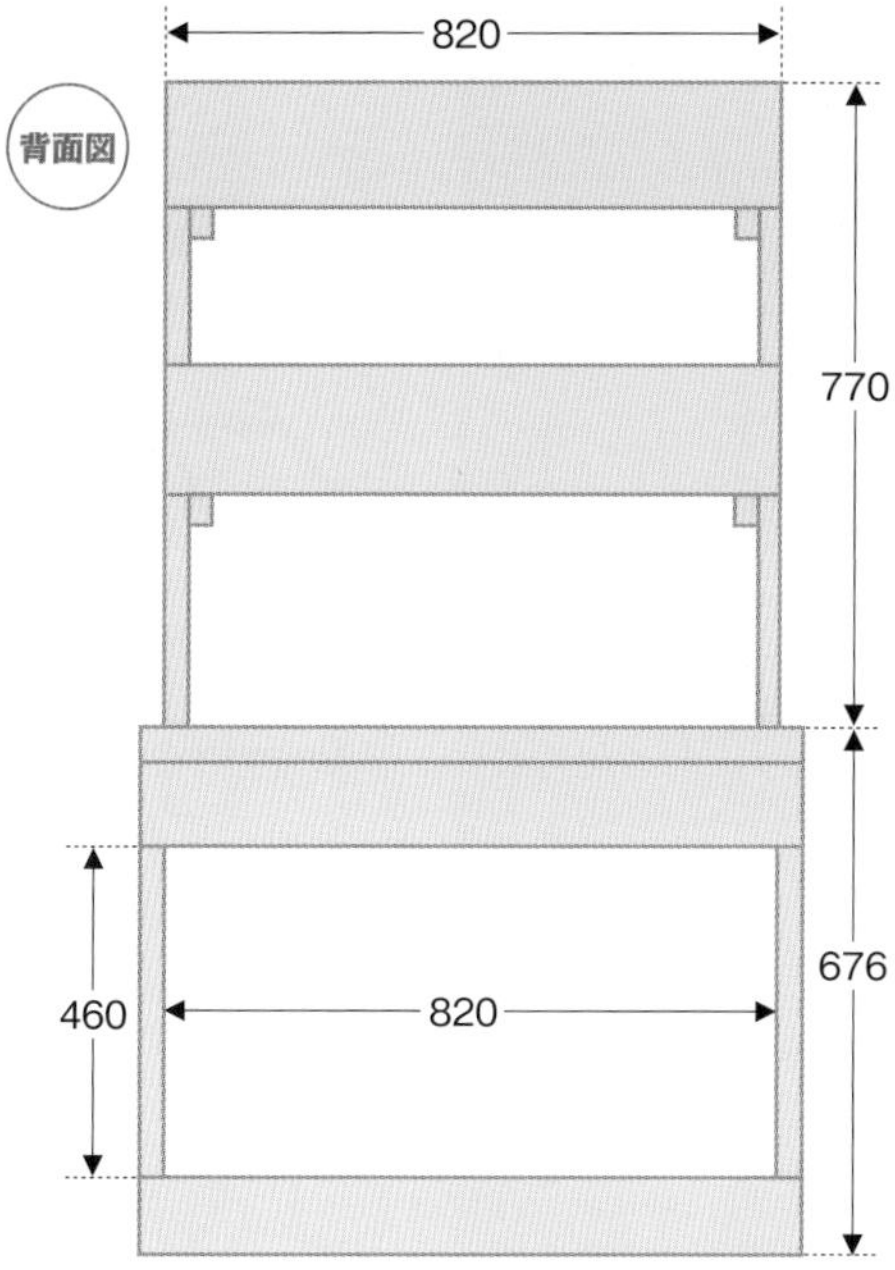

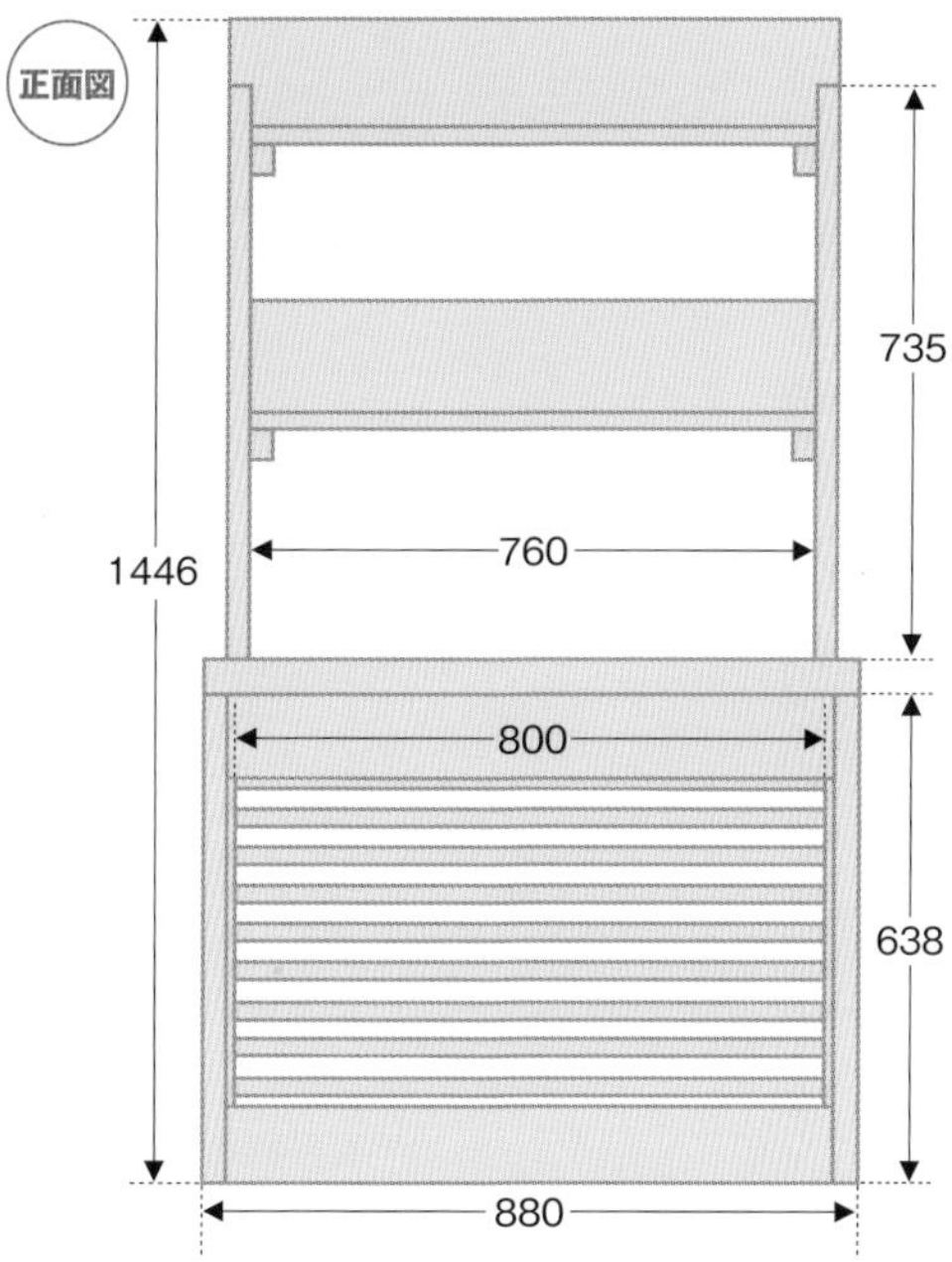

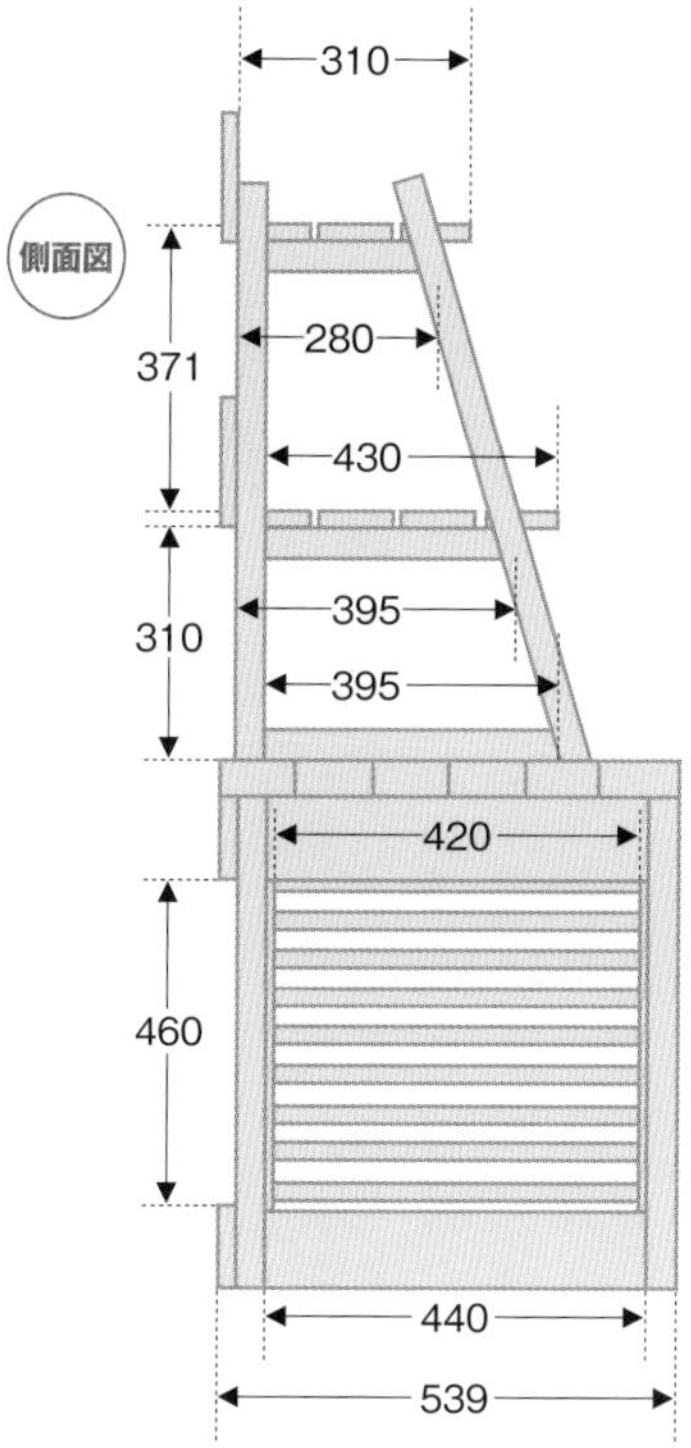

木取り表 ＊サイズの単位はmm

材の種類	サイズ	数量	使用部位
1×4材	880	2	上下横桟
1×4材	820	2	幕板
1×4材	760	7	棚板
1×4材	440	4	上下側桟
1×6材	820	2	背板
2×4材	880	6	天板
30×40角材	780	2	上柱（前）
30×40角材	735	2	上柱（後）
30×40角材	638	4	下柱
30×40角材	395	4	棚受け下横桟
30×40角材	280	2	棚受け上横桟
10×40ラワン集成材	790	9	前ルーバー
10×40ラワン集成材	460	6	ルーバー縦桟
10×40ラワン集成材	420	18	側ルーバー
その他の材料			
ビスなど			

01 先に打ったビスにぶつからないように側板の柱にビスを打つ位置の墨つけをして、前の幅木を接合させる

02 天板の面取りが済んだら室外機カバー本体ができあがる

03 柱に墨線をひいた（下記イラスト参照）

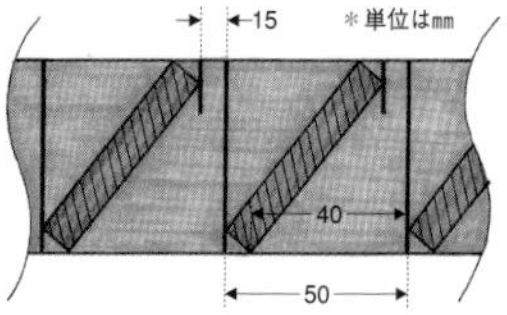

04 側板用2枚と前板用1枚を作ったらルーバーの完成

05 棚板を載せる桟の接合をしていく

06 棚本体を設置したら、あらかじめ背板に棚板1枚を接合しておいたものを取り付ける

WORKS 08

難易度★★☆

合板と1×4材で作る

フタ開け式ガーデンボックス

ビギナーでも十分製作可能な、手頃サイズのミニ収納庫。背の低い横長サイズで、斜めにつけた片開きのフタが開閉し、使い勝手抜群です！　材料はＳＰＦ材の１×４材を突き付けで骨組みし、合板（厚さ12㎜／９㎜のラワン合板）を面材に使用、フタにはさらに波板を張り、防水対策としています。

とくに難しい作業はありませんが、フタと開閉口がピタッとなるよう、前後の壁材をわずかにずらしながら張っていくのがポイント（作業07、10参照）。同じ感覚で斜めに取り付ける材料がいくつかありますが、それぞれ現物をあてがって墨線を引くとうまくいきます。蝶番や波板を取り付ける際に裏からクギが飛び出た場合は、金属用切断砥石をつけたディスクグラインダーでカットします。

サイズはガーデンテーブルセットの収納を想定した設計としましたが、サイズ設定は個々の事情に合わせて行なってください。たとえば、ゴミ袋のサイズに合わせ分別ゴミの収納にしても面白いでしょうし、もう少しコンパクトにして、バーベキューアイテムの収納ボックスにしても重宝するはずです。

作業手順

木取り
↓
骨組みを作る
↓
骨組みに合板を張る
↓
飾り板を取り付ける
↓
フタを取り付ける

製作◎ドゥーパ！編集部

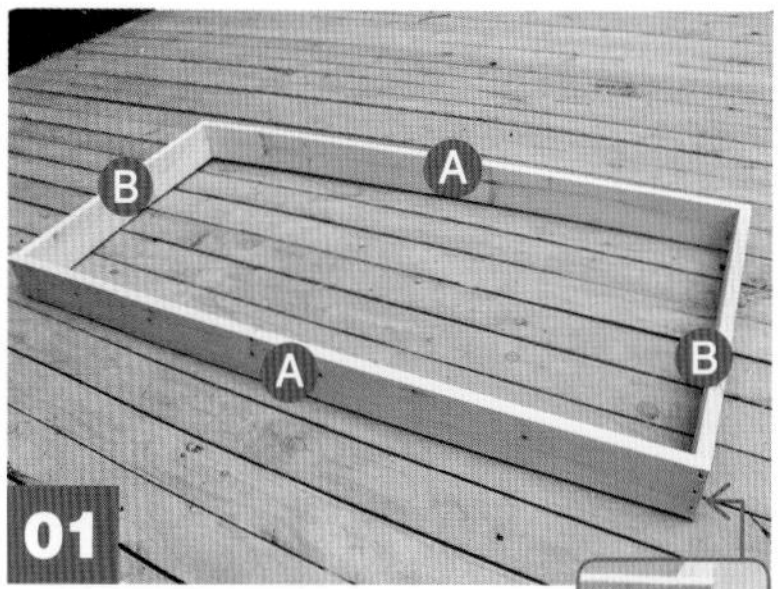

01

木取りした1×4材で、骨組みの下の枠板を組む

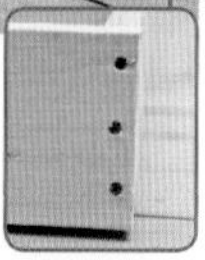

骨組みの接合はすべて40㎜の細ビスによる突き付け

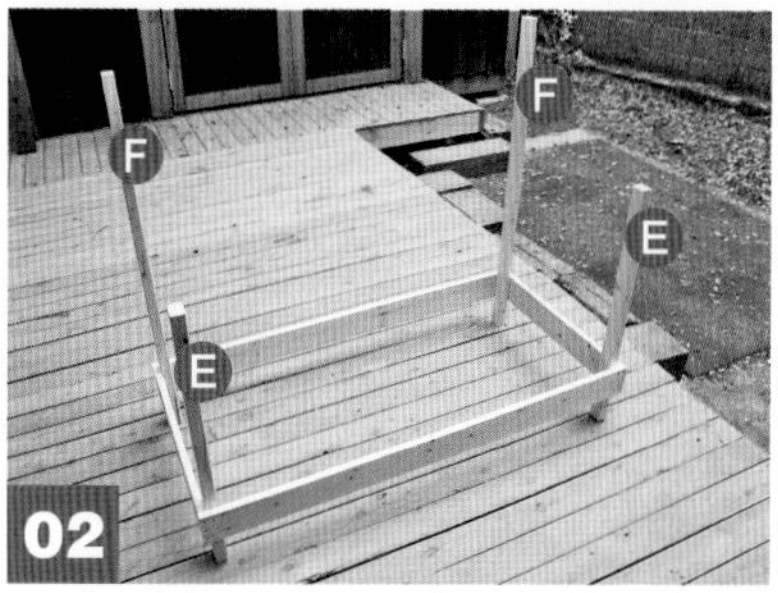

02

前後の脚（柱）を枠板の内側に２本ずつ取り付ける。材は2×2材

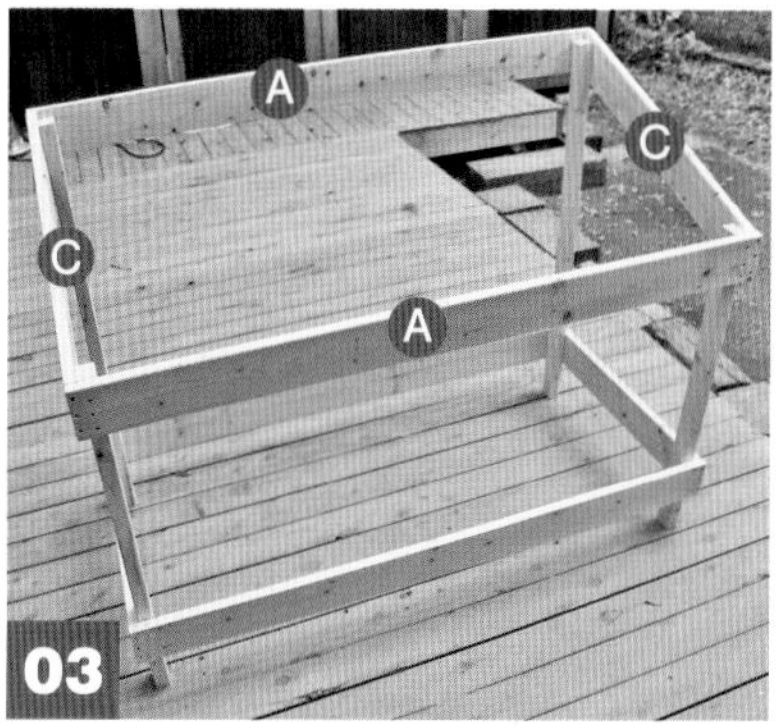

03

骨組みの上の枠板を取り付ける

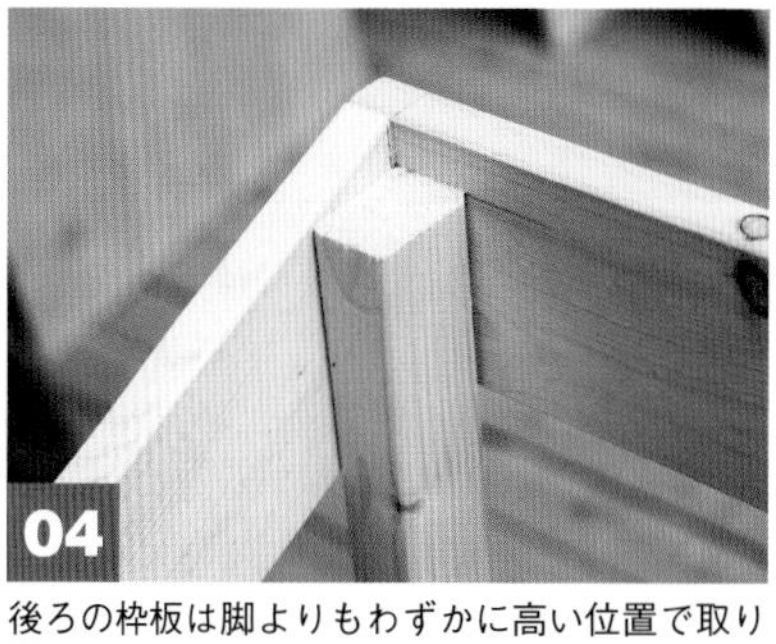
04

後ろの枠板は脚よりもわずかに高い位置で取り付けること

05

底板を載せて固定（12㎜ラワン合板）

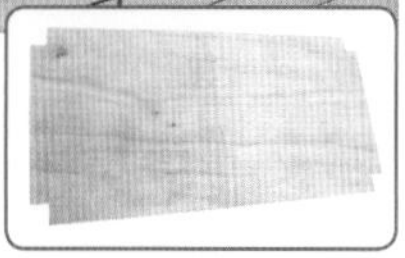

四隅は脚を除き、このようにノコギリでカット

06

前板を張る（12㎜ラワン合板）

07

前板は枠板よりも少し低い位置にずらして張る。フタを想定した、真っすぐな板材をあててみて、ずらし幅を決める

08

後ろの骨組みの真ん中に１×４材を１本入れた。後板の下地になると同時に、強度上のメリットもある。取り付けは40㎜細ビスの斜め打ち

09

後板を取り付ける（12㎜ラワン合板）

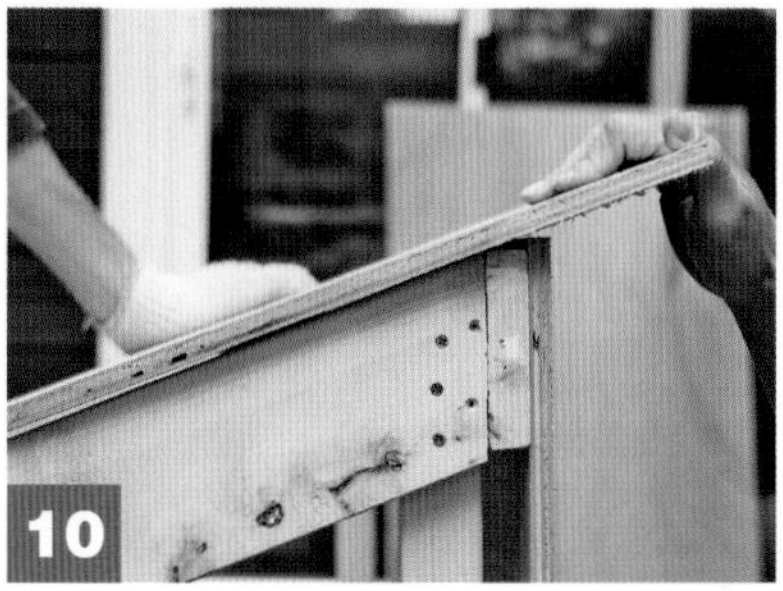
10

骨組みの枠板よりもわずかに上にずらして張る。これもフタを想定した板材をあてて、ずらし幅を決める

11

両側の側板を取り付ける（12㎜ラワン合板）

各コーナーの化粧をするための飾り板を取り付ける(1×4材)。斜めカットをする材は現物合わせで墨線を引く

これまでと同様、フタが斜めに閉まることを考え、前後の飾り板は少しずらして取り付ける

後板の最上部の縁に飾り板を取り付ける。これも少し上にずらして取り付ける

後板、飾り板が少しずつずらして取り付いているのがわかる

後板の継ぎ目を隠すための飾り板を取り付ける

開閉口に当ててみて、前後を適当に幅広にして木取りしたフタ(厚さ9㎜のラワン合板)と本体に蝶番を取り付ける。蝶番の位置も実際に押し当てて感じをみて決める

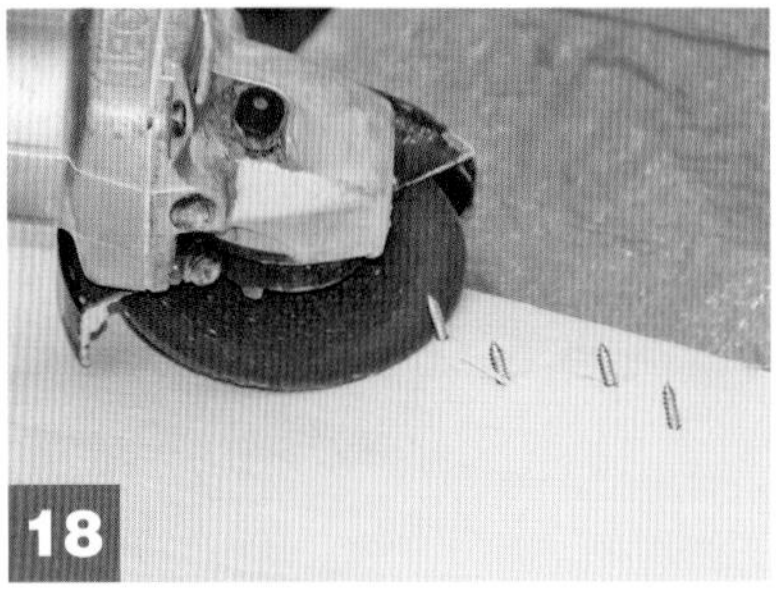

蝶番に付属しているビスがフタの裏から飛び出るが、ディスクグラインダー(金属用切断砥石装着)でカットする

この写真で蝶番とフタ、本体の飾り板の位置関係がわかるはずだ

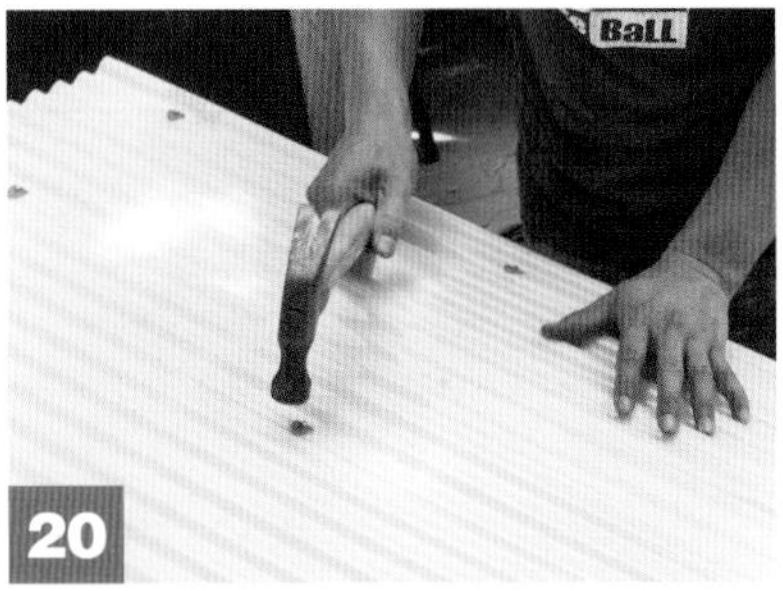

波板をフタに張る。傘クギで固定する。雨の水回りを考えて、波板はフタよりもやや広めに取ること

木取り表 ＊サイズの単位は㎜

材の種類	サイズ	数量	番号
1×4材(SPF)	1200	4	Ⓐ
	562	2	Ⓑ
	現物合わせ	2	Ⓒ
	672	1	Ⓓ
2×2材(SPF)	700	2	Ⓔ
	900	2	Ⓕ
ラワン合板(12㎜厚)	1200×600	2	ⒼⒽ
	600×800	2	Ⓘ
	現物合わせ	2	Ⓙ
1×4材(SPF)	600	2	Ⓚ
	現物合わせ	2	Ⓛ
	800	2	Ⓜ
	現物合わせ	2	Ⓝ
	1084	1	Ⓞ
	現物合わせ	1	Ⓟ
ラワン合板(9㎜厚)	現物合わせ	1	Ⓠ
波板(ポリカーボネイト)	910×655	2	

その他の材料

ステンレス蝶番(102×102㎜)、40㎜細ビス、傘クギ

フタ開け式ガーデンボックスの展開図

＊単位は㎜

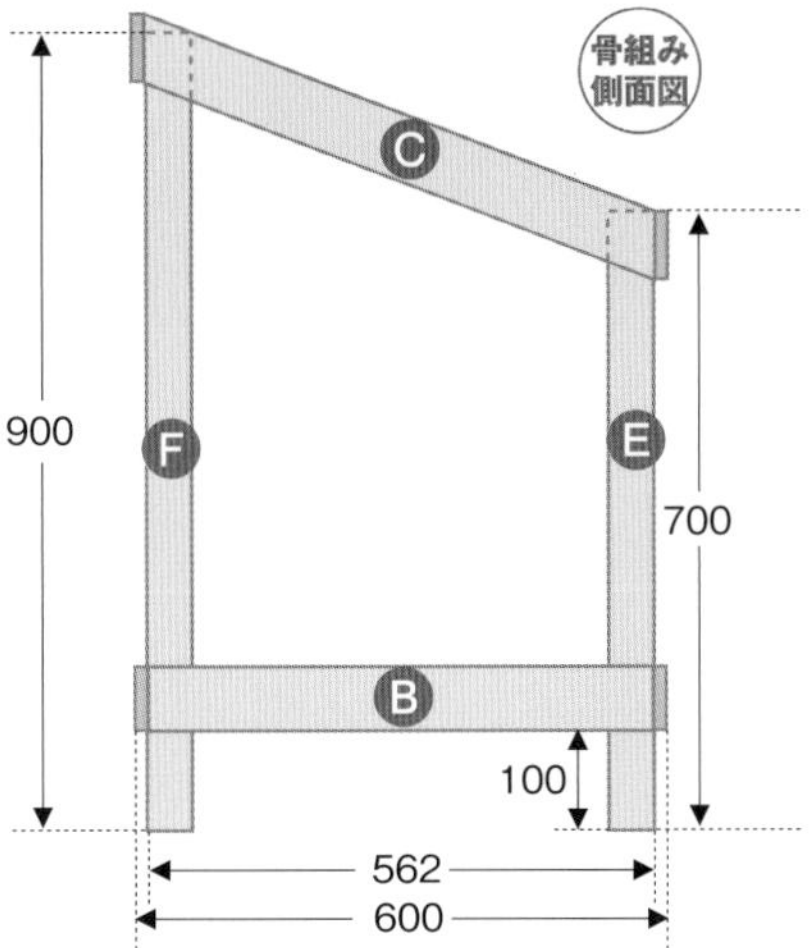

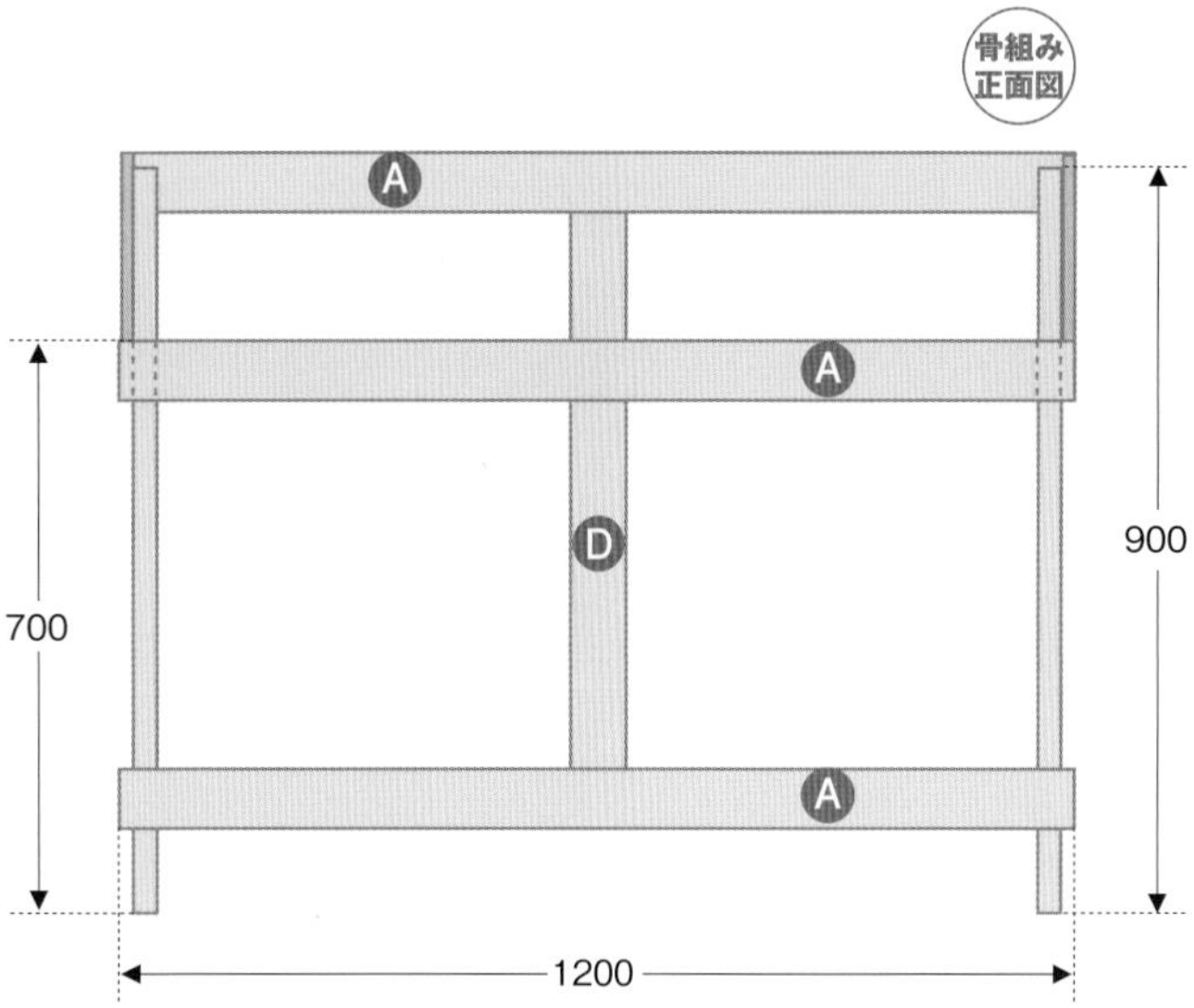

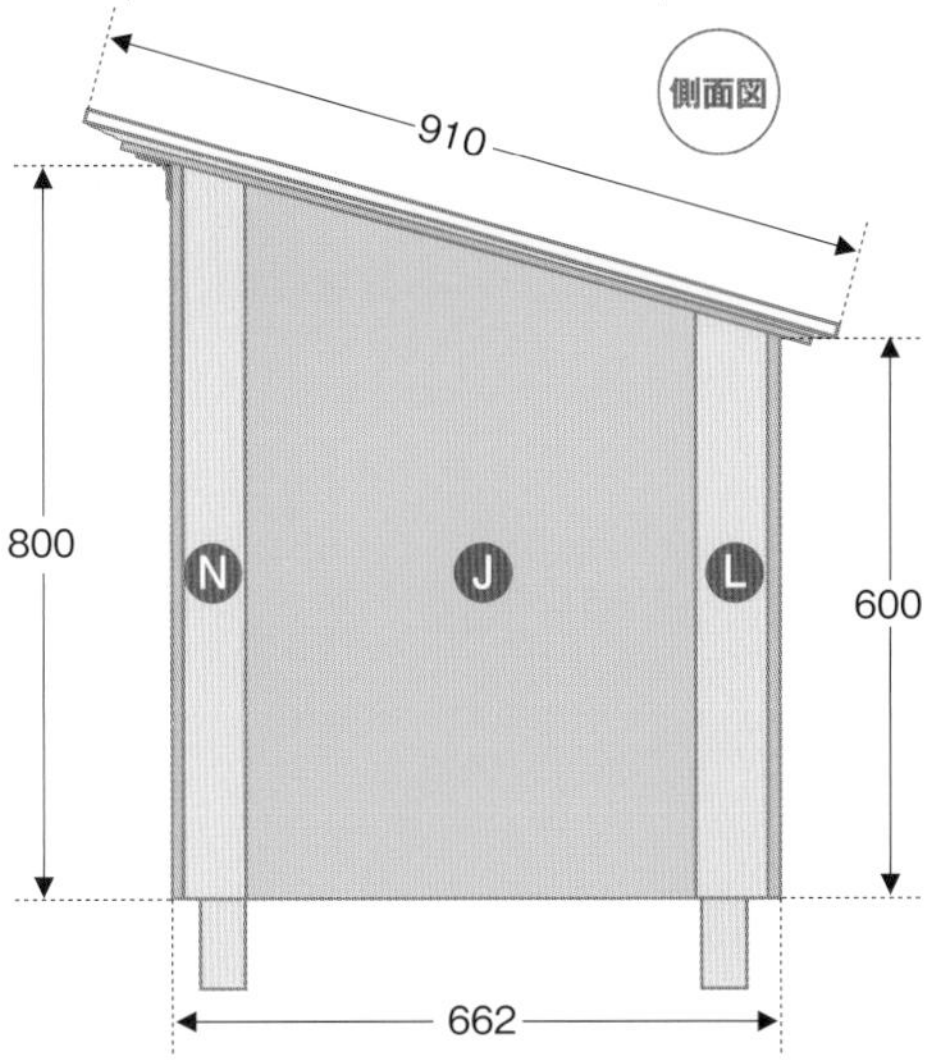

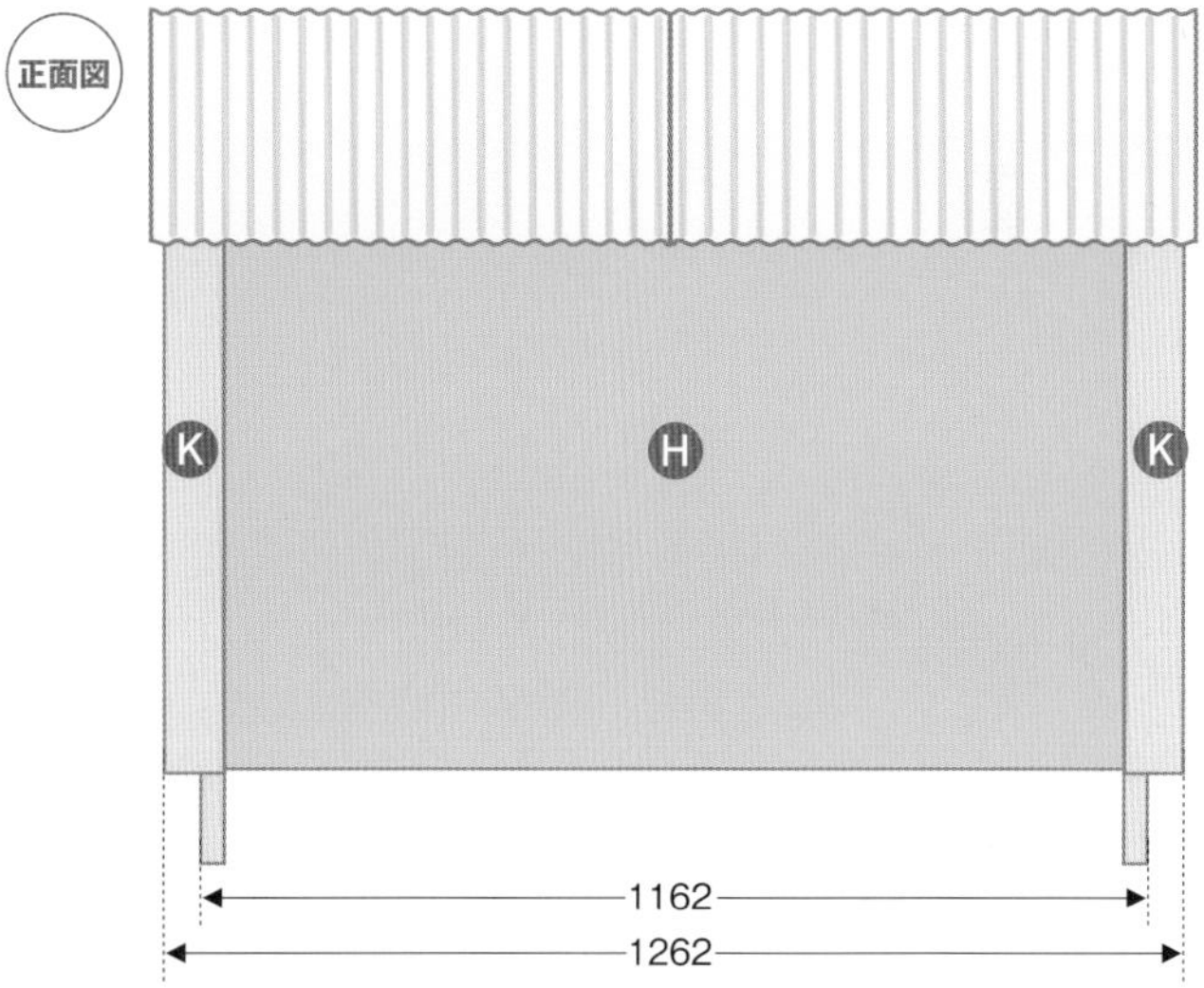

21

裏から飛び出た傘クギは、蝶番のビスと同様、ディスクグラインダーでカット。これで組み立て終了

22

側面から見る。波板の飛び出し具合がよくわかる。フタの傾斜はこのくらいがベスト。これ以上の傾斜だと蝶番がつけづらい

23

外部用オイルステインで白と青のツートーンに塗装すると、さわやかイメージ度がアップした

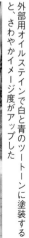

WORKS 09

家壁利用の収納ボックス

スペースが無駄なく使える

難易度★★☆

ガーデニングで使うシャベルや除草機などの長物は、物置よりもすぐに使える専用の収納ボックスがあると便利。高さは約2mとし、建物の外壁を利用することで、背板のいらない簡単に作れる設計としました。

　材料は2×のSPF材で、場所によって厚みをセレクト。屋根のみスギ板を使っていますが、雨が当たる場所では、専用の屋根材もしくは波板を張って対策します。

作業手順

↓

木取り

↓

本体を作る

↓

ドアを作る

製作◎田母神一彦

木取り表 ＊サイズの単位はmm

材の種類	サイズ	数量	使用部位
SPF(2×8材)	1945	2	側板
	920	1	棚板
SPF(2×4材)	920	2	横材、フック板
SPF(1×4材)	1495	10	ドア縦材
	460	6	ドア横桟
	920	1	戸当たり
スギ板(12mm厚)	180×1060	1	屋根
	60×1060	1	屋根

その他の材料

自然木の枝、蝶番6個、丸落とし1個、ビス(75mm、65mm、40mm細、28mm)

主な使用道具

丸ノコ、

インパクトドライバー(ドライバービット、2mm径ドリルビット)、

脚立、メジャー、サシガネ

家壁利用の収納ボックスの展開図

＊単位はmm

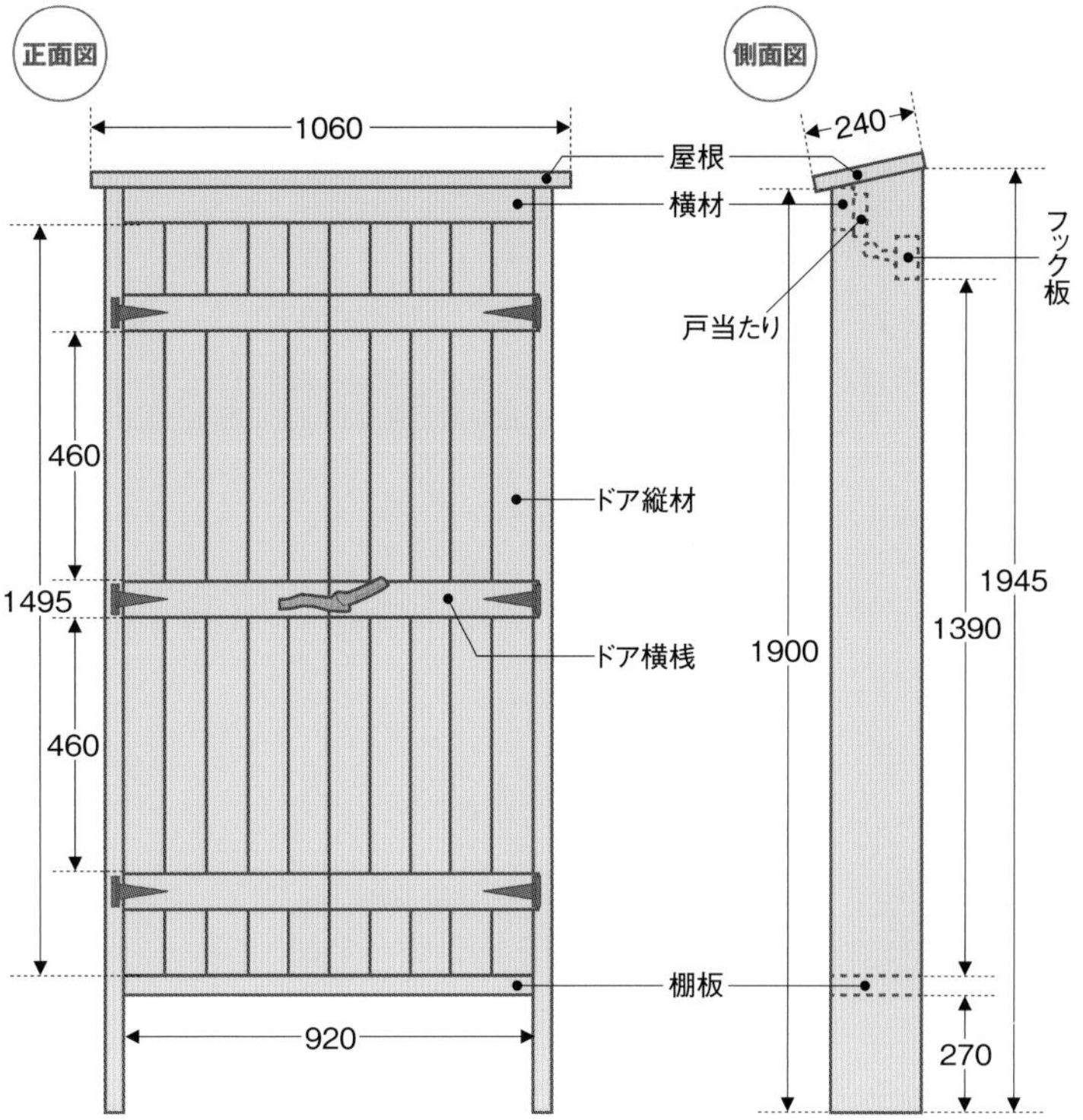

墨線に合わせて、棚板の桟を75mmビスで留める。サシガネや角度定規を使って、後脚と直角になっていることを確認しながら行なう

側板の上端から家壁に75mmビスを斜め打ち。ビスとドライバーの角度に注意

側板の下部を固定。今回はウッドデッキ上だったので75mmビスを斜め打ち。地面に直に作る場合は羽子板付き基礎石を使うか、レンガや平板を敷いてL字金具で家壁に固定するといい

フック板は、自然木の枝をフックとして利用。小口を斜めにカットし、上向きになるよう工夫した

フック板を家壁に固定。75mmビスを使用

ドアを作る。まず、カットしていない合板(910×1820mm)の端をドアの端に見立て、合板にドアの横桟の位置を墨つけ

横桟と合板の仮留めビスを外し、裏返して横桟に蝶番をビス留め。蝶番に付属のビスを使用

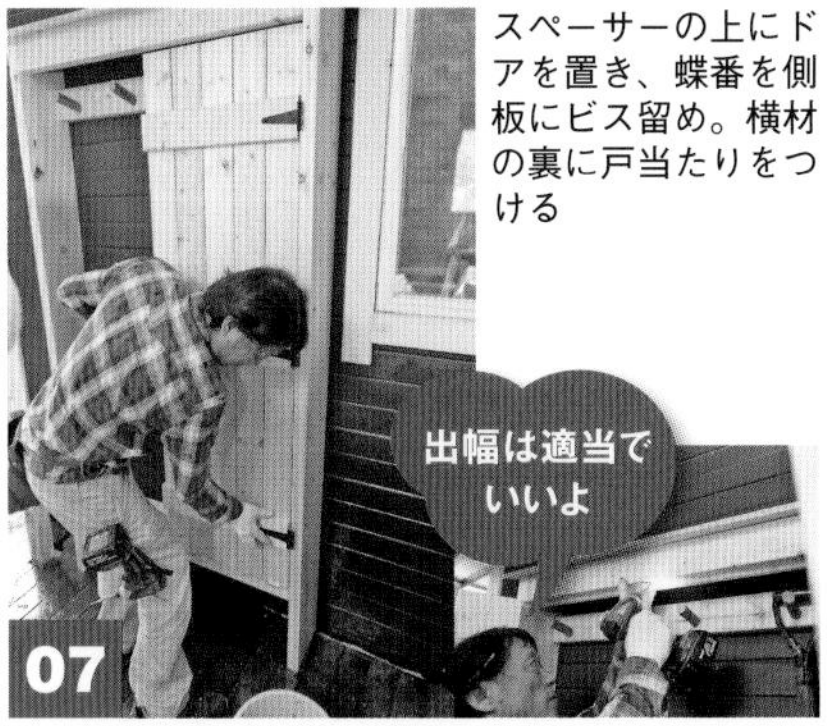

スペーサーの上にドアを置き、蝶番を側板にビス留め。横材の裏に戸当たりをつける

WORKS 10

ガーデンツール収納シェッド

ハンギング収納で、使い勝手がぐ~ンとアップ!

難易度★★☆

羽子板つきの沓石

使用木材は2×4材、1×4材、スギの90㎜角材、垂木、破風板など

シャベル、クワ、ホーキ、一輪車などが収納できるガーデンツール収納シェッド。物置と違いドアや床がないので、大型のツール類が取り出しやすく、使い勝手は抜群です。幅1740㎜、奥行810㎜、高さ1884㎜と見た目は大きいですが、接合は基本的にビスやクギによる突き合わせなので、作り方はとても簡単。ベテランなら1日、ビギナーでも2~3日で完成するでしょう。2×4材やスギ材といった木材のほかに、オンデュリンの波板（フランス製のカントリー風波板）、基礎石に羽子板つきの沓石などの材料を使いますが、どれもホームセンターで簡単に購入できます。

作業手順

1. 基礎石を設置する
2. 両側の側板を組み立てる
3. 横板を取り付けて柱を基礎石に固定する
4. 背板を取り付け補強のスジカイなどを入れる
5. 垂木と屋根の下地材を取り付ける
6. 塗装する
7. 屋根材・破風板&鼻隠しなどを取り付けて完成

製作◎佐藤和宏

01 設置場所を整地したあと、各コーナーに基礎石を仮置きしてみる。基礎石の中心同士のサイズ（芯芯合わせ）で、奥行き720㎜、幅が1650㎜とした

02 掘り下げた各コーナーの穴に砕石を入れ、タンパーで突き固める。砕石の厚みは50㎜ほど

03 基礎石を埋め込み、水平に設置。基礎石の埋め込み深さは100㎜にした

04 基礎石の設置が終了。基礎石間の距離や水平など、正確な位置になっているかを慎重に確認すること

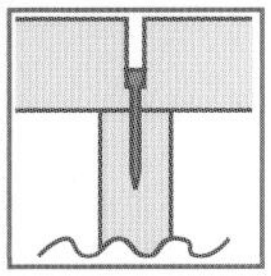

05 90㎜角のスギ材で側板の骨組みを組み立てる。座掘りし、120㎜のビスで打ち留める（P123図参照）

06 両側の骨組みに、貫板（側板）を受ける材（30×40㎜角の垂木材＝Ⓛ）をつける

07 受け材の上に貫板Ⓙを張っていく。すき間は取らない。全部で7枚の貫板が入るはずだが、きつければ、カンナなどで調整すること

08 2×4材を当てがって墨線を引き、現物合わせで加工してスジカイⒼにする

09 左右対称の両側の側面ができた

10 柱を基礎石の上に載せ、最上部の前後の横板（Ⓓ＝2×4材）を取り付ける

11 最上部の横板Ⓓは、真っすぐな板材を前後の柱の上に渡し、その勾配に合わせて打ちつける

12 柱の垂直や横板の水平などを確認したら、基礎石の羽子板に柱を固定する。4つの沓石の羽子板はすべて内側に向いている

背板の下地になる横板（Ⓗ＝1×4材）を取り付ける（上中下の計3本）

最上部の横板Ⓗも、屋根勾配に合わせて、高さを微妙に下げて打ち留める

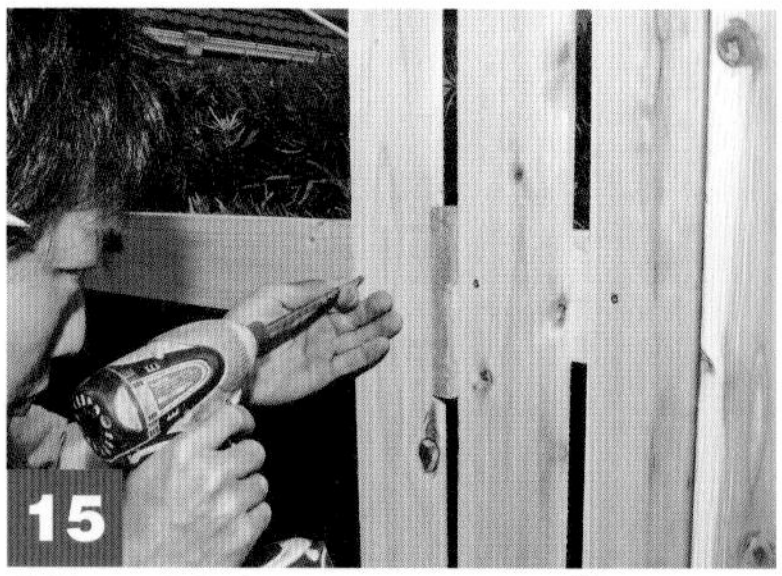

内側から背板（12×90㎜の貫板＝Ⓘ）を張っていく。30㎜ビスを使用。板と板のすき間は20㎜とした。厚さ20㎜の木っ端をスペーサーとして挟みながら打ち留めていくと作業性がいい

横板Ⓔとスジカイⓕを打ちつけて補強した。スジカイはデザイン的な効果も狙って打ちつけたもの。スジカイは現物合わせで墨線を引き、両端を加工している

垂木Ⓜを取り付ける。材をあてがい、前後の幅に合わせて長さを決めている。勾配があるので、両端はやや斜めにカットしている

6本の垂木がついた

屋根の下地材Ⓚを取り付けた。全部で3本取り付けた

この段階で塗装してしまう。このあとの工程になる破風板や鼻隠しを打ち留めてからでは、塗装しにくい箇所が出てきてしまうからだ

屋根材を張る。屋根材はオンデュリンの波板を選んだ。専用の安全ワッシャーと75㎜ビスを使って打ち留めていく

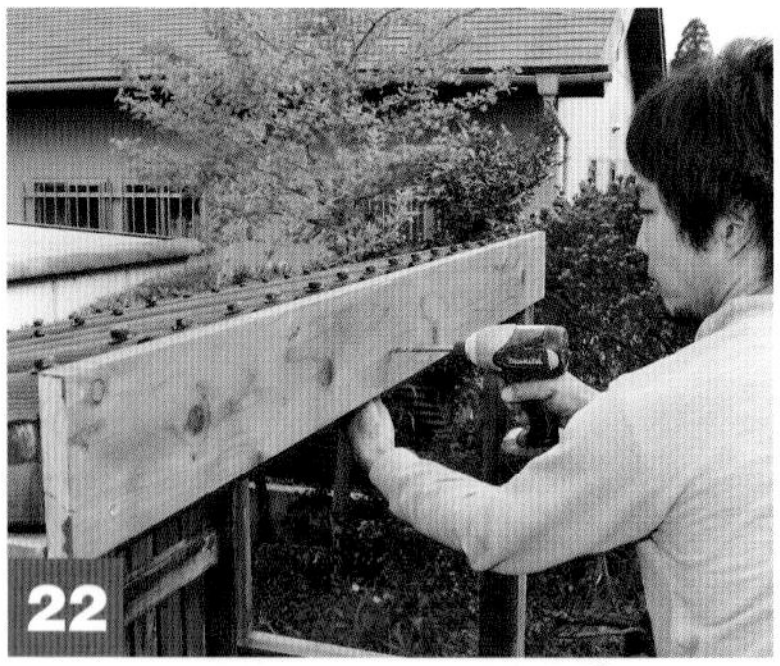

あらかじめ塗装しておいた破風板Ⓞを取り付けた

両側の鼻隠しⓆを取り付けた

ロープ用フックを取り付けた

側面図 (屋根材、鼻隠しは除く)　　正面図 (屋根材、破風板は除く)

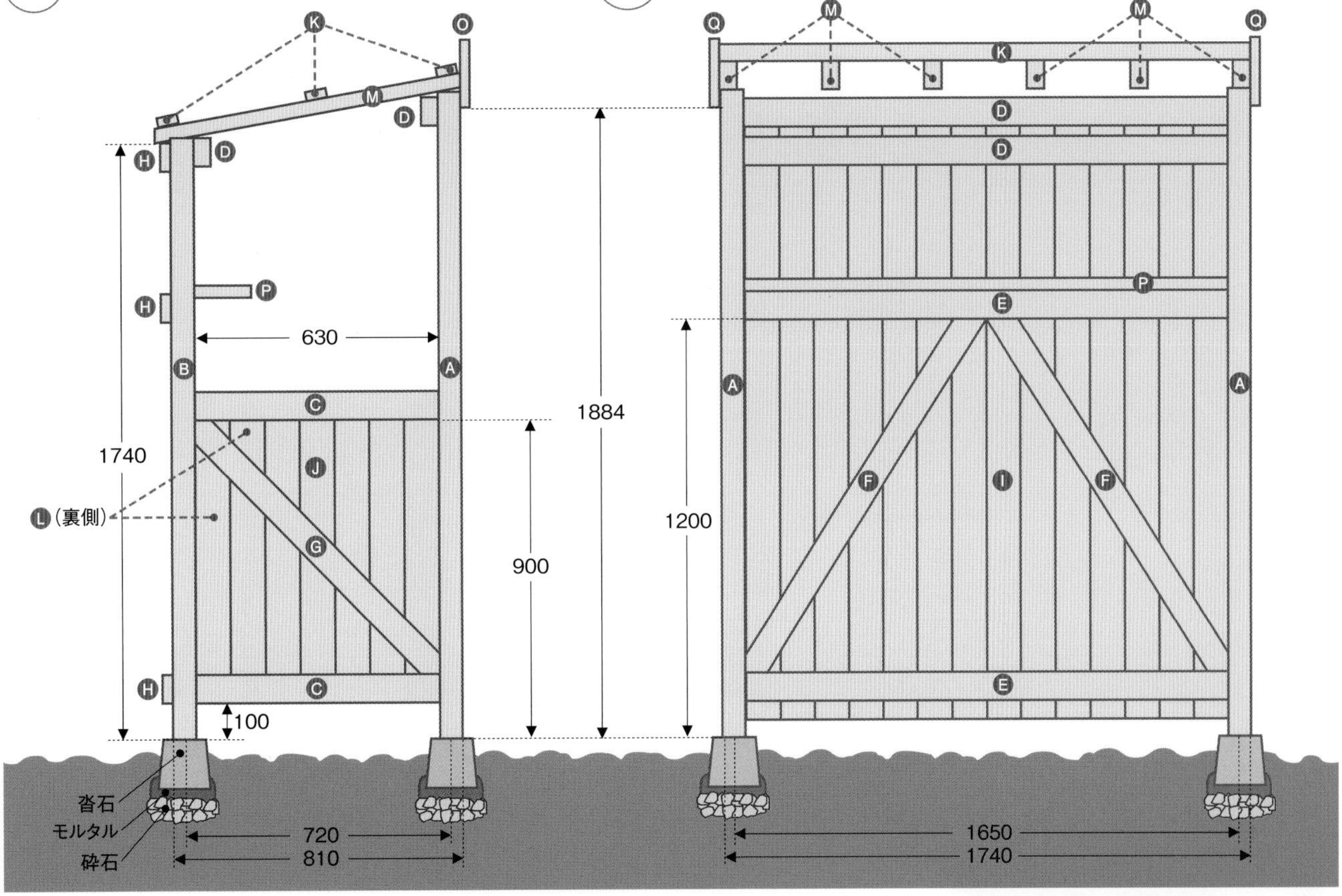

木取り表

＊サイズの単位は㎜

材の種類	サイズ	数量	使用部位
90㎜角スギ材	1884	2	前柱Ⓐ
同上	1740	2	後柱Ⓑ
同上	630	4	側面の骨組みⒸ
2×4材 (38×90㎜)	1740	2	横板Ⓓ
同上	1560	2	横板Ⓔ
同上	1400位 (現物合わせ)	2	スジカイⒻ
同上	1000位 (現物合わせ)	2	スジカイⒼ
1×4材 (19×90㎜)	1740	3	横板Ⓗ
貫板 (12×90㎜角スギ材)	1700	14	背板Ⓘ
同上	710	14	側板Ⓙ
垂木 (30×40㎜角マツ材)	1740	3	屋根材の下地Ⓚ
同上	630	4	側板の受けⓁ
垂木 (35×45㎜角マツ材)	1000位 (現物合わせ)	6	垂木Ⓜ
破風板 (24×140㎜スギ材)	1740	1	破風板Ⓞ
破風板 (24×180㎜スギ材)	1560	1	棚板Ⓟ
破風板 (24×150㎜スギ材)	1200 (現物合わせ)	2	鼻隠しⓆ
屋根材	1200×950にカット	2	屋根材

その他の材料

羽子板つき沓石4個、セメント適宜、
砂適宜、砕石適宜、
屋根材 (オンデュリン波板1200×1900) 1枚、
ロープ用フック3個、
ビス (120/90/65/30㎜) 適宜、
スクリュークギ (40㎜) 適宜、
オンデュリン専用 ワッシャー適宜

棚板Ⓟを取り付けた。端材で支えを作った

これで完成！

WORKS 11

多目的薪ストッカー

薪棚＋作業台、ゴミ収納機能つき

難易度★★☆

雨風をしのぎつつ通気性のある薪棚に、ゴミストッカー兼作業台がついた多目的薪ストッカー。材料はSPF材とスギ材がメインですが、屋根材に実《さね》つきの壁用材料を利用し、取り付けを簡単にしています。

作り方は材を切って突き付けていくだけのシンプルなもので、基本構造は前ページ「ガーデンツール収納シェッド」と変わりません。ただ、扉の下部に蝶番を取り付け、上から下に向けてストッカーを引き出すような設計にしたのがポイントです。

使い勝手に応じて扉や壁を設けたり、ゴミストッカーの部分を別の収納にしてもいいでしょう。

作業手順

1. 基礎石を設置する
2. 作業台の骨組みを組み立てる
3. 柱に鼻隠し、破風板、垂木を取り付ける
4. 屋根材を張る
5. ゴミストッカー付き扉を組み立てる
6. 天板と側板、背板を取り付ける
7. 薪棚を取り付ける／塗装する

製作◎佐藤和宏

掘り下げた各コーナーの穴に砕石を入れ、タンパーで突き固める。砕石の厚みは約50㎜

羽子板つきの基礎石を設置。水平をしっかり確認しておくこと

ほかのコーナーにも基礎石を設置していく。手順02の基礎石を基準に、水平や基礎同士の距離を正確に調整していこう

薪ストッカーの骨組みとなる作業台のパーツを切り出していく。コーナーの柱ⒶⒷには90㎜角のスギ材を使用

2×材を切り出して、作業台の骨組みを組み立てる。ⒸとⒹを突き付けで固定。これは正面と背面の骨組みになる。使用ビスは75㎜

05と05'のパーツを04の柱に固定していく。まずは05の正面・背面パーツをビス（75㎜）で突き付けで固定

柱の外側に破風板Ⓕを取り付ける。まずは材を柱にあてがい取り付け位置を確認。材の両端を柱に合わせ角度切りして落とす

正面の鼻隠しⒼを取り付ける。屋根の勾配に合わせて、材を少しずらして固定するのがポイント。写真ではスコヤを使って勾配を合わせている

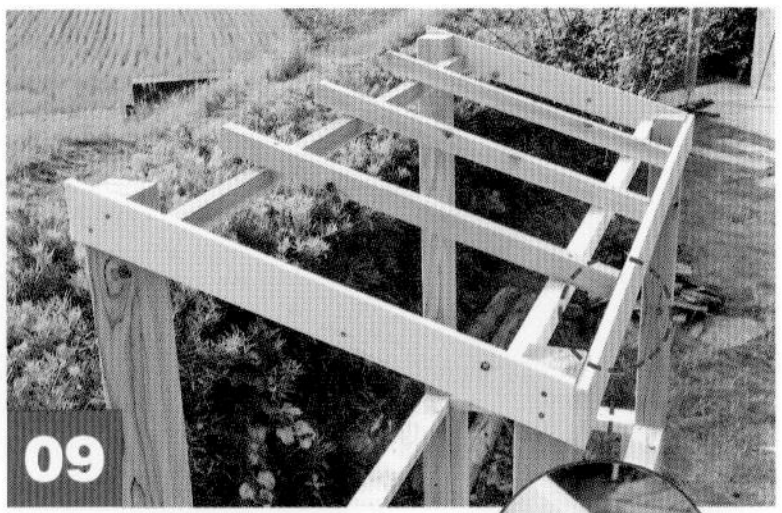

続けて垂木Ⓘを等間隔に接合する。横板Ⓗに向けて75㎜のビスで突き付けてしまえばOK

垂木Ⓘの先端は屋根の勾配に合わせて角度切りしてある

屋根材を取り付ける。屋根材には実つきのスギ材を使用

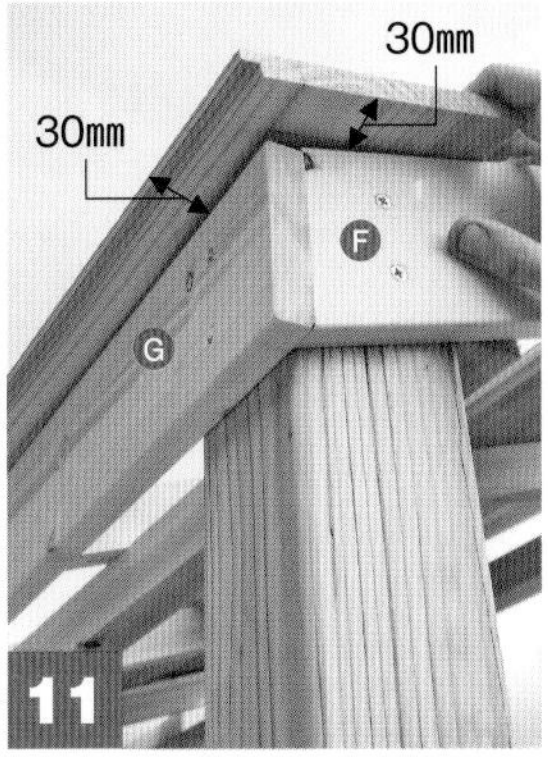

一枚目の材は鼻隠しⒼから前方に30㎜、破風板Ⓕの両端から30㎜飛び出すようにして取り付ける

1枚目の板の実（さね）に合わせるようにして、残りの屋根材をクギで固定していく

13

スギの貫板Ⓐ'、Ⓑ'の裏側からⒸ'を取り付け、ゴミストッカーの扉部分を製作。表側にビスが飛び出ないよう、30㎜のスリムビスを斜め打ち

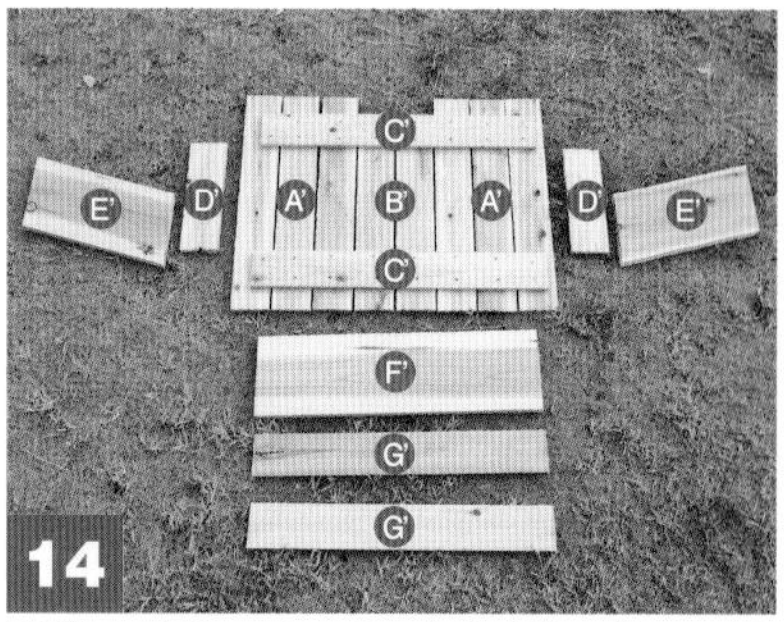

14

手順13の扉にストッカー部分を取り付ける。写真は取り付けるパーツを並べた状態。スギの板材Ⓔ'は両端を105度の角度でカットした

15

続けて、スギの板材Ⓕ'、貫板Ⓖ'を固定

16

これでゴミストッカーつき扉の完成。これをもうひとつ組み上げる

17

写真のように、本体下部に、胴縁Ⓜ、蝶番の順で取り付け、扉を設置。今回の設計では、扉は蝶番に載る形となる

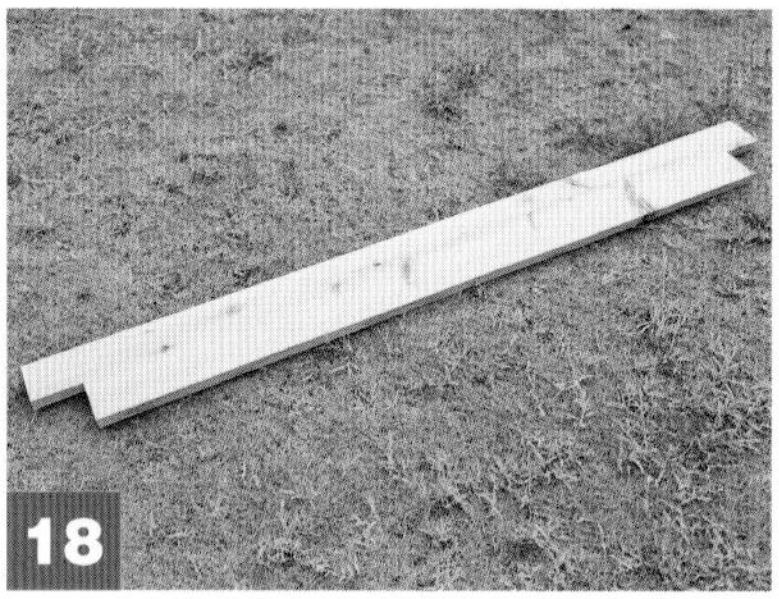

18

作業台の天板Ⓙを取り付ける。柱と干渉する部分の材は写真のように現物合わせで先端をカットしておく

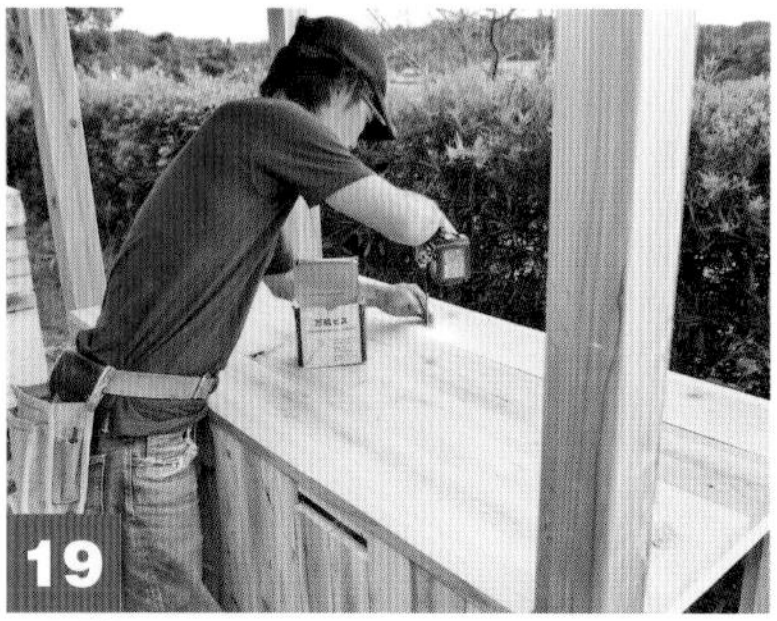

19

天板Ⓙを45㎜のビスで固定していく

20

作業台側面に側板Ⓛを取り付けていく。まずはその下地となる垂木Ⓚをフレームに固定。写真のように、取り付ける側板Ⓛと同じ厚みの端材などをあてがって垂木Ⓚの位置を決めて固定すれば、側板Ⓛと枠板の面がきれいにそろう

21

手順20で取り付けた垂木Ⓚに向けて、45㎜のビスで側板Ⓛを取り付けていく

22

作業台の背板Ⓝは、間隔をあけて5枚取り付けた

23

仕上げに基礎石の羽子板と柱Ⓐ、Ⓑをビスでしっかりと固定

24

作業台の頭上に薪棚を取り付ける。薪棚には垂木Ⓞ、Ⓟを使用。単純に突き付けるだけでOK

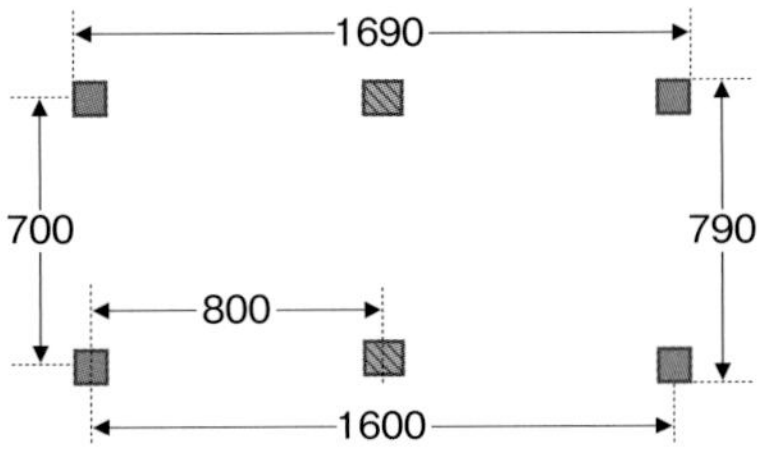

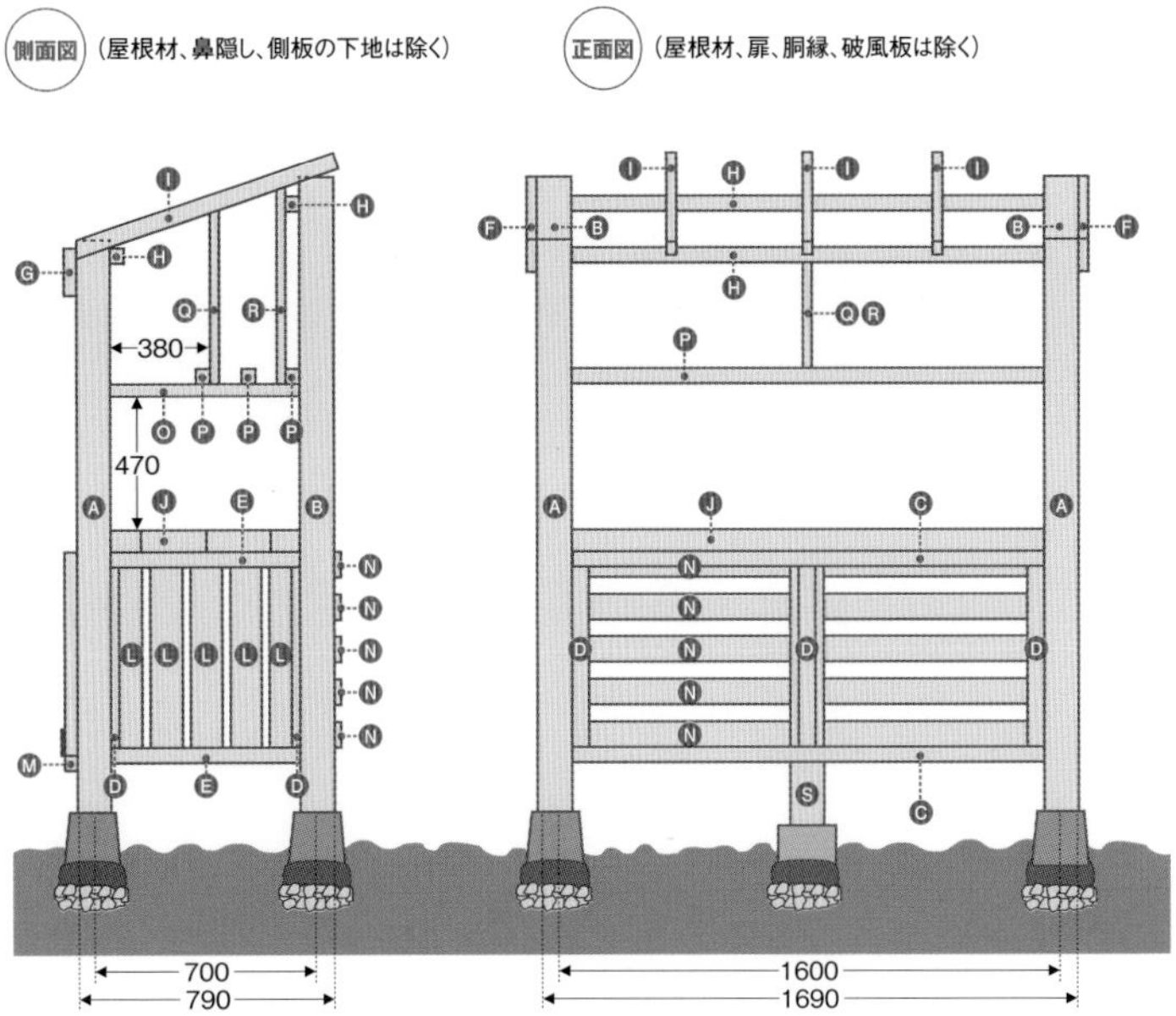

＊単位はmm

多目的薪ストッカーの木取り表 ＊サイズの単位はmm

材の種類	サイズ	数量	使用部位
90mm角スギ材	1700	2	前柱Ⓐ
	1900	2	後柱Ⓑ
2×4材	1510	4	作業台の骨組みⒸ
	550	12	作業台の骨組みⒹ
	610	6	作業台の骨組みⒺ
1×4材	820	2	破風板Ⓕ
	1730	1	鼻隠しⒼ
垂木（45×35mm）	1690	2	横板Ⓗ
	800	3	垂木Ⓘ
スギ板（180×25mm）	1690	4	作業台の天板Ⓙ
垂木（45×35mm）	535	4	側板の下地Ⓚ
スギの貫板（90×12.5mm）	550	10	側板Ⓛ
垂木（15×35mmに割いたもの）	1690	1	胴縁Ⓜ
スギの貫板（90×12.5mm）	1690	5	背板Ⓝ
垂木（45×35mm）	790	2	薪棚Ⓞ
	1690	3	薪棚Ⓟ
	現物合わせ	1	薪棚仕切りⓆ
	現物合わせ	1	薪棚仕切りⓇ
90mm角スギ材	現物合わせ	2	補強柱Ⓢ
実つき壁材（12×150mm）	1790	6	屋根

ゴミストッカーつき扉の木取り表 ＊サイズの単位はmm

材の種類	サイズ	数量	使用部位
スギの貫板（90×12.5mm）	580	12	ゴミストッカーの扉Ⓐ'
	530	4	ゴミストッカーの扉Ⓑ'
	680	4	ゴミストッカーの扉Ⓒ'
	290	4	ストッカー部分Ⓓ'
スギ板（180×25mm）	380	4	ストッカー部分Ⓔ'
	630	2	ストッカー部分Ⓕ'
スギの貫板（90×12.5mm）	630	4	ストッカー部分Ⓖ'

その他の材料

羽子板つき基礎石×4、ピンコロ×2、ビス（45mm／75mm）、スリムビス（30mm）、ステンレスクギ、蝶番、砕石、セメントと砂（適宜）など

主な使用道具

メジャー、スコヤ、角度定規、スコップ、タンパー、レンガゴテ、左官バケツ、水平器、インパクトドライバー、丸ノコ、クランプ、カナヅチ、ハケ、ペール缶など

ゴミストッカーつき扉の展開図

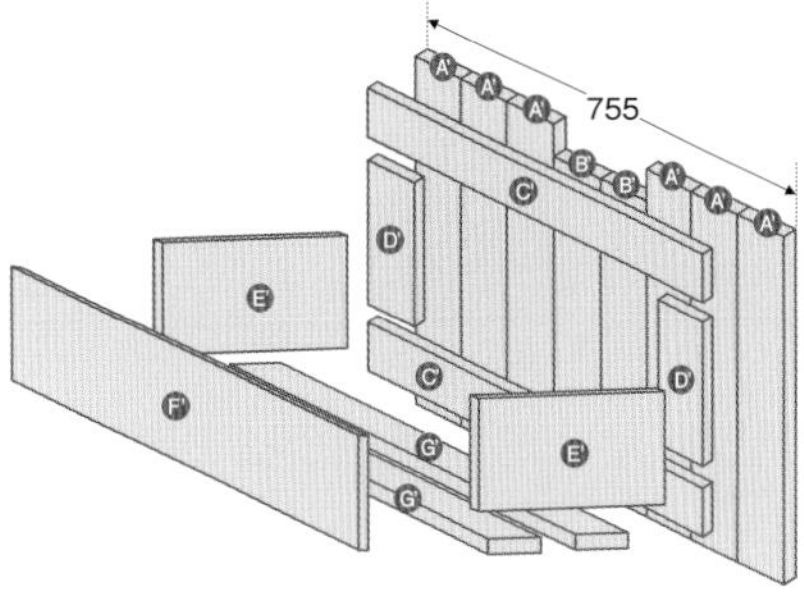

スギの板材Ⓔ'は両端を105度の角度でカットする

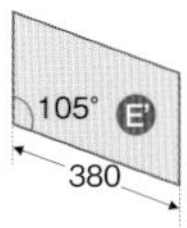

＊単位はmm

全体を塗装すれば完成！

使用した塗料はクオファームのインウッド。カラーはナチュラル

薪棚の仕切りとなる垂木Ⓠ、Ⓡを固定する。垂木の長さは現物合わせでカット

WORKS 12

ミニ物置小屋

コレが作れたら、もっと大きい小屋も作れる！

難易度★★☆

木取り表 ＊サイズの単位は㎜

材の種類	サイズ	数量	使用部位
SPF2×4材（38×89㎜）	3650	23	土台、根太、壁枠、屋根の骨組み、ドア枠、窓枠
SPF4×4材（89×89㎜）	910	1	束柱
SPF1×4材（19×89㎜）	2430	8	トリミング
SPF1×6材（19×140㎜）	1820	7	ドア
SPF1×1材（19×19㎜）	1820	4	戸当たり
針葉樹合板（12×910×1820㎜）		11	床、壁、野地板
スギ板（12×180㎜）	1820	42	外壁
アカマツ野縁材（30×40㎜）	2000	1	窓

その他の材料

羽子板つき沓石4個、ピンコロ2個、砂利20kg入り3袋、セメント25kg入り1袋、砂20kg入り3袋、ルーフィング1×約5m、オンデュビラタイル15枚、オンデュリン棟カバー 3枚、オンデュリン専用キャップ80個、防水シート1×約13m、アクリル290×390㎜、蝶番2セット、塗料（サドリンクラシック・コニファー色）4ℓ缶、ビス（120／90／75／45／35㎜）適宜

主な使用道具

丸ノコ、インパクトドライバー（ドライバービット、10㎜径ドリルビット、アクリル用4㎜径ドリルビット）、カナヅチ、ノコギリ、ノミ、タッカー、カッター、水平器、メジャー、サシガネ、スコヤ、クランプ、脚立、トロフネ、練りクワ、ペール缶、ハケ

作業手順

基礎と床を作る
↓
壁を作る
↓
屋根を作る
↓
外壁を張る
↓
建具をつける

製作◎ドゥーパ！編集部

step 01

基礎と床を作る

床を使って基礎石を正しく配置

小屋を作るには基礎が必要です。地面に直に小屋を立てると、湿気によって腐りやすいし、水平に立てるのが難しいからです。

小さい小屋作りでは、基礎から床までをセットで作ることをおすすめします。床の下地となる土台を組み立てたあと、その土台を使って基礎の位置や配置、水平を決めていきます。

基礎作りは基礎石を使った独立基礎が簡単なのでおすすめ。四隅には束柱をビスで固定できる羽子板タイプを使いますが、ほかは安価なピンコロでOK。配置の目安は600～1200㎜間隔とします。

今回は強度の万全を期すために基礎石をモルタルで固定していますが、一般的には埋め戻した土で固定するだけで問題ありません。

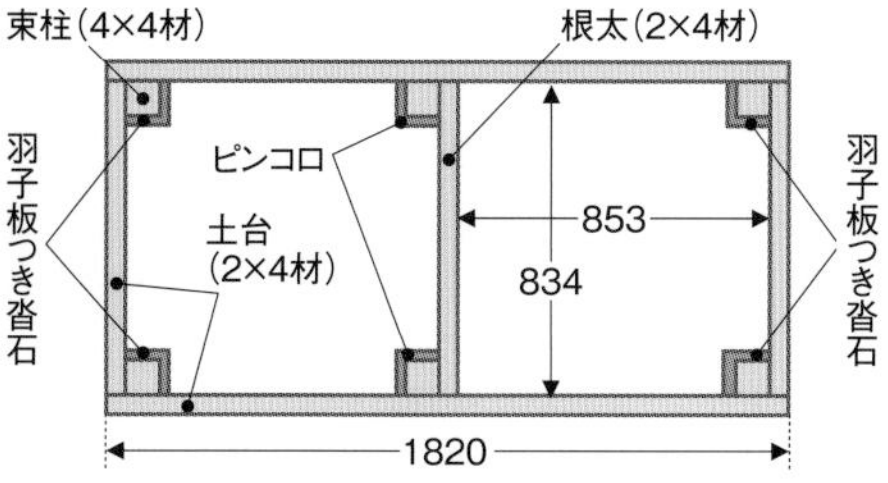

床の骨組み上面図 ＊サイズの単位は㎜

まず土台を組み立てる。単純なビス留めでOK。75㎜ビスを使用

施工場所に土台を仮置きして、基礎石の設置場所を決める

基礎石の設置場所に穴を掘り、底を突き固めて砂利を敷く。穴の深さは100㎜程度、砂利の厚さは30～50㎜程度。穴は広めにしておくと、手順07で基礎石の位置を調整しやすい。次に砂利の上に30㎜程度の厚さでモルタルを敷き、基礎石を設置し水平を確認。羽子板は内側に向ける

四隅の基礎石の上面がほぼ水平になるよう調整する。アルミアングルなど真っすぐな棒の上に水平器を載せれば、間隔があいた箇所の水平も確認できる。この段階は、だいたい水平ならOK

土台を四隅の基礎石に載せ、基礎石の羽子板と土台の間に束柱がきっちり収まるよう、基礎石の位置を調整する。束柱の高さはおよそ150㎜

羽子板を介して、基礎石と束柱をビスで固定する

土台を束柱より10㎜ほど高い位置に持ち上げ、水平に調整してから、土台と束柱をビス留め。この段階で、きっちり水平にする。クランプで固定しておくと作業がラク。その後、ほかの基礎石も設置。束柱の長さは実測で決める

土台上端より10㎜ほど低くなるよう束柱を切り出して、基礎石の上に載せ、土台にビス留め。基礎石の下側をモルタルで固定しておけば強度は万全

基礎石の周囲の土を埋め戻し、土台に合板をビス留めして床の完成

step 02 壁を作る

枠材と床・合板をがっちりビス留め

　まず、前後左右4つの面の壁枠を、個別に組み立てる作業から取りかかります。ここでは建具と窓をひとつずつ取り付ける設計にしました。建具をつける面は、建具のサイズや配置を考慮して壁枠を設計しましょう。

　続いて、それぞれの壁枠を床にビスで固定するとともに、壁枠同士もビスで固定します。壁枠に合板を張って壁を作っていきますが、このとき壁枠の隅を合板の隅にぴったり合うよう矯正しながら張るのがポイント。合板は、カットしていない市販の状態では隅が正確な直角なので、その直角を利用することで壁の隅がきれいな直角になります。

前面の壁枠を組み立てる。ドアをつける部分は空けておく

後面の壁枠を組み立てる。窓をつけるために、このような設計になっている

それぞれの壁枠を床に固定する。床下に土台がある部分に90㎜ビスで留める

壁枠同士を75㎜ビスで固定する

すべての壁枠を固定

続いて壁枠に合板を張るが、このように仮打ちしたビスの上に合板を載せておくとラクに作業できる

＊すべて2×4材
＊単位は㎜

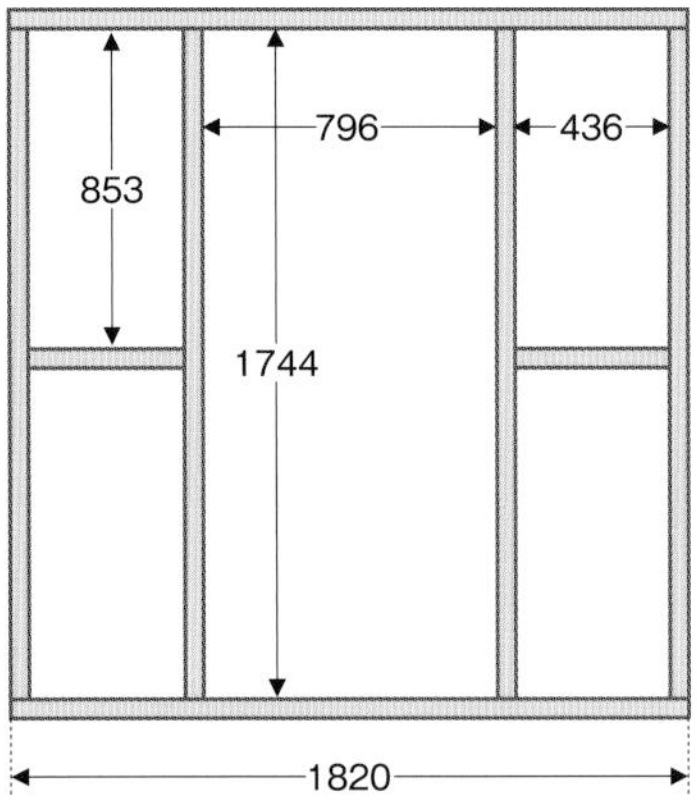

壁枠前面図

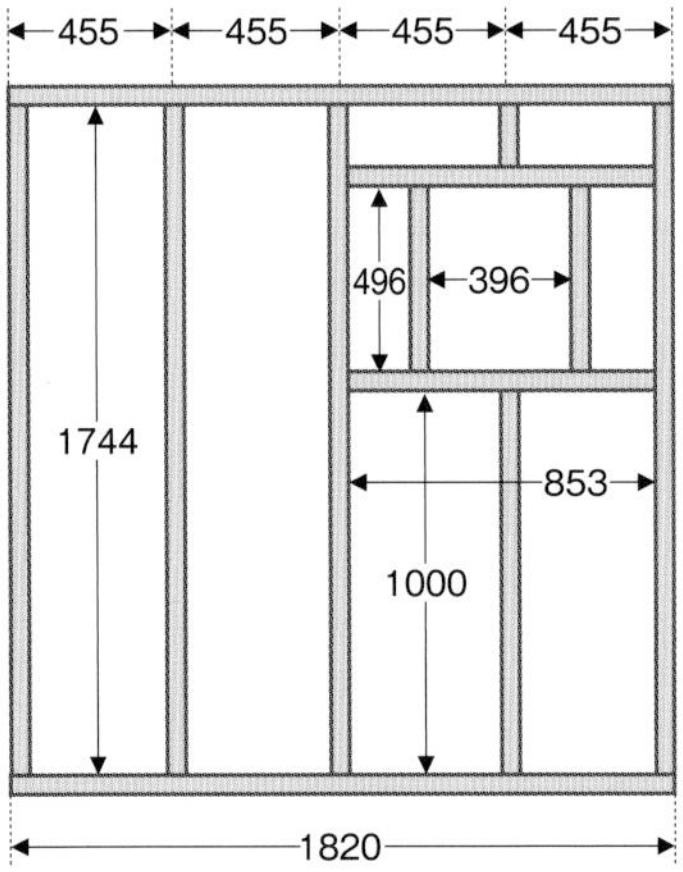

壁枠後面図

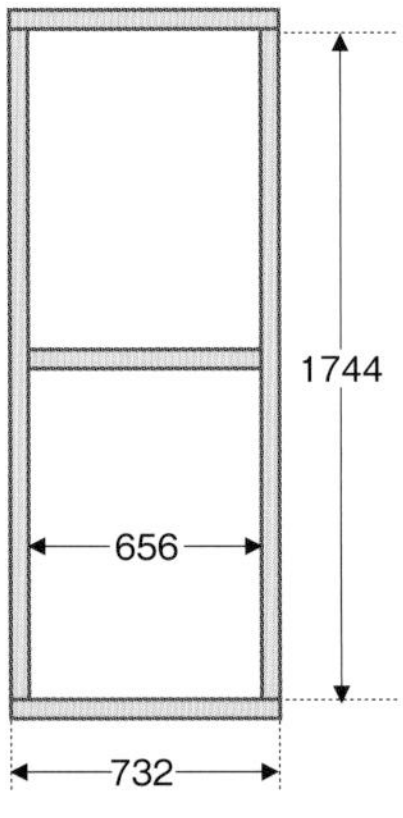

壁枠側面図

壁枠と合板の隅をぴったり合わせてビス留めする。45㎜ビスを使用

先に、合板をカットしないで張れる部分を張る

ドアの両わきには、壁枠の寸法に合わせて割いた合板を張る。窓部分は合板を一度仮留めし、現物合わせで墨つけする

ジグソー、丸ノコ、ノコギリなど使いやすい道具で窓部分を切り抜いた合板を張る

step 03

屋根を作る

骨組みは下で組むと楽

DIYで作りやすい片流れタイプの屋根を作りました。壁の上に骨組みを作り、全体を合板で覆い、ルーフィング（防水シート）と屋根材を張る、というのが大まかな流れ。骨組み作りのポイントは、屋根材に合わせて桟を配置すること。桟がないと合板を突き抜けたビスやクギの先端が見えてカッコ悪いだけでなく、強度も不完全。屋根の勾配は適当で構いませんが、あまり緩やかだと雨流れが悪く水がたまりがちに。逆に急過ぎると屋根上での作業が危険になります。

壁の上で組み立てるのは大変なので、下である程度組み立ててから載せますが、組み過ぎると重くなり上がらないので、ほどほどに。ただし3、4人で作業する場合には、おすすめの方法といえます。

現物合わせで屋根勾配を決める。前面壁枠の上に柱材を立ててビスで仮留めし、柱材の適当な高さから後面壁枠の上に垂木材を渡してクランプで仮留め。見た目で勾配を決めたら、柱材に垂木の下端の位置を墨つけする

手順01でつけた墨線どおりに柱材をカット。最初の1本を型にして、同じ寸法、角度にカットした柱を必要な数だけ用意する

柱を、屋根の骨組みの下枠にビスで留める。ドリルで座堀りしてから下枠同士を120㎜ビスで固定

下枠と柱を組み立てた状態

柱に垂木を固定する。ドリルで座堀りしてから120㎜ビスで留める

後面は下枠に直接垂木を固定。裏から90㎜ビスで留める

垂木がついた状態

屋根の骨組み正面図 ＊すべて2×4材。鼻隠しは省略。＊単位は㎜

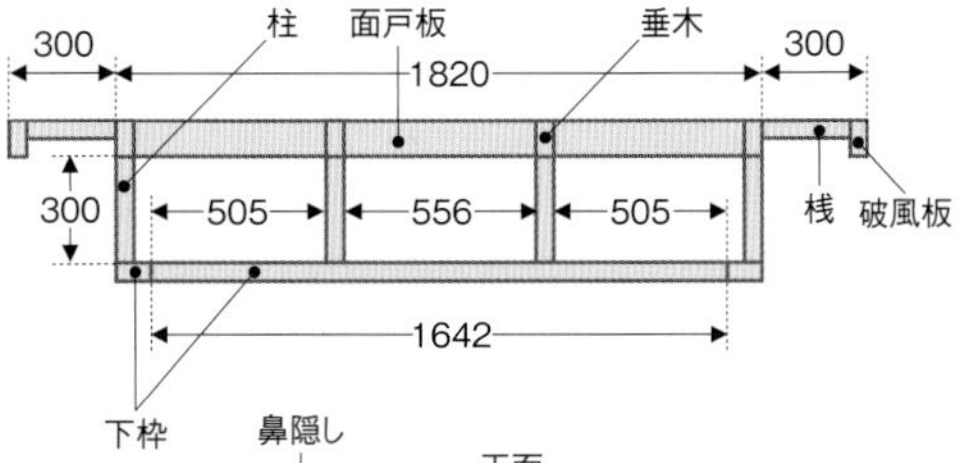

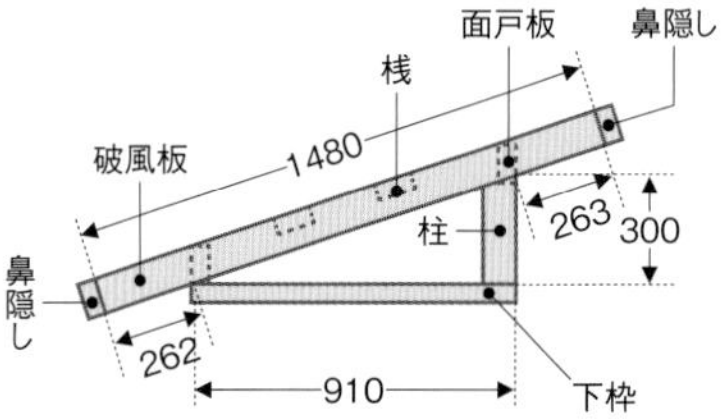

屋根の骨組み側面図
＊すべて2×4材。桟の一部は省略
＊単位は㎜

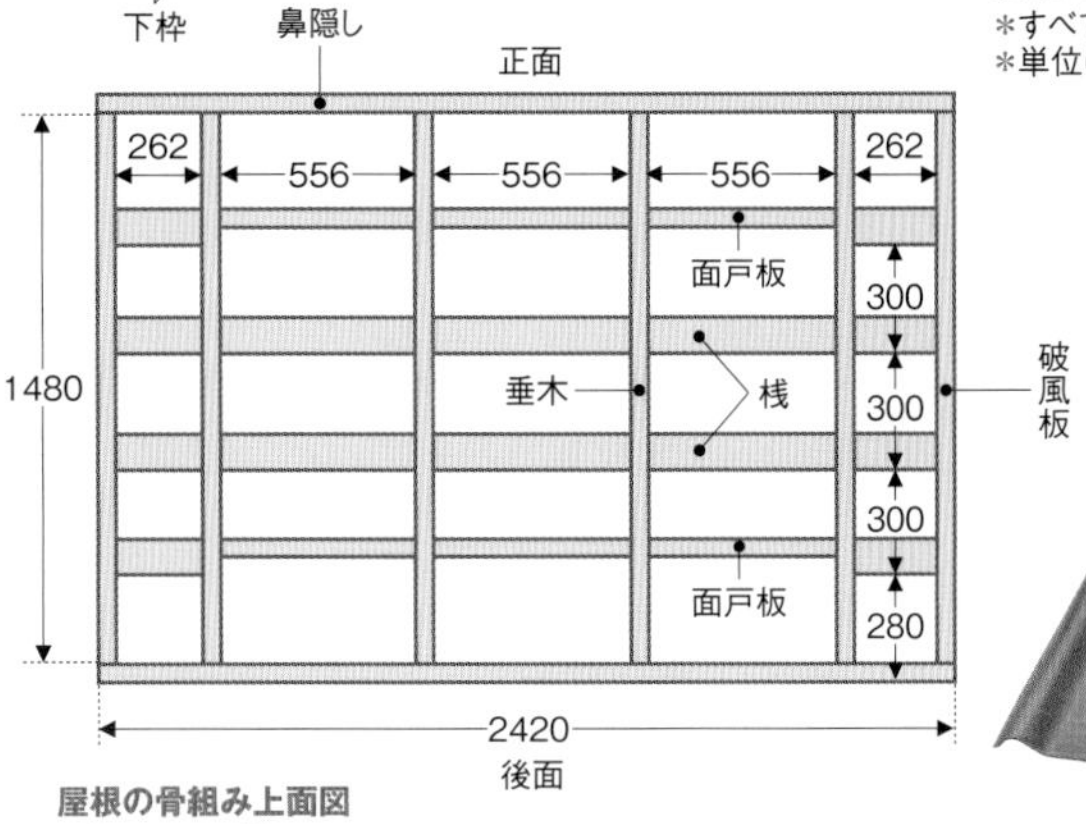

屋根の骨組み上面図
＊すべて2×4材
＊単位は㎜

ルーフィング

今回使用する屋根材はオンデュビラタイル（シェードグリーン）。上質感があり、しかも施工しやすいためDIYerにも人気（問い合わせ◎オンデュリンジャパン https://jp.onduline.com/）

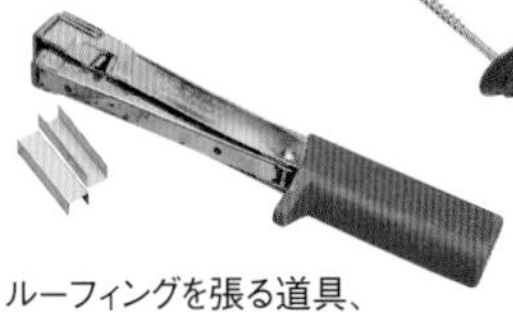
ルーフィングを張る道具、タッカー。大きいホッチキスのようなもの

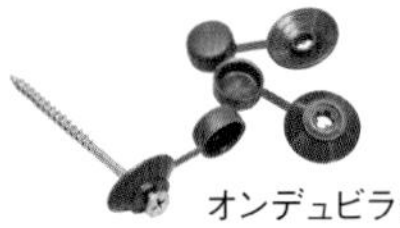
オンデュビラタイルは専用キャップをつけたビスで留める。雨が漏れにくく、見た目もいい

棟部分には専用の棟カバーをつける

鼻隠しと破風板をつける

組み立てた骨組みを壁の上に載せる

面戸板をつける。垂木の裏面から75㎜ビスで留める

垂木の裏面からビスを打てない箇所は、このように斜め打ちで留める

前後の面戸板をつけた状態

桟をつける。固定方法は面戸板と同様

野地板（屋根の下地）として合板を張る。合板の継ぎ目がちょうど垂木や桟の上になるよう、適当なサイズにカットしておく

タッカーでルーフィングを張る。雨が漏れにくくなるよう、ルーフィングは横向きに、下列から張るのが鉄則

ルーフィングを張り終えた状態。下列と上列の重ね幅が大きいほど雨が漏れにくい。合板の断面まで包むように張る

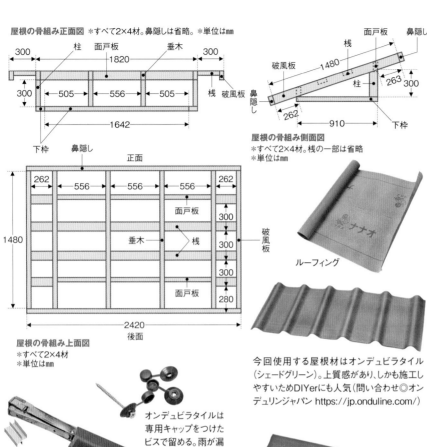

18
屋根材を張る。ルーフィング同様、下列から張るのが鉄則

19
屋根材を張り終えた状態

20
棟部分をくるむように棟カバーをつける

21
屋根の完成。オンデュビラタイル、棟カバーともにカッターで切れるので、大きくはみ出た場合はカットする

step 04
外壁を張る

自作ジグで作業効率UP！ クギとビスを使い分けよう

合板の壁に防水シートを張り、その上に外壁材を張っていきます。外壁の仕上げ方はいろいろありますが、今回はスギ板の下見張りとしました。

ちょっとした自作のジグを用意するだけで、スピーディーかつ正確に張れるのが下見張りの特長。このワザはログビルダー直伝のテクニックです。

コーナーにトリミングをかぶせるので、隠れる部分は多少ザツでもOK。スギ板を留める際は、最終的に表面に出ない部分にはビスを、出る部分は頭が目立たないクギを使用します。屋根作りと同じく、裏に壁枠が通っている位置に打つよう、先端が室内に飛び出していないか、ときどき確認しながら作業します。

01
屋根の骨組みの壁面に、現物合わせでカットした合板を張る

02
防水シートをタッカーで合板に留める。防水シートは下列から張るのが鉄則。その後、ある程度重ねて上列を張ると雨が入りにくい

03
防水シートを張り終えた状態

04
ドア枠をつける。合板面より40㎜外に出るようにつける

05
窓枠をつける。ドア枠同様、合板面より40㎜外に出るようにつける

06
下見張りは、まず外壁材を細く割いたものを下端に留める

防水シート

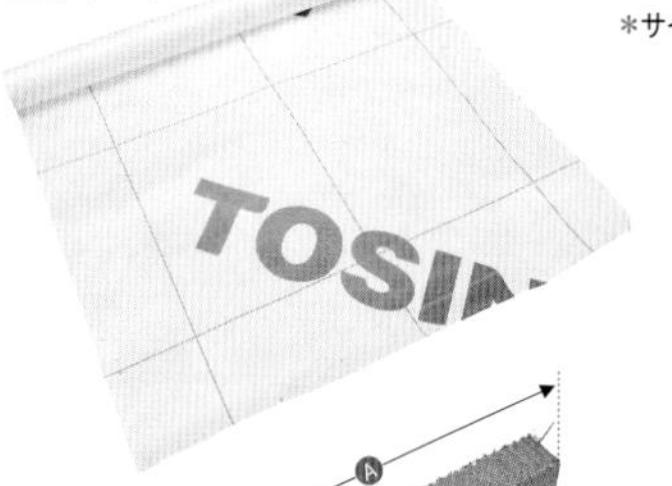

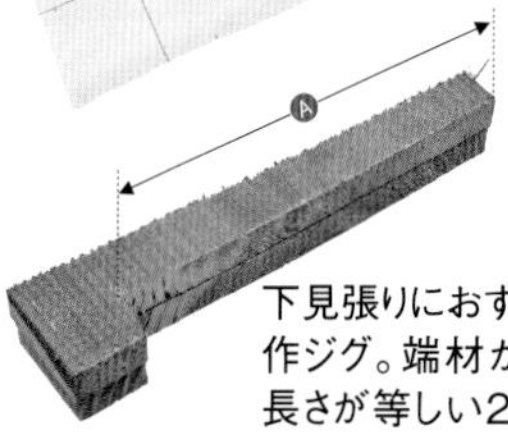

下見張りにおすすめの自作ジグ。端材から、Ⓐの長さが等しい2枚のL字型の板を切り出すだけ

＊サイズの単位はmm

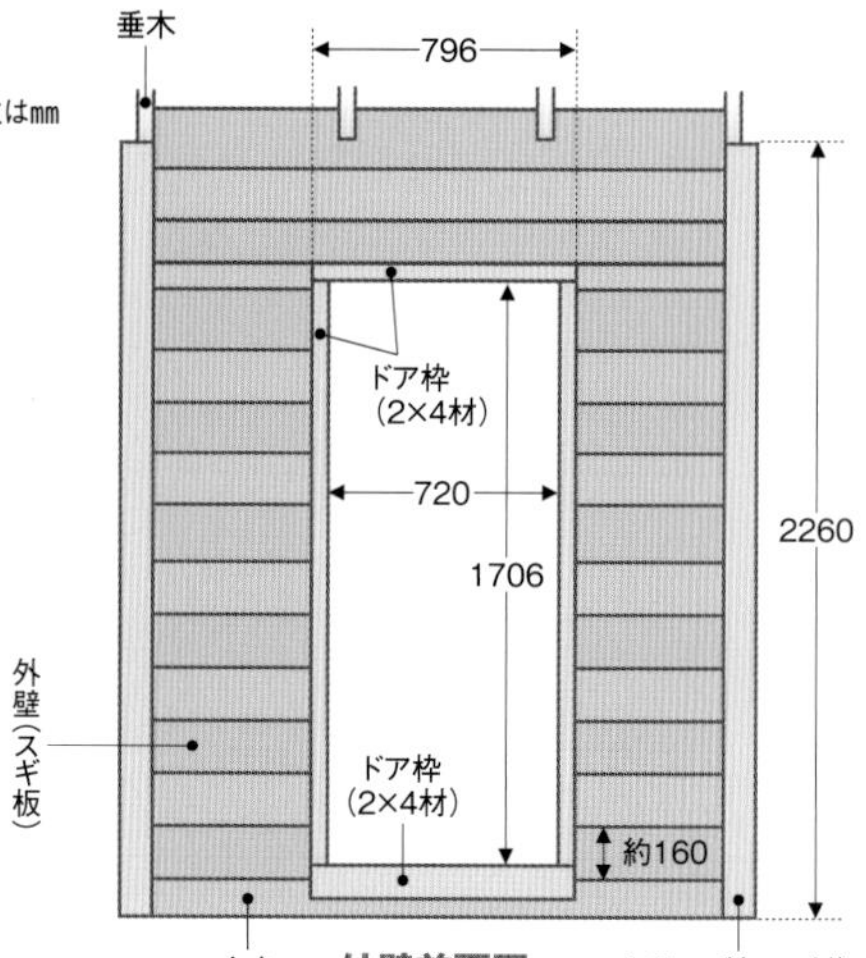

外壁前面図

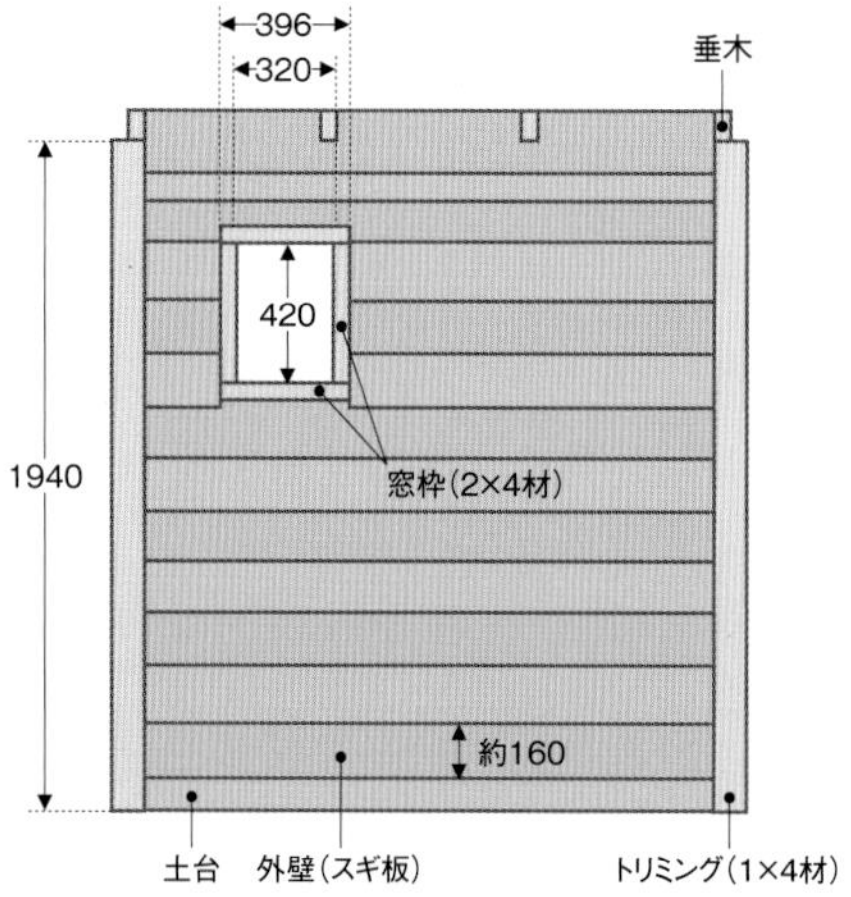

外壁後面図

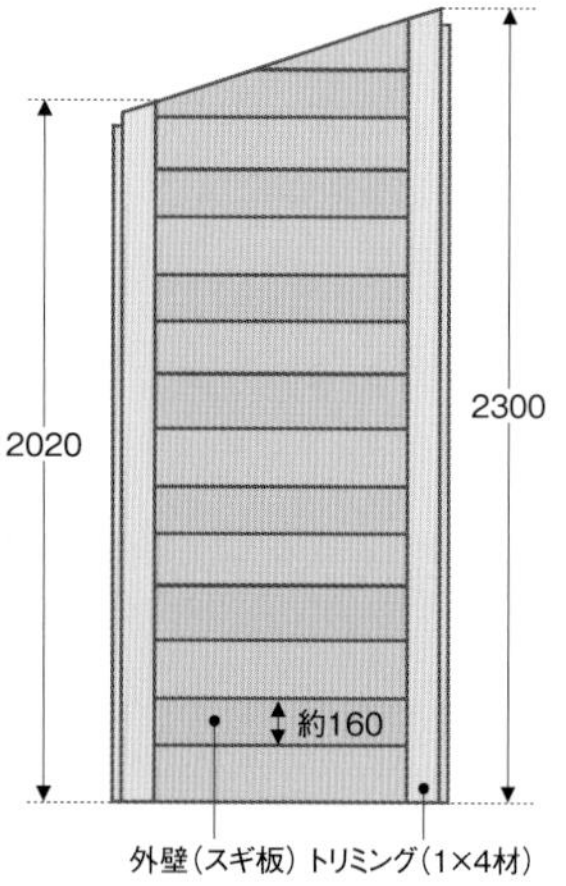

外壁側面図

07 手順06で留めた材と下端をそろえて1枚目の板を張る

08 自作ジグの角を1枚目の板の下端に引っ掛け、2枚目の板を自作ジグの上端に載せた状態で固定する。これを板の左右で同時に行なえば、スピーディーに均一な重ね幅で板を張れる

09 垂木に干渉する部分は切り欠く。切り欠きたい部分の両端に丸ノコで切り込みを入れ、ノミで欠き落とす

10 垂木部分を切り欠いた板

11 切り欠いた板を前面の上端に張る。側面の上部には現物合わせで斜めにカットした板を張る

12 後面は壁枠の位置がわかりにくいので、あらかじめ壁枠の位置を示す線を引いておくとスムーズに作業できる

13 下見張りが完了したらコーナーにトリミングをつける。側面のトリミングは上端を斜めにカットする

14 下部のドア枠をつける。下からビス留めするとビス頭が見えずスマート。座掘りしてから90mmビスを打つ

15 下部のドア枠がついた状態。SPFの場合、外側はすべて塗装する。ドア枠はもちろん、屋根の裏側も塗装を忘れずに

16

step 05

建具をつける

建具と枠のすき間は大きく取る

建具を正確に取り付けることは、意外と難しい作業。正確に取り付けるには、建具も枠も四隅が直角に仕上がっていることが重要だからです。でも実際には、材のねじれや反りなどがあり、なかなかうまくいかないもの。

そこで、ここでは建具と枠のすき間を上下左右とも10㎜と大きく設計しました。こうすれば、建具、枠の仕上がり精度が多少低くても、建具は無事に収まります。また、戸当たりをつければ大きなすき間の対策となるので、問題もありません。

今回は小屋作りの流れを解説することを優先したので建具は簡単な構造としましたが、余裕のある人は凝った建具作りにもチャレンジしてみてください!

蝶番を使って、窓を枠につける

戸当りをつけ、すき間対策とする

蝶番を使って、ドアを枠につける

ドアと枠のすき間をふさぐ戸当りをつける

これで小屋の完成

野縁材で枠を作り、アクリルを張った窓。アクリルは下穴をあけてからビスで留める

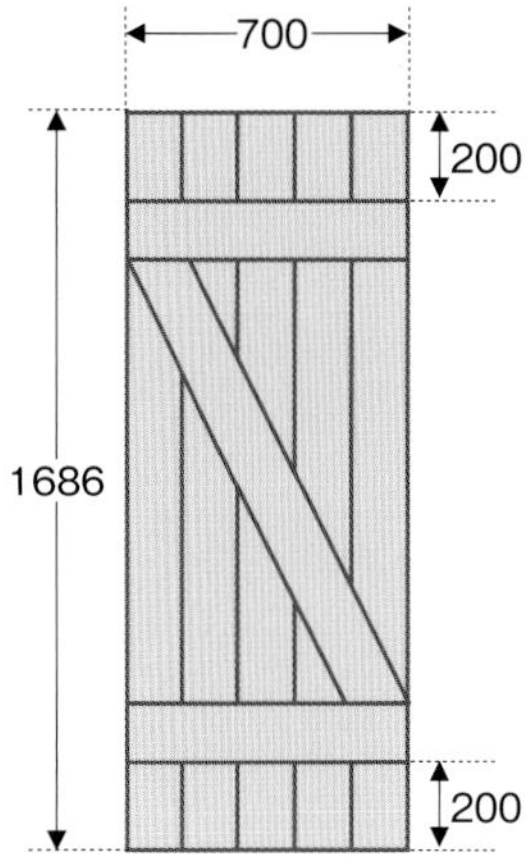

ドア正面図
*すべて1×6材
*単位は㎜

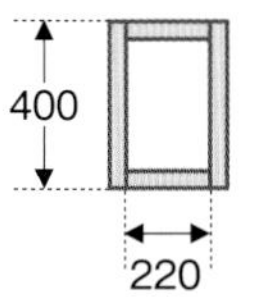

窓正面図
*すべて野縁材(30×40㎜)。アクリルは省略
*単位は㎜

WORKS 13

難易度★★★

家の裏手の狭小スペースに作る

家壁を利用した収納小屋

作業手順

↓

基礎石を設置する

↓

土台を設置する・床を張る

↓

コーナーの柱と桁を取り付ける

↓

垂木と間柱を取り付ける

↓

屋根を張る

↓

外壁を張る
破風板を取り付ける

↓

ドアを取り付ける

↓

塗装する

製作◎田母神一彦

step 00

プランニングする

家壁を利用し小屋作りを簡便に

　モデルハウスはサイディングの外壁のある典型的な分譲住宅で、道路側の駐車場からは階段で家屋に至る、盛り土されたロケーションとなっています。今回の施工プランは、家の裏手の狭い場所に、家壁を利用した3畳程度の多目的の物置を建てよう、という内容。家壁を利用することによって資材費が節約できるほか、壁のサイディングやそばのフェンスを基準にすれば、より簡単に水平や垂直が取れるというメリットもあります。要するに、通常の小屋作りよりも簡便な方法で、物置小屋を作ろうというのが今回の試みになります。

　ちなみに小屋の開口部は1個だけとし、自転車が出入りできる大型のドアを取り付けました。ただ、余裕があれば小さな窓を設置してもいいでしょう。また、家の裏手に勝手口があるようなロケーションであれば、勝手口から小屋に直接出入りできるプランもおすすめ。

　作業手順は前ページのとおりです。今回の作業でポイントとなるのは、「どうやって家壁と小屋を接合させるのか」ということ。これは、家壁（サイディング）に桁となる材（2×6）をビスで直接打ちつけて処理しました。垂木に屋根材（波板）を載せ、さらに雨対策として、家壁と屋根材の間にコーキング処理をしています。

　また、小屋の壁は下見張りで張った杉板のみで、合板の内張りはしていません。冬は寒く夏は暑いでしょうが、物置としての役目は最低限果たしている、という判断です。もちろん、断熱材や内壁材の後付けで補強することもできるので、ご安心を。

木取り表　　＊サイズの単位は㎜

材の種類	サイズ	数量	使用部位
防腐処理済みスギ材	90×90×4000	5	土台・大引用
スギ材	90×90×3000	4	柱用
スギ材	90×90×4000	3	桁用
2×6材	12フィート	1	家側の桁用
2×6材	8フィート	19	垂木、間柱用など
1×6材	8フィート	10	破風板、コーナー板など
1×6材	12フィート	2	同上
1×4材	8フィート	7	ドア、コーナー板用など
野縁（赤松）	30×40×4000（12枚入り）	1	仮留め板など
針葉樹合板	12×910×1820	4	屋根の下地
針葉樹合板	24×910×1820	3	床板
杉材	12×180×1820（10枚入り）	7	外壁

その他の材料

ガルバリウム波板　2120×650㎜を6枚、ガルバリウム雨押さえ　1800㎜を2枚、防水紙（ルーフィング）　21kg巻を適宜、ピンコロ石　120×150×150㎜を8個、レンガ　50×230×115㎜を3個、ドライコンクリート　25kg入り袋を2袋、砂利　20kg入り袋を3袋、蝶番＆ラッチ　1組　ドア用、接続金具類　ビス（38／65／75㎜）、丸クギ（50㎜）、波板用ステンレス笠クギ、ステンレススクリュークギ（38㎜）、カスガイなど、適宜

木材は、木材のネット通販でおなじみの本田谷田部で購入。2×材や各種合板など、幅広い建築資材がそろっている。https://www.hondayatabe.jp/

施工前の現場。家の裏手のL字型のところに小屋を作る。外部電源があるので、小屋の中で使えそう

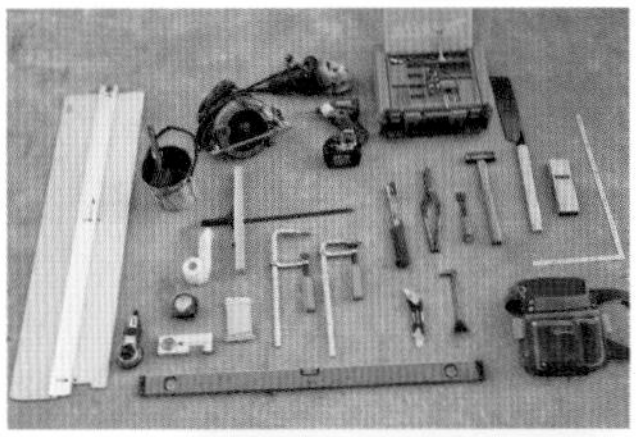

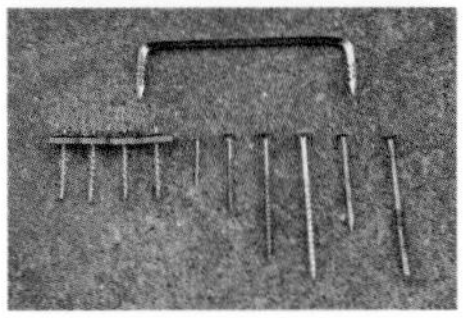

→上はカスガイ、右から75／50㎜丸クギ、75／65／38㎜ビス、32㎜ステンレスのスクリュークギ、笠クギ

野外施工の3種の神器、脚立、養生シート、延長コード

主な使用道具

丸ノコ、インパクトドライバー、ディスクグラインダー（金属用切断砥石装着）、各種ビット類、シャベル、タンパー、ノコギリ、タッカー、カッター、カナヅチ、クランプ、金バサミ、平ノミ、ミニバール、カンナ、メジャー、サシガネ、平行定規、チョークライン、水平器、水糸、ペール缶、ハケ、マスカー、脚立、延長コード、養生シート

step 01

ピンコロ石とレンガで基礎石を設置する

「遣り方」で水平を確認

安価なピンコロ石（1個180円程度）を基礎石とし、これをプランの位置に水平に設置していきます。ただし、家まわりの既存のコンクリート部分は、レンガを基礎石として代用。その結果、地面に設置するピンコロ石が8個、既設のコンクリートに設置するレンガが4個、計12個の基礎石を設置しました。

基礎石（ピンコロ石）は地面を少し掘り下げ、砂利を敷き、タンパー（なければ枕木などの重い板材）で突き固めてから置きます。コンクリートの上に設置するレンガの上面と同レベルになるように、水平器や水糸などを駆使したいろいろな方策をとりますが、今回は家壁のサイディングの目地や、そばにある既存のフェンスなどで水平線を確認し、これを基準にして位置決めをしていきます。

手順はまず、サイディングの目地に合わせ、家の壁に水平に真っすぐな板材（1×4材など）を取り付け、これを基準に同じ高さで小屋の施工位置の周囲にぐるりと板材を張り巡らします。さらにこの板材に水糸をからめ、基礎石の設置位置に合わせ、水糸を張り巡らせます。これがいわゆる「遣り方」と呼ばれる作業。あとはこの水糸に合わせ、基礎石を設置していきます。穴掘り→砂利敷き→タンパーで突き固め→ドライコンクリートを敷く→基礎石を置いて水平と高さ位置を確認→位置が確定したら水を振りかけて固める、という流れです。なお、基礎石の設置が終わったら「遣り方」は撤去します。

基礎石を設置した状態。家まわりのコンクリート部分にはレンガを置いただけ。レンガとピンコロ石の上面は同レベルになっていなければいけない

基礎石設置図

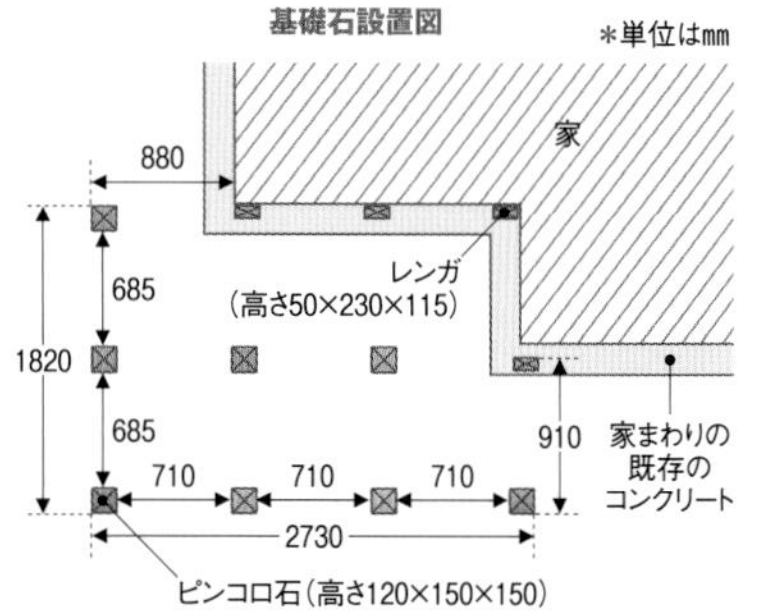

地面から40cm程度のところの家の壁のサイディングの目地に合わせて、真っすぐな材（1×4材）を打ち留める。これで水平に張った材ができた。サイディングをよく見るとクギの跡があるので、これを参考に下地のある場所を確認し、ビスで打ち留めればいい

家壁に水平に打ち留めた材に合わせ、施工位置の周囲にぐるりと板材を張り巡らす。板材はクランプや杭などを駆使して張っていく。続いて板材に水糸をからめ、基礎石の位置に合わせて水糸を水平に張る

基礎石の位置が決まったら、穴を掘り、砂利を入れる。基礎石の最終的な高さをある程度予測しながら掘ること。砂利は厚さ20～30mm程度

タンパー（なければ代用の重い板材など）でしっかり突き固める

さらにドライコンクリートをやや多めに入れる

step 02

90㎜の角材と24㎜合板を使用

防腐処理済みのスギ材で土台&大引を設置。4㎜合板で床を張る

基礎石に土台と大引を載せ、続いて24㎜針葉樹合板を張っていきます。土台と大引は防腐処理済みの90㎜角スギ材を使用しました。基礎石の上に直接置き、土台同士、大引と土台を接合していきます。接合はすべて75㎜ビスによる突き合わせで、所々で斜め打ちとなります。

土台と大引を設置したら、厚さ24㎜の針葉樹合板を張ります。このとき、各コーナーに90㎜角の欠きを入れていますが、これは各コーナーに90㎜角のスギ材を立てるとき、よりしっかり固定させるため。ただ、欠きを入れずに合板の上に柱を立ててもかまいません。

土台&大引の上に床が張られた状態。床板は厚さ24㎜の針葉樹合板を3枚使っている

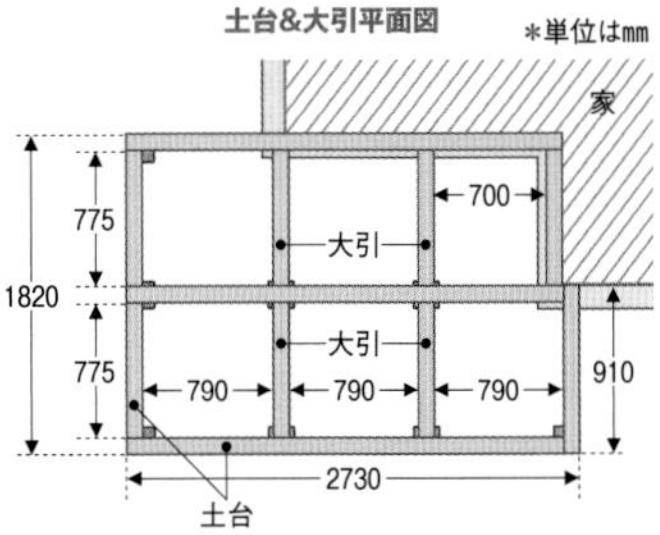

01

プラン図に合わせ、土台と大引を設置していく。接合はすべて75㎜ビスによる突き合わせだが、斜め打ちになることも多い。使用材は防腐処理済みのスギ材。

02

プラン通りのサイズにカットしてあれば、正確な長方形になるはず。写真は対角線のサイズをチェックして、正確な長方形になっているかを見ているところ

03

土台の上に厚さ24㎜の針葉樹合板を張っていく

04

柱が立つコーナー部分は90×90㎜角の欠きとなっているが、欠きを入れず、合板の上に柱を載せてもかまわない

06

基礎石（ピンコロ石）を置く。すべての基礎石が同じ高さで、かつ水平に置かれなければならない。これを確認するために水糸からの距離をチェックしながらの作業となる。微調整はドライコンクリートの増減で行なう。この上に直接土台が載るので、この作業はとても重要。時間をかけて慎重に行なうこと

07

コンクリートの上に置いたレンガもピンコロ石と同じ高さになるように。その微調整もレンガの下にドライコンクリートを敷いて行なう

08

すべての基礎石の位置が決まったら、水に濡らした雑巾などで、各基礎石の周囲を水浸しにする

09

基礎石の周囲の土を埋め戻す。これで24時間経てば基礎石の設置が完了

突き合わせ接合は要所をカスガイで補強

スギの角材でコーナーの柱と桁を取り付ける

家側の桁の端も垂木の厚さ分、飛び出している。ここも垂木を受けるための加工がされているのがわかる

柱の上に 桁を載せる。斜め打ちで接合する。ここはあとで取り付ける垂木（2×4）の厚さ分（38㎜）飛び出させて取り付ける

柱と桁を設置した状態。斜めの材は仮留めのための材で、屋根が設置したら撤去する。仮留めの材は、各柱が垂直＆水平に保った状態で打ち留めておくこと。これも大切な作業ポイントとなる

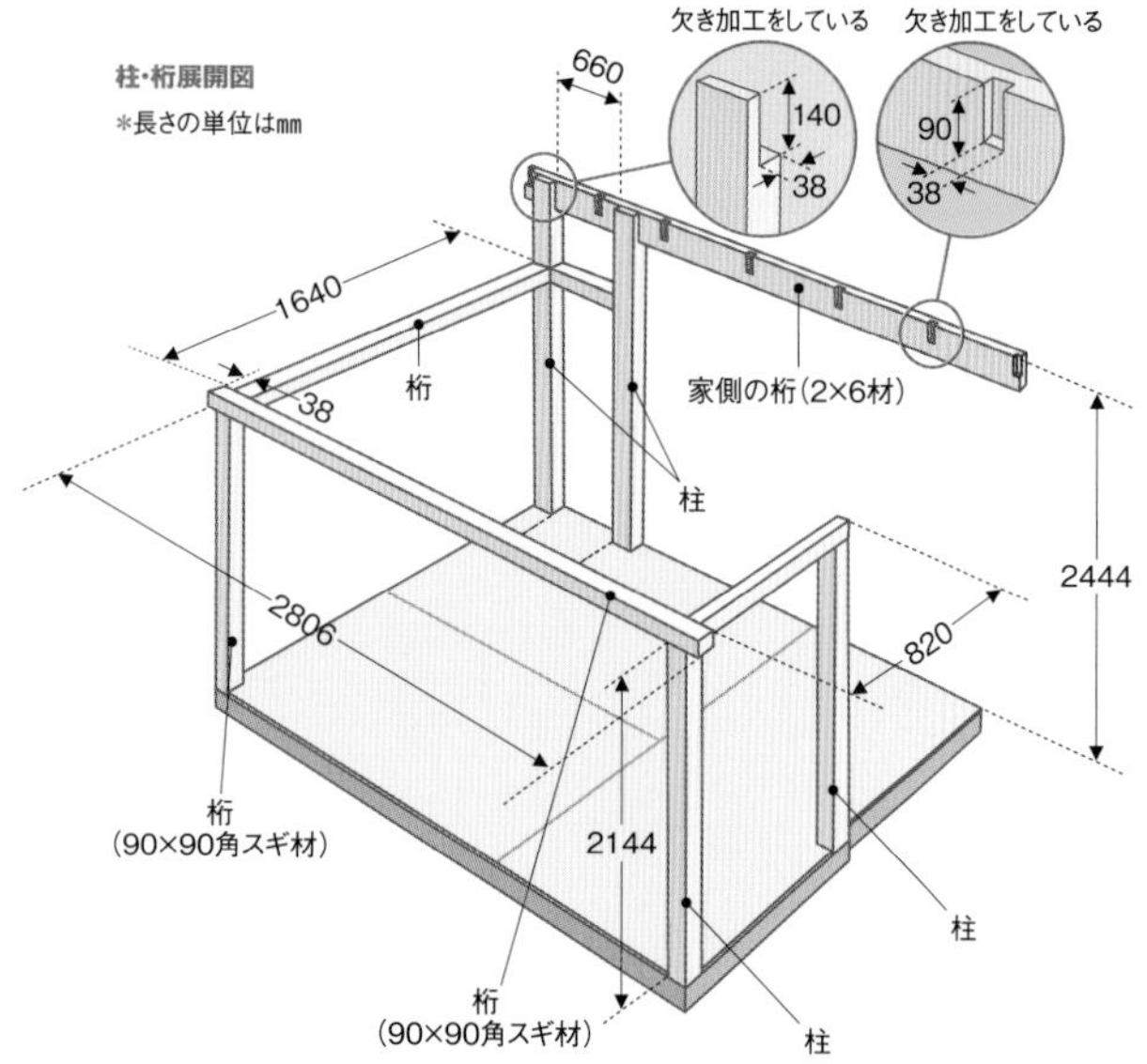

柱と桁を90㎜角のスギ材で図の通りに組んでいきます。ただし、家側の桁だけは2×6材を使用。この2×6材にはあとで垂木（2×4材）が載ります。単純に上に載せてもよいのですが、ここでは垂木を差し込めるように、2×4材の木口サイズに合わせ、欠き加工をしています。また、家側の桁（2×6材）を受ける柱2本も、2×4材の木口に合わせ、欠き加工をしています。

なお、各所の接合は基本的には75㎜ビスによる突き合わせ接合ですが、要所をカスガイで補強接合しています。

step 04

桁の凹みに合わせて垂木を結合

2×4材で垂木と間柱を取り付ける

垂木は2×4材を使用し、桁に載る家側の端は現物合わせで斜めカットしています（約12度）。長さは2060㎜（長手）に設定。これを全部で7本、それにドア側の短い垂木を1本（1130㎜）用意しました。

長い7本の垂木は家側の桁と反対側の桁に載せて接合します。ドア側の短い垂木は新たに家の壁に短い桁を取り付けて（写真03参照）、そこに載せるようにします。間柱（2×4材）は、垂木と同じピッチで取り付けていき、これもほとんどが75㎜ビスによる斜め打ちです。

垂木と間柱が取り付けられた状態。正面の間柱の間隔は垂木と同じ。両サイドの間柱は均等割のピッチで取り付けた

家側の桁に垂木を取り付ける

反対側の桁に垂木を載せて打ち留める。65㎜ビスで斜め打ち

ドア側の骨組み。短い間柱を入れていく。手前上の垂木が短い垂木になる。短い垂木は、右上に見える新たに打ち留めた受けの桁に載せて取り付けられている

垂木の位置に合わせ、正面の長い間柱を打ち留めていく。これも65㎜ビスの斜め打ち

柱を立てる。床に斜め打ちでビス打ちする。全部で5本の柱を立てる

柱と土台はカスガイで補強接合しておきたい

ドア側の桁が取り付けられた。左の桁はあとで取り付ける垂木の厚さ分、飛び出させて取り付けてある

家側の柱に桁を取り付ける。これも斜め打ち。家側の２本の柱は２×６材の桁を受けるために欠いてあるのがわかる

家側の桁（２×６材）を取り付ける。垂木を受ける欠き加工はすでに終えている。家の壁への取り付けは、65㎜のビスで。サイディングをよく見るとクギの頭の位置がわかるので、そこが下地（間柱）のある場所であることが確認できる。そこが ビス打ちの位置となる

step 05

ガルバリウム波板の屋根を張る

もっとも重要なのは雨漏り対策をしっかり行なうこと

垂木の上に12㎜の針葉樹合板を張り、さらにその上にルーフィング（防水紙）を張り、最後にガルバリウムの波板を張っていきます。これで屋根張りは終了、といいたいところですが、家の壁とのすき間の雨対策をしなければなりません。

家の壁側に、やはりガルバリウム製の「雨押さえ」というパーツを取り付け、さらに壁と「雨押さえ」の間をコーキングします。本来「雨押さえ」は、戸袋や土台の上に雨が回り込んで水が浸入しないようにするための資材ですが、今回はこの資材を家壁と屋根の接触部に使ってみました。ちなみに「雨押さえ」は大型ホームセンターで簡単に手に入ります。

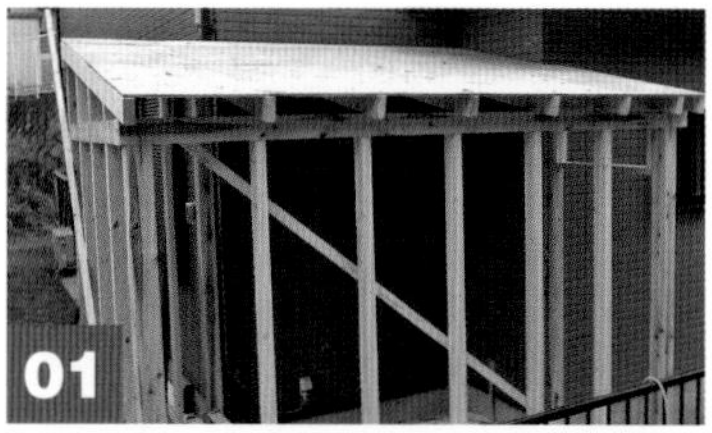

垂木の上に12㎜合板を張る。50㎜の丸クギで垂木に打ち留めていく。サイズは垂木の幅と長さに合わせてカットする。全部で4枚の合板を使ったが、少し余った

ルーフィングを張る。タッカー（大型のホッチキスのような工具）で手早く打ち留めていく

用意した屋根材。ここではガルバリウムの波板と「雨押さえ」を用意。左にあるふたつのパーツが「雨押さえ」

ガルバリウムは2120×650㎜サイズのものを６枚使ったが、屋根の形とサイズに合わせ、一部カットが必要になる。金切りバサミだと真っすぐ切りにくいので、カッターを使ったが、何度も往復すれば真っすぐのカットが可能だった

ガルバリウム波板はステンレスの笠クギで固定していく。下地（垂木）がある場所がクギ位置となる。笠クギは波の山部分で打ち留めること

ガルバリウムは端をふた山ほど重ね合わせて敷いていくが、軒部分は雨流れのため、30㎜ほど飛び出させること

屋根材が張り終わった。ただし、この状態はまだ「雨押さえ」が取り付けられていない

「雨押さえ」にコーキング剤をたっぷり塗ってから取り付ける

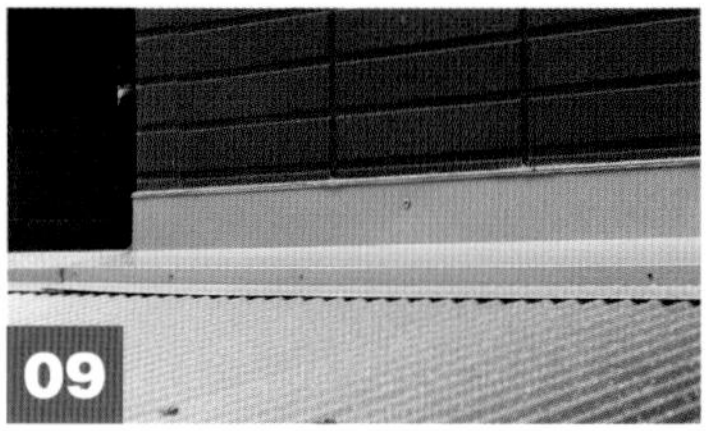

家の壁と屋根材に「雨押さえ」を張る。家壁との接合はステンレスのスクリュークギ（32㎜）を使った

「雨押さえ」と壁の間はコーキング剤でしっかりコーキングされている

step 06 スギ板の下見張りで外壁を取り付け、1×6材で破風板を取り付ける

木っ端を使用して重ね幅を統一

外壁はスギ板（180㎜幅）を下見張りで張っていきます。一番下に割いた細いスギ板を取り付け、その上にスギ板を張っていく形でスタートします。

上部の勾配部分や桁の飛び出し部分は、その場に応じて現物合わせで切り欠き加工を行ない、張っていきます。

コーナー部は切ったスギ板の木口を隠すように、1×材を直角に組んだものを取り付けて化粧に。壁板を張り終わったら、家側以外の各面の破風板（1×6材）も取り付けます。

スギの下見張りの外壁が張り終わった状態。破風板やコーナーの板もついている

壁張りスタートの前に、まず垂木と垂木の間のすき間を２×４材で埋めておく。専門用語でこの板を「面胴」という

壁張り開始。まず、一番下に30㎜幅に割いたスギ板を張る

その上に下の端を重ねてスギ板（180㎜幅）を張る

張ったスギ板の上に30㎜ほど重ねてスギ板を張っていく。重ね幅を一定にするために、長さ180 － 30＝150㎜の木っ端をあてがって張っていく。接合は75㎜の丸クギで、下地（間柱）があるところがクギ位置になる

上部分は現物合わせで斜めカットや切り欠いたスギ板を張っていくことになる

側面の壁張りはこんなふうになる。ほかの面も同様に進める

コーナーは、スギ板の木口が隠れるように１×材を２枚、直角に組んだものを打ちつけて化粧する。 このとき、このあとに取り付ける破風板が入るように切り欠いておく

ドア側のコーナー板はドアの枠板を兼ねているので、戸当たりを確保するためドアの開口部より10㎜ほどずらして取り付けてある。同時に他のドアの枠板（1×4材）も取り付ける。この写真ではまだドアの上の壁板が張り終わっていない

ドアと枠のすき間は10㎜あける

ドアは、1×6材を縦に敷いて並べ、裏側に1×4材を横板にして接合したシンプルな作りとしました。

サイズは実際の開口部に現物合わせで製作したほうが間違いありません。その際のポイントは、現物の開口部より、幅、天地ともに10㎜ほど小さくすること。幅の調整は1×6材を割いて細くすることで対応します。

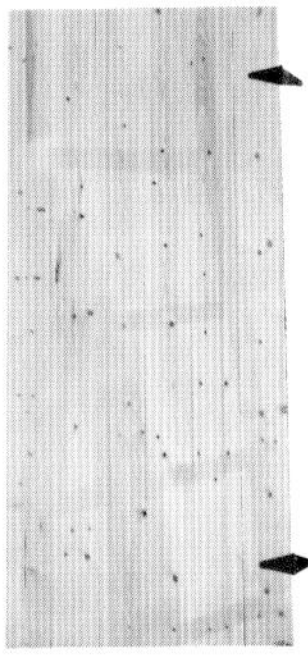

ドアの表側。1×6材を6枚並べただけのシンプルな作り

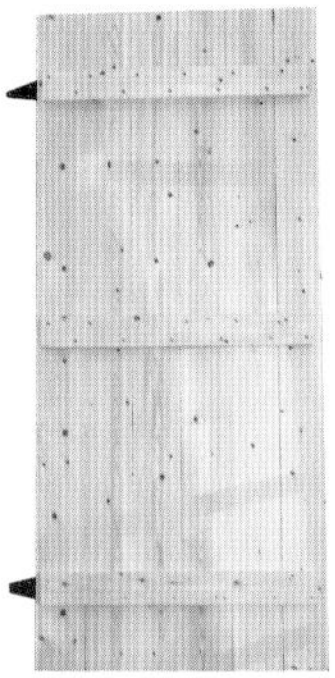

ドアの裏側。3枚の1×4材で縦板を接合している

塗装を終えた状態。同じ塗料だが、スギ材と1×材では塗装効果が違っており、メリハリがついた外観となった

正面から見る。デッドスペースとなっていた家の裏手がしっかり有効利用された

開口部へドアを取り付ける。取り付けは市販の蝶番で

家の壁近くは壁をマスキングしてから塗装すること。これが面倒ならば、板材を組む前に塗装しておいたほうがいい

ドアが取り付けられた状態。ドアがスムーズに開閉するためには、天地、左右のすき間が5㎜ほどはほしい。そこでドアのサイズは、開口部より天地、左右それぞれ10㎜程度小さくする

余った材で棚を作ってみた

ラッチも取り付けた

Part5 暮らしの収納

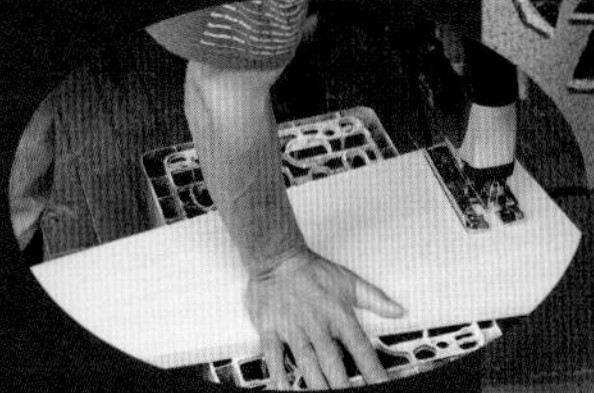

キッチンまわりやリビング、玄関などにある
グッズや雑貨、衣類などを整理・収納するための
アイテムの作り方をご紹介。
小さなラックからデスクまで
ライフスタイルに合ったモノ作りのアイデアが満載!!

CONTENTS

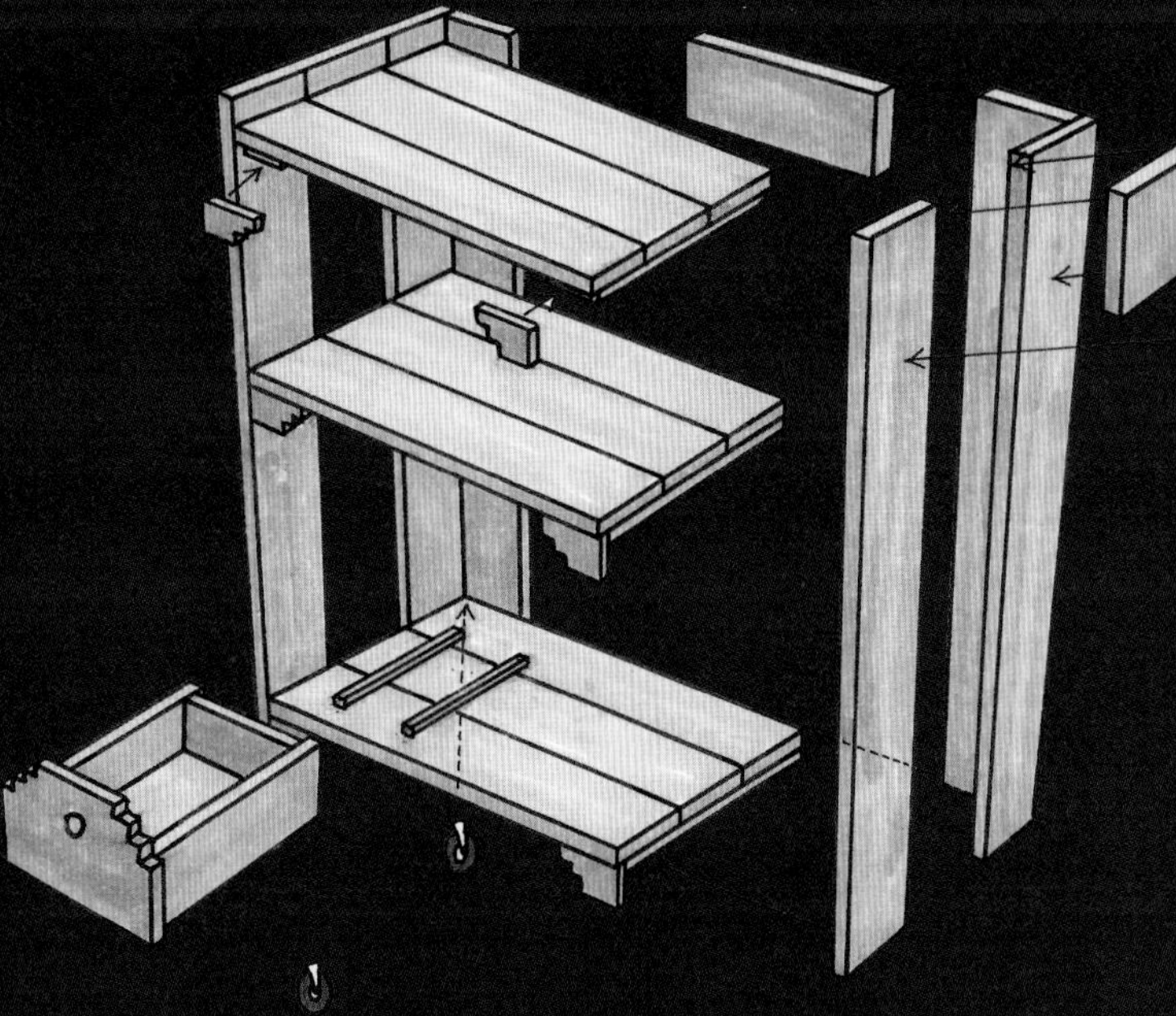

●編集部の判断で、150ページからの作例に「難易度」を表記してあります。目安としてご利用ください。 ★☆☆……簡単、★★☆……普通、★★★……中級者以上向き

趣味のもの・衣類

家具屋さん真っ青のショーケース

早川英和さん＊埼玉県比企郡

　後ろに鏡を張って飾り物を多く見せ、奥行きを感じさせるというプロ顔負けのショーケース。中に蛍光灯を入れてライトアップもしています。ただし、難しいガラスカットはプロに依頼。素材はスプルースで、ドアノブだけはツガを使用しています。

内側の上方に蛍光灯が取り付けてある

扉の枠同士の接合はビスケットでつないでいる。ガラスを留めているのは小さなL型アングル状の樹脂

Point ガラスを通した光がディスプレイ効果をUP

好きなバイクのプラモデルやコーヒーカップなどが並ぶショーケース

Point インテリアのアクセントにも！

お気に入りの服を掛ければ〝見せる収納〟のできあがり

流木で作ったコートハンガー

平林憲一さん＊長野県長野市

　流木の独特のラインやフォルムを生かして作った、帽子やコートを掛けられるハンガー。流木のフックを焼杉板にビスで留め、その板を壁に固定すればＯＫ。世界にふたつとない、不思議な生命力を感じさせる収納作品です。

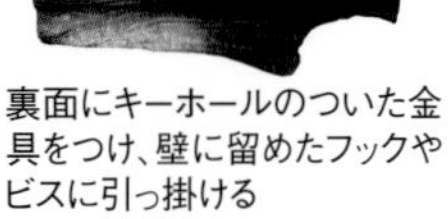

裏面にキーホールのついた金具をつけ、壁に留めたフックやビスに引っ掛ける

流木を選定したら、洗浄、乾燥、磨き、塗装を行なう。板に固定したら、再度塗装して完成

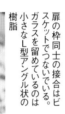

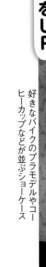

壁に取り付けて、CDを斜めに収納する

棚の組み立てにはビスは使用せず、クギ締めにしてクギの頭を隠している

「現在演奏中」の小棚。CDジャケットを部屋のインテリアと考え、お気に入りのCDを常時飾っておいてもいい

棚部分は、1×6材を120㎜幅に割いたものを使用する。棚それぞれが平行になるよう慎重に取り付ける

壁掛け型CDラックの構造図
＊単位は㎜

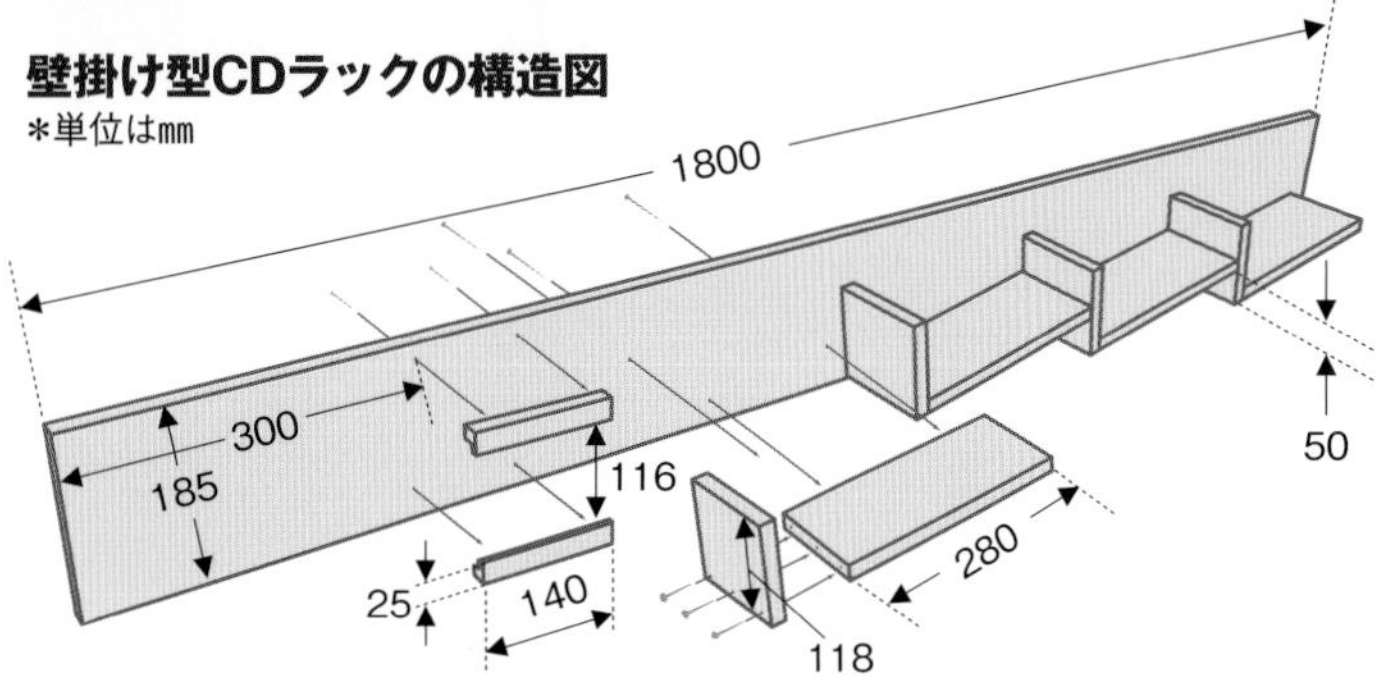

Point “現在演奏中”のCDがわかります！

シンプル設計の壁掛けCDラック

製作／D.パラダイス＊神奈川県茅ヶ崎市

おもしろデザインの壁掛け型CDラック。長さ1800㎜の1×8材に斜めの棚を4個取り付けただけのシンプル設計。ひとつの棚にCD28枚が収納可能。棚の左端には、「現在演奏中」の1枚をはめ込む板も取り付けて、気分はジャズ喫茶!? 製作のポイントは斜めに取り付ける棚（1×6材を120㎜幅に割く）の正確な木取りと、棚の角度が同一になるよう取り付けること。「現在演奏中」のはめ込み板は、1×6材を25㎜幅に割き、クランプやバイスで固定。CDをはめ込む溝部分を丸ノコで4、5回切り込み、ノミで欠き取ってやれば完成です。

Point 純正品のようにサイズがぴったり

MDFを使ったミニカーコレクションボックス

志村雅さん＊埼玉県草加市

ホールソーであけたたくさんの穴が特徴的な、MDF合板製のコレクションボックス。注目は照明つきの土台部分。スイッチを入れると収納したミニカーのバックに、OHPフィルムにプリントした車の写真が浮かび上がるというこだわりぶり。土台の内側にアルミホイルを張ることで照明の光量をアップさせるという工夫も見逃せません。

土台部分の2段の棚は、照明をつけると背板に車の写真が浮かび上がる

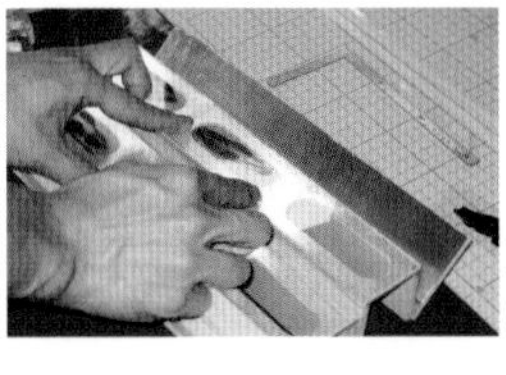

土台部分の棚の背板を製作中。楕円にくり抜いたMDF合板にアルミホイルを張り、アクリル板を張ってフィルムを張る。これが裏側になる

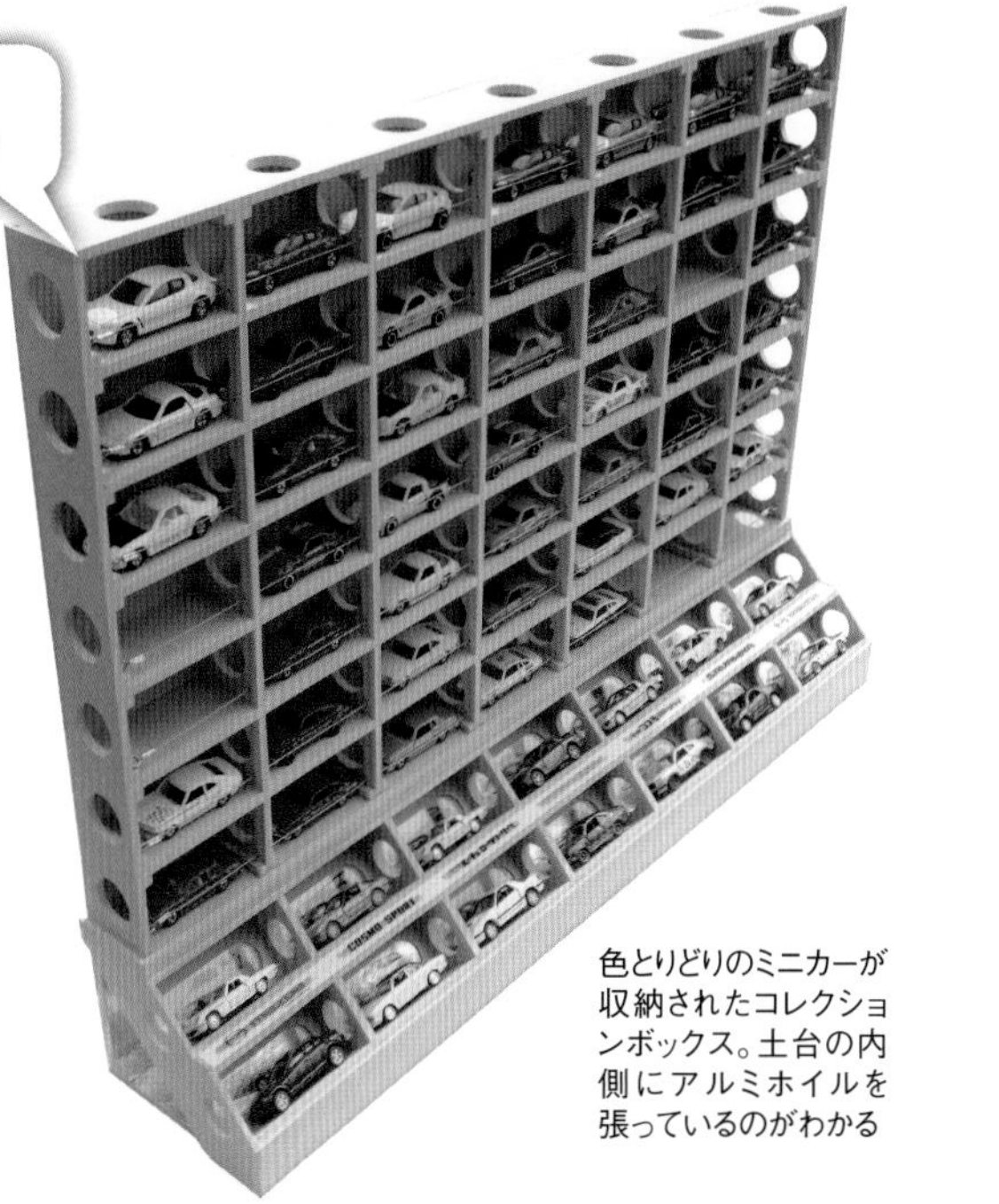

色とりどりのミニカーが収納されたコレクションボックス。土台の内側にアルミホイルを張っているのがわかる

玄関・水まわり etc.

イケアの棚受けを利用した靴棚

稲葉靖弘さん＊栃木県下野市

　玄関のコの字のスペースの壁に直接打ちつけられた靴棚。壁両脇の下地の柱がある部分に桟木を接合し、そこにイケアの木製棚受けを取り付け、棚板となるスギの破風板を載せて完成させました。

靴棚の構造図

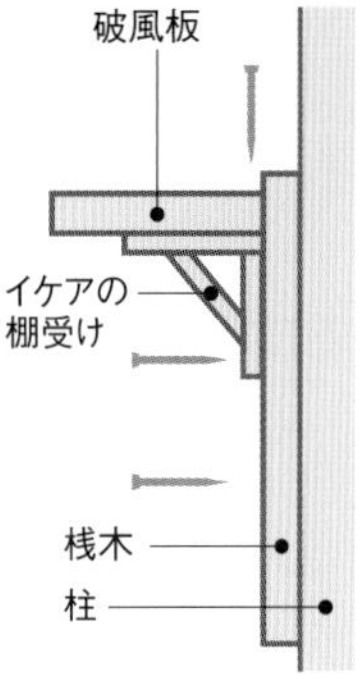

棚板を増やせる！

シンプルだが感じのいい靴収納空間となった

枝のフックに
帽子もかけられる！

子供靴で乱雑になりがちな玄関も靴棚のおかげですっきり

自然木だけで組み立てたユキヤナギの靴棚

伊藤誠さん＊秋田県潟上市

　玄関に散乱する子供の靴を整理するために、剪定したユキヤナギの枝を利用して作ったナチュラル感いっぱいの作品。材木と違ってすべて別々の方向に曲がった枝同士を、針金やクギでしっかりと接合するにはとても苦労したそう。安定感が出るように植木鉢にセメントを流し、そこに棚の脚を差し込んでぐらつかないよう工夫しています。

壁面を利用した豆型デザインの傘立て

十河哲也さん＊北海道札幌市

　ビールを飲みながら思いついたという枝豆のような形をした傘立ては、壁をうまく利用した収納作品。厚さ20㎜のラワン板の端材を利用し、自在錐で傘用ホールをカット。ジグソーで曲線を切り抜き、ボーズ面ビットを装着したトリマーで面取りを施しました。

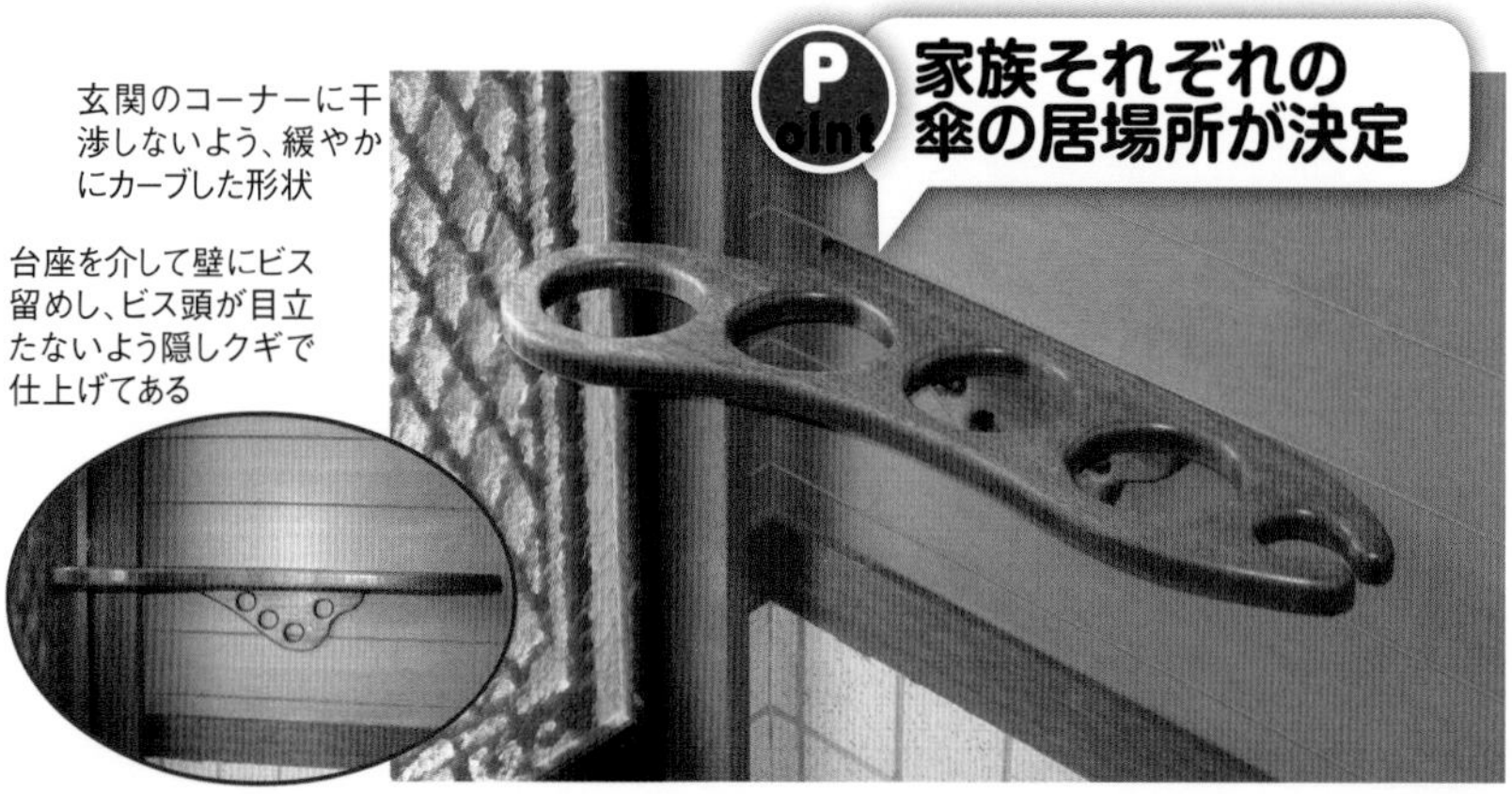

家族それぞれの
傘の居場所が決定
玄関のコーナーに干渉しないよう、緩やかにカーブした形状
台座を介して壁にビス留めし、ビス頭が目立たないよう隠しクギで仕上げてある

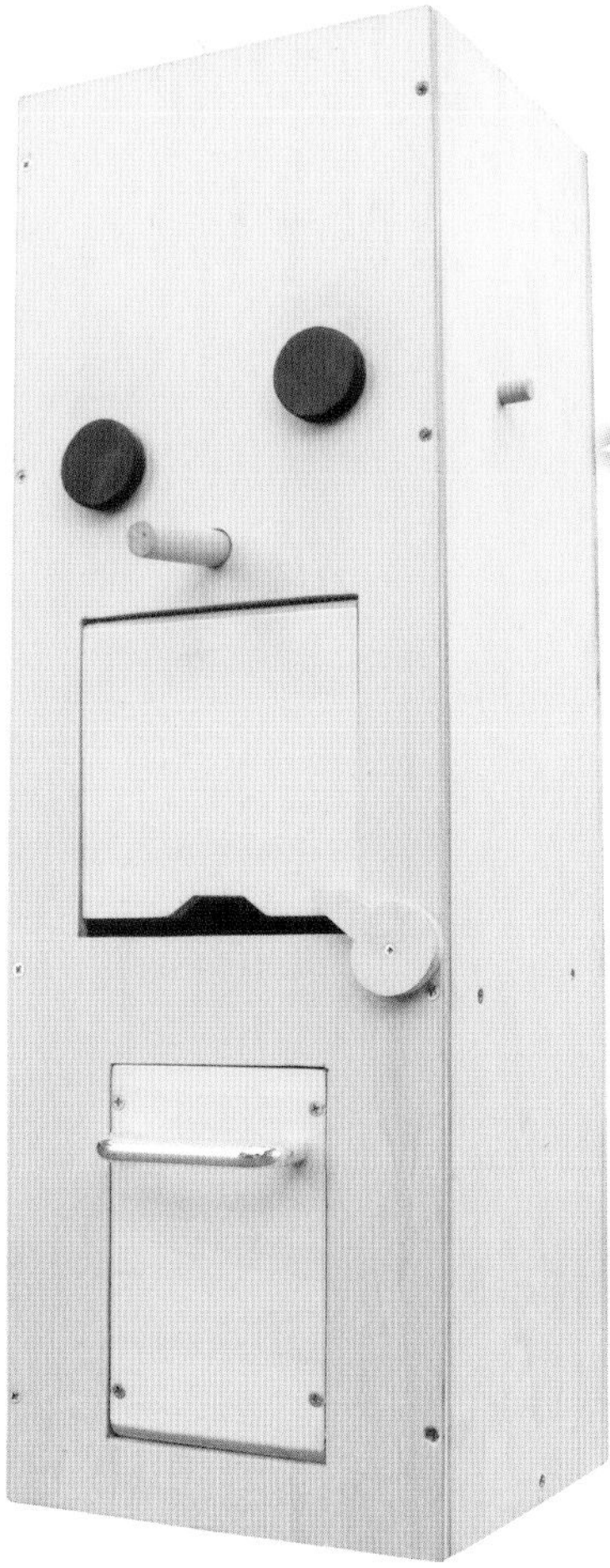

Point 子供も自分で交換できるように

製作中に似ていると思い、目を貼ったらピノキオになった。扉のストッパーは手のイメージ

ワンタッチでロール交換できるトイレットペーパーホルダー

武富莉子さん＊佐賀県佐賀市

ピノキオの鼻のようなバーを引くと、収納された予備のロールが落ちてくる構造のトイレットペーパーホルダー。バーを引くと確実に1個だけロールが落ちてくるような仕組みを考えるのに苦労したとか。主な材料は厚さ9㎜と厚さ12㎜のシナ合板。

トイレットペーパーホルダーの仕組み

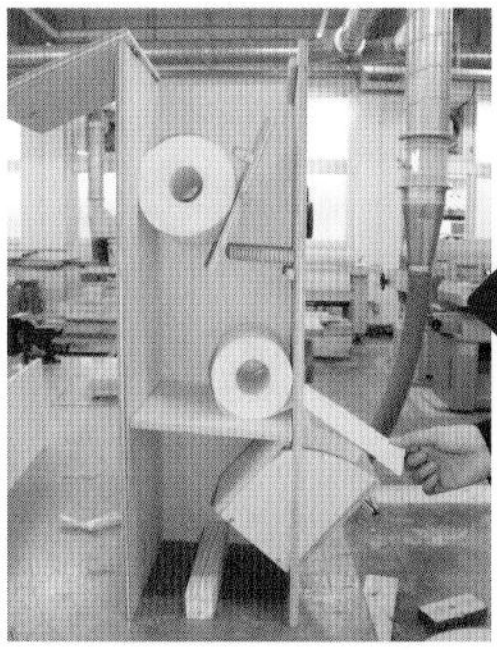

正面の口からペーパーを引き出して使用する。下部はペーパーの芯などを捨てるダストボックス

丸棒の鼻を引くとロールが1個だけ下に落ちる

本体上部の傾斜した板に予備のロールを収納しておく

フタをあけて、バットに載せたサンダルを出し入れする

サンダルを収納できるベランダ用踏み台

中田明夫さん＊北海道北広島市

家族の要望で作った、ベランダへの出入りに利用する踏み台。ベランダで履くサンダルを収納できるようにフタつきにしました。すべて端材のＳＰＦ（1×材、2×材）を利用しているので、材料費は無料！

Point 通気性バツグンでカビ知らず！

Point 廃材利用でおしゃれ収納に

ひし形の窓がアクセントにもなっている

デッドスペース活用のトイレットペーパー収納

猪野勝行さん＊千葉県我孫子市

トイレットペーパー置き場がなかったため、トイレの前の廊下上部に収納を製作。梁やドア枠の出幅に合わせて、ぴったりフィットさせたデザインに。中身が視認できるよう、扉にひし形の窓をあけています。 使用した資材は、畳の下に使われる荒床材の端材だそう。

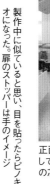

ディッシュラック

食器を飾って楽しめる

難易度★☆☆

作業手順

↓

木取り

↓

ラックに仕切り棒を入れる穴あけ

↓

ラックと脚の接合
（突き付け）

↓

ラックの穴に丸棒をはめ込む

↓

補強剤の取り付け
（突き付け）

↓

脚同士の接合
（突き付け）

お気に入りの食器がインテリアに早変わりするディッシュラック。材料は、幅を30㎜と15㎜に加工した1×4材と仕切り棒になる丸棒だけです。

まず、木取りしたラック部分と脚をテーブル上に置いて、仕切り棒を入れる穴の位置を決めます。この時、きちんと等間隔になるように注意すること。脚と脚の間に入れる補強材は、まず片側だけ接合して、ラック本体を交差するように組み入れてから、もう一方を接合すること。接合はスリムビスによる突き付けで行ないますが、基本の下穴をあけることを忘れずに。接合面に木工用接着剤を併用することで強度を増すことができます。

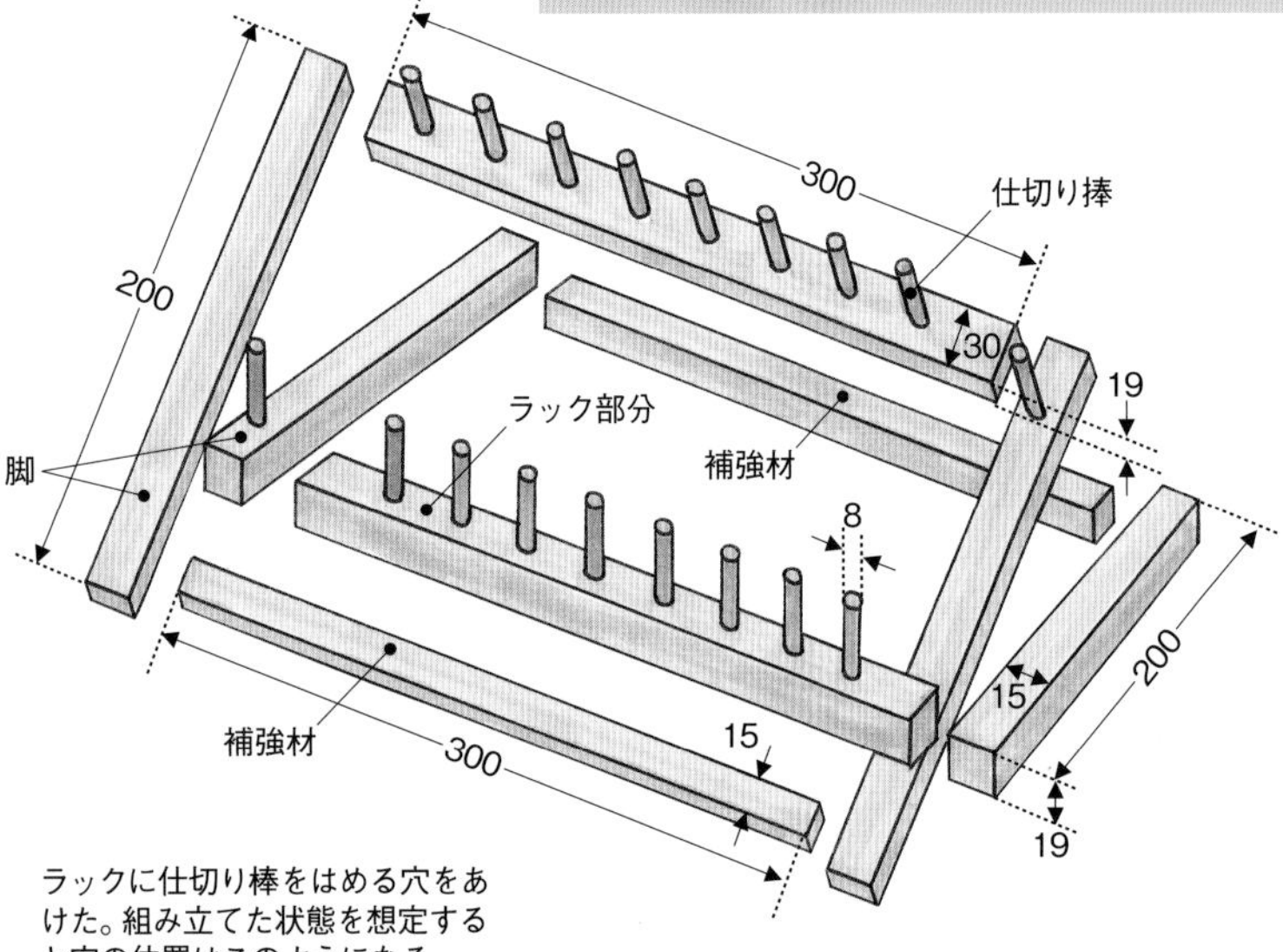

ディッシュラックの展開図
＊単位は㎜

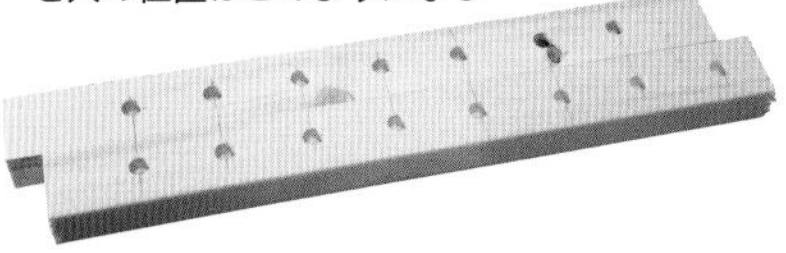

ラックに仕切り棒をはめる穴をあけた。組み立てた状態を想定すると穴の位置はこのようになる

木取り表 ＊サイズの単位は㎜

材の種類	サイズ	数量	使用部位
1×4（30㎜幅に加工）	300	2	ラック部分
1×4（15㎜幅に加工）	300	2	補強材
1×4（15㎜幅に加工）	200	4	脚
丸棒（8㎜径）	50	18	仕切り棒
その他の材料			
スリムビス			

脚同士の接合は、実際に皿を載せて、開き具合を決める

製作◎番匠智香子

SIMPLE WOOD WORKS
BEST SELECTION
WORKS 02

難易度★★☆

ボトルを飾ればオシャレなインテリア

2段式ワインラック

1×4材とエゾマツ単板を使用したスタイリッシュなワインラック。

ボトルを受けるラック部分は、ボトルの注ぎ口と底部分の直径をノギス（材の厚さや円形、球形の外径・内径を正確に測る測定具）で測り、その直径にやや余裕をもたせたサイズの半円をコンパスで墨つけして、ジグソーでカットします。

ラックを受ける側板は、ラックの厚みと幅分を切り欠いて、スマートに収まるよう加工。側板にはイラストを描いたり、飾りを彫ったりすれば、よりオシャレになります。

作業手順

↓

木取り

↓

ラックの半円の切り抜き

↓

側板の切り欠き

↓

ラックと側板の接合
（突き付け）

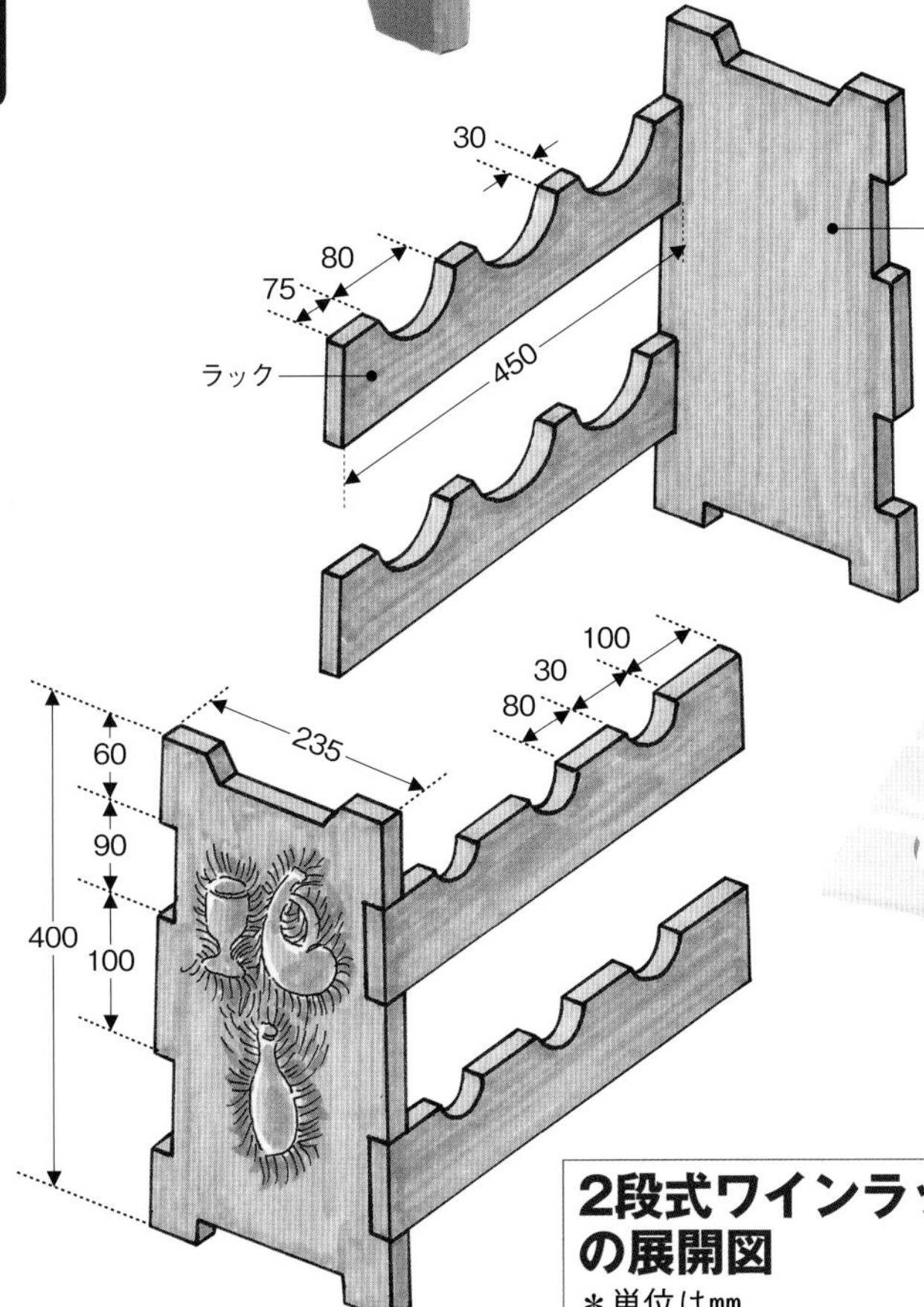

2段式ワインラックの展開図
＊単位は㎜

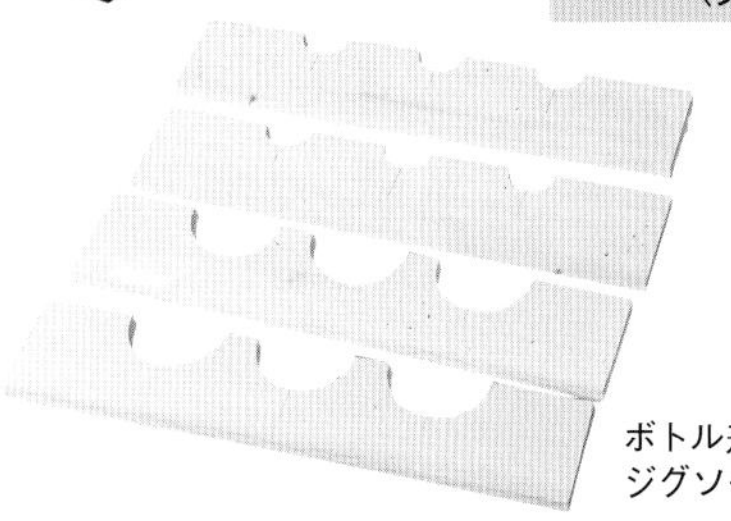

ボトル差し込み口を
ジグソーで切る

木取り表 ＊サイズの単位は㎜

材の種類	サイズ	数量	使用部位
1×4材	450	4	ラック
エゾ松（20㎜厚）	400×235	2	側板

製作◎小田部清芳

WORKS 03

難易度★★☆

オシャレに収納する

ツールハンガーシェルフ

作業手順

木取り
↓
背板にハート型の切り抜き
↓
フックの取り付け部分に穴あけ
↓
背板と側板、天板を組み立てる（突き付け）
↓
フックの取り付け
↓
壁面に固定する金具の取り付け

天板、側板2枚、背板と4枚の材料で作る簡単作品。使うのは薄い材なので木取りがしやすく、ブレード（糸ノコ）を使っての曲線デザインカットもスムーズです。

ハート型の切り抜きは、墨線のぎりぎり内側にジグソーのブレード（刃）を入れるための穴をドリルであけ、そこにブレードを入れて墨線に沿って切り抜きます。

直線部分はカンナ、曲線部分はカッターを駆使し、仕上げのサンドペーパーで縁の面取りをていねいに行なうこと。組み立ては下穴をあけ、木工用接着剤とビスを併用するという基本を守りましょう。

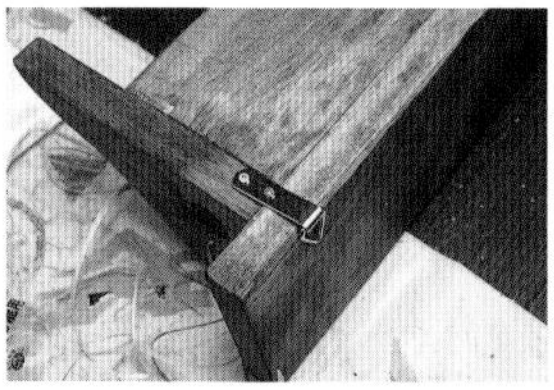

裏側に金具を取り付け、壁面に吊るせるようにした

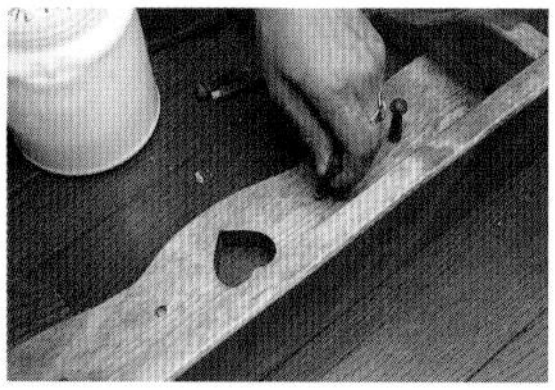

フックの取り付け。フックのサイズに合わせてドリルで穴あけしておく

ツールハンガーシェルフの展開図

＊単位は㎜

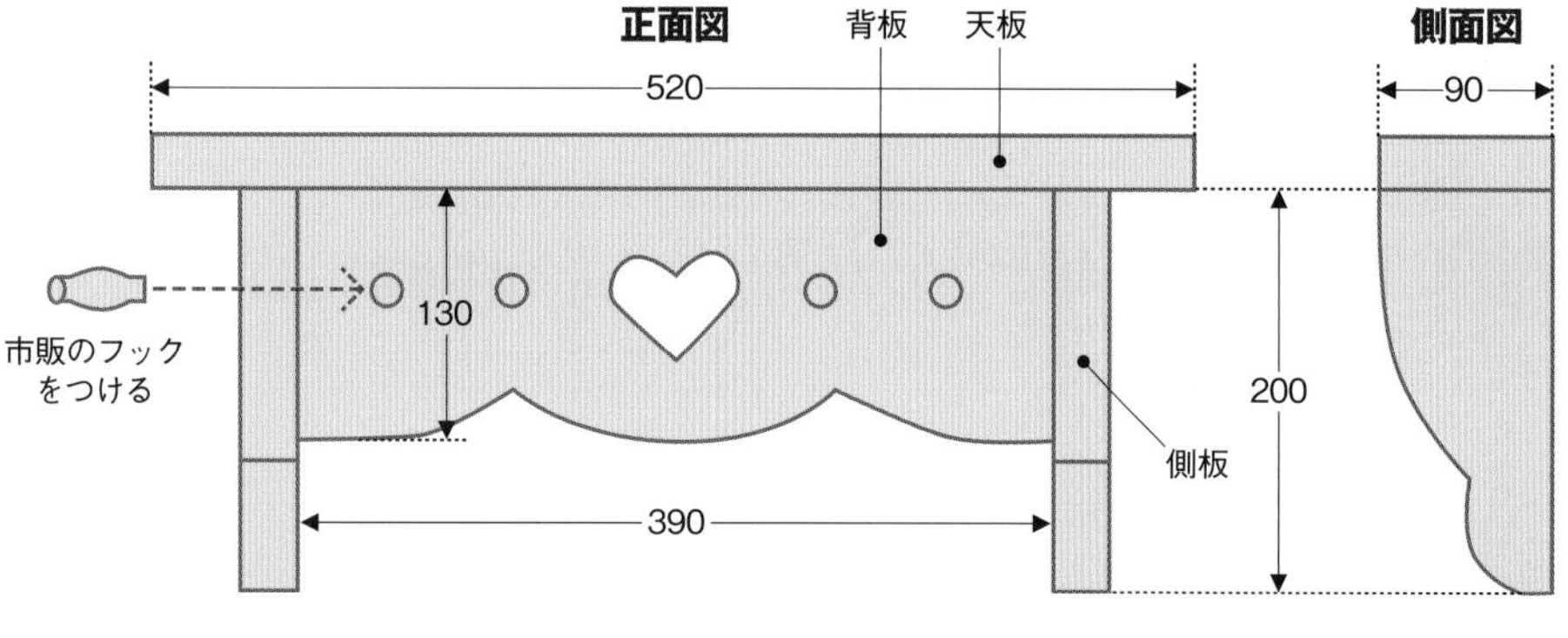

木取り表	＊サイズの単位は㎜		
材の種類	サイズ	数量	使用部位
パイン材（19㎜厚）	90×520	1	天板
パイン材（19㎜厚）	130×390	1	背板
パイン材（19㎜厚）	90×200	2	側板

その他の材料

フック、金具、木工用接着剤、ビス

SIMPLE WOOD WORKS
BEST SELECTION
WORKS 04

ペーパーホルダー

ストッカーつきがうれしい!

難易度★★☆

片手で引っ張れて、場所を取らない壁掛けタイプ。背板のないペーパーホルダーです。扉つきのストッカーがついていますので、中にスパイス類をしまっておいてもいいでしょう。

木取りをしたあと、本体を組み立てますが、まず底板と側板を接合します。次に天板という順番。続いて、扉の取り付けとホルダーの丸棒を取り付けて完成です。扉の窓抜き加工は右ページと同様に、ドリルで穴をあけ、そこにジグソーのブレードを入れて行ないます。

ペーパーホルダーの展開図
＊単位はmm

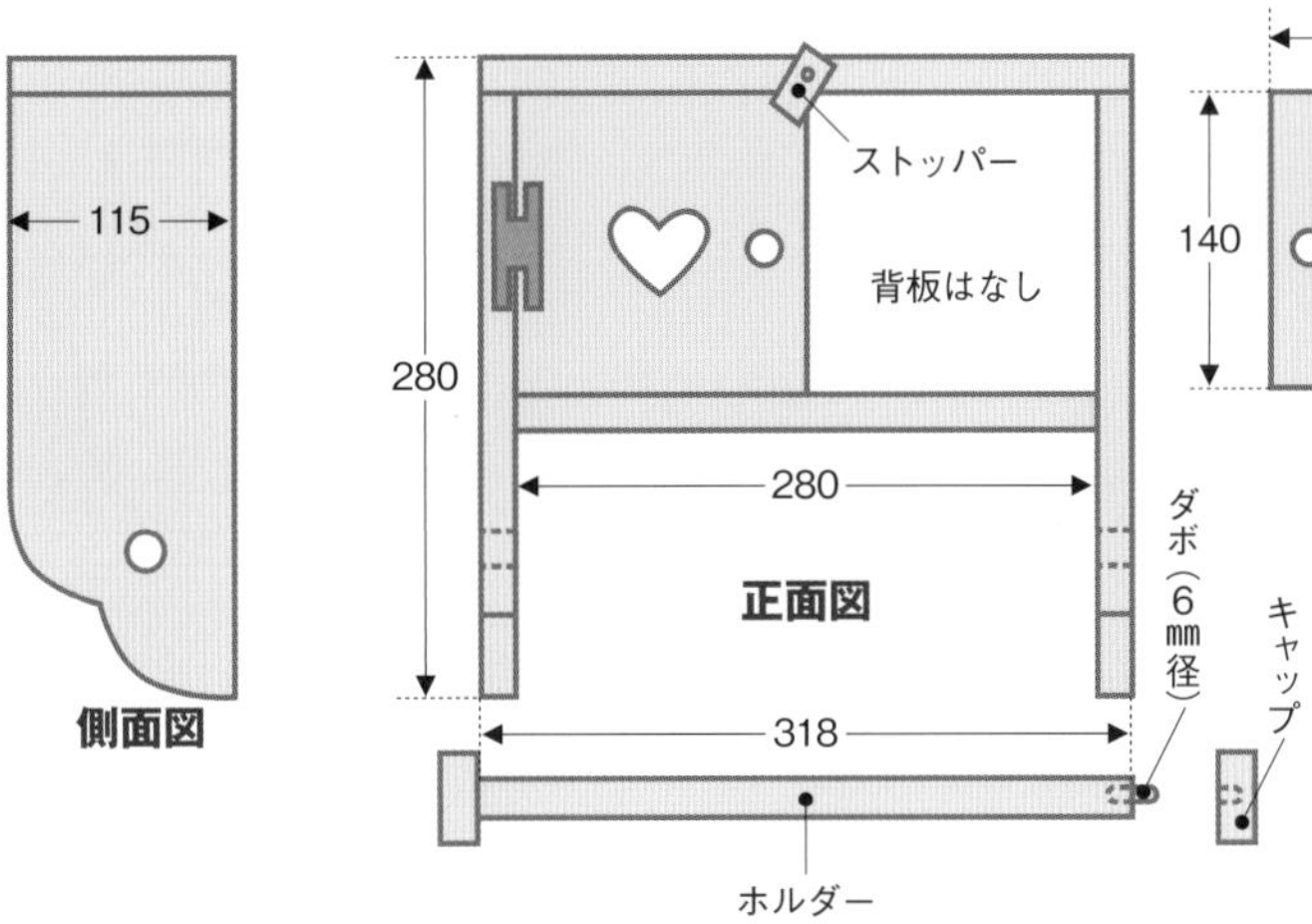

作業手順

- 木取り
- ジグソーで窓抜き加工する
- 底板、側板、天板の組み立て（突き付け）
- 扉の取り付け（蝶番で接合）
- ツマミ・ストッパーの取り付け
- ホルダー（丸棒）の取り付け

木取り表　＊サイズの単位はmm

材の種類	サイズ	数量	使用部位
パイン材（19mm厚）	115×318	1	天板
パイン材（19mm厚）	115×261	2	側板
パイン材（19mm厚）	115×280	1	底板
パイン材（19mm厚）	140×140	2	扉
丸棒（24mm径）	318*	1	ホルダー

＊キャップは除く

その他の材料

蝶番、取っ手

最後にホルダーの丸棒を側板の穴に通して完成。穴はやや大きめにあけておく

製作◎中芳洋子

WORKS 05

難易度★★☆

ガーデンパーティーで重宝する

移動式サービスワゴン

各部材を木取りしたら、1×4材を3枚組み合わせた棚板を合計3枚作ります。棚板が完成したら、ワゴンの側面となる脚部分を取り付けます。裏側の2本の脚は安定性を確保するために、1×4材をL字に組んでいます。

最下段の棚板の取り付けは、使用するキャスターの大きさを確認しながら取り付けること。下段の引出しは、底板を上げ、棚板につけたレールに収まるようにしました。

次にワゴンのトレイ部分にあたる棚板の上段部分を作ります。棚板と脚のすき間部分に割いた1×4材をはめ込みます。さらに45度に角度切りした1×4材で枠を作り、最上部に取り付け。最後に10㎜角のタイルをトレイに張り付けて完成です。

作業手順

- 木取り
- 棚板の加工・組み立て（突き付け）
- 脚の取り付け（突き付け）
- 引き出しの組み立てと引き出しレールの取り付け（突き付け）
- 最上段の棚の枠を取り付け（突き付け）
- 階段状の飾りの取り付け
- 取っ手の取り付け
- キャスターの取り付け
- タイルの張り付け

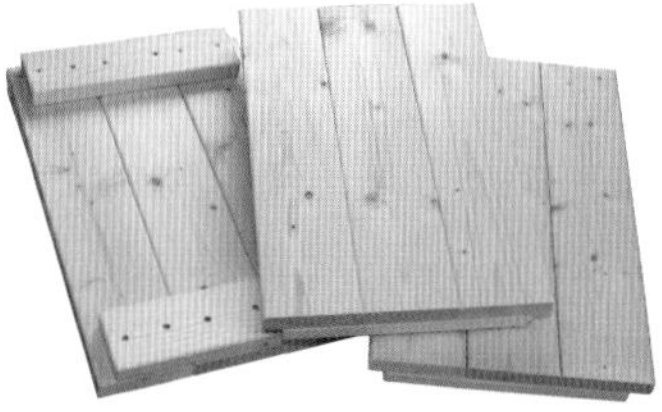

組み立てが終わった3枚の棚板

製作◎白井 糺

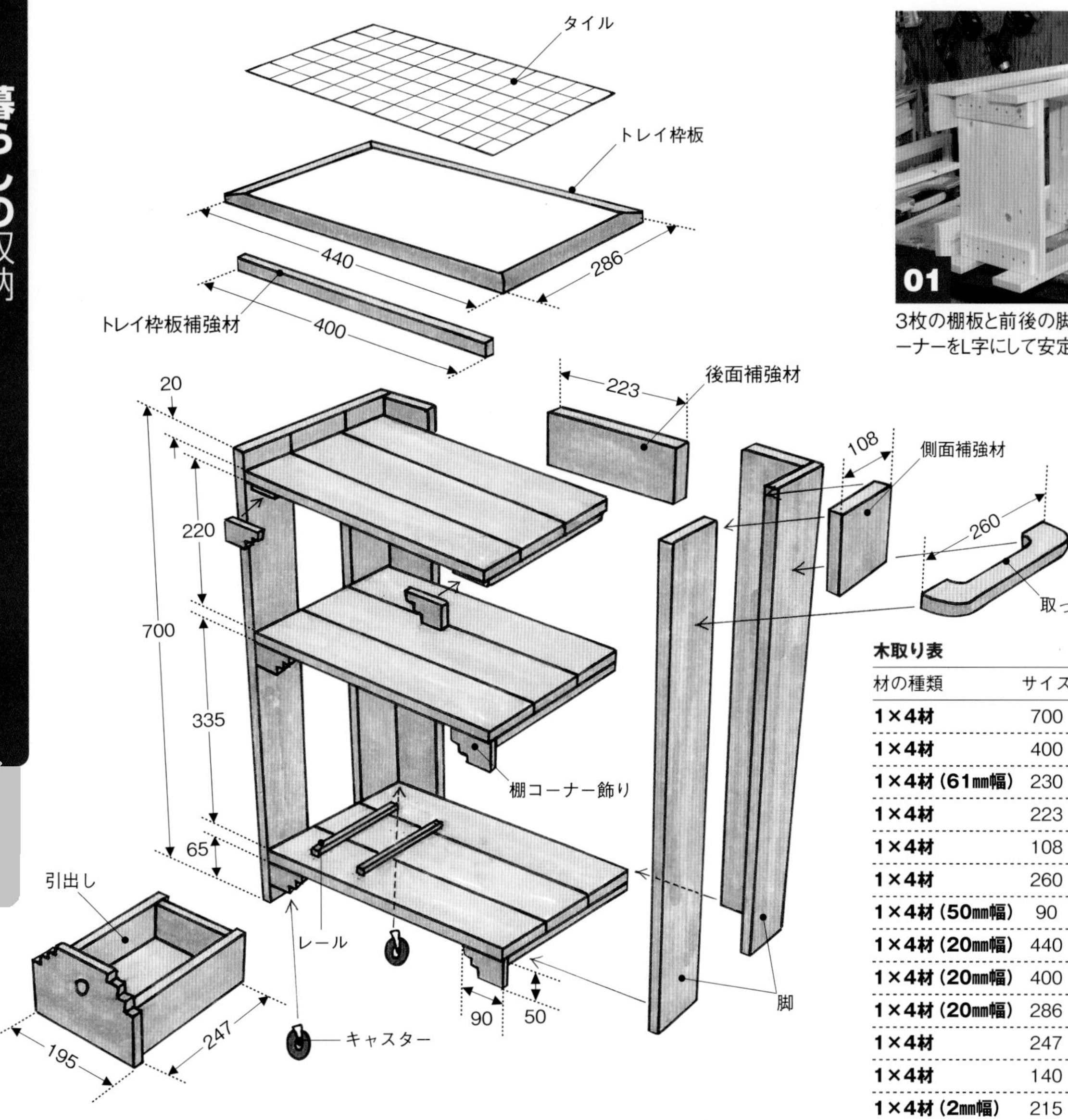

移動式サービスワゴンの展開図
＊単位はmm

3枚の棚板と前後の脚を接合する。後ろの脚はコーナーをL字にして安定性を確保している

木取り表　＊サイズの単位はmm

材の種類	サイズ	数量	使用部位
1×4材	700	6	脚
1×4材	400	9	棚板
1×4材（61mm幅）	230	6	棚板受け
1×4材	223	1	後面補強材
1×4材	108	2	側面補強材
1×4材	260	1	取っ手
1×4材（50mm幅）	90	6	棚コーナー飾り
1×4材（20mm幅）	440	2	トレイ枠板
1×4材（20mm幅）	400	1	トレイ枠板補強材
1×4材（20mm幅）	286	2	トレイ枠板
1×4材	247	2	引出し側板
1×4材	140	1	引出し奥板
1×4材（2mm幅）	215	2	引出し用レール
1×6材	218	1	引出し底板
1×6材	195	1	引出し表板

その他の材料

タイル（10mm角）、接着剤、
タイル目地剤、キャスター（30mm径）

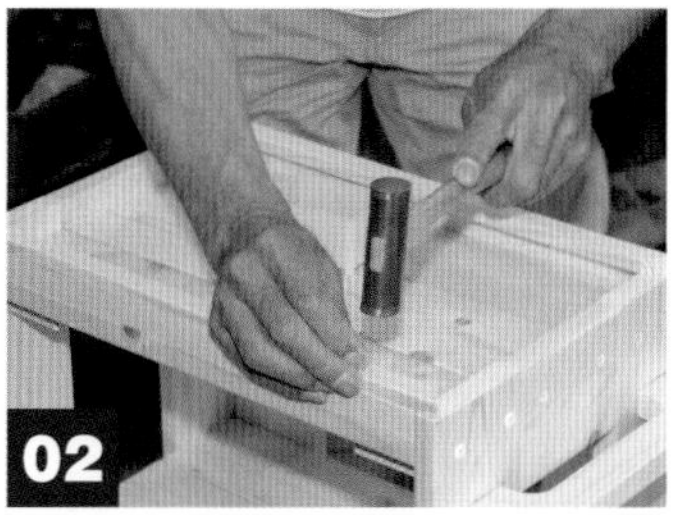

最上段の棚と脚のすき間を埋め、最後に45度に角度切りした枠板を取り付ける

引出しの組み立てが終わったら、最下段の棚に引出し用のレールをつける

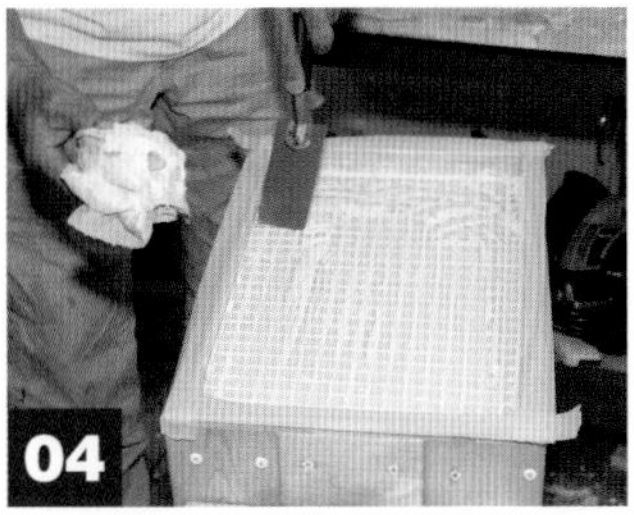

上段の棚にシート状につなぎ合わせた10mm角のタイルを接着剤で張り合わせる。目地はタイル用の目地材を塗る

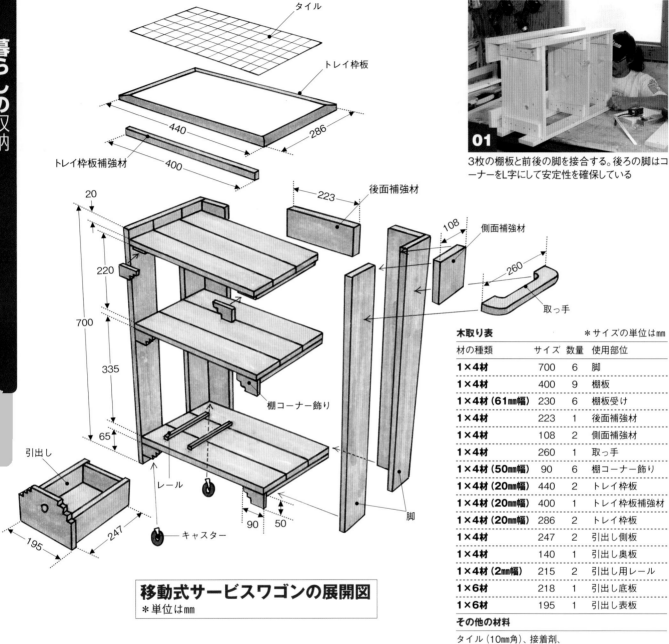

WORKS 06

資源ゴミストッカー

初心者向きの簡単カット&組み立て

難易度★☆☆

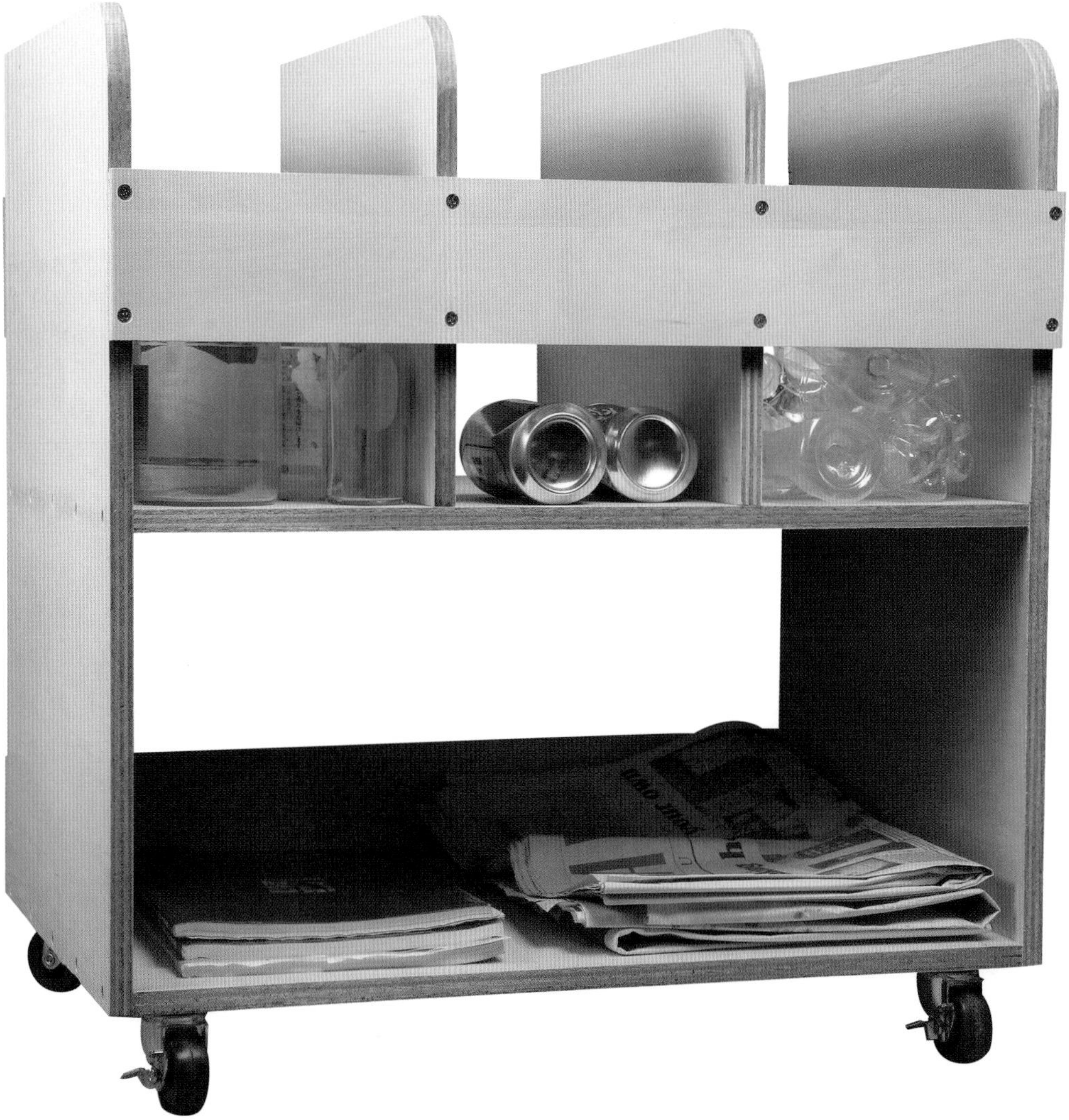

作業手順

↓

墨つけ・木取り

↓

コーナーの曲線カット

↓

仕切り板と中段棚板の接合
（突き付け）

↓

側板と中段・底板の
組み立て
（突き付け）

↓

前後の横板をつける
（突き付け）

↓

キャスターをつける

1枚の規格合板をなるべく無駄なく木取りして、余ったのはわずかな材という資源ゴミストッカー。

木取りのほとんどは単純な直線という、まさしくビギナー向けの作品。丸くカットする部分も、墨線の外側を直線に切り落としてサンダーで仕上げ。空き瓶、空き缶、ペットボトル、古新聞という資源ゴミの4つの仕切りですが、仕切り数は地域の分別ゴミのアイテムに合わせてアレンジしてください。

組み立てては木工用接着剤と38㎜のビス（コーススレッド）を併用。ビス打ちで材が割れるのを防ぎ、さらにビス頭が飛び出すのを防ぐために、皿取り機能のある下穴用ドリルビット（3㎜径）で下穴をあけてからビス打ちをしています。最後にキャスターをつけて完成です。

製作◎堀口文夫

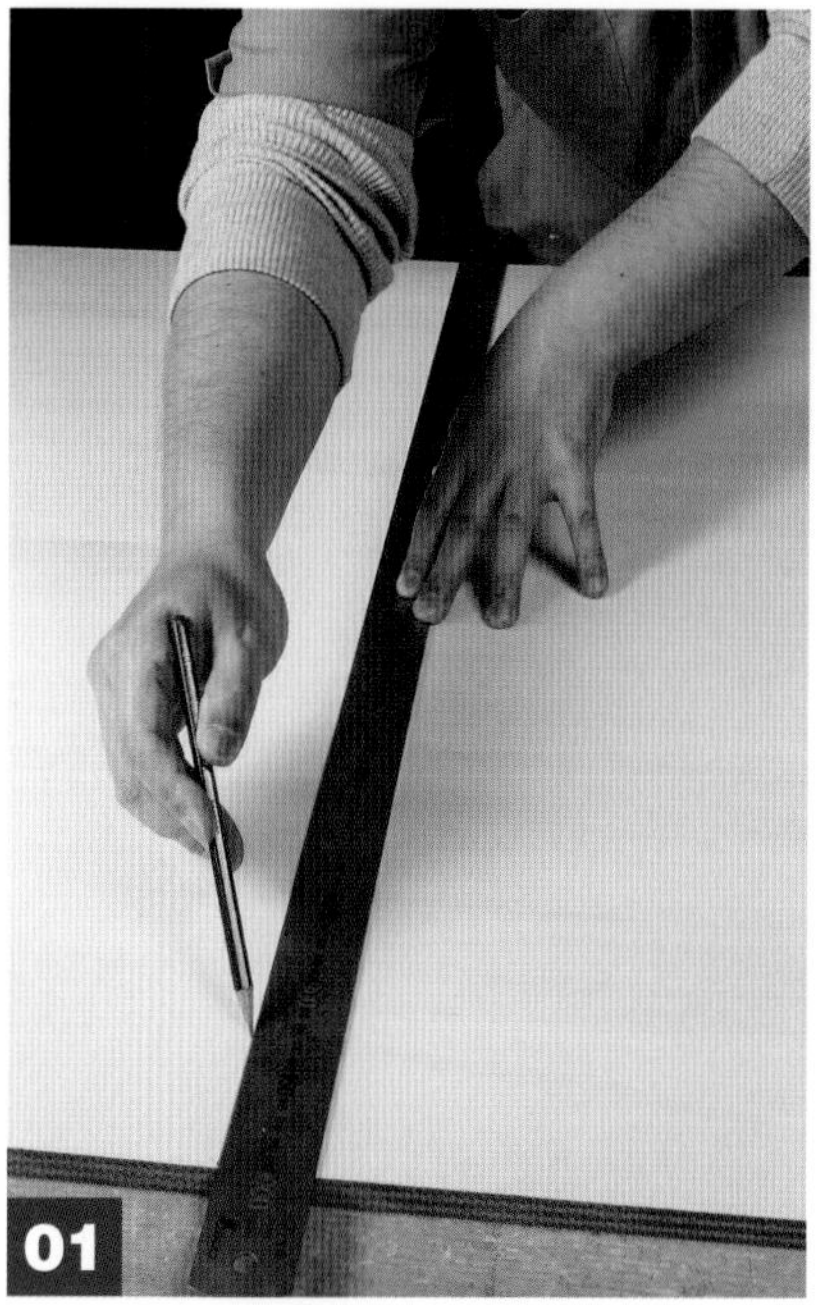

01 図面どおり、合板に墨つけをする。丸ノコの刃の幅を考えて、切り幅を2mm取っておく

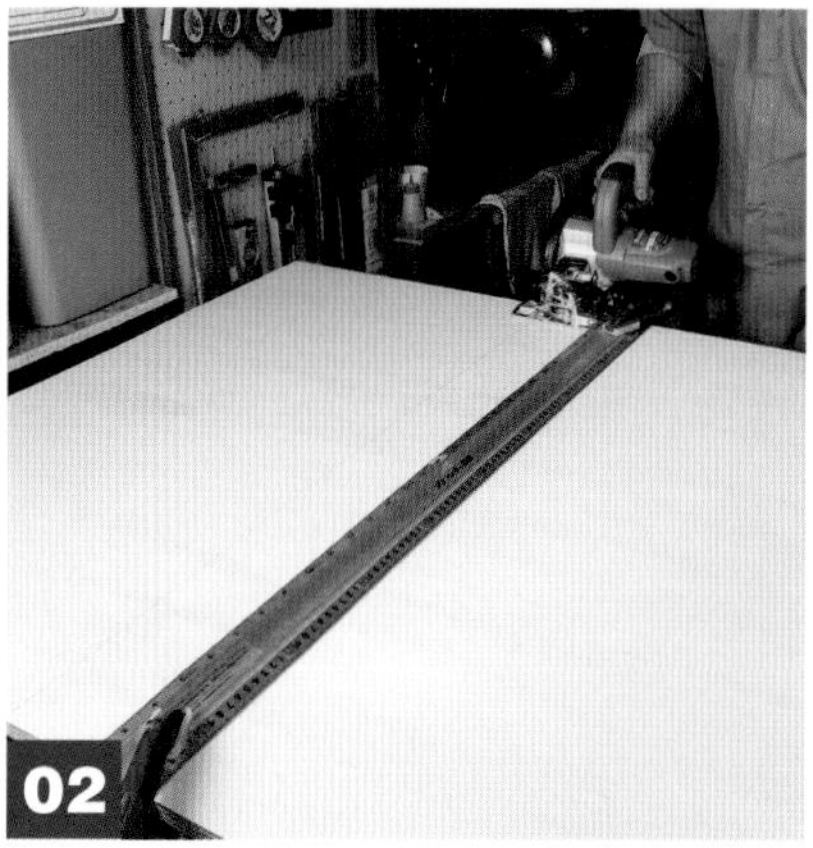

02 丸ノコで直線をカット。このとき墨つけに使った1m長の直定規をガイドにすると便利

03 ビス打ちの位置を墨つけする。板厚が15mmなので、ビス位置は端から7.5mmの位置に

04 写真は使用した下穴用ドリルビット（3mm径）。深くあけるとビス頭が隠れる皿取りができる。これで下穴をあけるとビスの頭が潜る穴があく

05 全部のビス位置に下穴をあけた。ビス位置の間隔は100mmを基本とした

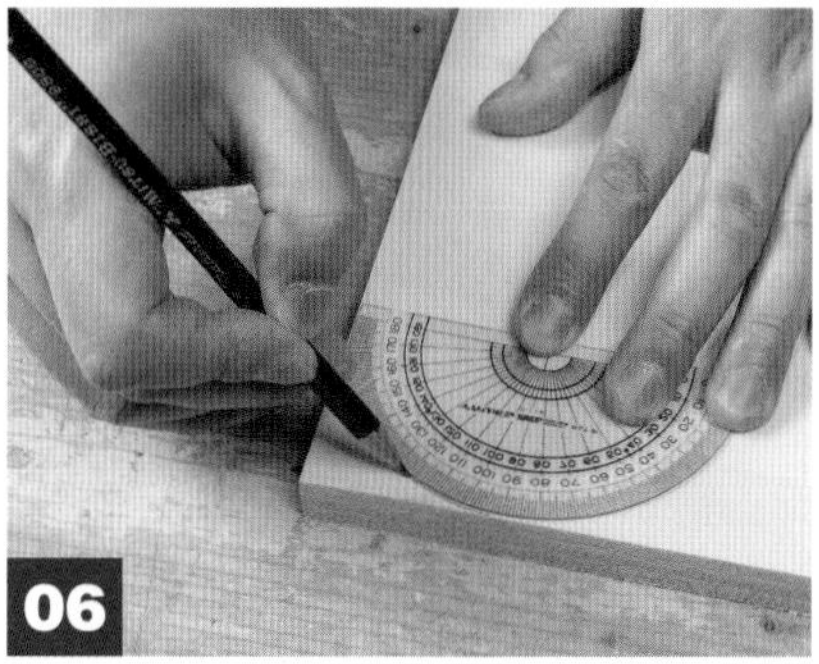

06 前面上部になる端は丸く加工する。そのために分度器など丸いものを利用して丸い墨線を引く

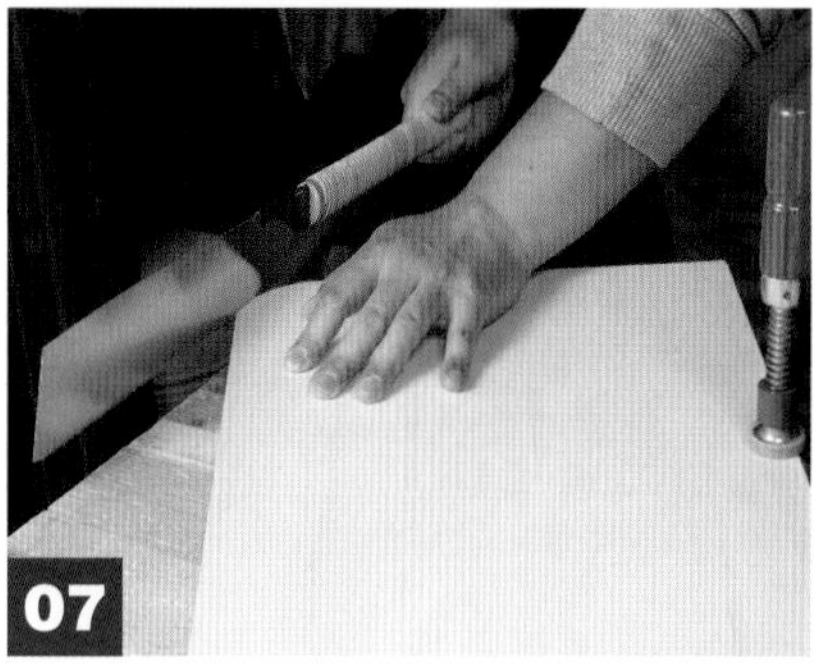

07 丸く墨を引いた外側の端をノコギリで大ざっぱに直線カットする

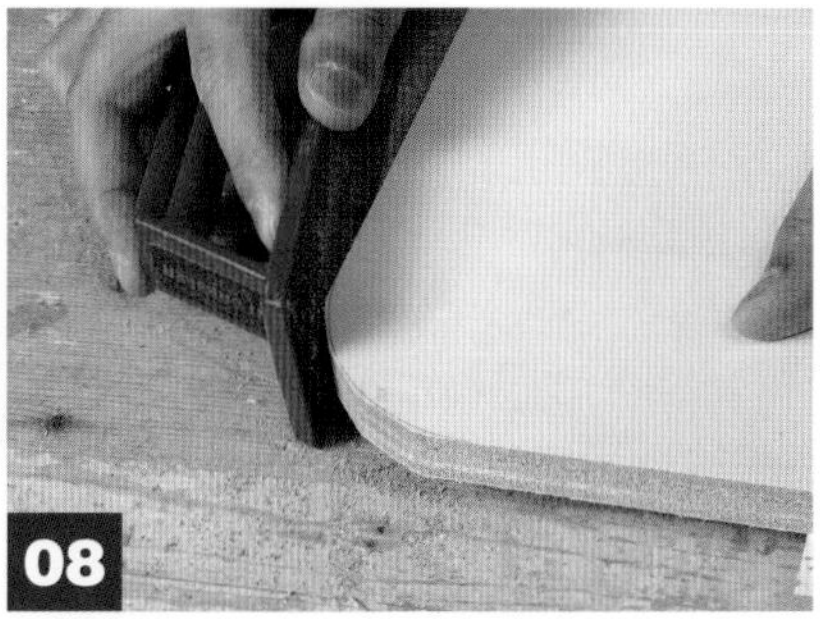

08 墨線に沿ってサンダーで丸く調整。はじめに粗目でラフに削り、次に中目で仕上げる

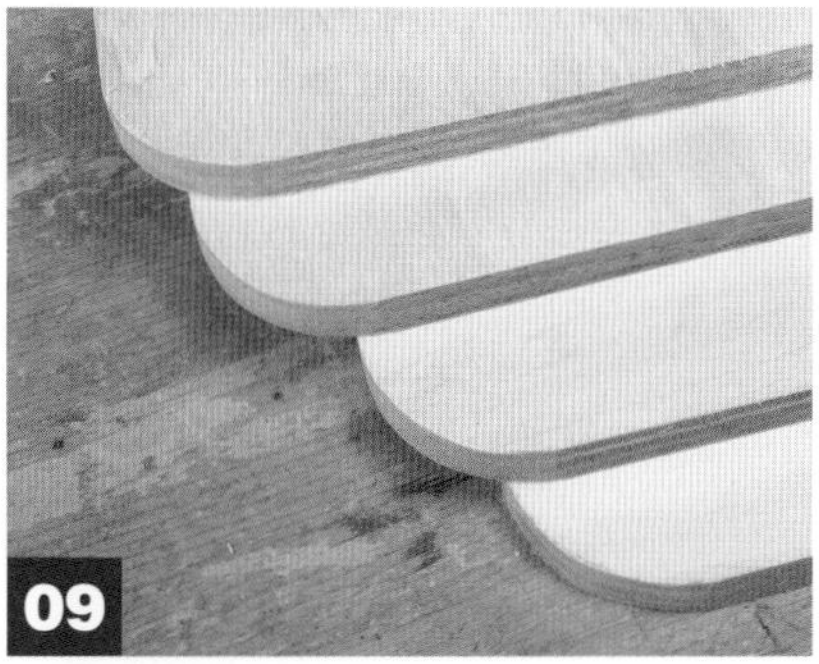

09 側板と仕切り板の4枚の丸い角の加工が終了。これで組み立ての準備が整う

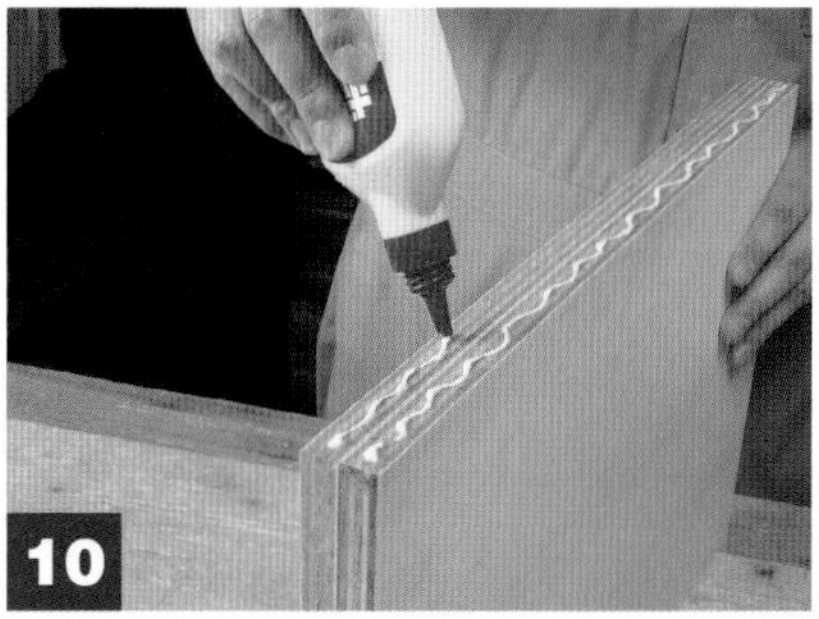

10 接合はすべてビス打ちになるが、木工用接着剤との併用になる。まず接着面に木工用接着剤を塗る

11 最初に仕切り板と中段の板を接合。接着剤を塗っておいた接着面を密着させ、ビスを打つ。すでにあいている下穴にビスを軽く刺しておくと作業しやすい。ビスは38mmを使用

ドライバードリルでビスを打ち込む

続いて側板を中段や底板に接合させていくが、材が動かないようにクランプで固定させたほうが作業しやすい。写真は材と材を直角に固定させるときに便利なボックスクランプを使っている。なければ誰かに頼んでしっかり押さえてもらう

前後の横板をつける

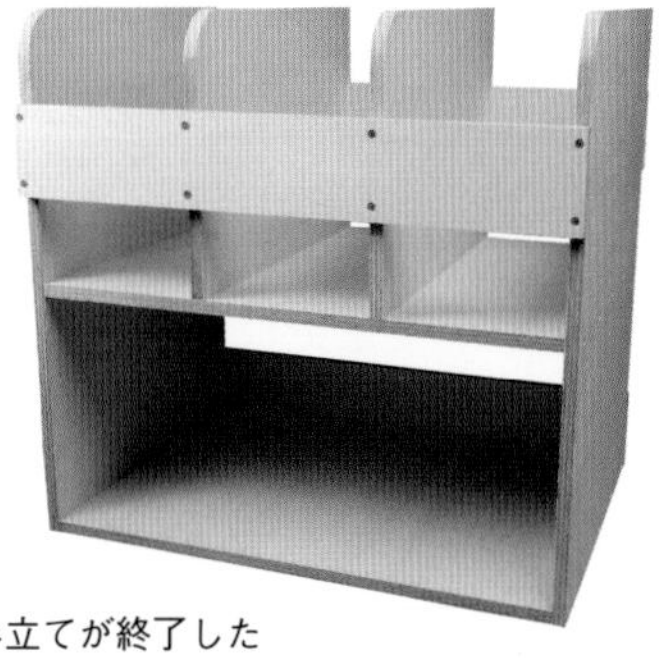
組み立てが終了した

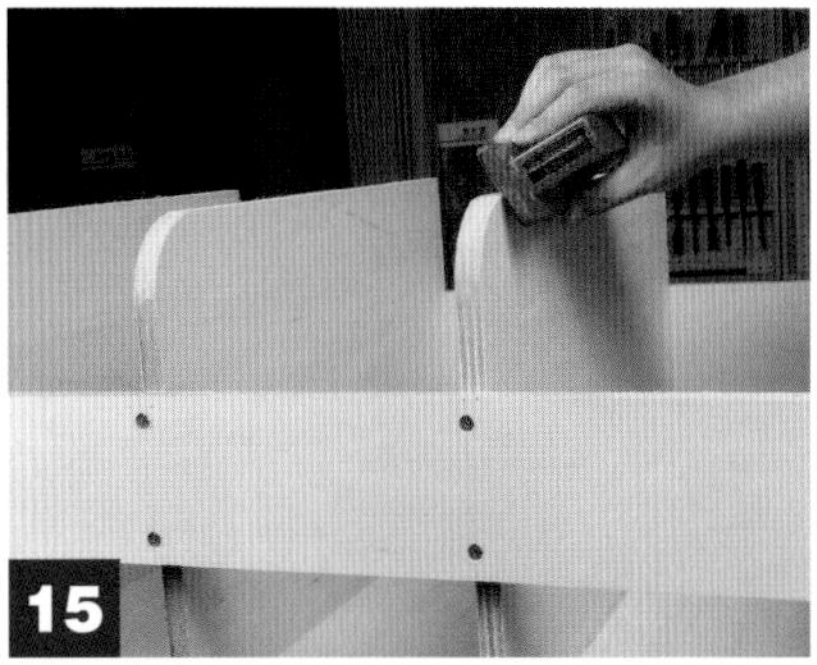

全体を点検し、サンダーで軽くバリをとっておく

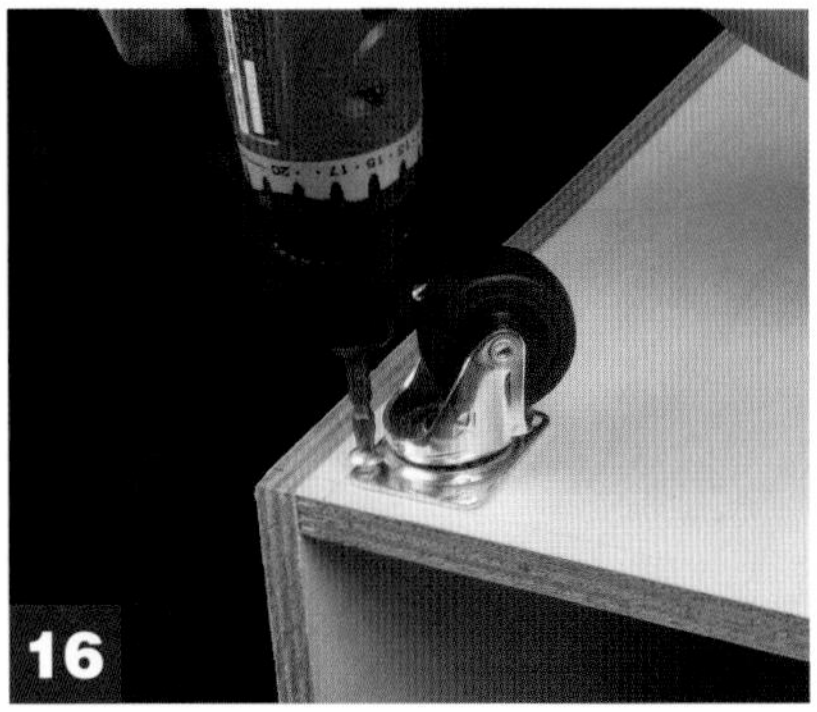

底板にキャスターをつける。板の厚さに合わせて、15㎜のビスを使用した

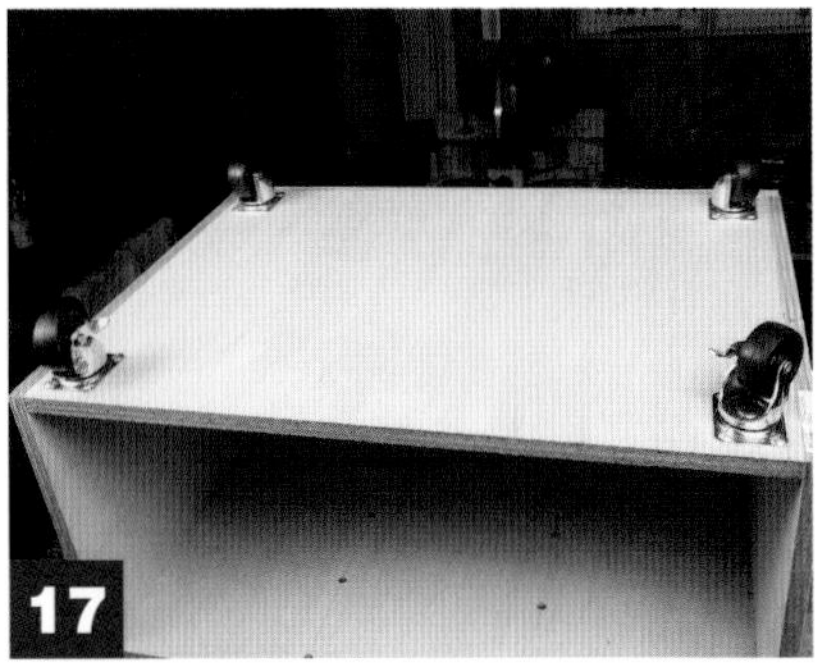

前の２カ所はストッパーつきのキャスターに

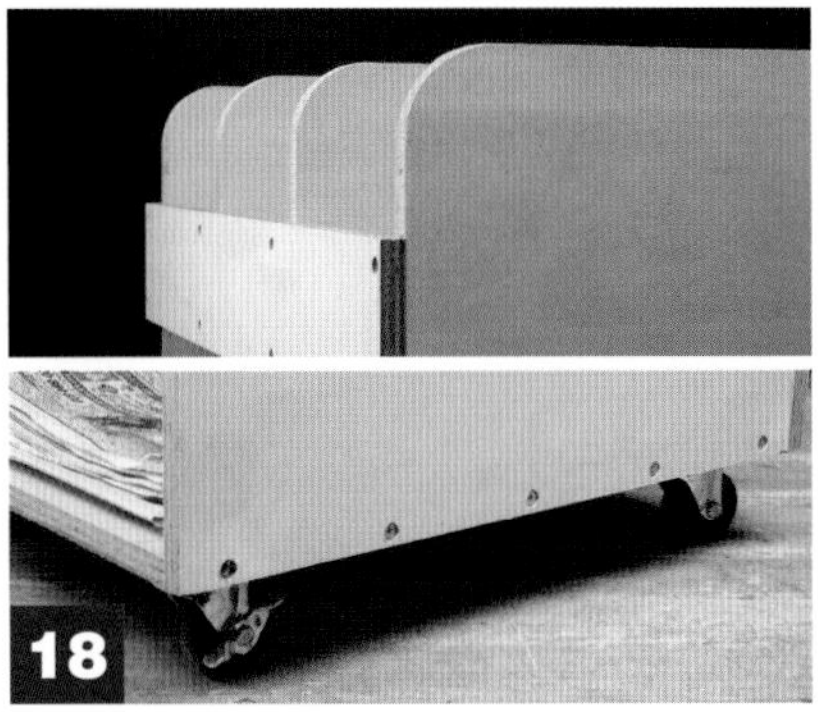

上／前面上部の端は丸く加工して柔らかいイメージに。下／ある程度の重量に耐えられるしっかりしたキャスターを装着

１枚の合板で作れるリーズナブルな作品が完成。仕切り数やサイズは状況によってアレンジしよう

3×6合板木取り図

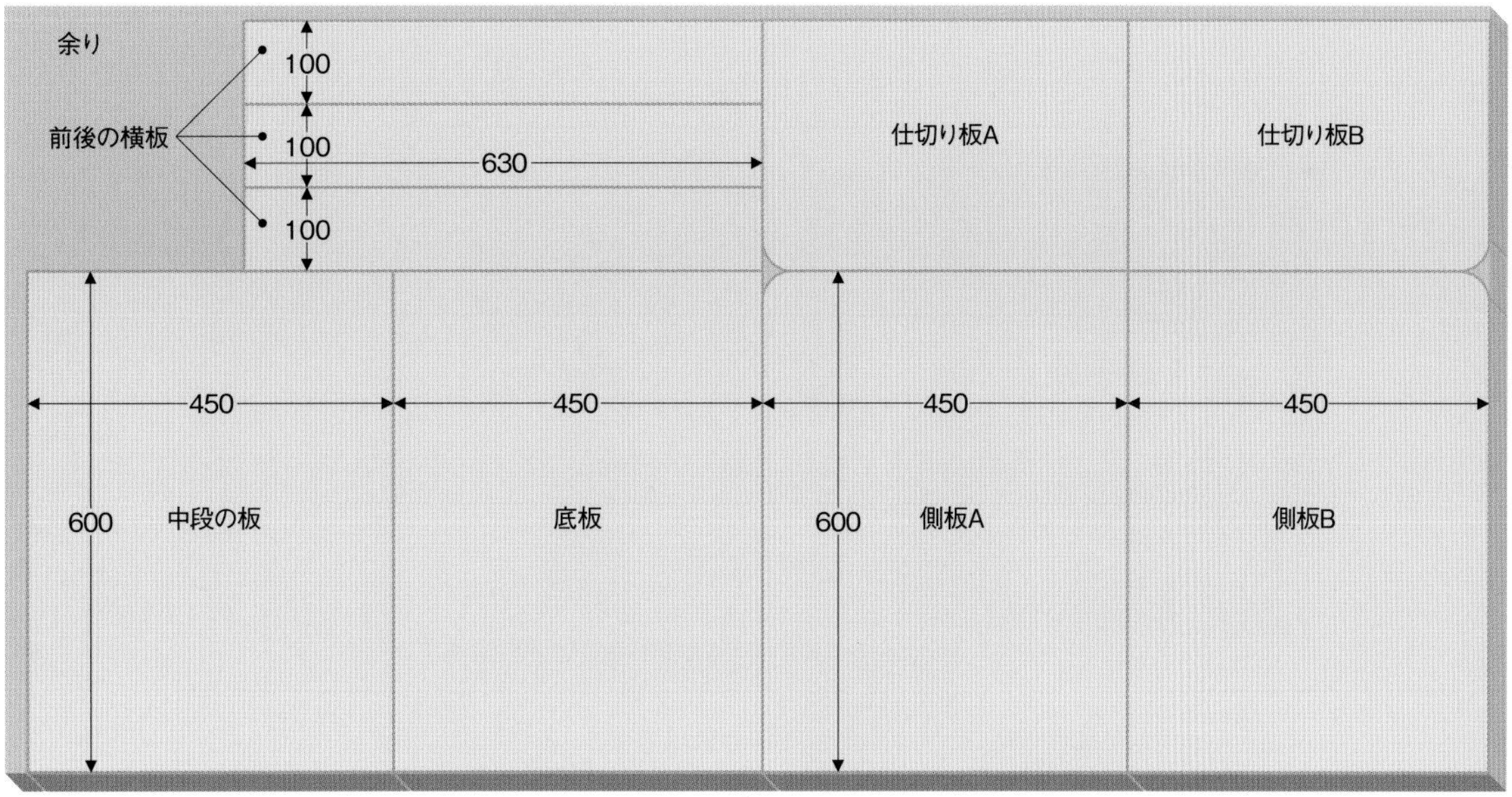

注：木取り図・図面内にはカット時に生じる切り幅（1～2㎜程度）が表記されていません

資源ゴミストッカーの展開図

＊単位は㎜

上面図

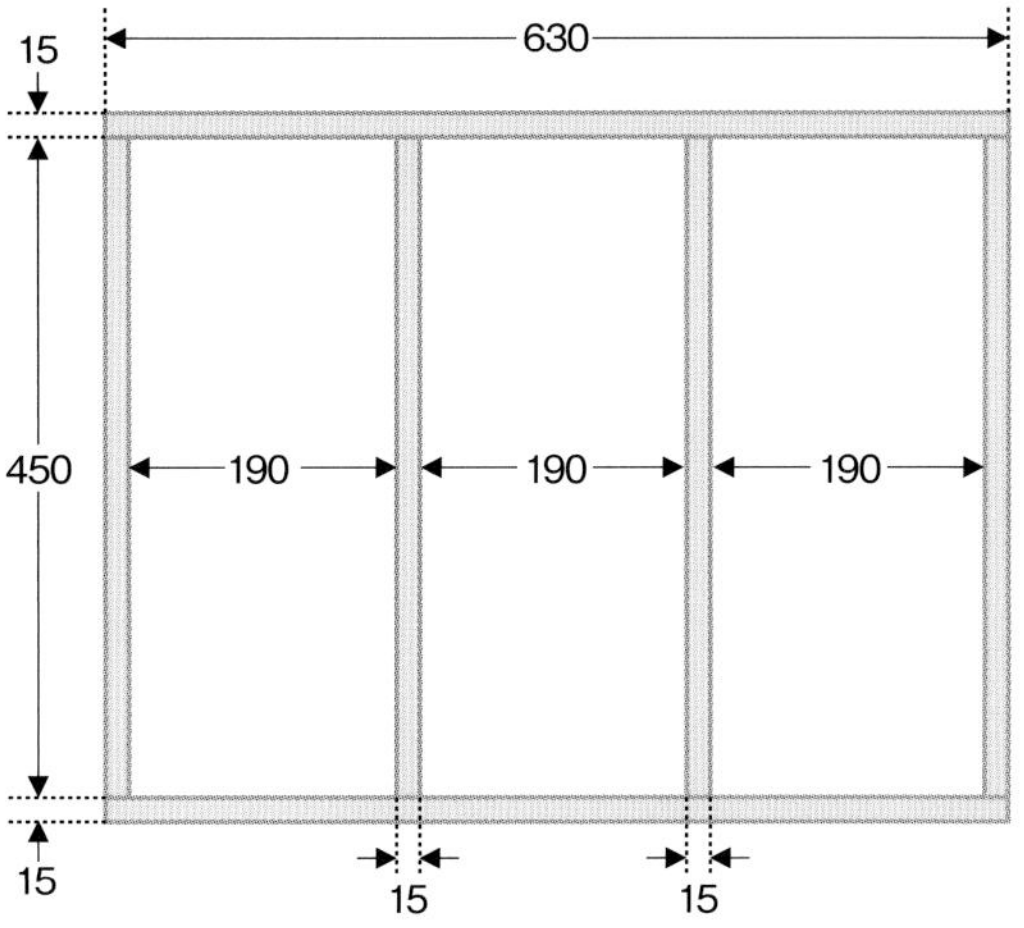

木取り表 ＊サイズの単位は㎜

材料の種類	サイズ	数量	使用部位
シナ合板（15㎜厚）	600×450	4	側板、底板、棚板
シナ合板（15㎜厚）	300×450	2	仕切り板
シナ合板（15㎜厚）	100×630	3	横板

その他の材料

ビス（38㎜／15㎜）、キャスター、木工用接着剤

主な使用道具

丸ノコ、ドライバードリル、下穴用ドリルビット、直定規、クランプ、ノコギリ、サシガネ、ヤスリなど

正面図

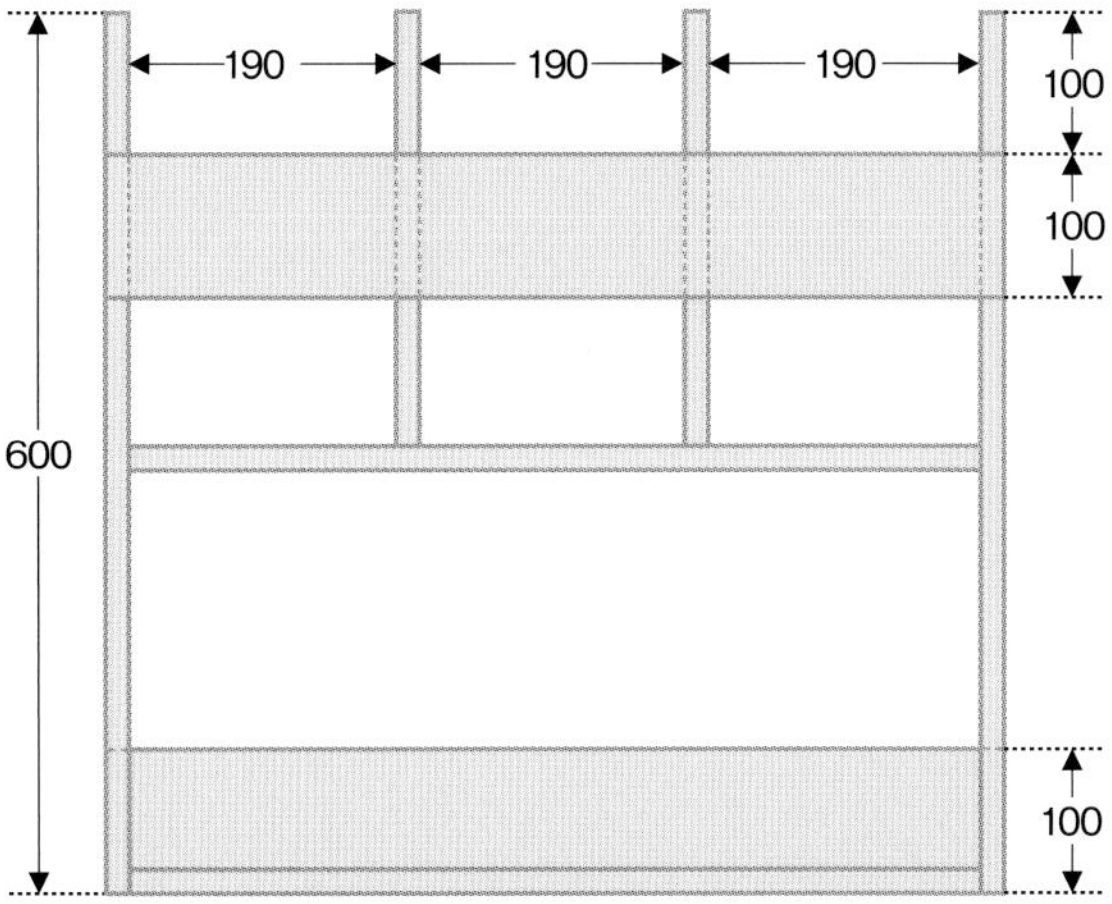

側面図

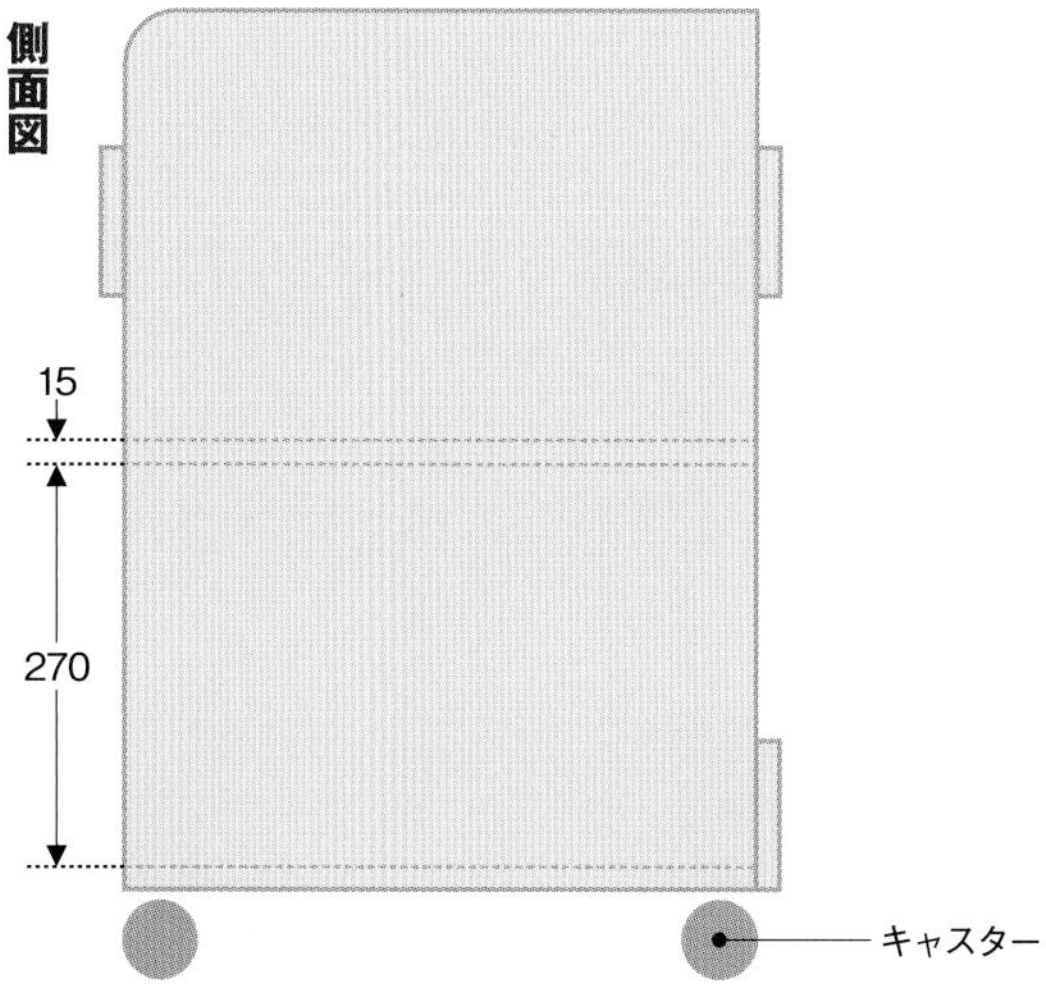

WORKS 07

素敵な雑誌をおしゃれに飾る マガジンラック

難易度★★☆

構造はいたってシンプル。2枚の側板にストッパーつきの棚板を2枚取り付けただけのマガジンラック。部材は全部で8個のシンプル設計です。とはいえ、雑誌を立てかけて使用するため、棚板に傾斜をつけて取り付けたり、薄い合板を使用していることから、ビス留めの位置には細心の注意が必要。とくに左右側板のビス取り付け位置は、左右対称になっていないと仕上がりがゆがんだものになってしまうので、くれぐれも慎重に取り付けましょう。

仕上げは、シナ合板の白い木肌を生かすため、あえて塗装はせず、木口には木口テープを貼り、「いかにも合板作品」的な仕上がりにならないよう注意しました。接合はすべて突き合わせですが、スリムビスの頭を隠すため、ダボ用ビットで下穴をあけてからビスで留め、最後にダボで穴を埋めて仕上げます。

作業手順

- 木取り
- 側板と棚板を作る
- 木口テープを貼る
- 側板と棚板を接合（突き付け）

製作◎白井 糺

01 側板の脚部分中央に半径70㎜の墨線を入れる。同様に側板上部コーナー部分にも半径70㎜の墨線を入れる

02 両面テープを使用して、墨線を入れた側板ともう1枚の板を張り合わせる

03 側板を張り合わせるときは、木口をぴったり合わせて張ること

04 ジグを利用して、側板前面部を斜め切りする

05 脚部分は、あらかじめ入れておいた墨線に沿ってジグソーでカット

06 ジグソーカットが終わったら、同型の側板２枚ができあがる

07 棚板とストッパー板に、ダボ用ビット装着のインパクトドライバーで径8㎜深さ5㎜の穴をあける

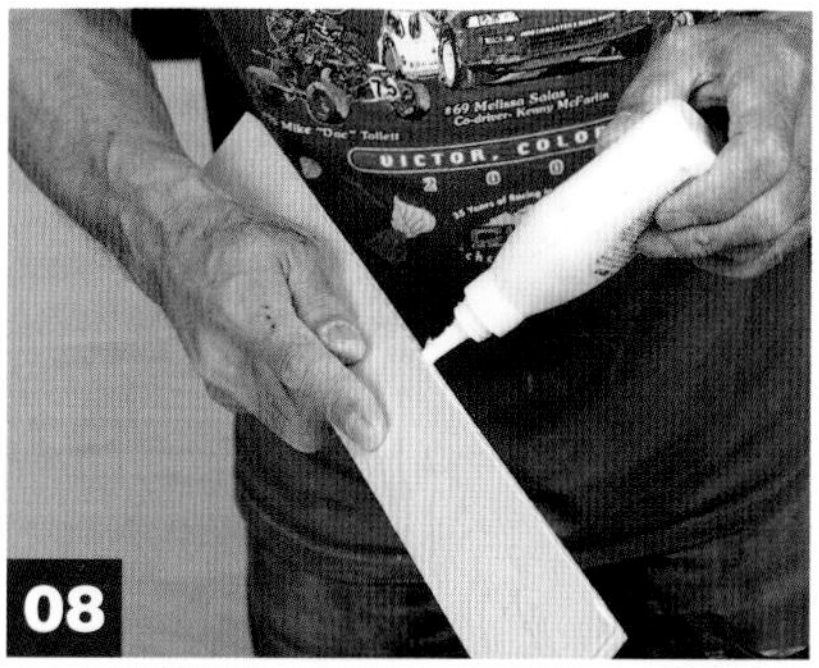

08 木工用接着剤をつけて棚板とストッパー板を接合する

09 棚板とストッパー板の接合には30㎜のスリムビスを使用。ストッパー板の下から5㎜上の部分に取り付ける

10 同様に背板と接合。これも棚板後部を5㎜あけて取り付ける

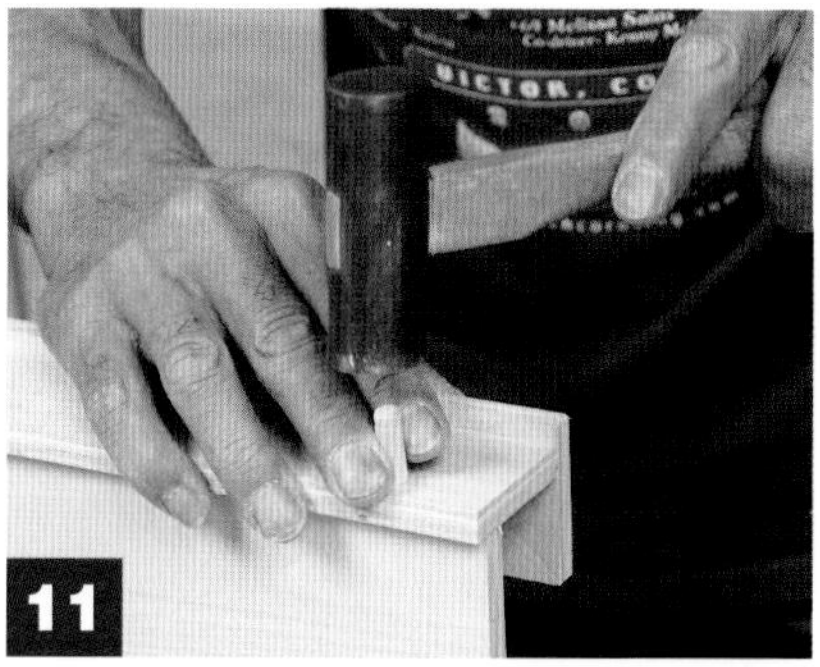

11 側板と接合する前に、ダボ穴を埋めておくと作業がラクになる

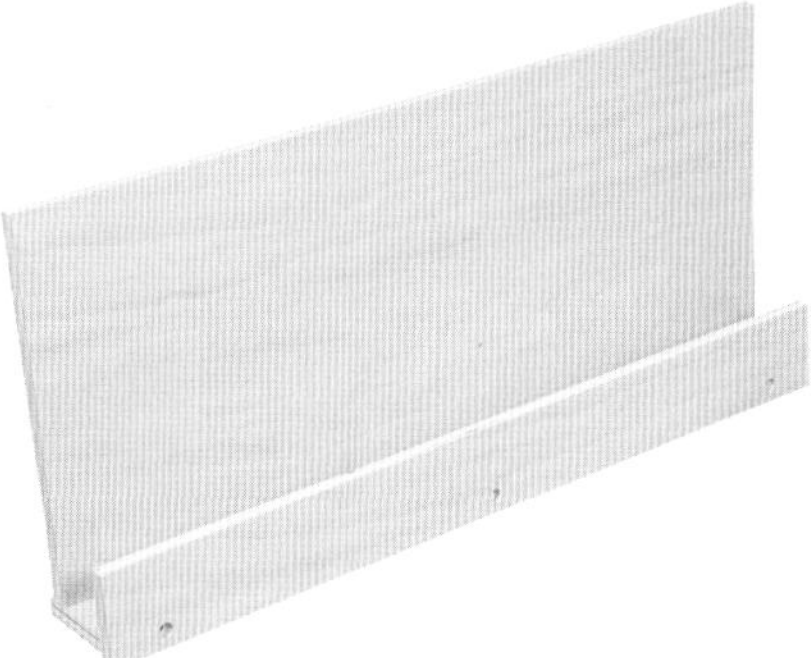

ストッパーつきの陳列棚が完成。同じものをもうひとつ作る

12
側板の上に陳列棚を載せ、実際に雑誌を並べて陳列棚の取り付け位置を決める

13
陳列棚の取り付け位置が決まったら、陳列棚の側面をなぞるように墨線を引く。もう一方の側板にはメジャーを使用してズレがないように正確に墨線を引く

14
各部材の木口を隠すため、木口テープを貼りつける。カッターできれいにカットしたあとに、切り口部分をサンダーでならしてやるとよく馴染む

15
棚板同様、側板にもダボ用ビットで下穴をあけておく

16
陳列棚の側面に木工用接着剤を塗る

17
陳列棚を側板にあらかじめなぞっておいた墨線に合わせて接合する

18
陳列棚の位置がずれないように、上から誰かに押さえてもらって、下から垂直にビスを打ち込む

19
もう一方の側を取り付けて完成

木取り表 ＊サイズの単位はmm

材料の種類	サイズ	数量	使用部位
シナ合板（9mm厚）	620×300	2	側板
シナ合板（9mm厚）	470×200	2	棚板
シナ合板（9mm厚）	470×50	4	ストッパー

その他の材料

木工用接着剤、8mm径ダボ、
スリムビス（30mm）、木口テープ（24mm幅）

主な使用道具

丸ノコ、ジグソー、インパクトドライバー
（ドライバービット、ダボ用ビット）、コンパス、
メジャー、スコヤ、ケビキ、ノコギリ、サンダー

完成したマガジンラック。シンプルな作りだが、材そのものが薄いので側板と陳列棚の取り付けには細心の注意が必要

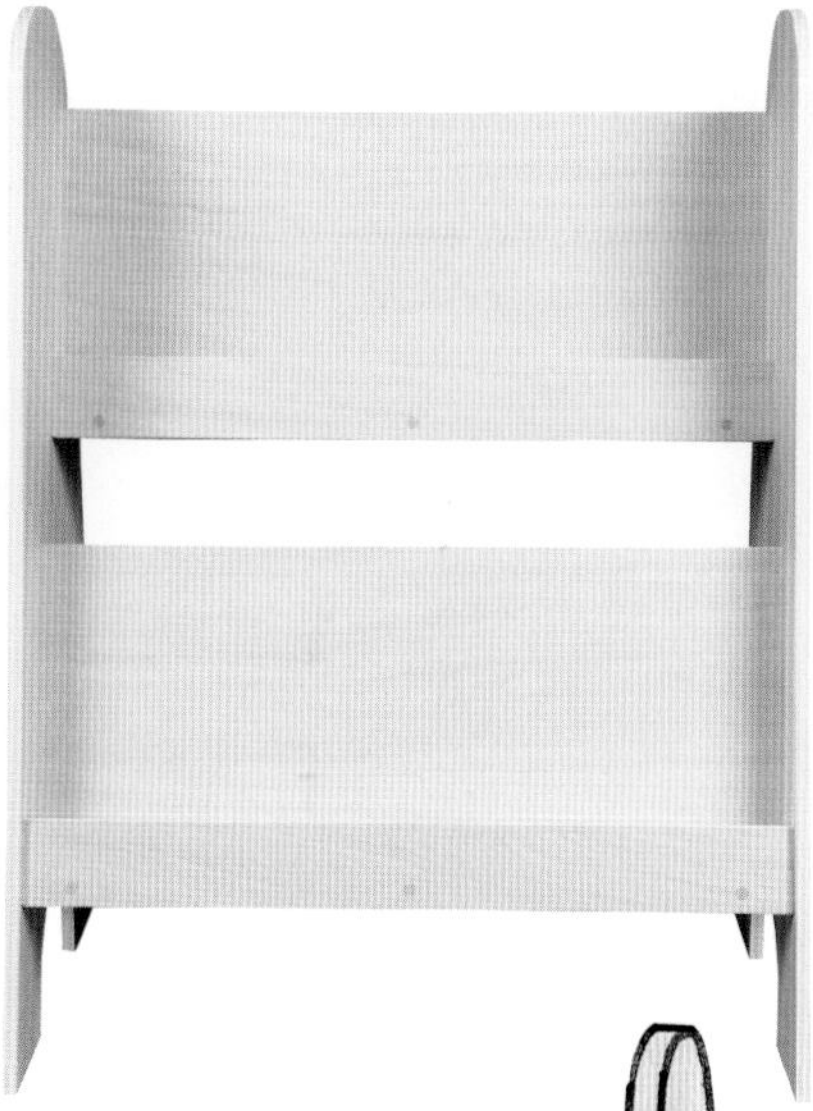

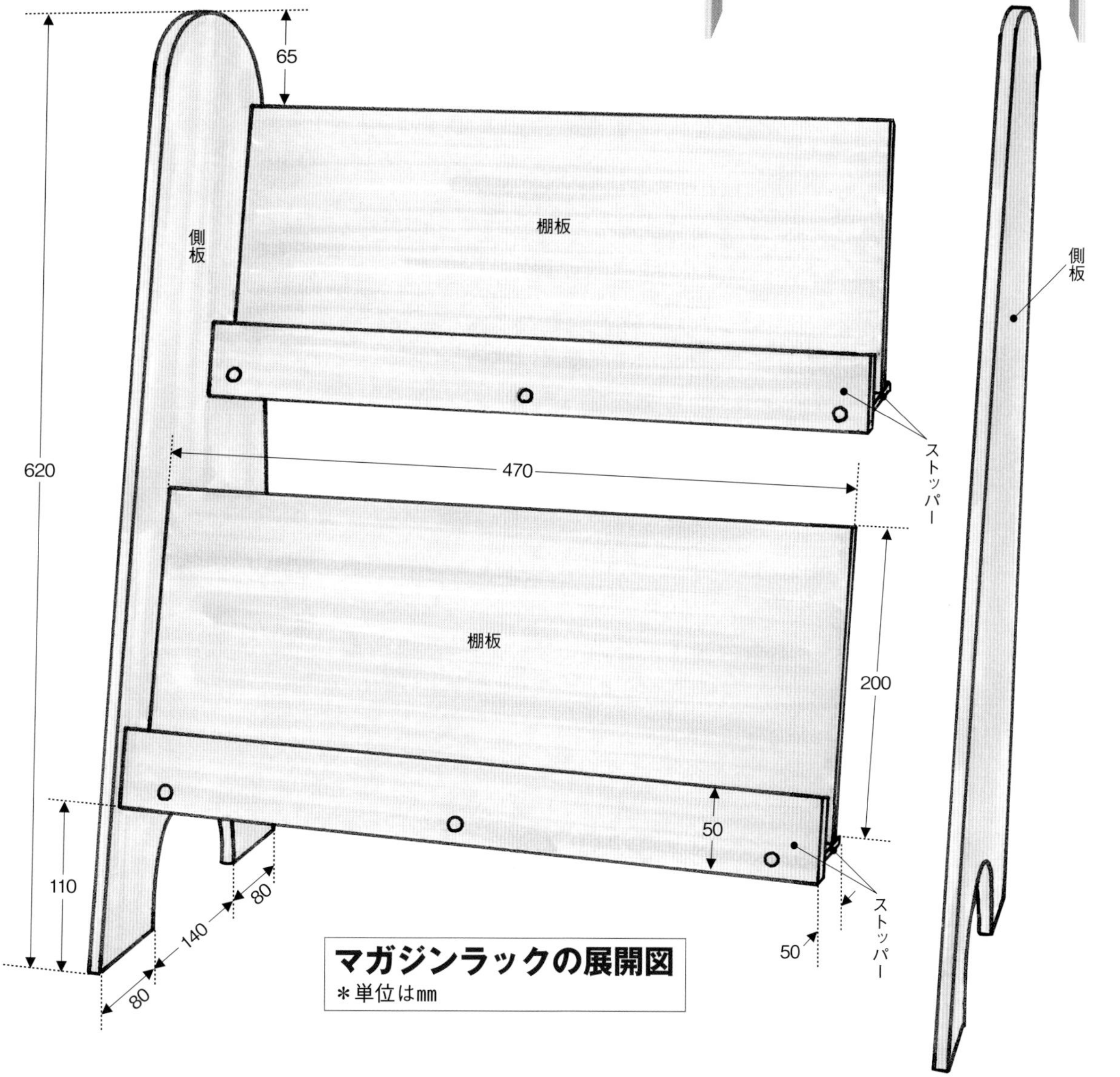

マガジンラックの展開図
＊単位はmm

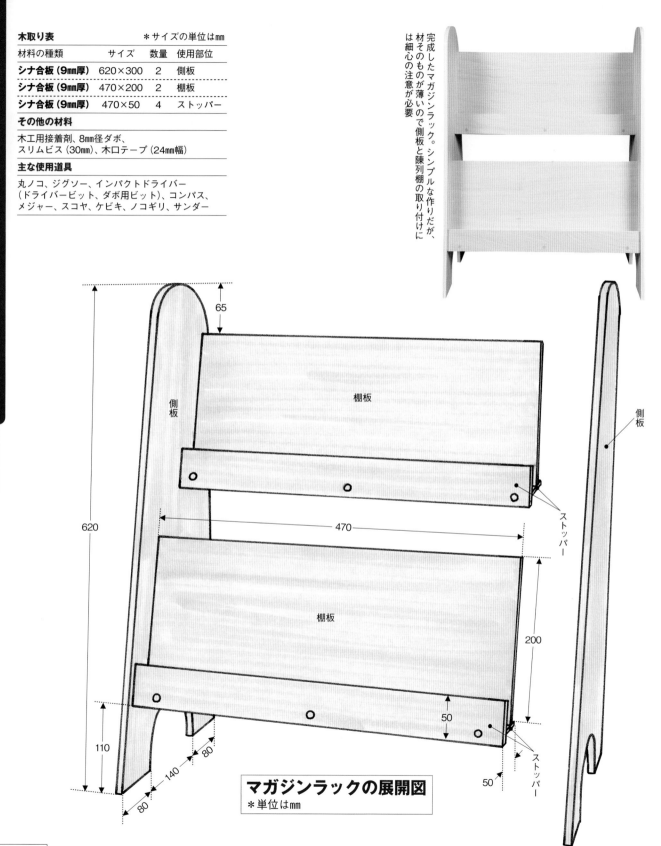

WORKS 08

難易度★★☆

ブラック塗装で高品位な質感を
パソコンデスク

作業手順

↓

木取り

↓

収納部分の箱作り
（突き付け）

↓

天板と収納部分の接合
（突き付け）

↓

収納部分と側板の接合
（突き付け）

↓

上棚と側板の接合
（突き付け）

↓

塗装

収納スペースたっぷりのモダンなパソコンデスク。足元の左右の棚はちょうどパソコンの本体が格納できるサイズに。自分の好きな位置に棚板の位置を移し、使い勝手をよくしてください。接合はすべてスリムビスと木工用接着剤を併用した単純な突き付けで組み立てます。

まず木取りですが、直線部分は丸ノコ（ノコギリでも可能）で。曲線カットとなる側板と天板の木取りは、フリーハンドで墨つけしたものをジグソーでカット。1枚カットしたら、これを曲線の型板にしてそれぞれもう1枚を作ります。

組み立ては収納部分になる「箱作り」から。このとき2㎜径の下穴キリで下穴をあけてから接合を行なうこと。はみ出た木工用接着剤をきれいに拭き取っておくことも忘れないように。「箱作り」のあとは天板、側板、上棚を順々に接合し、普通合板（ベニヤ板）の背板を張れば組み立ては完成。

最後にすべて組み立てたあとで塗装をしましたが、組み立てる前に塗装しておくほうがより簡単に仕上げられます。

製作◎番匠智香子

01

材に墨つけをしていく

02

側板と天板は18㎜の合板を使う。それぞれの曲線はフリーハンド。曲線定規を使ってもいい

03

部材のカット。直線部分は丸ノコで切り、曲線部分は墨線に沿ってジグソーを使う。写真は側板の曲線をカットしているところ

04

側板を1枚切り出したら写真のように、木口を合わせて材の上に側板を重ねて墨つけすれば、同形の側板をもう1枚とることができる

05

同じものを2枚切り出した側板

06

まず、テーブルの脚部にもなる「収納箱」から組み立てる

07

材を接合する際、ビス打ちの前に接合面には木工用接着剤を塗る。接着剤は木っ端などを使ってのばしておく

08

ビスを打つ前に2.5㎜径の下穴キリで下穴をあける。接合する材まで突き抜けないくらいが穴の深さの目安だ。ビス打ちは25㎜のビスを使う

09

デスクトップパソコンの本体が格納できる位置に棚を取り付けたが、格納するパソコンの高さに合わせて任意の棚位置を設定してもかまわない

10

次はデスク中央の棚の組み立て。写真は組み立てる前に直角部のある端材を使って、直角を正確に確認しているところ

11

接合面に接着剤を塗り、下穴をあけ、25㎜ビスで接合する

12

デスク上部の棚の組み立て。組み立て方法はほかの棚部分と同じ

13

組み立てたパーツは、サンディングペーパーなどで角のバリ取りをしておく

14

脚部となる収納箱とデスク中央の棚を25㎜ビスで接合し、デスクの形に組み立てていく。ここでも接合面に接着剤を塗ってからビスで接合する

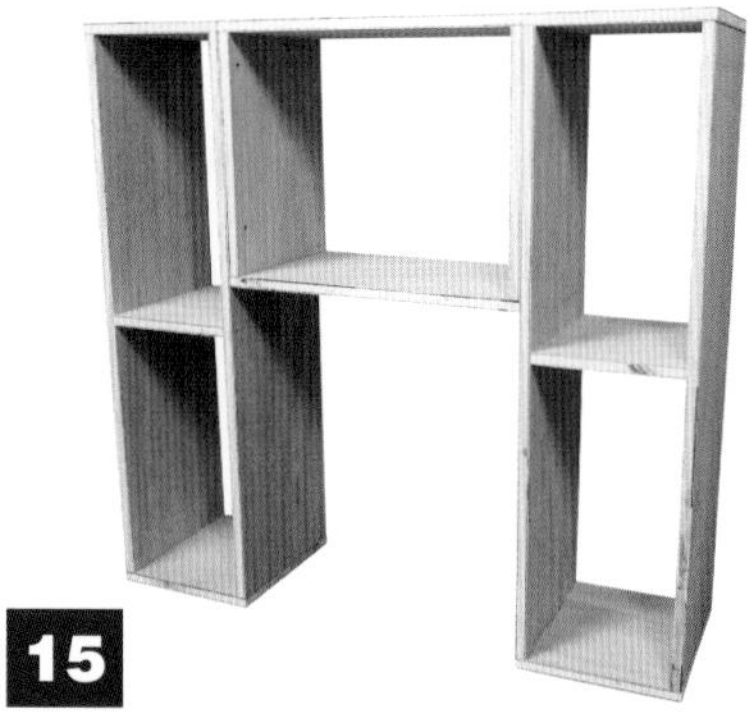

15

デスクの土台が完成

16

デスク土台に天板を接合。接合面に接着剤を塗り、クランプと当て木を使って、天板を固定する。これで安定したビス打ちができる

17

表からビス穴が見えないように、裏側からビス打ち。天板の接合は厚みがあるので、30㎜のスリムビスを使う。ここでも下穴をあけるのを忘れずに

18

同じように上部の棚にも天板を接合する

19

これでデスク土台と上部の棚に天板が接合できた

20

デスク部分と側板を30㎜ビスで接合。表からビス穴が見えないように裏から打っていく

21

側板の取り付けができたら上部の棚を取り付ける。側板の曲線部分から棚がはみ出さない位置に接合すると見栄えがいい

22

最後にステンレス丸クギ（12㎜）とカナヅチで収納箱部分の背板に普通合板を取り付ける

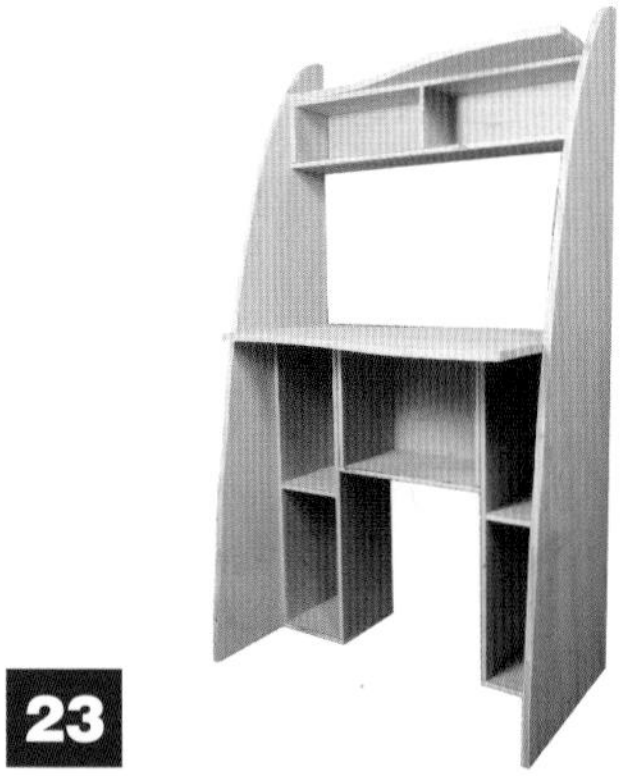

23

組み立て完成。これでも実用上問題ないが、やはり塗装したほうがいい

24

最後に好みの色（ここではブラックブラウンの水性塗料）で塗装。コテバケを使うとスムーズに塗料が広がり作業がはかどる。細かい部分はスジカイバケで塗ればきれいに仕上がる

完成したパソコンデスク。通常のデスクとしても使えそうなモダンな仕上がりに

パソコンデスクの展開図

＊単位は㎜

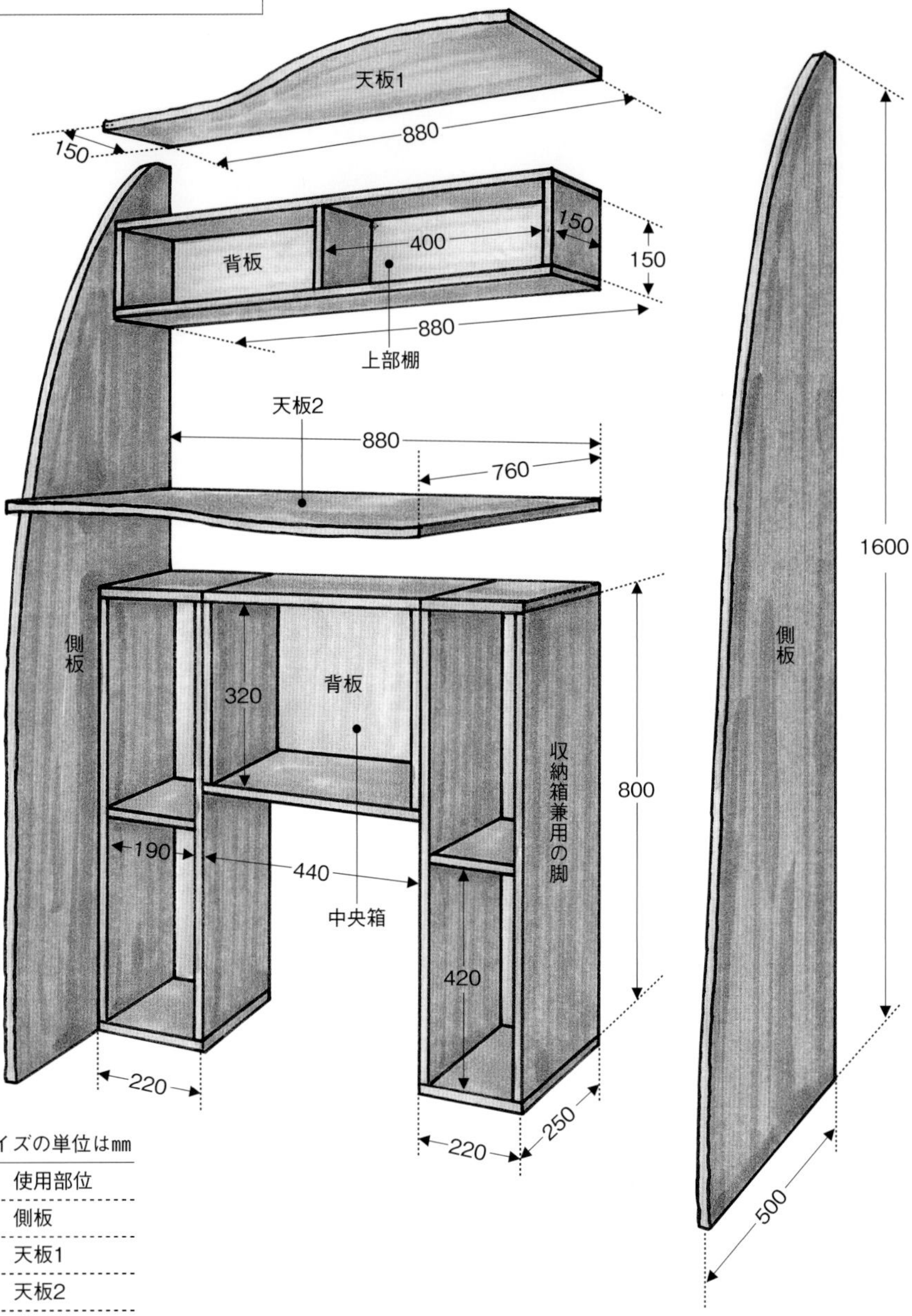

木取り表 ＊サイズの単位は㎜

材の種類	サイズ	数量	使用部位
ラワンランバーコア合板（18㎜厚）	500×1600	2	側板
ラワンランバーコア合板（18㎜厚）	150×880	1	天板1
ラワンランバーコア合板（18㎜厚）	760×880	1	天板2
ラワンランバーコア合板（15㎜厚）	250×800	4	脚部箱
ラワンランバーコア合板（15㎜厚）	250×190	2	脚部棚板
ラワンランバーコア合板（15㎜厚）	250×220	4	脚部箱
ラワンランバーコア合板（15㎜厚）	250×440	2	中央箱
ラワンランバーコア合板（15㎜厚）	150×880	2	上部棚
ラワンランバーコア合板（15㎜厚）	150×150	3	上部棚
ラワンランバーコア合板（15㎜厚）	250×320	2	中央箱
普通合板（2.5㎜厚）	350×440	1	背板／中央箱
普通合板（2.5㎜厚）	220×830	2	背板／脚部箱
普通合板（2.5㎜厚）	180×880	1	背板／上部棚

その他の材料

木工用接着剤、スリムビス（25㎜・30㎜）、ステンレス丸クギ（12㎜）、塗料など

主な使用道具

丸ノコ、ジグソー、ドライバードリル（ドライバービット、下穴ビット）、カナヅチ、サシガネ、クランプ、サンディングブロック、メジャー、コテバケ、スジカイバケなど

WORKS 09

難易度★★☆

中級者の腕試しにおすすめの ティッシュケース

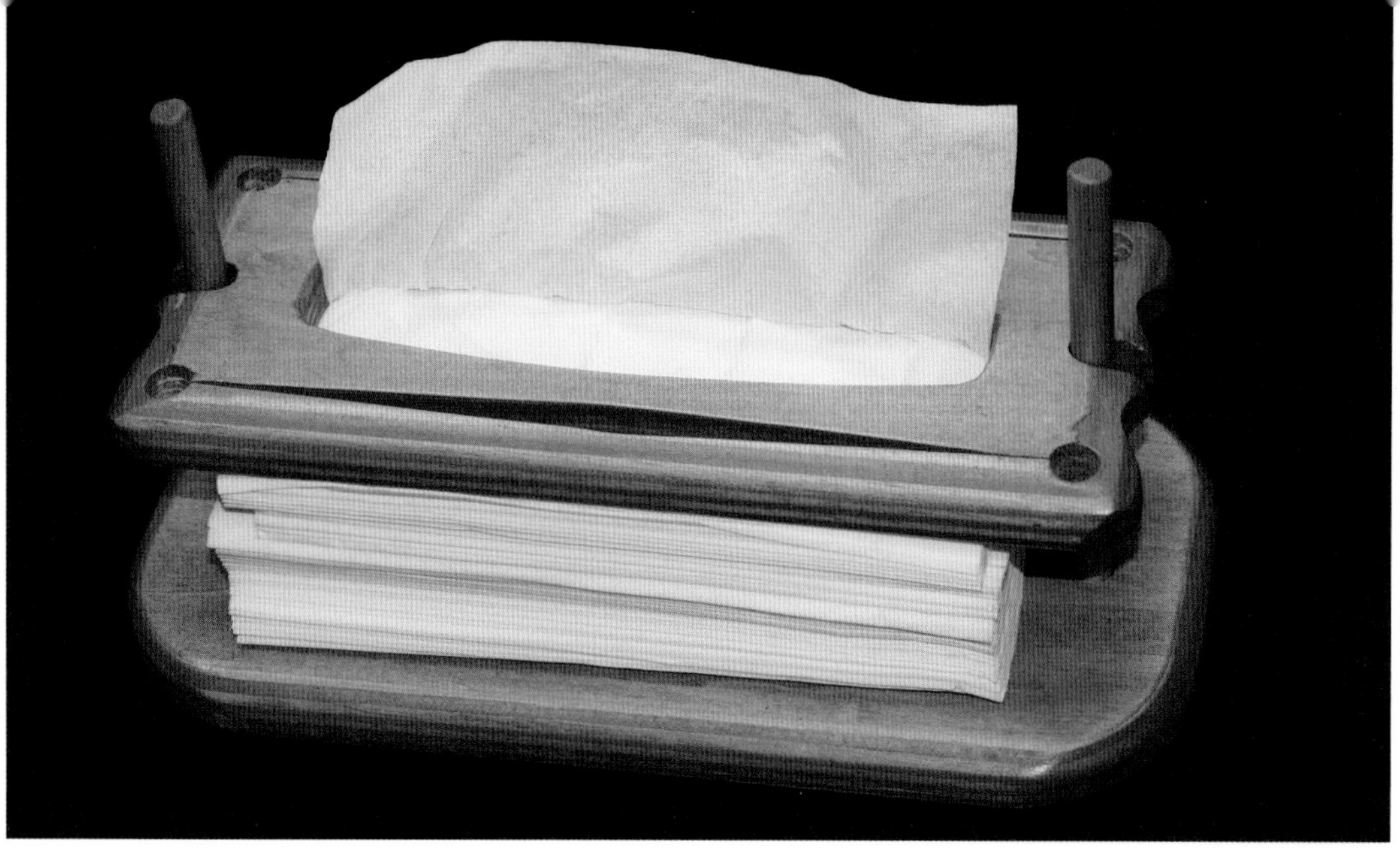

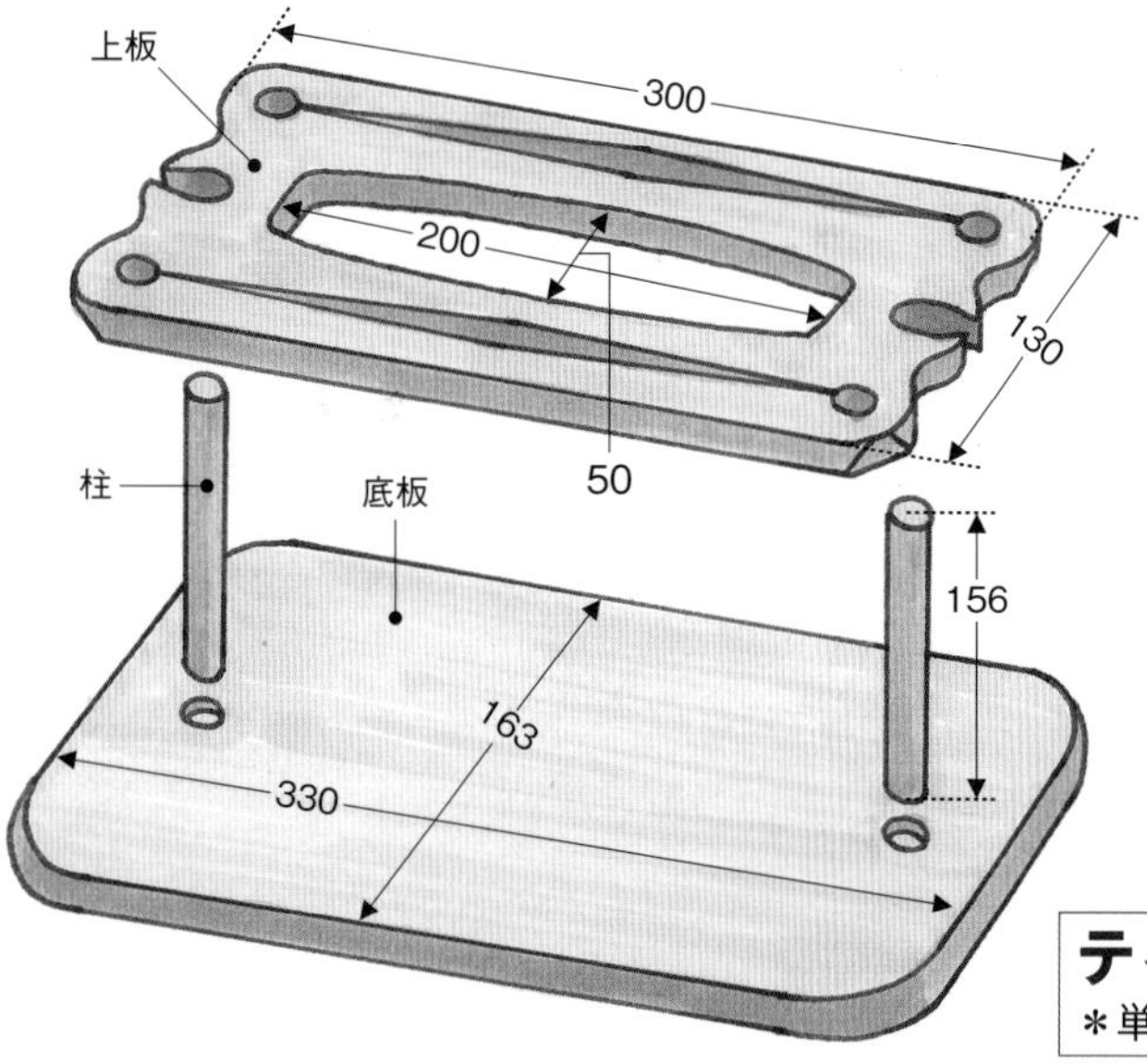

ティッシュケースの展開図
＊単位はmm

作業手順

1. 上板、底板の加工
2. 底板の丸棒の差し込み口の開口
3. 上板木口の飾り加工
4. 上板センターのティッシュ取り出し口の窓抜き
5. 上板両脇中央に糸ノコでひし形の切り抜き加工

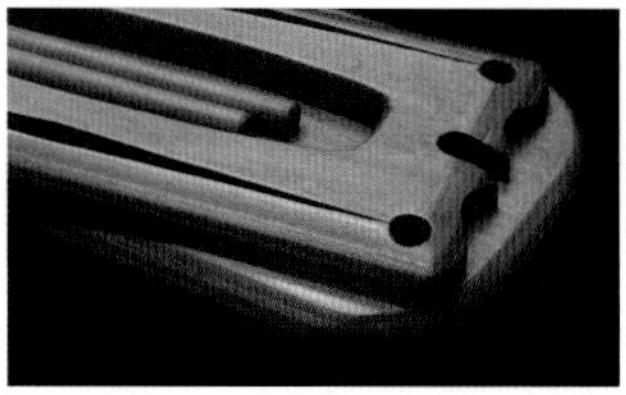

ていねいにサンディングして塗装すると高品位な作品になる

外箱のない木製ティッシュケース。クギも木工用接着剤も使っていませんが、糸ノコやジグソーでやや複雑な円切りなどを施しています。底板、上板ともジグソーで切り出しますので、とくに曲線加工の墨つけは正確に。

底板はていねいにサンダーをかけてなめらかにしてから、丸棒を差し込む穴をドライバードリルであけます。上板は、ジグソーで木口の飾り切りをし、センターのティッシュ取り出し口をジグソーで窓抜き加工。最後に丸棒を通過させるために両端を切り抜きます。

木取り表　＊サイズの単位はmm

材の種類	サイズ	数量	使用部位
シナ合板（16mm厚）	300×130	1	上板
シナ合板（16mm厚）	330×163	1	底板
ラワン丸棒（12mm径）	156	2	柱

製作◎小田部清助

WORKS 10

一輪挿し

木目を生かしたハイセンスな

難易度★★☆

ガラス瓶の径に合わせ、27㎜径の穴をあけるが、手持ちの瓶に合わせた穴にすればいい

木目の美しいウエスタンレッドシダーならではの作品。2×材の端材などから38×40㎜角、長さ120㎜を切り出し、ドリルで27㎜径、深さ95㎜の穴をあけ、ガラス瓶を差し込みます。底に広葉樹の端材を接着してモダンにアレンジ。

製作のポイントは27㎜径の穴を正確に真っすぐあけること。ボール盤やドリルガイドがあると便利ですが、ない場合は材を万力やクランプなどでしっかりホールド、ドリルにガイド棒を取り付けて真上から作業しましょう。

作業手順

- 木取り
- レッドシダーにガラスビンを差し込む穴あけ
- 革ひもを通す穴あけ
- 底に広葉樹を木工用接着剤で接着
- ガラス瓶を入れ、革ひもを通す

一輪挿しの展開図
＊単位は㎜

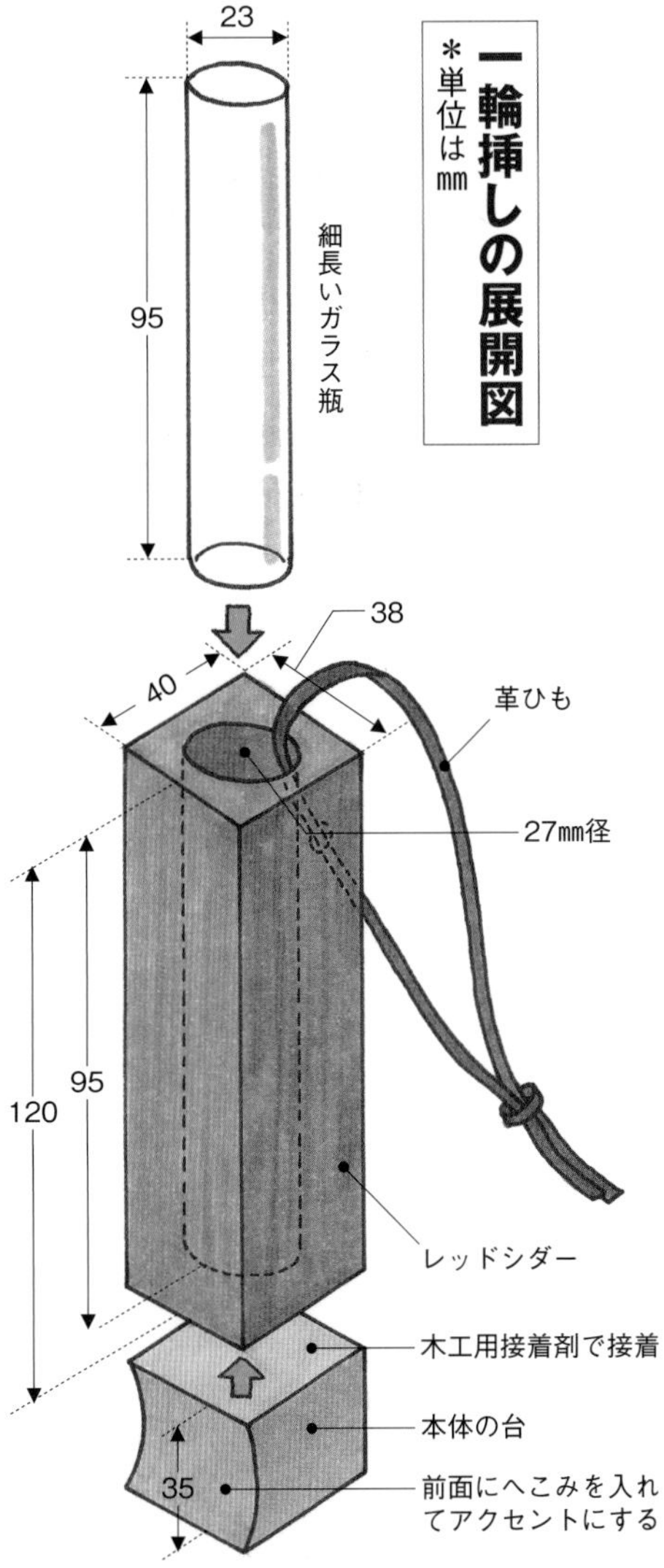

木取り表　＊サイズの単位は㎜

材の種類	サイズ	数量	使用部位
レッドシダー材（38×40㎜角）	120	1	本体
広葉樹（38×40㎜角）	35	1	本体の台

その他の材料

細長いガラス瓶（23㎜径程度・コルク付き・長さ95㎜）、革ひも、木工用接着剤

製作◎矢實 誠

WORKS 11

難易度★☆☆

市販のアルミバットを使った
傘立て

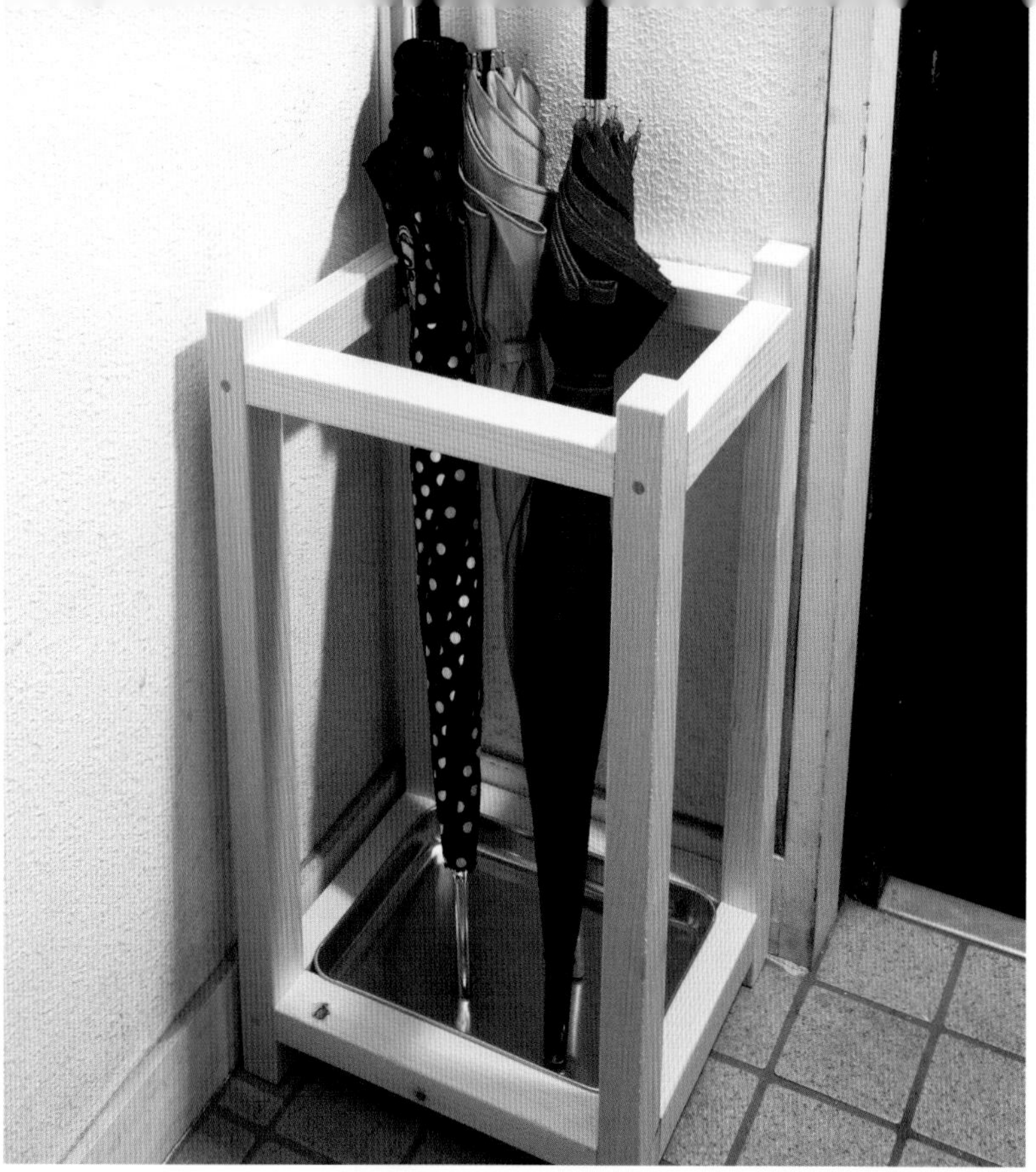

100円ショップなどで買えるアルミバットを利用した傘立て。ここでは200×256㎜のアルミバットに合わせて作りましたが、各自用意したアルミバットの大きさに合わせて桟の長さを決めてください。用意した材とアルミバットを実際に組み合わせて正確な長さを出してから木取りをすることが大切です。

脚に各桟との接合部分に下穴をあけてからビスで接合。下穴は丸棒を使って隠しクギに。最後にアルミバットをはめ込んで完成です。

傘立ての展開図
＊単位は㎜

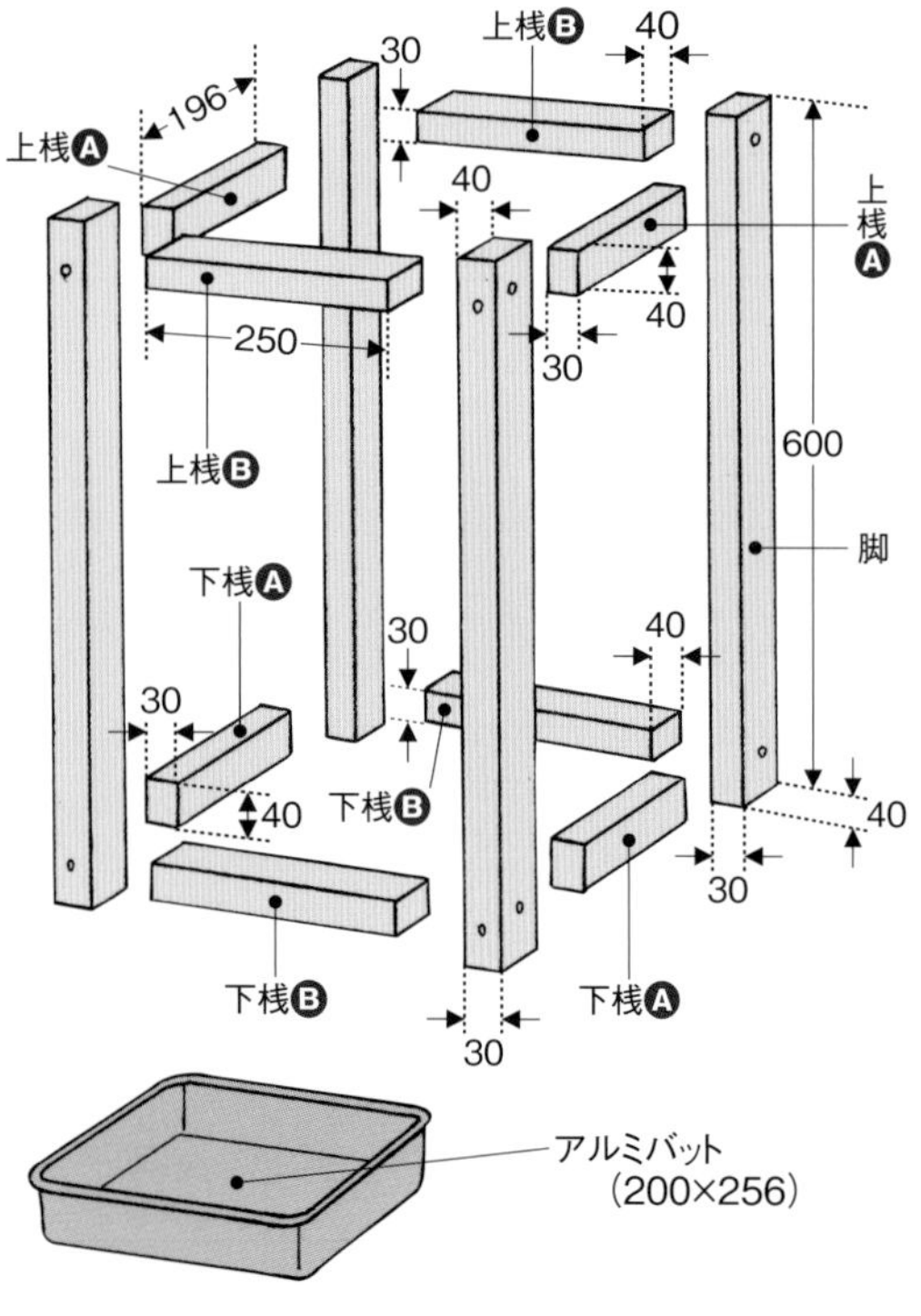

桟の接合は脚の中で行き交うビスがぶつからないようにすることも大切

作業手順

木取り
↓
脚と各桟を接合
(隠しクギ)
↓
アルミバットのはめ込み

脚と各桟の取り付けには全体の形が歪まないように正確な接合を心掛けよう

木取り表　＊サイズの単位は㎜

材の種類	サイズ	数量	使用部位
垂木材(30×40㎜角)	196	4	上桟A、下桟A
垂木材(30×40㎜角)	250	4	上桟B、下桟B
垂木材(30×40㎜角)	600	4	脚
その他の材料			
アルミバット(200×256㎜)、丸棒(8㎜径)			

製作◎白井 糺

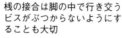

SIMPLE WOOD WORKS
BEST SELECTION

WORKS 12

トートベンチ

モノを入れて持ち運べる

難易度★★☆

座面の下は収納スペースになり、留め金を掛ければ、座面の穴を持ち手にして運搬できるトートベンチ。ベンチとしては高さ３１８㎜と低いのですが、玄関に置いて靴磨き用品などを収納し、靴磨きをするときには腰掛けるベンチとして利用するなど、意外と便利な実用品です。

脚板を三角に切り欠くときは、まず三角の頂点に10㎜径のドリルで穴あけしてからジグソーで開口すると作業しやすい。収納部の底板は、脚板の内側左右に取り付けた桟に載せて取り付けます。

作業手順

- 木取り
- 脚板の加工
- 脚と側板の組み立て（突き付け）
- 底板を載せる桟の取り付け（突き付け）
- 蝶番台座の取り付け
- 底板のはめ込み
- 座面に楕円形の切り抜き
- 座板の取り付け（蝶番接合）・あおり留めの取り付け

座板をあけると中は収納スペース

箱の内側に桟がついた状態。この上に底板が載る。取り外せるように載せるだけでいい

トートベンチの展開図
＊単位は㎜

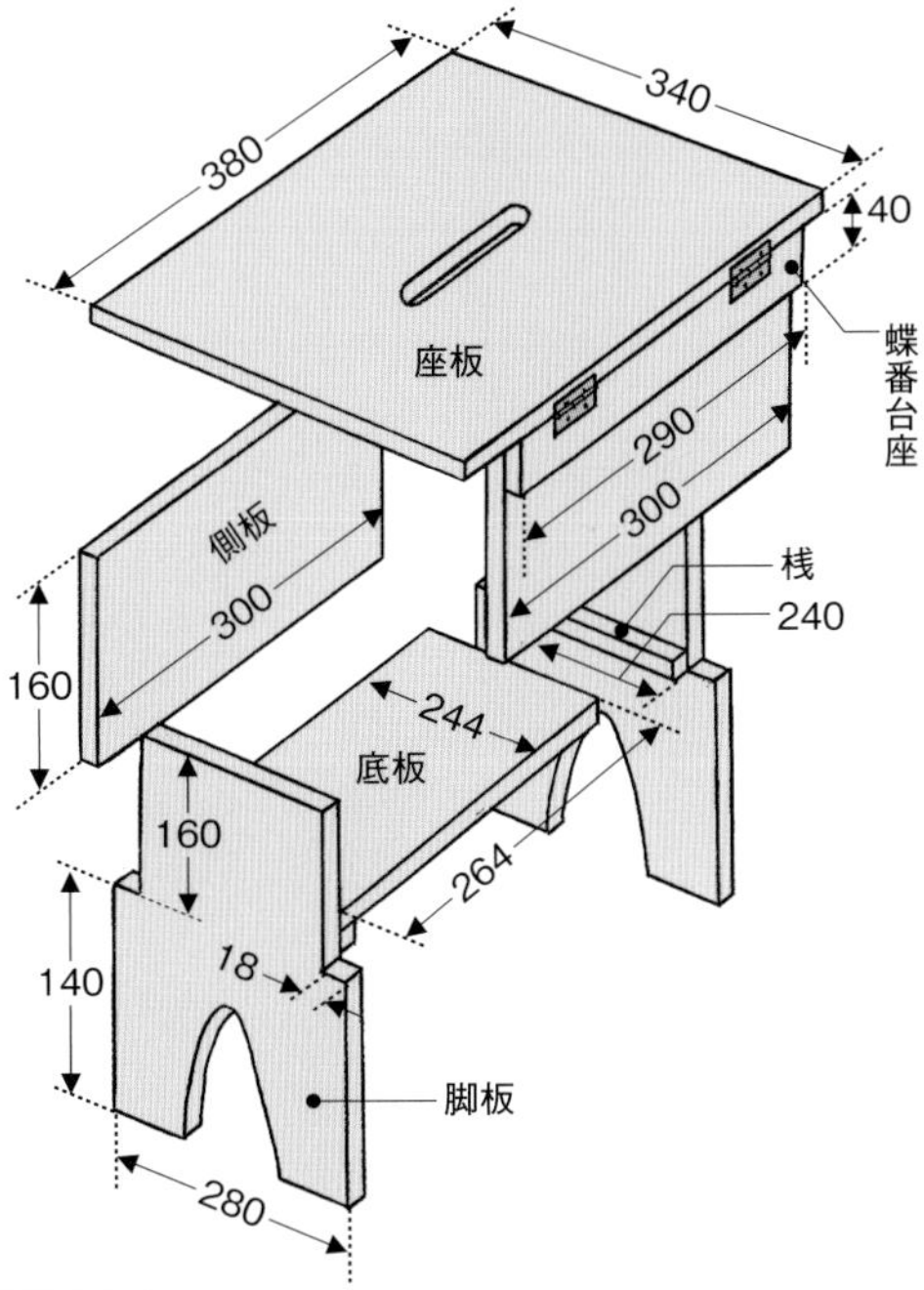

木取り表 ＊サイズの単位は㎜

材の種類	サイズ	数量	使用部位
集成材（18㎜厚）	380×340	1	座板
集成材（18㎜厚）	290×40	1	蝶番台座
集成材（18㎜厚）	300×280	2	脚板
集成材（18㎜厚）	300×160	2	側板
集成材（18㎜厚）	264×244	1	底板
角材（20×30㎜角）	240	2	桟

その他の材料

蝶番、小型あおり留め（32㎜）

製作◎ドゥーパ！編集部

WORKS 13

シナベニヤを使った シューズラック

難易度★☆☆

作業手順

↓
後板と前板をジグソーで窓抜き
（くり抜き）
↓
後板と前板の接合
（蝶番接合）
↓
下の棚板を水平にして仮留め
↓
上の棚板を水平に置いて、高さを決める
（下の棚板を外す）
↓
棚受けの取り付け
（突き付け）
↓
下の棚板の固定
（突き付け）
↓
後板の角の飾り切り込み

合板というとぺらぺらの板材を思い浮かべてしまいがちですが、12、15、18㎜厚といった厚みのある合板なら丈夫で立派な木工作品が作れます。これは日曜大工の素材として人気のある合板のシナベニヤ（15㎜厚）で作ったシューズラック。外形の切断は丸ノコ（ノコギリ）、窓抜きはジグソーを使って内側をくり抜いていますが、難しい角度切りなどはないシンプルな加工です。

前板と後板の接合も斜めに取り付けますが、蝶番を使うと意外と簡単。上の棚板の高さは、下の棚板を仮留めし、実際にブーツなどの使うシューズを置いて決めましょう。

製作◎白井 糺

シューズラックの展開図
＊単位は㎜

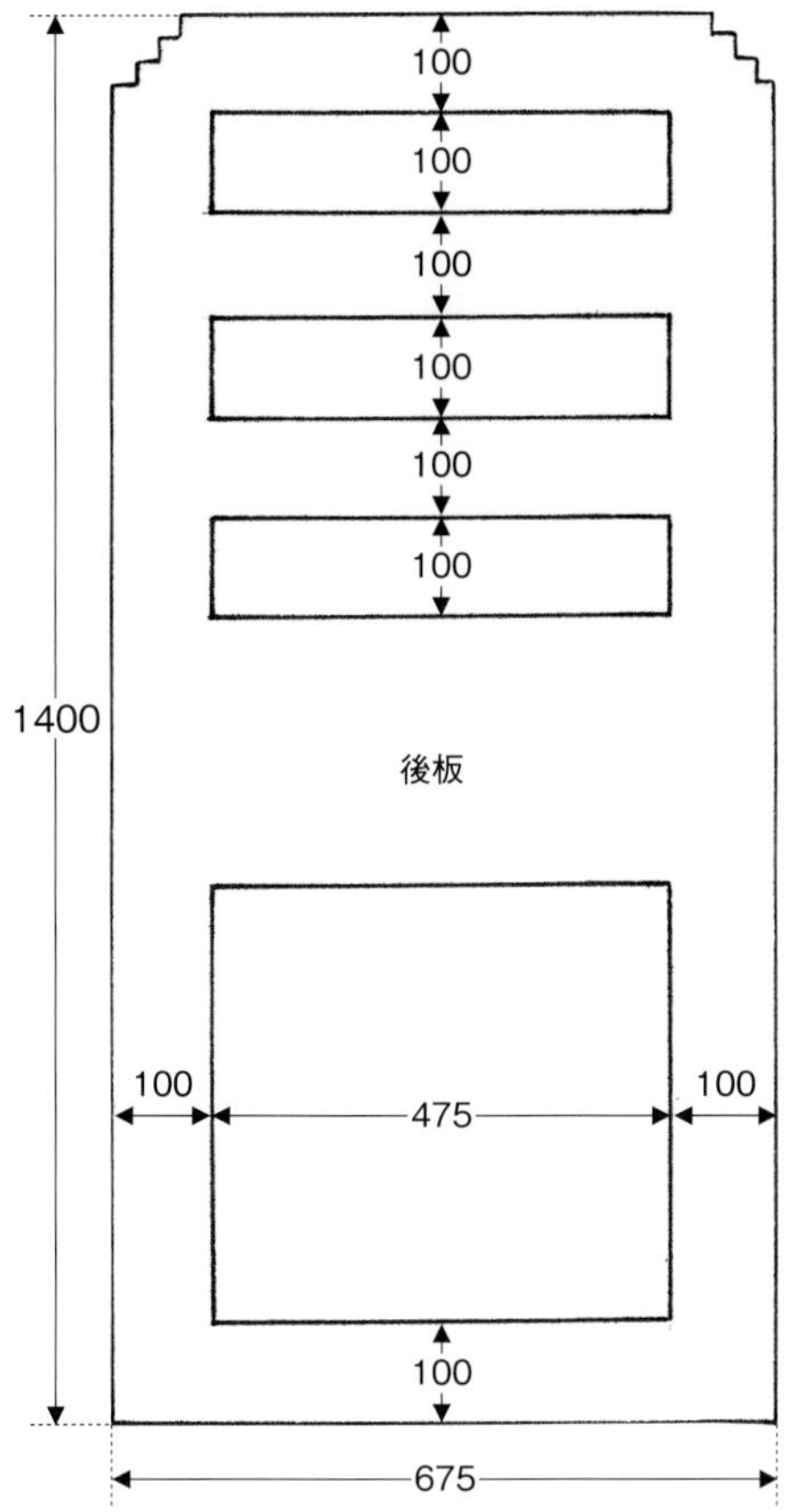

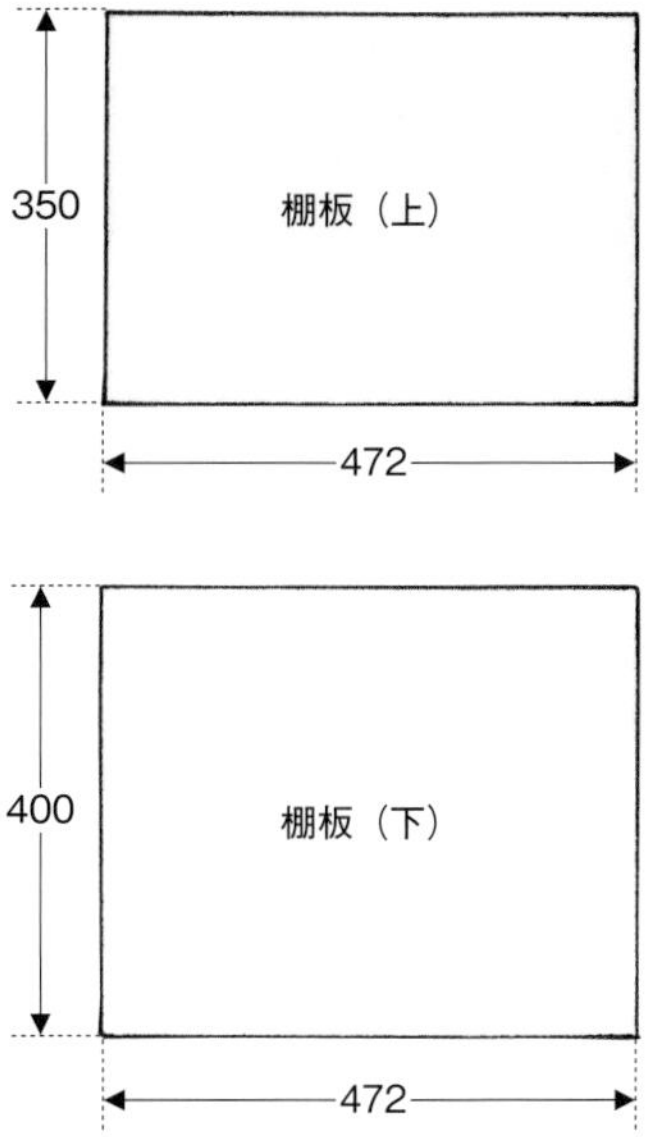

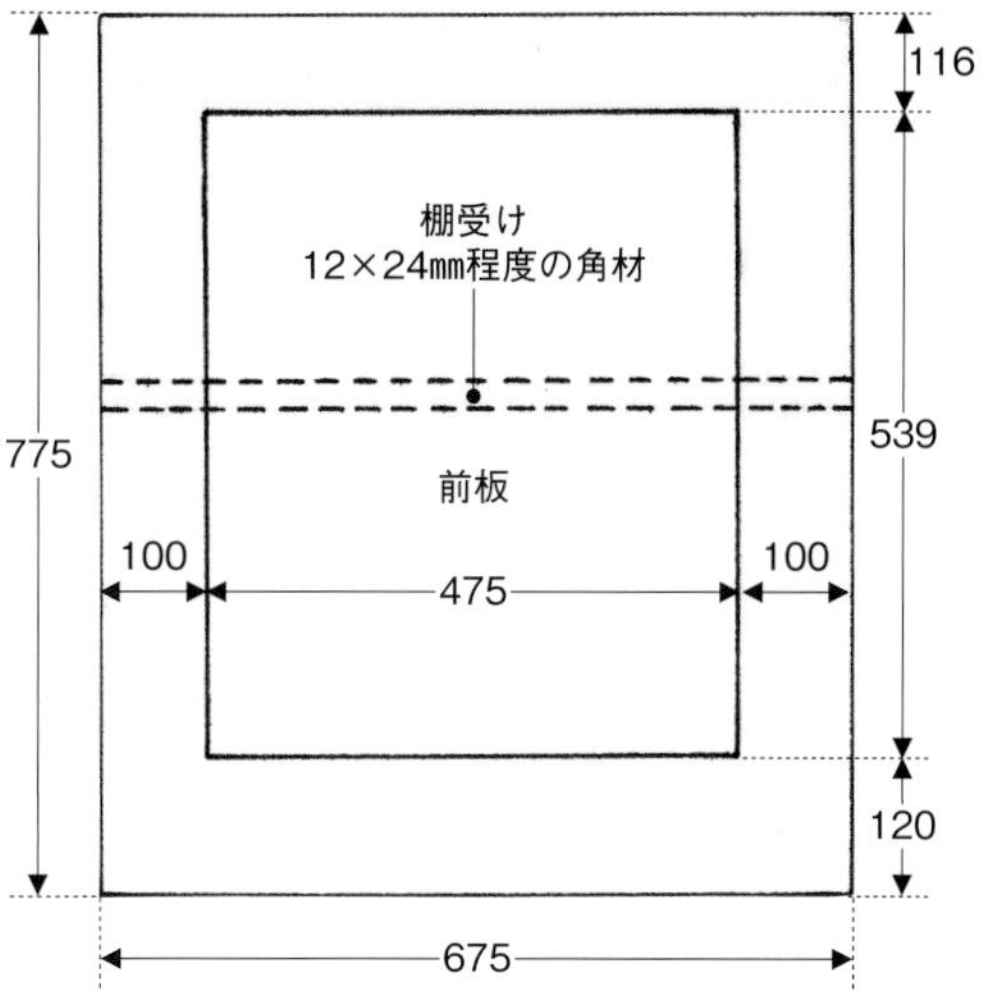

これが完成形

シナベニヤをジグソーで窓抜き加工する

蝶番で前板と後板を接合。強度を出すために3個の蝶番を使用した

後板は垂直に立て、前板は斜めにした状態で棚板をあてがってみて、上の棚板の高さを決める。下の棚板は仮留め

下の棚板を取り付ける。上の棚板の受けもすでについている

後板の天頂部角に飾りの切れ込みをつけた

木取り表　＊サイズの単位は㎜

材の種類	サイズ	数量	使用部位
シナベニヤ（15㎜厚）	675×1400	1	後板
シナベニヤ（15㎜厚）	775×675	1	前板
シナベニヤ（15㎜厚）	350×472	1	棚板上
シナベニヤ（15㎜厚）	400×472	1	棚板下
角材（12×24㎜角）	675	2	棚受け
その他の材料			
蝶番			

WORKS 14

難易度★★☆

アレンジで収納力が高まる
ハンガーラック

　2×2材で骨組みを作るシンプルなハンガーラック。吊り棚には丸棒を使い、ハンガーを使いやすくしてあるのがポイント。丸棒の両端に配置する2×2材（桟）にドリルで穴（25㎜径）をあけ、その穴に丸棒をはめ込んで接合。骨組みの接合には50㎜ビスを使い、ビスの頭が見えないように隠しクギで仕上げています。

　吊り棚にネクタイやベルトなどをかける以外にも、2×2材の桟や脚の先端に帽子をかけたりと使い方はさまざま。中段や下段の桟に棚板を載せたり、脚にフックをつけるなどのアレンジでさらに収納力が高まります。

作業手順

↓
桟の木取り
↓
前後の桟に
丸棒が入る下穴あけ
↓
後面の骨組みの組み立て（隠しクギ）
↓
前面の骨組みの組み立て（隠しクギ）
↓
桟前後の骨組みを桟で接合
（隠しクギ）
↓
丸棒をはめ、前面を接合

製作◎ドゥーパ!編集部

これで完成。
接合はすべて隠しクギで

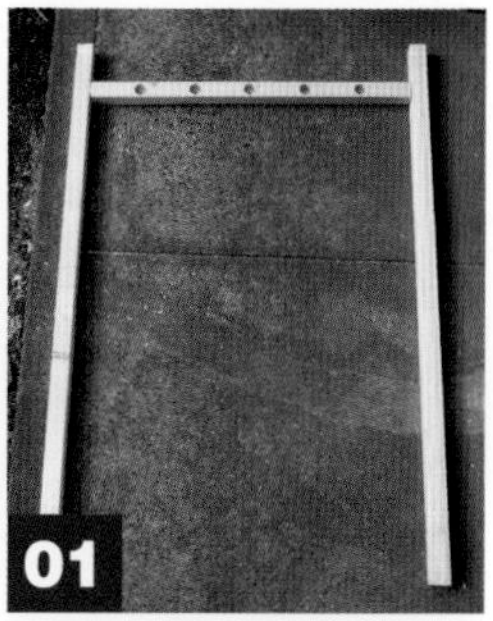

丸棒をはめる桟の片方と脚を接合する（後面）

中段、下段の桟を接合（後面）

後面の骨組みに後面と前面をつなぐ桟を接合

前面の骨組みができた状態

丸棒（24㎜径）をはめ、前面の骨組みを取り付けた

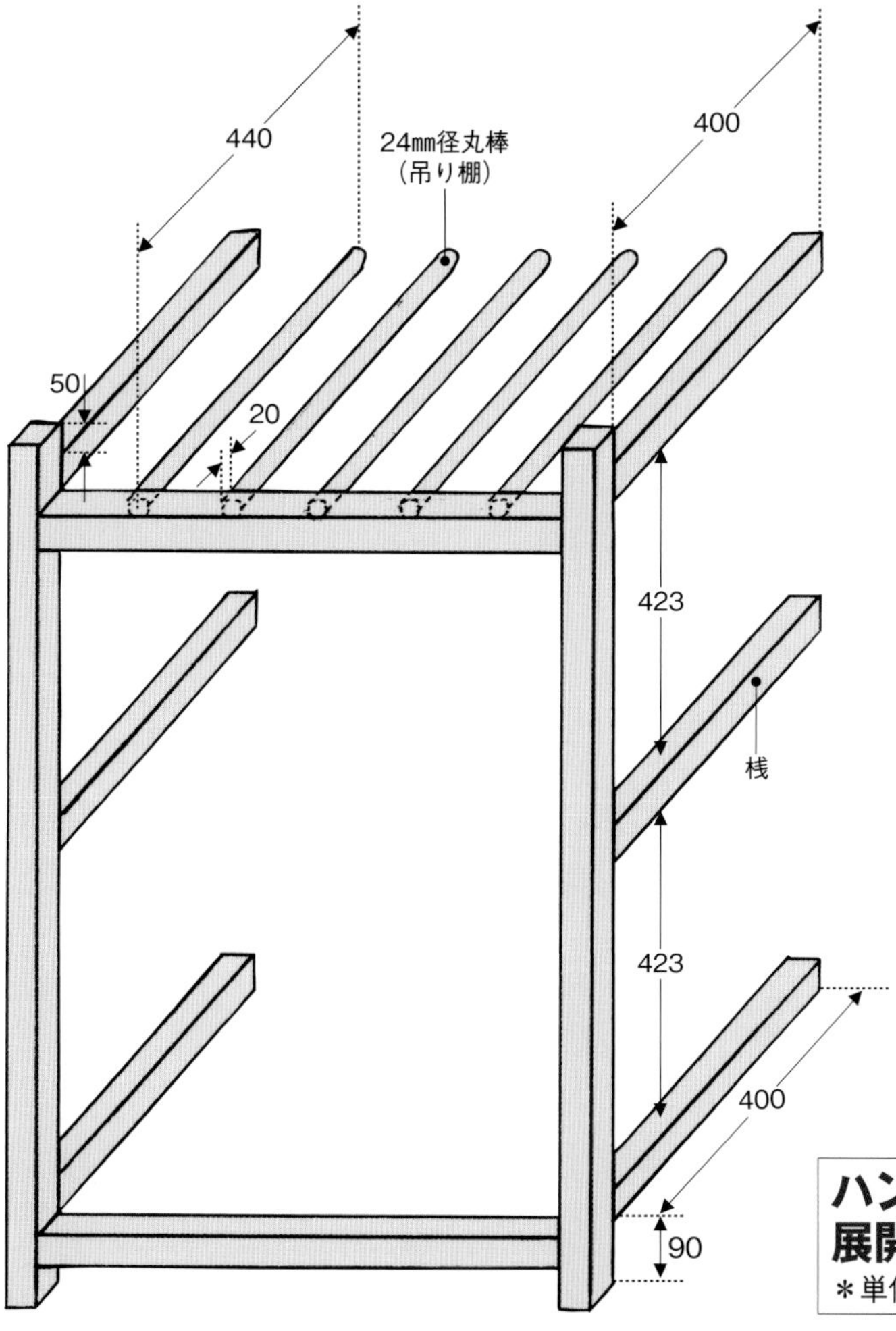

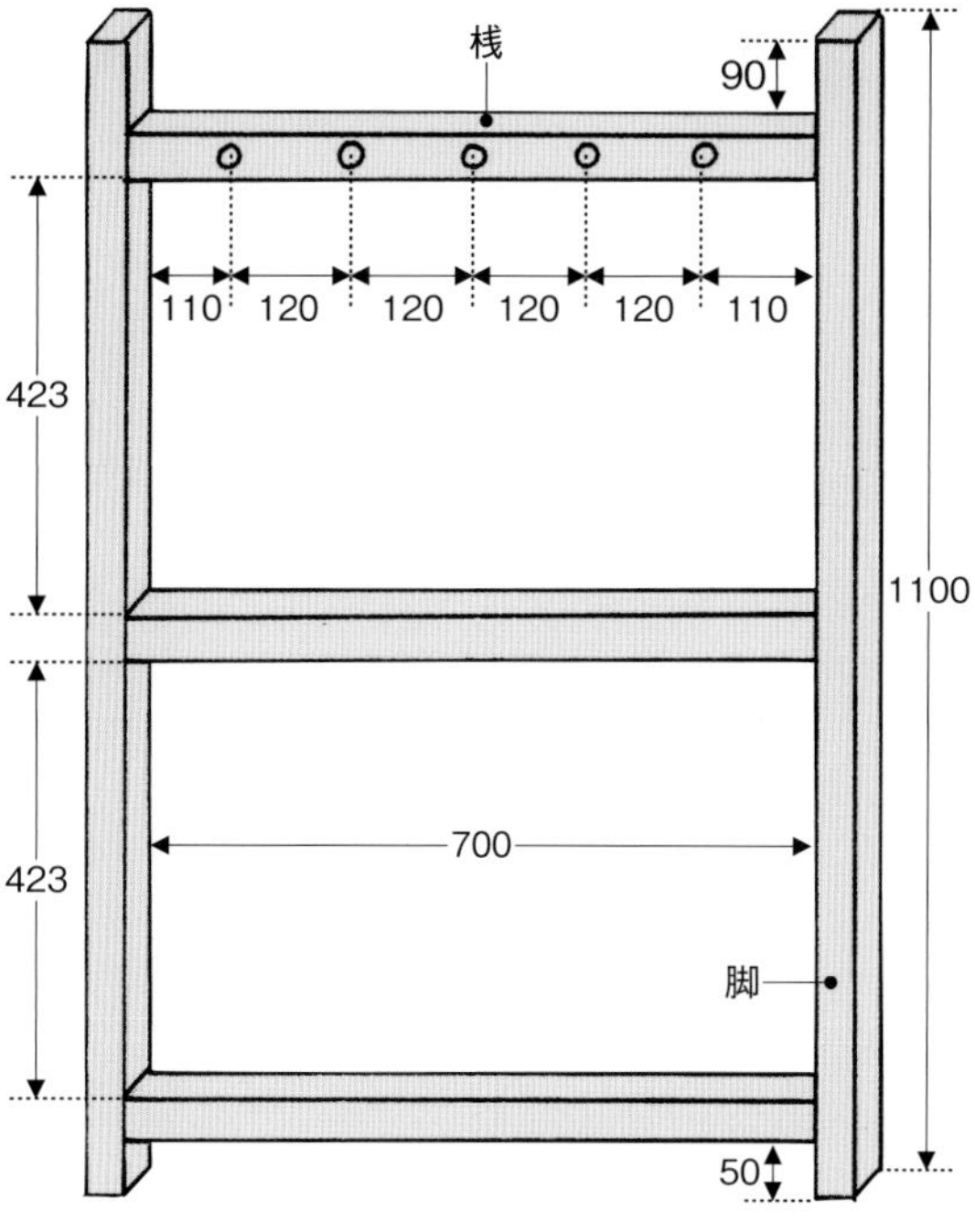

ハンガーラックの展開図
＊単位は㎜

木取り表　＊サイズの単位は㎜

材料の種類	サイズ	数量	使用部位
2×2材	1100	4	脚
2×2材	700	5	桟
2×2材	400	6	桟
丸棒（24㎜径）	440	5	吊り棚
その他の材料			
丸棒（9㎜径）			

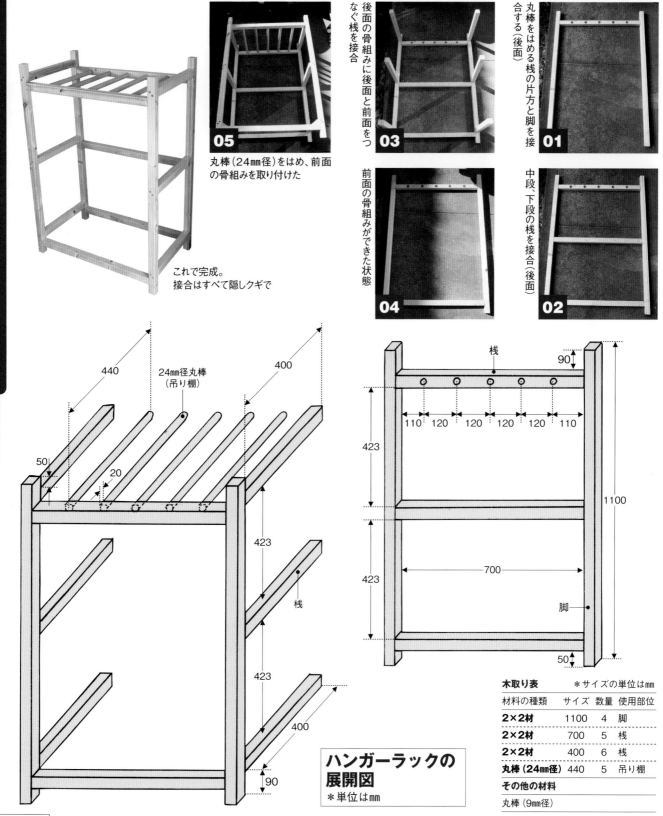

WORKS 15

難易度★★☆

省スペースハンガー

クローゼットのスペース節約になる

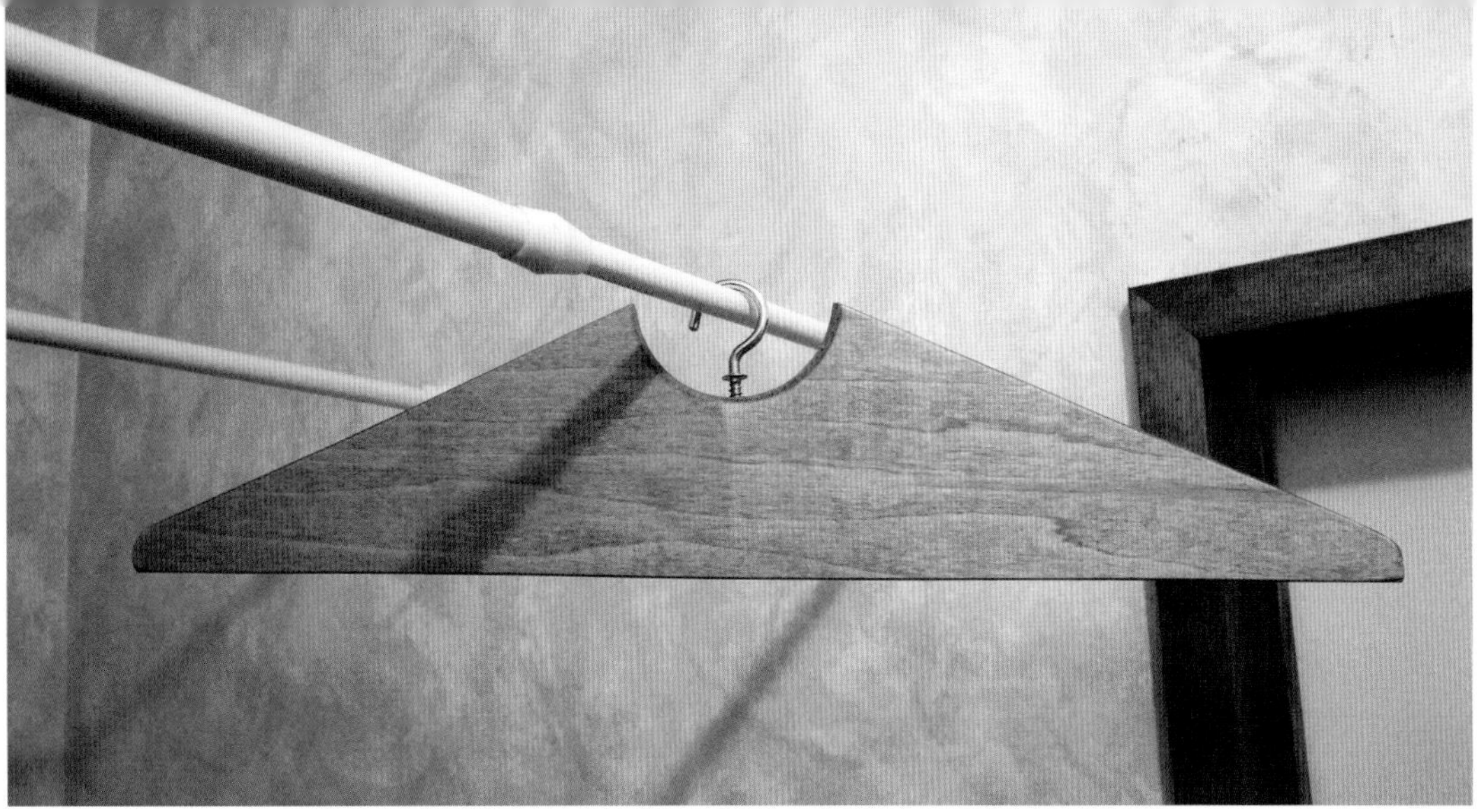

省スペースハンガーの展開図

＊単位はmm

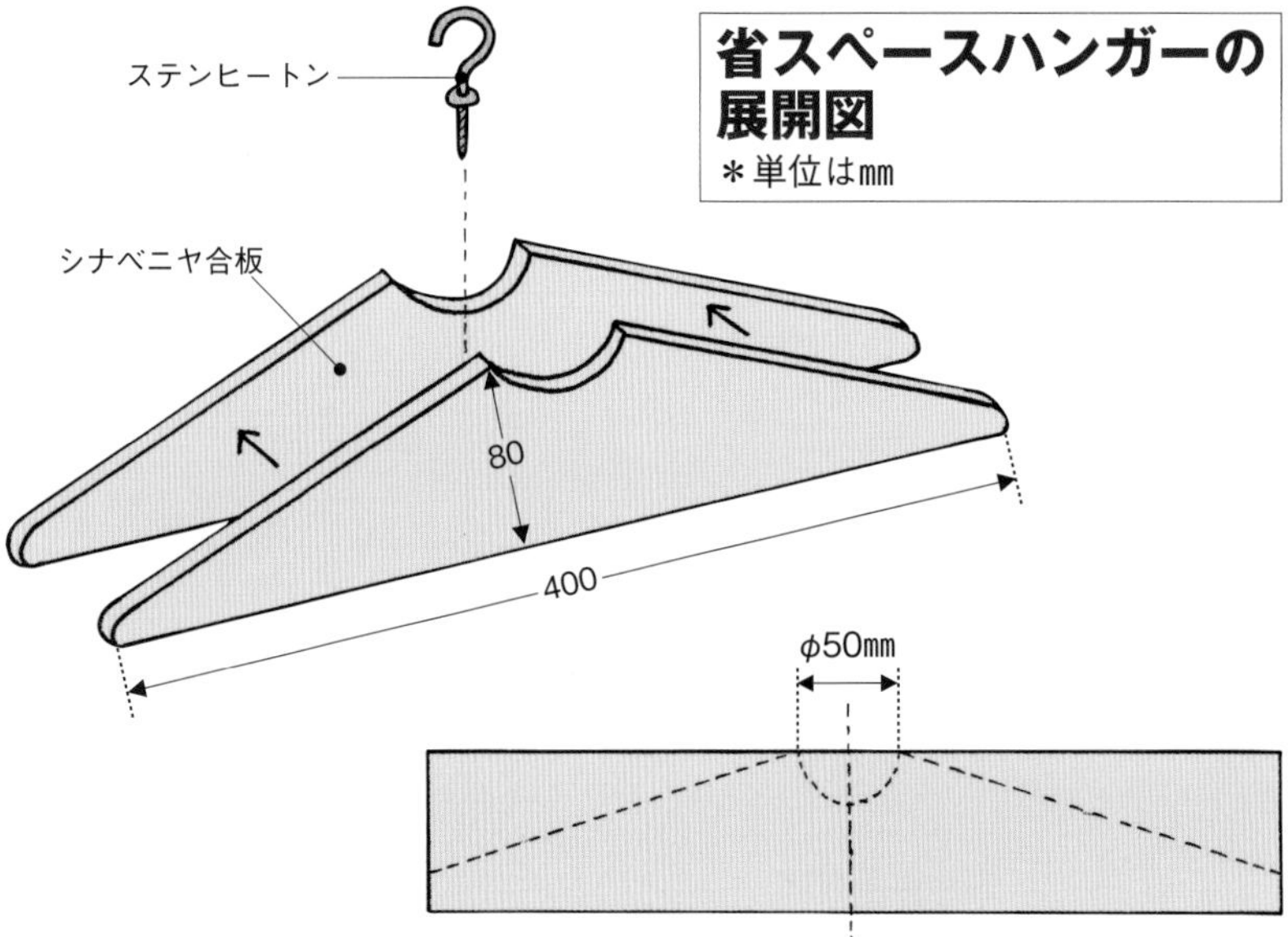

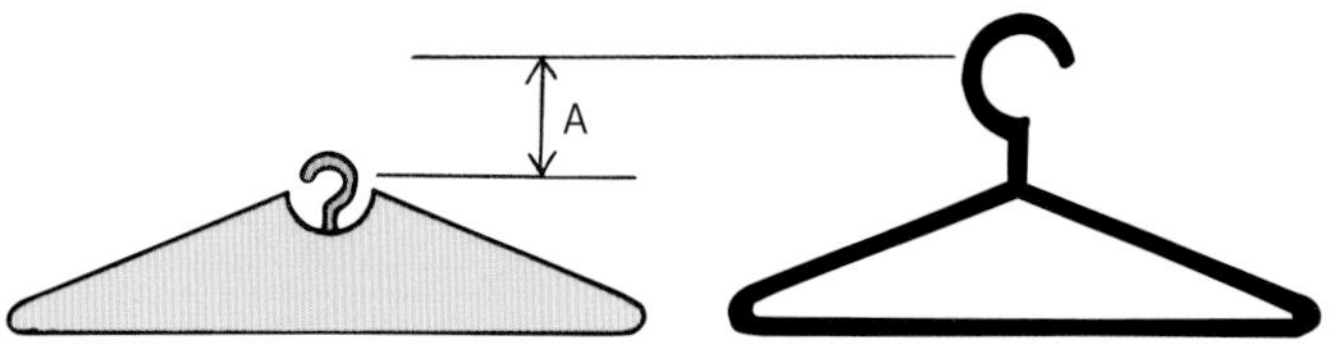

市販のハンガーに比べ、フック部分のAのスペースがクローゼット内で生かせるのがメリット

幅400×高さ80mmのハンガー。材料は5・5mm厚のシナベニヤ合板を使用しています。特徴はフック部分が本体内側にくるデザイン。フックの長さ分、衣服を上に持ち上げて収納できるので省スペースになるのです。

材はシナベニヤ合板を2枚重ね合わせて使用。接着部分に木工用接着剤を塗り、クランプを使って材を圧着。ジグソーでセンターに50mm径の穴をあけ、材を切り出し、センター部分にステンヒートンを取り付ければ完成です。

木取り表　＊サイズの単位はmm

材料の種類	サイズ	数量	使用部位
シナベニヤ合板（5.5mm厚）	80×400	2	本体
その他の材料			
ステンヒートン			

作業手順

シナベニヤ合板を2枚に接着
↓
木取り
↓
ステンヒートンを取り付ける

製作◎縄文人

床の構造を知ろう

床に開口部をあけて、床下収納などを作る場合も、床の構造がどのようになっているか、知っておくだけで心強く、かつ安全に作業を進められます。床がどのような構造で組み立てられているか、在来工法と2×4工法それぞれで解説していきます。

在来工法床構造例

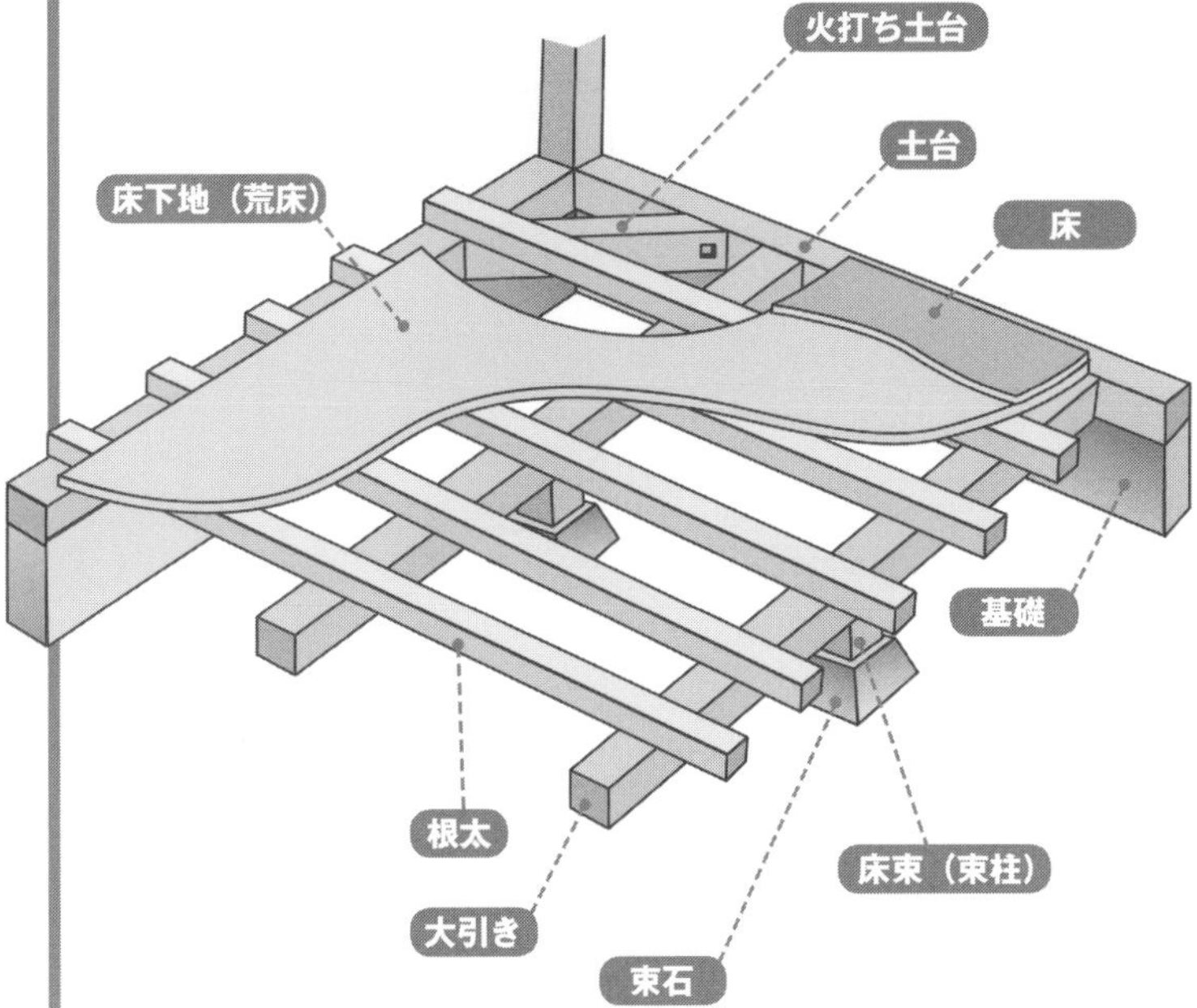

在来工法の壁構造

在来工法では、下から束石《つかいし》、床束（束柱）、大引き、根太、床下地（荒床）、床という順に組み立てられています。また角部分には、火打ち土台という、横方向への荷重に対抗する部材が配置されます。大引きの材は１０５㎜角材、大引きの間隔は９１０㎜。根太は45㎜角材、根太の間隔は３０３㎜というのが基本ですが、建物の構成によって変わります。

床下地は合板の場合とスギ板の場合があり、畳敷きの部屋や、古い家ではスギ板のことが多いようです。

2×4工法床構造例

＊単位は㎜

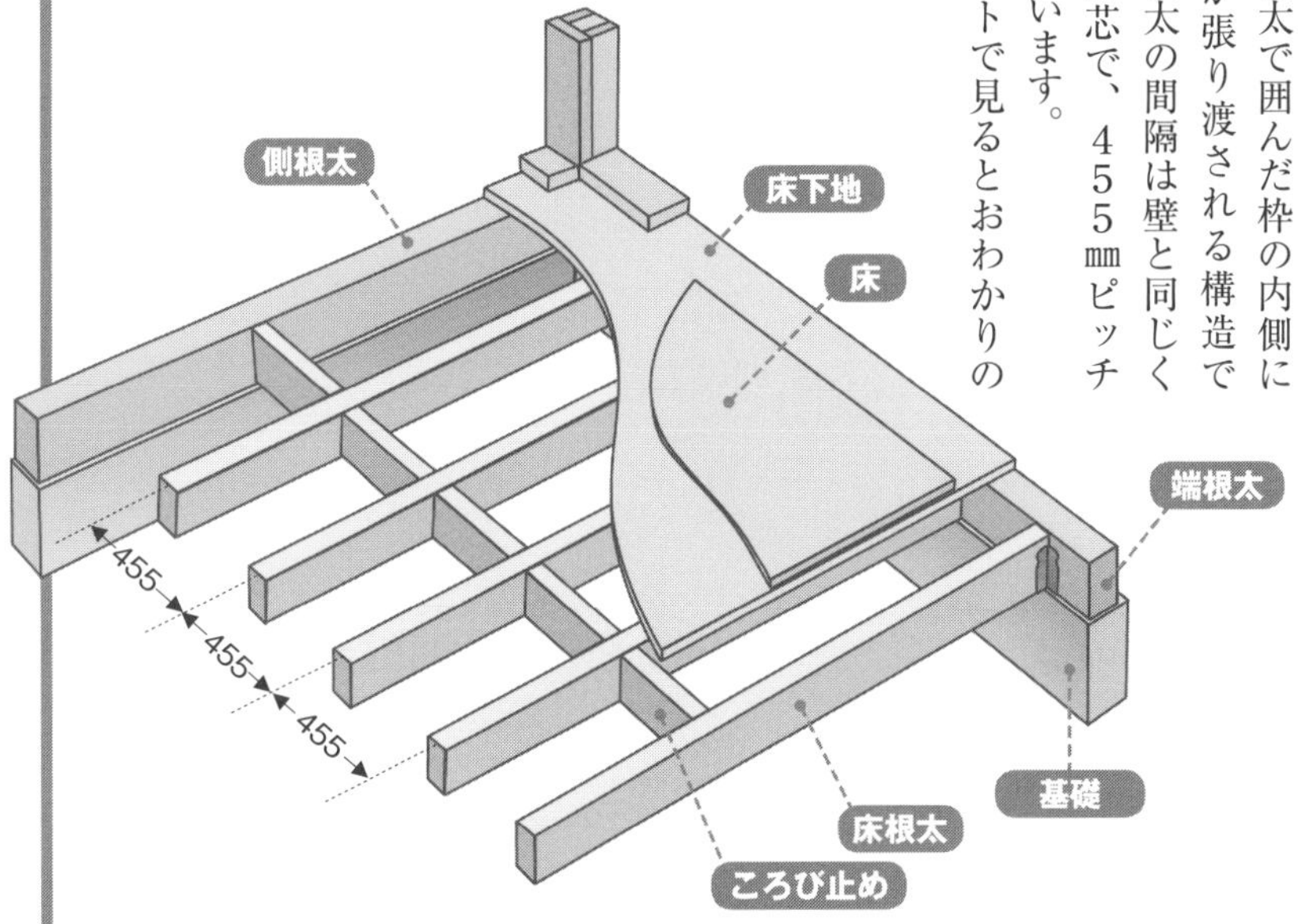

2×4工法の壁構造

２×４工法では、床、床下の構造も基本的には枠組みとなります。

床を支える部分は側根太、端根太、床根太で構成され、側根太、端根太で囲んだ枠の内側に床根太が張り渡される構造です。床根太の間隔は壁と同じく基本は芯芯で、４５５㎜ピッチとされています。

イラストで見るとおわかりのように、床根太の板は、２×10材のように幅広の材を立たせて使われるので、在来工法に比べて、床から地面までの深さは深くなります。床を開口した場合、必ず床が下がらないように補強をする必要があります。

WORKS 16

床下収納を作る

既存の床をくり抜いて収納力をアップさせる

難易度★★☆

作業手順

↓

床を開口する

↓

フタを作る

↓

収納庫の組み立てと設置

一般に市販の床下収納庫は、施工時（新築時）に設置するという前提で取り扱い説明書が書かれていますので、既存の床を開口する場合、その説明がありません。そこで、いかに既存の床を間違いなく開口するかが最初のハードルとなります。

まず、下地センサーで、床材が載る根太の位置を大雑把に把握。床材の継ぎ目の間違いがないカットラインに丸ノコの刃を入れ（刃出し寸法は床材＋下地の厚さ分）、少しだけ切り進め、そこにノコギリを入れて正確な根太の位置を確かめるように切り進めます。

正確な根太の位置から墨つけができれば、あとは丸ノコとノコギリで開口し、補強材や受け材（重量ブロック）を取り付けたあと、取り扱い説明書に従って床下収納庫を組み立てていくだけです。

ただ、フタ部分の内枠は床材が15㎜厚に想定されていますので、切り取った床材がそれよりも厚い場合は外縁部を丸ノコで15㎜厚にカットする作業が必要。この加工が困難な場合は、既存のフローリングと同じ素材で15㎜厚の床材を買って来てフタを作りましょう。

製作◎田母神一彦

01

下地センサーで、
床下の根太位置を
チェックする

02

床下収納庫の外枠をあてがって、だいたいの開口位置を決める

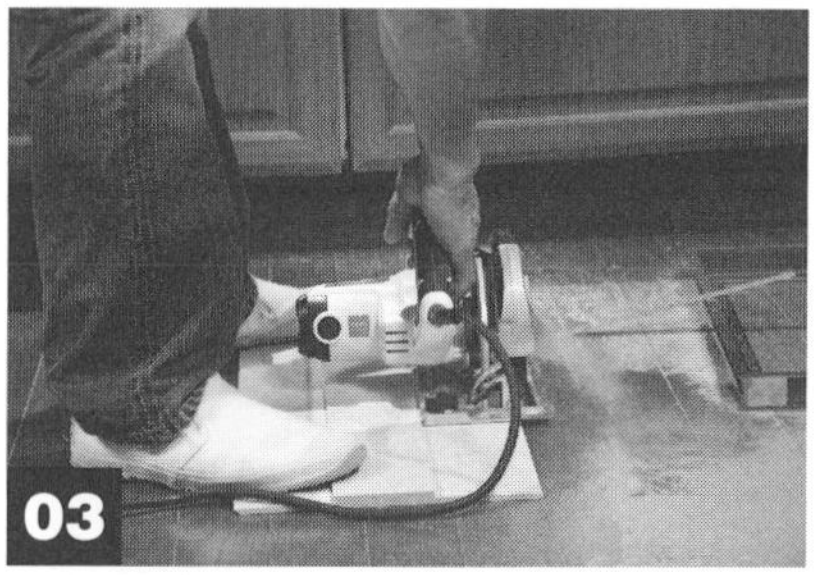

03

床材の継ぎ目の間違いのないカットラインに丸ノコで切り筋をつける。丸ノコ刃の出幅は床材と下地材の厚みを足した分。直線切りジグを当てて真っすぐに切る

04

丸ノコでつけたカットラインにノコギリを入れ、慎重に切り進め、根太の正確な位置を探っていく

05

正確な根太の位置がわかったら、外枠位置の正確な墨つけをする

06

墨線に沿って丸ノコでカット。細かいカットはノコギリでカットする

07

床板を切り取り開口した状態

08

開口部の縁に補強枠を取り付ける。ここでは2×材を割いたものを取り付けた

09

外枠の受け桟を取り付ける。これも2×材を割いたものを取り付けた。受け桟は床面から31㎜の深さの位置に取り付ける

10

外枠を取り付ける（付属のビス留め）。ビス留めしたあとに付属の気密材をはめるのだが、このあたりは取り扱い説明書に詳しく載っている

11

取り外した床材（450×450㎜）をフタにするのだが、そのために内枠のサイズ（436×436㎜）にあわせなければならない。そのために計測して墨線を引く。縦横それぞれ14㎜ほど小さくカットすることになる

収納庫の底板を受けるための重量ブロックを開口部の下＝地面に置く

収納庫本体をはめ込めば床下収納は完成する

組み立て完成。フタもぴったりと収まり、違和感もまったくない仕上がり

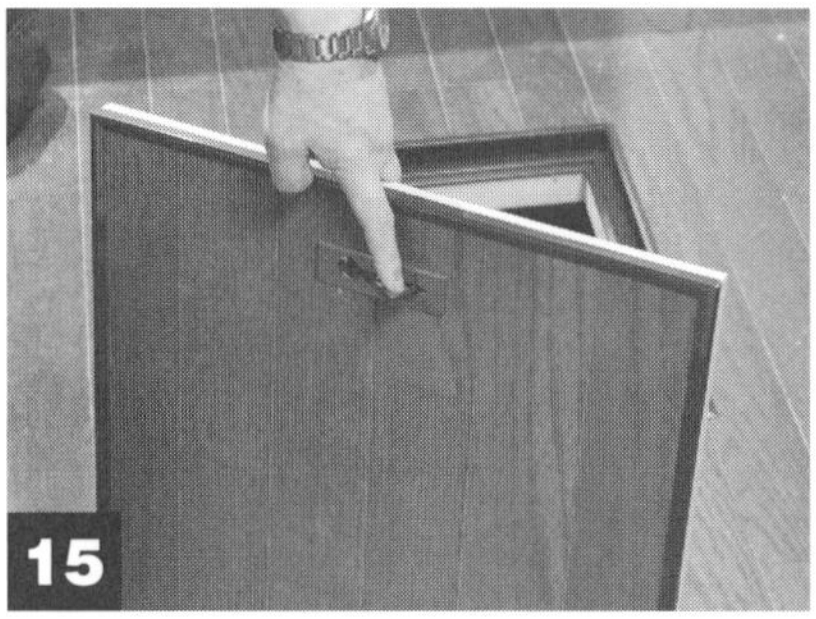

取っ手がついた状態

収納庫本体の組み立て。まず側板を組み立てる

収納庫の底板をはめ込む

仕切り板を壁の開口部にはめ込めば完成。固定は両面テープや接着剤を使えば十分である

さらに、カットした床材を内枠にはめ込んでフタにするためには、縁部分を15㎜厚にしなければならない。写真は床材の縁を15㎜厚にするためのカット。丸ノコで行なった。これが困難なら、15㎜厚の同じ床材を購入すればいい

内枠をはめたフタ

付属しているフタの取っ手をつけるために、ドリル（22㎜径）で穴をあけ、ノミで穴を広げて取っ手が入る開口部を仕上げる

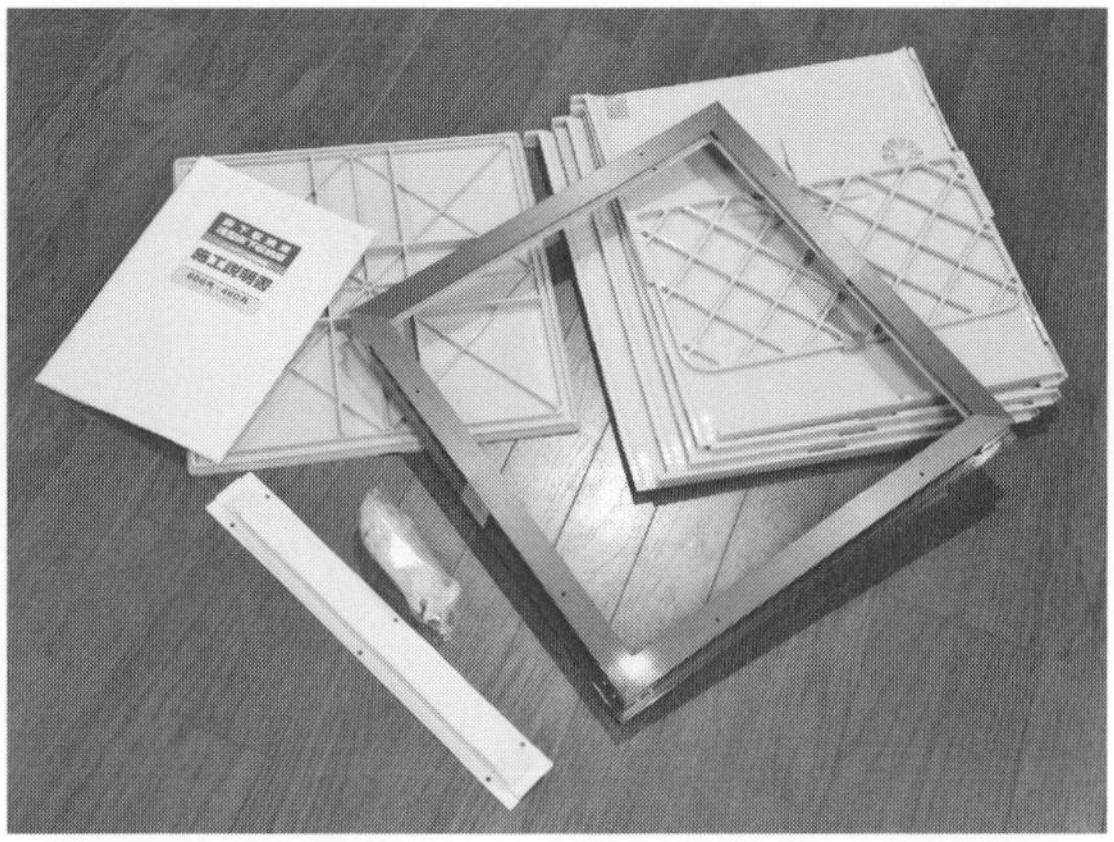

今回用意した組み立て式の床下収納庫（460㎜角）。5000円前後で市販されている（編集部調べ）

使用材料

組み立て式床下収納庫（460㎜角）、65㎜ビス、補強材＆受け材（2×材）、収納庫の受け（重量ブロック）

使用道具

丸ノコ、インパクトドライバー（ドライバードリル、22㎜径ドリルビット）、ディスクグラインダー（金属用切断砥石）、ノコギリ、ミニバール、ノミ、カッター、直定規、下地センサー（壁裏センサー）

床下収納の展開図

＊単位は㎜

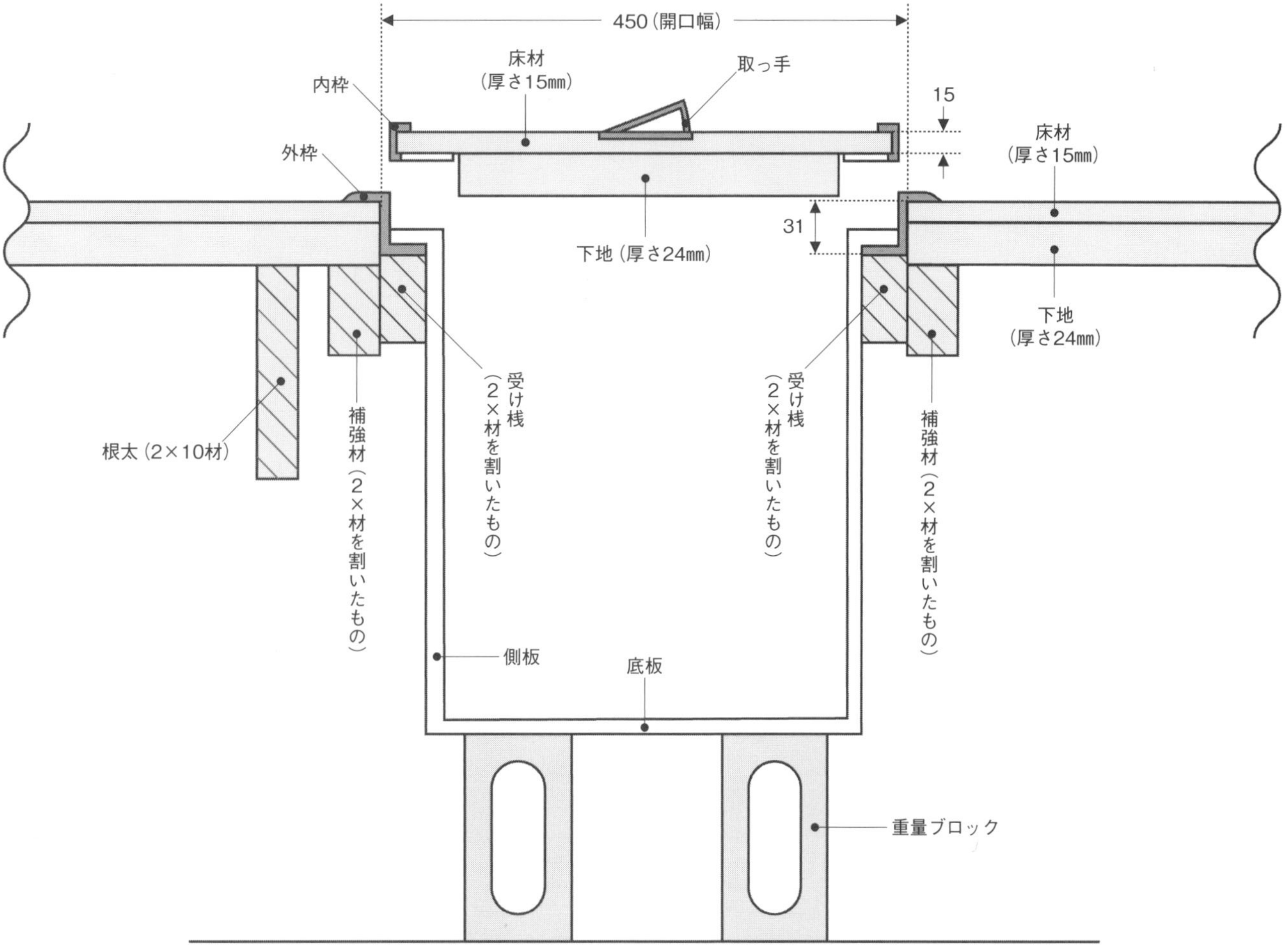

STUDY
DIY From
BASICS

Part6

手作り収納のために知っておきたい DIYの基本

道具の特性、使い方から木材の特徴、組み立て方や塗装まで、DIYの基本を紹介します。はじめてでも簡単にできる収納DIYのノウハウを押さえて手作りを楽しみましょう。

01

収納DIYを始める際にそろえたい 必要な道具・工具

収納DIYのできばえを左右するのは、適切な道具選び。成功を手に入れるために必要な基本的な道具のそろえ方を紹介します。

測る、印をつける、線引きする道具

鉛筆、メジャー、サシガネ、スコヤなど

メジャー
テープがスチール製のものを選ぶこと。テープが布製や紙製では作業がやりにくい

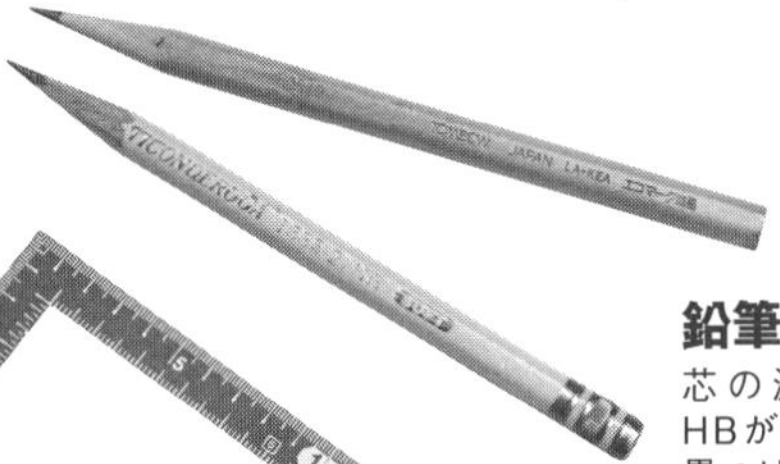

鉛筆
芯の濃さはHBが原則。墨つけ前にはよく削っておくこと

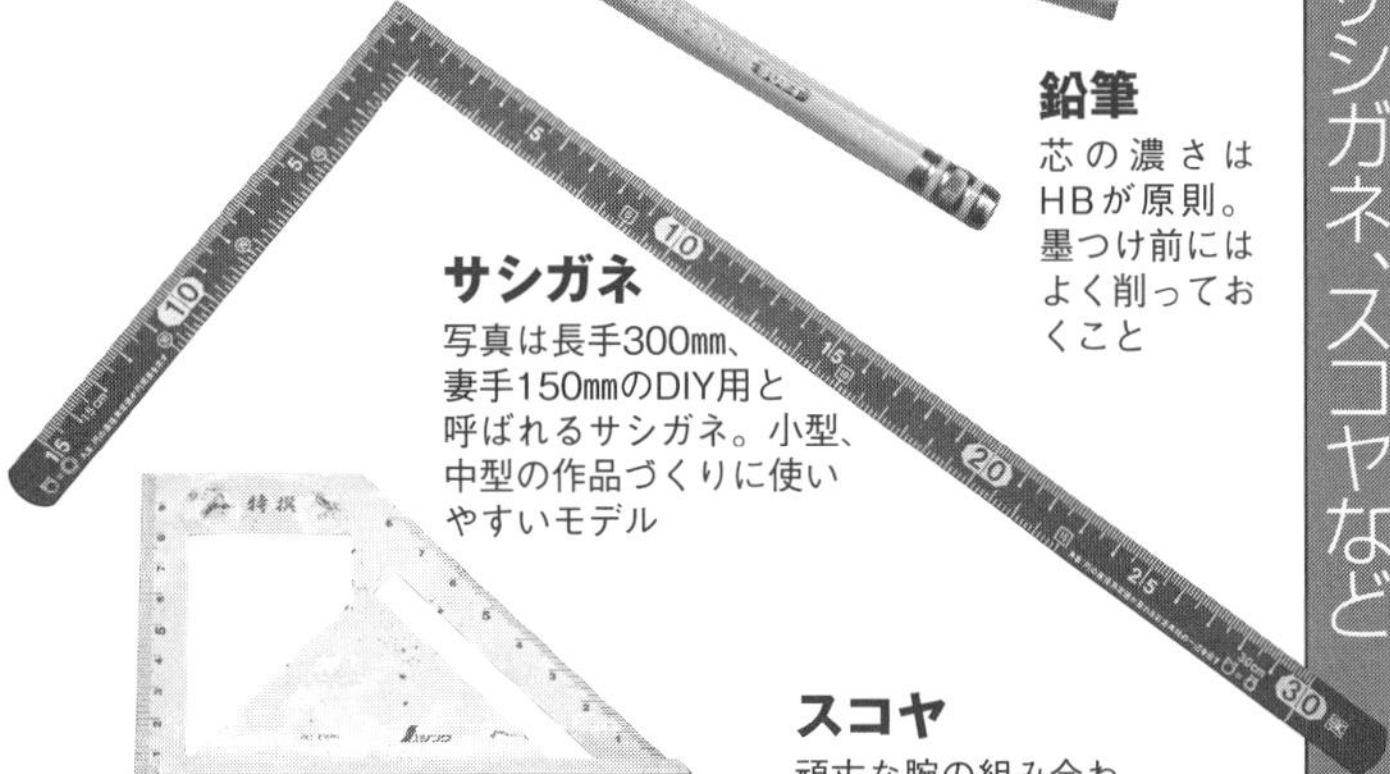

サシガネ
写真は長手300㎜、妻手150㎜のDIY用と呼ばれるサシガネ。小型、中型の作品づくりに使いやすいモデル

留め型スコヤ
写真左側が直角定規、右側が45度（留めと呼ぶ）定規になったスコヤの例

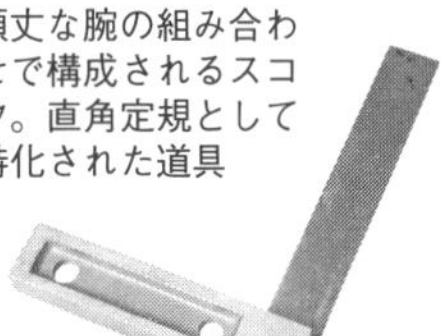

スコヤ
頑丈な腕の組み合わせで構成されるスコヤ。直角定規として特化された道具

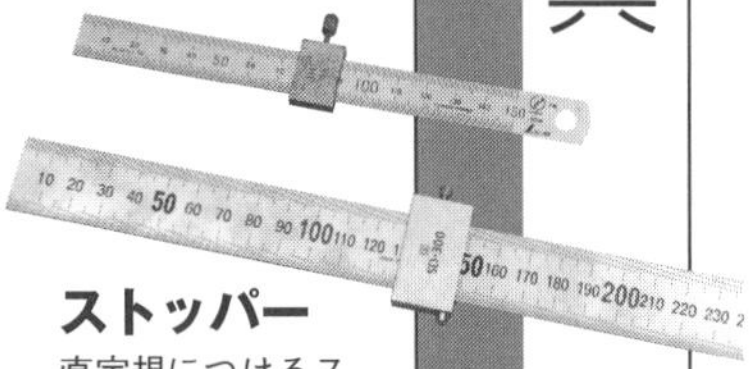

ストッパー
直定規につけるストッパーの例。一定の寸法に移動して固定できるので、定点を墨つけするときに便利

木工作品作りは、設計図や自分のイメージに合わせた寸法で、材に印をつけたり、線を引く作業から始まります。線を引いたり、印をつける作業は墨つけと呼ばれ、墨つけされた線は墨線と呼びます。線を引き間違えたり、完成後に残った線や印を、簡単に消しゴムで消すため鉛筆を使います。

長さを測る道具のメインになるのがメジャー。さまざまなテープ長、テープ幅のものがあり、木工では2mから3・5mの長さが使いやすいです。

墨つけをするために、木工で長さや幅を測る定規には、L字型のサシガネという、直角定規にも使える定規を使います。長い腕（長手）が５００㎜、短い腕（妻手）が２５０㎜の大工用と呼ばれるものと、それより小さい長手３００㎜、妻手１５０㎜のＤＩＹ用と呼ばれる大小のモデルがあります。

スコヤは直角測定専用の定規（45度も測れる定規がついたものもある）。より正確な直角をスムーズに測定できるように、サシガネより小さく、頑丈な作りになっており、測定だけでなく、線引きにも使えるものです。

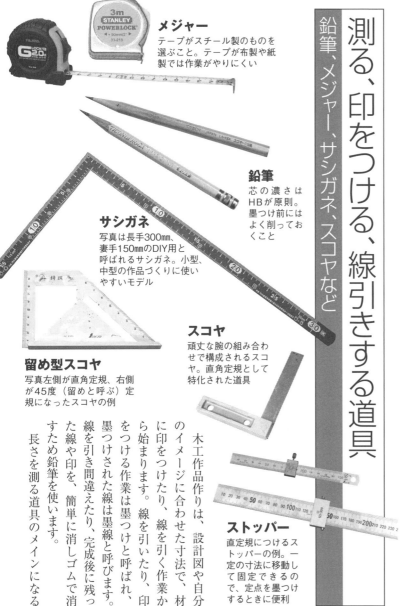

材に墨つけしたら、墨線に沿って材を切り部材に取り分けます。この切り分ける作業を「木取り」と呼びます。

　ノコギリは木目に対して平行に挽《ひ》く縦挽きと、木目に対して直角や斜めに挽く横挽きという2種類の刃がありますが、現在販売されている材木は製材されて、カンナもかけられているので、木取りは必要な長さに切り分ける作業だけ、ということがほとんどです。したがって、横挽きの刃がついたノコギリがあればいいといえます。また、隠しクギの手順でクギを隠す丸棒（ダボ）を切る工程がありますが、そこでは小型でアサリのない刃のついた専用のノコギリを使います。

　ジグソーは電動のカーブ切り用の切断工具。刃の動きが比較的遅く、緩やかなので、ビギナーでも使いやすいといわれます。ただし細いブレード（刃）のため、フリーハンドで墨線を追って、真っすぐ切るのはビギナーには難関。正確な直線を切るには、直線ジグで補助してあげましょう。

　丸ノコは木工切断工具の主役といえる電動工具。チップソーと呼ばれる刃のついた円盤が高速で回転して材を切る仕組みで、厚さ50㎜を超える材を切ることが可能です。丸ノコは使い方さえ間違えなければ、作業は速く、切断面もきれいです。ただし、むき出しの刃が高速で回転するため、切断中は作業に集中して、スイッチを入れたら決して丸ノコの動きから目を離さないようにしましょう。

切る道具
ノコギリ、ジグソー、丸ノコ

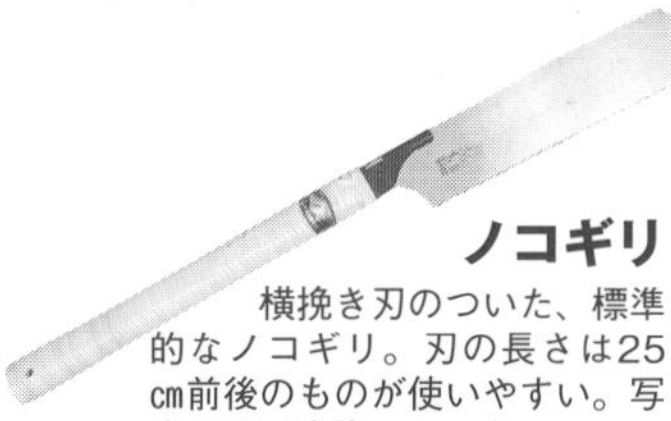

ノコギリ
横挽き刃のついた、標準的なノコギリ。刃の長さは25㎝前後のものが使いやすい。写真は刃が交換できるもの

ダボ切りノコギリ
隠しクギをするときに余ったダボ（丸棒）を切るアサリ（刃の左右への張り出し）のない小型のノコギリ、刃長145㎜

丸ノコ
100V電源、刃径165㎜、刃数52枚というのが、ごくスタンダードな丸ノコのスペック。これ以上大きくなると、取り回しにくい

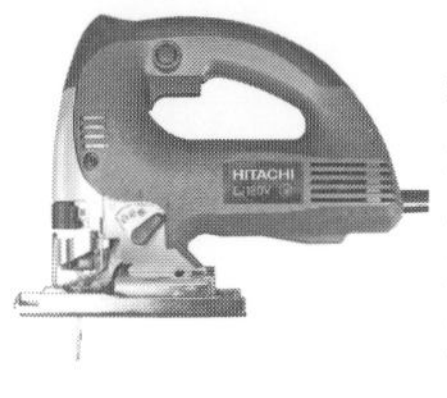

ジグソー
本体下側のベースプレートの下で刃が動くので、うっかりケガすることが少なく、ビギナーでも安全

組み立てる道具
カナヅチ、ドライバードリルなど

クギを打つ工具がカナヅチ。写真のゲンノウといわれるモデルがバランスもよく使いやすいです。いろいろな重さがありますが、一般的な木工には225gから300gのものが使いやすいとされます。

　ドライバードリルとインパクトドライバーは、ビットと呼ばれる軸のついた先端工具を交換することで、ドライバー、ドリル、キリなどとして使えます。同じサイズのクギより、5倍強い接合力を持つといわれるビスを打つには欠かせない工具として、現代木工の組み立て用に欠かせない工具となっています。

　ドライバードリルはビスを締める力の微調整ができ、きれいにそろったビス打ちが可能。インパクトドライバーは回転方向に打撃（インパクト）を与え、長さ100㎜～120㎜といった長いビスも打つことができます。

　材を仮固定するための締め具が、クランプと呼ばれる工具。締める材に応じていろいろな開口幅に対応できるように、種類も多彩。クランプは、力を材に均等にかけて、締めることが基本なので、購入するときは2台ひと組としてそろえておきましょう。

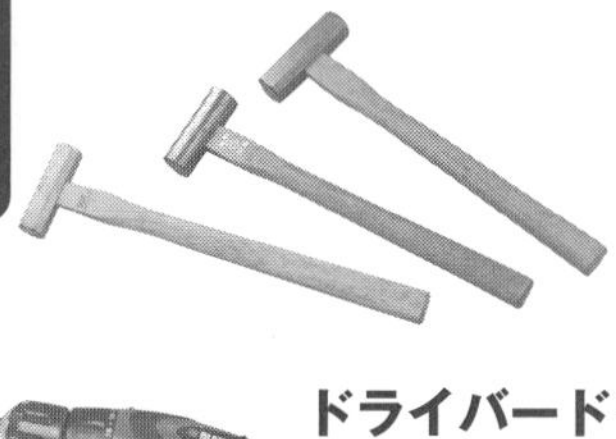

カナヅチ
写真がゲンノウ型と呼ぶ伝統的なカナヅチ。バランスがよく誰でも使いやすい。重さ225gから300gのうちから、持ち重りしないものを選ぶ

ドライバードリル
写真はハンドル下に、電源として14.4V充電池をセットする、現代の標準的タイプ。100V電源のモデルもある。口金のまわりにあるダイヤルで、締め付け強さの調整ができる

インパクトドライバー
14.4V充電池を電源とするモデル。100V電源のモデルもあるが、電池が進化した現在、コードレスで取り回しのいい充電池のモデルが主流

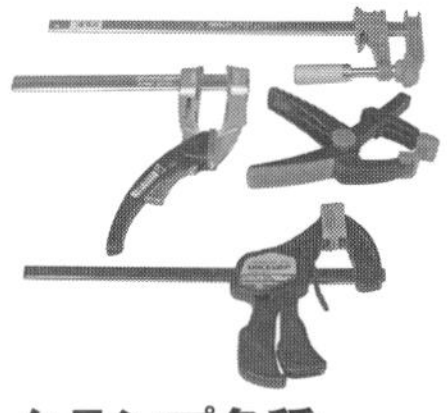

クランプ各種
材同士を仮組みしたり、圧着したりするクランプは開口幅、締め付け方法によってさまざまなモデルがある

ベルトクランプ
こちらは、箱や枠を固定できるベルトクランプというクランプ

STUDY
DIY From
BASICS

02 木材の知識

加工のしやすさ、価格の安さなど、素材の特徴いろいろ

作ることを楽しむなら、高価な広葉樹でなく、近所のホームセンターでいつでも手に入る針葉樹、合板、集成材を購入したほうがお得。とくに針葉樹を原料とする2×材はやわらかく、切断も楽で工具に負担をかけないのでオススメの素材です。

2×材

簡単木工の主要素材として人気

主な素材に1×4材を使ったカントリー家具

「2×材」と書いてツーバイ材と読む2×材は、2×4工法に使う構造材として規格化された材木の総称。木工では、厚さ38㎜の2×材と、厚さ19㎜の1×（ワンバイ）材がよく使われます。北米原産の針葉樹から製材される、白い木肌を持ったSPF材と、赤褐色の木肌のウエスタンレッドシダー材とがあるほか、1×材では、SPFと同じ特徴を持った、ホワイトウッド材というヨーロッパ産トウヒから製材された材も販売されています。2×材はすでにカンナ掛けもされているので、木取りさえすればすぐ組み立てに移れるのも特徴です。

SPF材は植生の似たスプルース（トウヒ）とパイン（マツ）、ファー（モミ）の混合材で、やわらかく加工しやすいのが特徴。ウエスタンレッドシダー材は腐朽に強く、塗装せずに野外に放置しても、10年程度の耐久性を持つといわれます。ちなみに、SPF材を野外に放置すると1年たたずに腐朽がはじまるので注意。

2×材の寸法は規格化されたインチ、フィート法で製材されています。木口の寸法は2インチ（50・8㎜）×4インチ（101・6㎜）ですが、店頭に並ぶ段階で乾燥とカンナ掛けされた結果、1・5インチ（38㎜）×3・5インチ（89㎜）となっています。これを、そのまま公称としてしまうと煩雑になるので、2分の1インチ切り上げた寸法で呼ばれています。この実寸法に法則性はなく、木工家は皆、換算を丸暗記しています。

価格はSPF材のほうが圧倒的に安く、ホームセンターのバーゲンでは、2×4材の長さ1820㎜の材が1本200円以下で販売されることも。対してウエスタンレッドシダーは、北アメリカでも、高級材と認識されているうえ、流通が減っているので、SPF材と同じサイズで、安くとも1本600円程度はします。

ホワイトウッドという名で販売されるヨーロッパトウヒ。SPFの2×材と規格も特性も同じ材

SPF材は白く、加工しやすい特性の材だ

2×材のサイズ表

木工でよく使う2×材の断面寸法

公称（呼び寸法）	実寸法
2×4	38×89㎜
2×6	38×140㎜
1×4	19×89㎜
1×6	19×140㎜
1×8	19×184㎜
1×10	19×235㎜

2×材の長さ換算表

4フィート	1219㎜
6フィート	1830㎜
8フィート	2440㎜
10フィート	3048㎜
12フィート	3650㎜

ホームセンターでは規格寸法で2×材が販売されている

合板

安価で広い面を確保できる

合板はベニヤ板とも呼ばれる、おなじみの板材。全国どこのホームセンターでも購入することができます。

専用のかつらむき機で薄くかつらむきにされた板を、木目が互いに直角になるように奇数枚重ねて接着、積層されて作られます。

サブロク（三尺、六尺）と呼ばれる１８２０㎜×９１０㎜を基本の大きさとして、厚さ３㎜から30㎜まで規格化されています。

ホームセンターで扱う合板

●ラワン合板

ラワンなど南洋材を原料とする、目の粗い合板。一般的にベニヤ板と呼ばれるものがこれに当たる。構造用もある。普通合板とも呼ばれる

●シナ合板

シナ合板は化粧合板の仲間で、表面になめらかなシナ材を張った合板。塗装ののりもよく、木工には一番使いやすい合板

●構造用合板

住宅建築の構造材に使われる。板のどこかに、強度やホルムアルデヒド規格基準が明記されている

●針葉樹合板

ラワンなど南洋材の生産が減ったため、シベリアなどの針葉樹から作られる合板。独特な木目が特徴的な合板。構造用もある

●ランバーコア合板

内側に軽いファルカタ材の集成材を挟み込んだ合板。厚みが取れるので、家具などの素材に使いやすい

●コンパネ

コンクリート型枠パネルのことで、寸法は1800×900㎜、厚さ12㎜の1種類。コンクリート剥離用の塗料が塗ってあることが多い

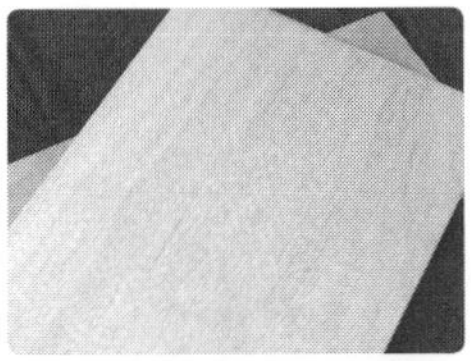

ラワン合板の表面。表面はざらざらしている

木目が特徴的な針葉樹合板は、個性的な素材

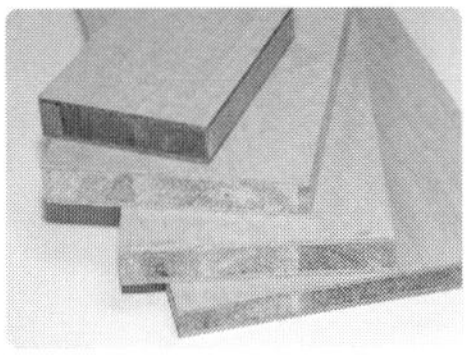

内側にファルカタ材など南洋材を芯にして薄板を表面に張ったランバーコア合板

デザイン次第で合板でもモダン家具の素材として現代的な家具素材になる

集成材

天板、座板、側板に最適

幅15㎜から30㎜程度の角材を、接着剤で横にはぎ合わせて、幅広の材に集成したもの。合板と同じように、長さ１８２０㎜、幅９１０㎜が基本の大きさで、厚さは12㎜程度から30㎜程度まで、いくつかの厚さが生産されています。

集成されているため、無垢の一枚板のように、季節による材の膨張や収縮が起こりにくく、使いやすく安定しています。とくにテーブル天板など、広い面材として使う場合、反りや割れが起こりにくいというのは、使う側にとっても安心できるポイント。集成材の中でも、材の長さ方向が無垢材のものは横はぎ材と呼ばれて、集成材の中でも高級とされます。

フィンガージョイントでつなげた角材を、横方向にはいでいくことで板材として使えるようにした集成材

広い面材が必要な作品づくりには集成材が活躍してくれる

スギ材

日本の間伐材から生まれる

スギは日本でもっともなじみのある樹木で、流通も多い木材。加工しやすく、比較的安価なので、ビギナーでも使いやすいのが特徴。ホームセンターでは木工の材料として、また在来建築用の野地板（屋根の下地板）や、胴縁板（壁の下地板）としても売られています。

材の厚さは９㎜から24㎜程度、幅は１８０㎜から２４０㎜、長さは６００㎜から４０００㎜の寸法が、いろいろな組み合わせで製材されています。集成材として加工されたものも販売されています。

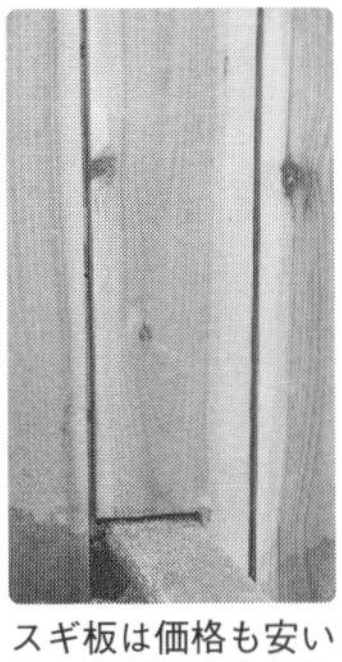

スギ板は価格も安いし、加工性も良好な国産材

STUDY
DIY From
BASICS

03

木工の基礎テクニック

墨つけからきれいな組み立て方まで、収納DIY作りに必須です

墨つけ

材に線を引く、印をつける

墨つけは木工における基本中の基本

木工から木造建築まで、木材に切る位置や寸法を指示するために線を引いたり印をつけたりすることを墨つけと呼び、墨つけで引かれた線は墨線と呼ばれます。

本来、墨つけは大工でも棟梁だけに許された重要な作業とされていました。木工でも、墨つけは後の作業のすべてを左右する大切な作業となります。

墨つけは、間違えても消しゴムで消すことができるように、鉛筆で引くのが原則。濃さはHBが基本です。線引きは細いほど精度が上がるので、鉛筆はよく削っておきます。墨つけが多い場合は、何本かまとめて鉛筆を用意しておきましょう。

墨つけの線引きでは、鉛筆の先端が定規の端に密着するように意識すること。定規の角に芯が引っかかって、鉛筆の先端が定規の端より外にずれてしまうと、正しい線は引けません。むやみに急ぐ作業ではないので、ゆっくり確実に墨つけすることが大切です。

定規は動かないよう、しっかりと手で押さえておきます。サシガネは、しなりを利用して固定すると効果的に押さえることができます。墨線はできるだけ真上から見て、墨つけするようにしましょう。

墨つけの基本

縦の線を引く
しっかり定規を押さえ、定規の右側で線を引く

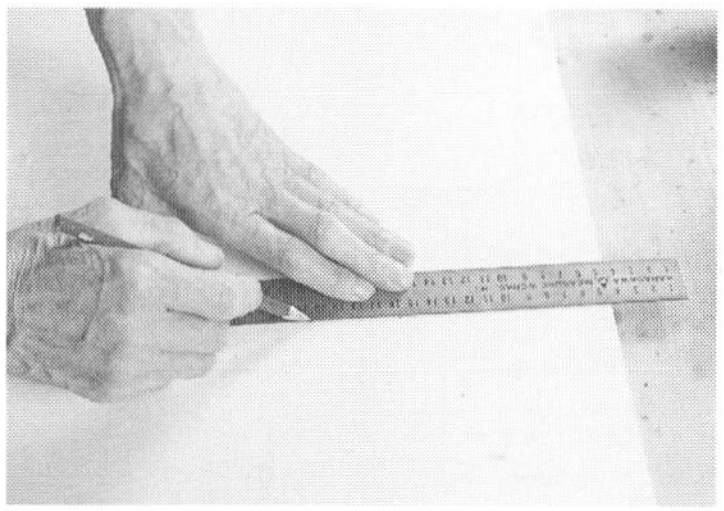

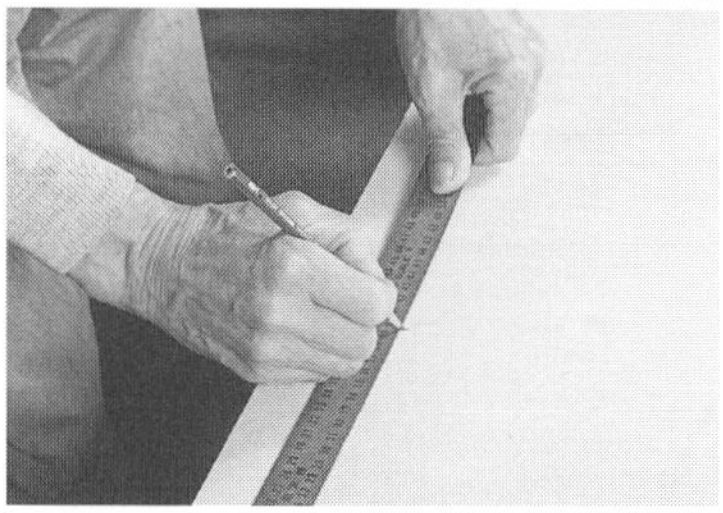

横の線を引く
しっかり定規を押さえ、定規の上端で線を引く

メジャーの突き当てと引っかけ

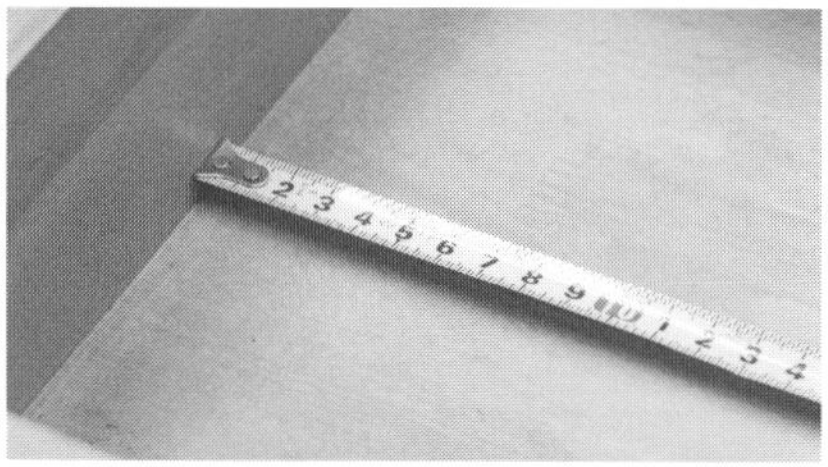

メジャーの先端には前後に可動する爪がついている。これは写真上のように突き当てて測る場合でも、写真下のように引っかけて測る場合でも、爪の厚さによる誤差が出ないようにするためだ

メジャーで寸法の点に墨つけする

メジャーはテープ状なので、定規のように固定できず線引きには使えないが、寸法や位置の点を墨つけするには便利な道具だ。墨つけはメジャーによる測定と印つけ、定規を使った線引きという手順で行なわれることが多い

身近なものでカーブを墨つけする

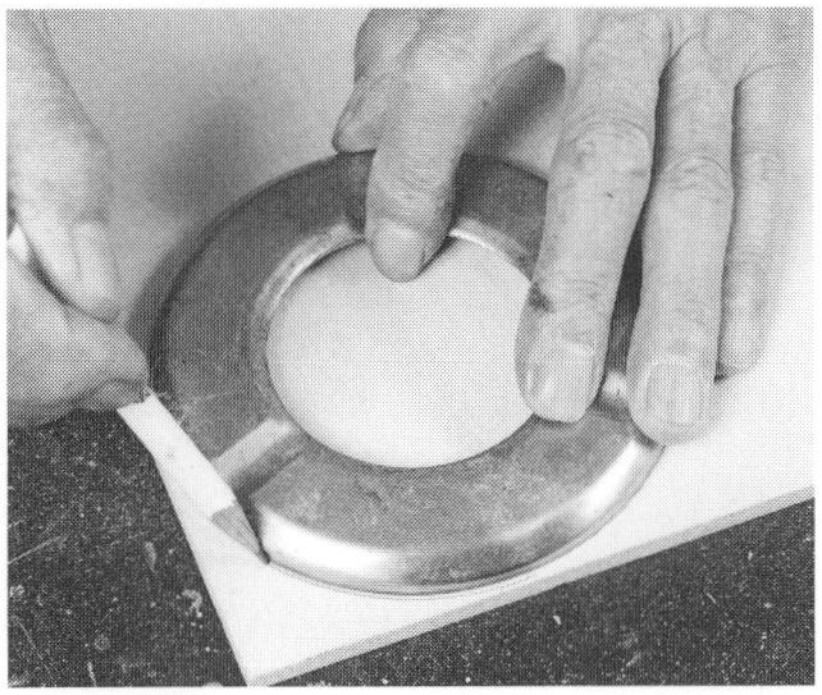

作品の角部分などカーブを墨つけする場合は、そのカーブに合ったカーブを持った日用品で墨つけできる。写真では灰皿のフタを使ってカーブを墨つけしているところ。ほかにもコップやキャップ、コインなど、正確な円のものならいろいろと利用できる

サシガネでカーブを墨つけする

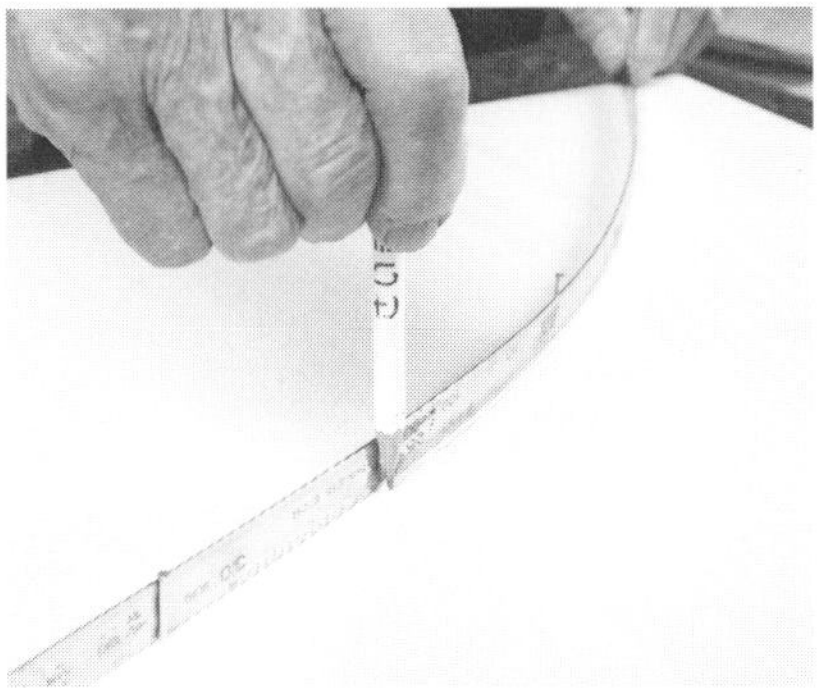

サシガネのしなりを利用すれば、かなり大きく緩やかなカーブを墨つけすることができる。補助する人がサシガネをたわめて支えてくれれば簡単だが、小クギを打ち、これを支点にたわめれば、ひとりでも墨つけできる

自作コンパスで墨つけする

テーブルやベンチなど、普通のコンパスで引けないような円を墨つけする場合、竹材や合板を定規のように切ったものに穴をあけ、写真のように片方をクギで留め、片方に鉛筆を差せるようにすれば、大きな円も簡単に墨つけできる

サシガネで等分を分ける

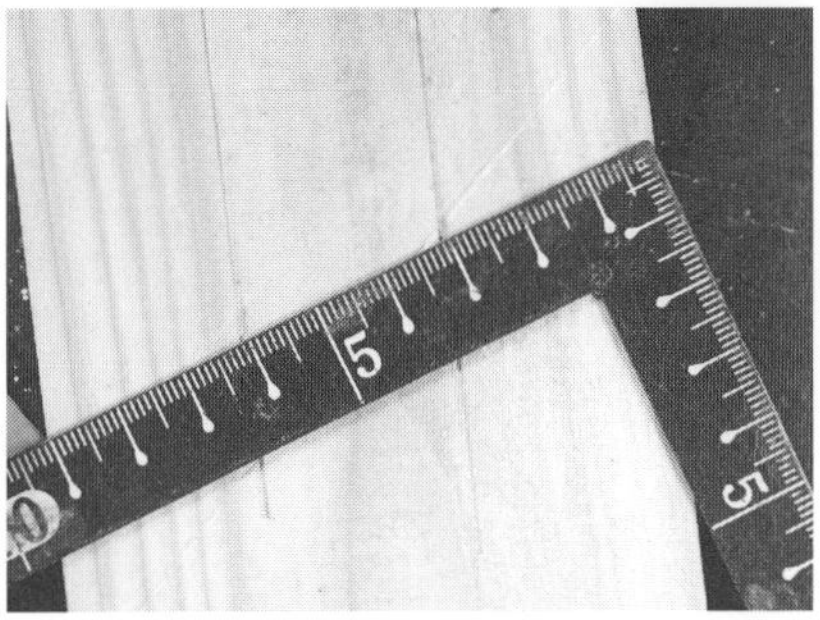

割り切れない幅の板でも、材の上でサシガネを斜めにし、割り切れる数値でサシガネを止めれば、簡単に等分できる。写真は幅86㎜の板を３等分するため、サシガネを90㎜で合わせている。30㎜、60㎜の位置で墨つけし、そのままサシガネを前後させ、同じように墨つけして、先に書いた点と結べば、３等分線が引ける

スコヤで墨つけする

スコヤもサシガネと同じように使って、墨つけすることができる。写真のように厚いほうの腕を材の端に密着させれば、薄いほうの腕は自動的に材の端に対して直角に位置するので、薄い腕の外側に沿って線引きする

留めスコヤで45度を墨つけする

留め（45度のこと）スコヤを組み合わせたスコヤを使えば、写真のように簡単に45度の墨つけをすることができる

サシガネで墨つけ

長手を材の端に密着させ、少し下に押ししならせて安定させれば、材の上の妻手は材の端に対して、自動的に直角の位置になるので、妻手の外側で線を引く

材が厚かったり、何枚か重ねて墨つけするときは、写真のように妻手の内側で墨つけする。この状態で妻手の外側で墨つけすると、サシガネが立ちすぎていて、誤差が出やすい

サシガネで45度の墨つけ

長手と妻手の2辺が、同じ長さを指すように材の上に置く

↓

サシガネの延長は材の端に対して45度を示す

ノコギリで切る

ノコギリ（手動で挽くので、手ノコとも呼ばれる）を使って、直線で真っすぐ切るのは木工の基本。

大切なことは、切った面が上から下まで真っすぐに切れていること。初心者は、ノコギリの刃を材に対して直角に保つことができず、切った面が傾いてしまうことが多いもの。写真のようにソーガイドなど、ノコギリの刃を真っすぐに保つ補助具を積極的に利用しましょう。補助具で矯正された状態で切っているうちに、やがて補助具なしでも、真っすぐ切れるようになってきます。

日本のノコギリは、手前に引いたときに切れるように刃がついているので、押す力3：引く力7程度のバランスで挽くと、疲れずに切ることができます。

ノコギリの基本的な持ち方はこのように、利き手で柄の前から３分の１程度のところを握る

厚さのある材を切るときは両手で挽く。写真のように利き手は後ろを握ると、力が入れやすい

ノコギリの基本的な挽き方

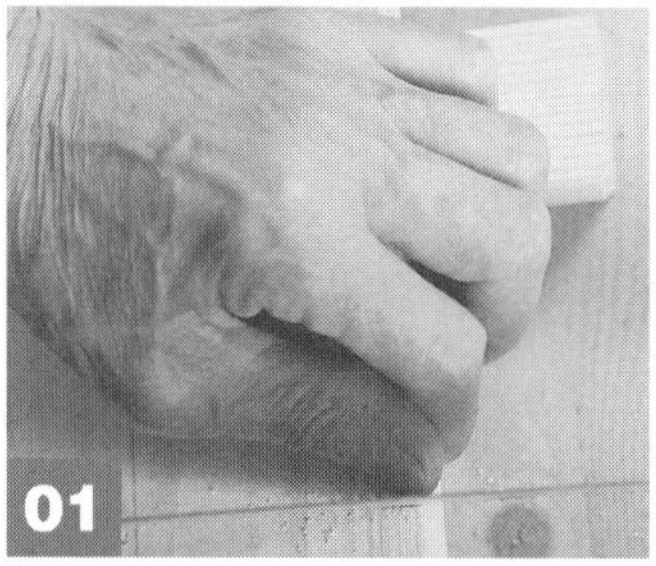

01

墨線を目印にして、切り始める部分に親指の爪を置き、そこにノコギリを沿わせる

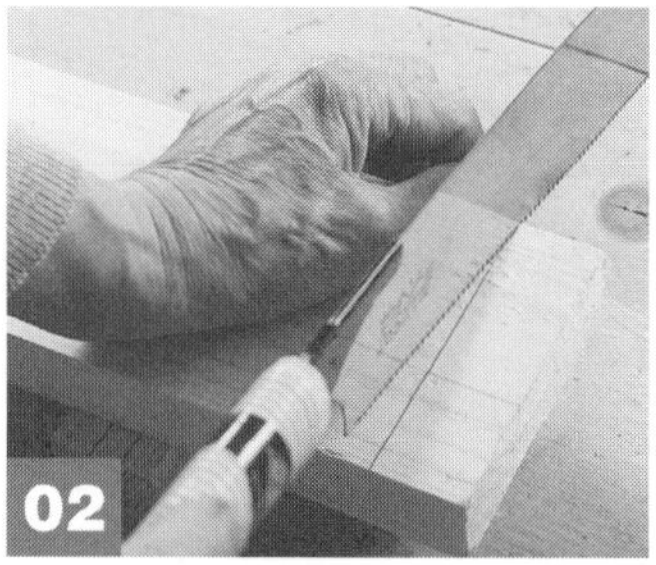

02

手順１の状態で軽く前後に挽き、ノコギリの通り道を切る。刃が傾かないように十分に注意する

03

ノコギリの通り道が決まったら、ノコギリ刃の全長を使い、押す力3、引く力7で切り進める

04

切り終わりに近づいたら、最後の工程で材が折れないように、ノコギリの柄を下げていくときれいに切れる

ソーガイドで補助して切る

２枚の円盤で、ノコギリの刃を挟んで左右に傾かないように、補助するソーガイド。初心者でも、簡単に真っすぐ切れる

ソーガイドの角度を設定しておけば、材の角度切りも安定して作業できる

ジグソーで切る

ジグソーに材を合わせてブレード（刃）を取り付け、切る材もしっかりと固定します。ジグソーはブレードが上下して切る工具なので、切る材の下にはブレードが上下できるスペースを確保しておくこと。

切断はジグソーのスイッチを入れ、ブレードが確実に動いているのを確認してからベースプレートの先端を材に置き、ブレード位置を墨線に合わせて切り始めます。材にブレードを当ててからスイッチを入れると、ブレードが材に引っかかった状態となり、ジグソーが振られて手から取り落とすことがあり大変危険です。必ず始動してから切り始めましょう。

ジグソーで切るときは、ジグソーのブレードが確実に墨線にのっているか、目で追いながら切っていきますが、このとき、できるだけブレードの真上から、のぞき込むようにすると切り線が曲がることがありません。

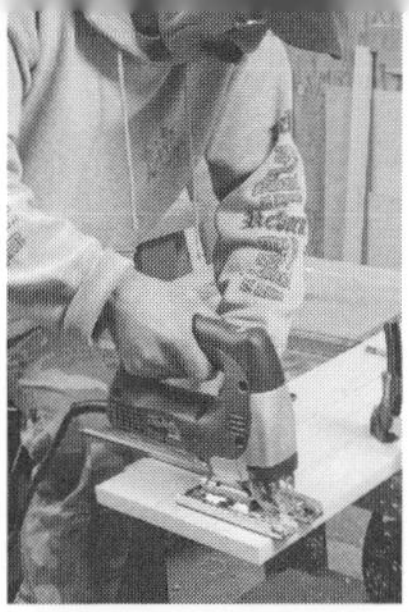

ブレードが正確に墨線上を進んでいるか、常にブレードの動きを上から見ながら作業する。直線切りでもカーブ切りでもこの原則は変わらない

丸ノコで切る

丸ノコを使うときは、まず刃がベースプレートに対して、直角になっているかを確認します。方法はベースプレート面にスコヤを置き、ノコ刃に当てるだけ。丸ノコ自体に角度目盛りがついていることもありますが、正確さを目指すならスコヤでの測定が必須です。

次に刃の深さ（出し量）を決めます。材を刃に当てて、材の厚さより刃1枚分程度飛び出す深さに合わせてください。あまり深く刃を出すと、摩擦面が広くなりパワーロスにつながります。

次にコードをコンセントに差しますが、まだスイッチは入れません。切る材の墨線を、丸ノコ前部の墨線ガイドに合わせ、材と水平に丸ノコを構えて、刃が材に当たらないところで保持。ここでスイッチを入れ、ノコ刃が回転してから、墨線に沿って切り進めます。刃が止まった状態で、材に当ててスイッチを入れてしまうと、スイッチを入れたとたんに丸ノコがもんどりうってはじけ飛ぶので、とても危険です。必ず刃が回転している状態で、切り始めること。

丸ノコを使った切断の手順

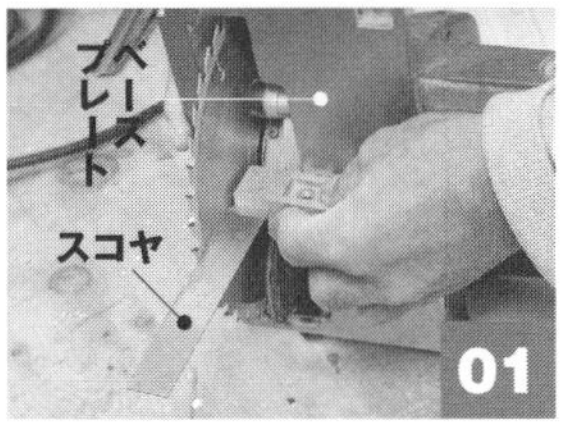

コンセントを抜いた丸ノコの刃を一杯に出し、写真のようにスコヤを当てて直角を確認する。直角が出ていない場合は、丸ノコのベースプレートと本体の蝶ナットを緩めて調節する

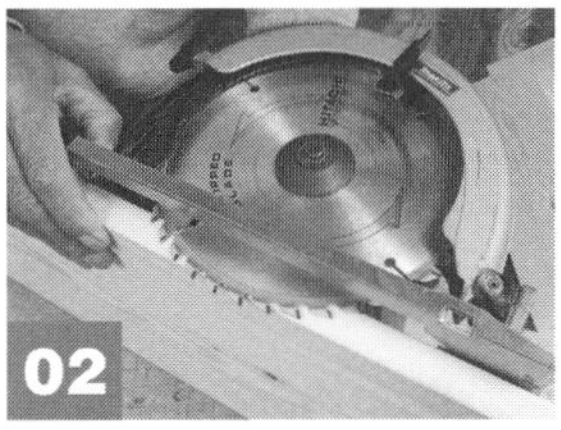

切る材の厚さに対して、刃を直接当てながら、刃1枚程度飛び出るぐらいの深さに設定する

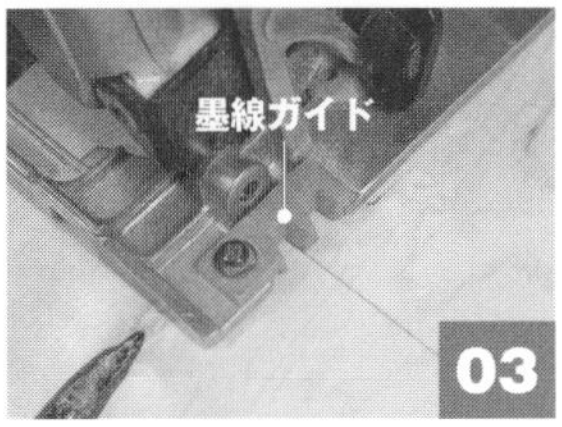

この段階でコードをコンセントに差す。ベースプレート先端の墨線ガイドに墨線を合わせ、刃が材に触れない程度に前に進める。ハンドルをしっかり持ち、スイッチを入れ、刃が回転したら、ガイドを墨線に合わせて前に進める

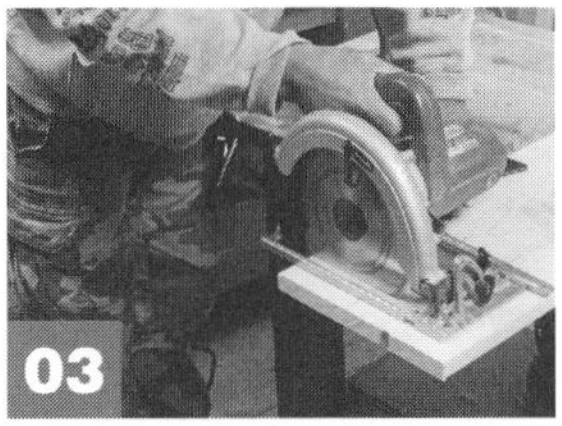

切断は丸ノコを前に押し出して進めるが、無理やり押さず、ノコ刃が材を切った分だけ進める。工具なりのスピードで進めていくことが大切だ

ジグソーで窓を抜く例

抜く窓を墨つけしたら、墨線の内側ギリギリに、ジグソーのブレードを差し込む穴をドリルであける。ブレードの幅によるが、ドリルは8～10㎜径のものを使うことが多い

切る材は、ブレードの動きを妨げないような場所に固定する。作例では作業台の端にクランプで固定して、切る部分を空中に差し出している。切る作業自体はゆっくりと墨線にブレードを合わせて進める

墨線とブレードをしっかり目で追っていけば、きれいな窓を切り抜くことができる。切るスピードは、ブレードの動きなりに進める。無理に押し進めてはいけない

組み立てる

接着、突き付け、隠しクギ、相欠き加工

木工用接着剤で組み立てる

木工用接着剤は、クギやビスの補助的なものと考えられることが多いですが、高分子化学の進歩により、現代の木工用接着剤は、適正に使えばクギやビスと同程度、もしくはしのぐほど高い接合力を持つといわれています。

一般的な木工用接着剤を使った接着では、接着面をできるだけ平らに均《なら》しておき、接着剤は片面に、薄く均一に塗ります。次に、接着剤のついた面を接着する相手に重ねてしっかりと密着させ、接着面を動かないよう押さえたら、クランプや万力で接着面全体に、均等に圧力をかけます。この状態で、接着剤の指定時間だけ圧着すれば、接着は完了します。

クギを使って突き付けで組み立てる

木工でのクギ打ちは、ゲンノウと呼ばれる、頭の両端が打面になった伝統的なモデルが適しています。ゲンノウ型のカナヅチは、一方の打面は平らに、もう一方の打面は、ほんのわずかに盛り上がった「木殺《きごろ》し面」になっています。

カナヅチはクギに対して真っすぐ打つことが大事で、カナヅチがクギの頭に打ち下ろされた瞬間、カナヅチの頭とクギが一直線になるように意識して打つようにしましょう。打ち始めは、クギを立たせるように軽めに打ち、クギが立ったら強い打撃で打ち込み、最後の一撃は木殺し面を使って、クギの頭が材の面に少し沈むように打ち締めます。

突き付けは、材の平面同士を単純に突き付け、クギやビスで接合する組み立て方法となります。

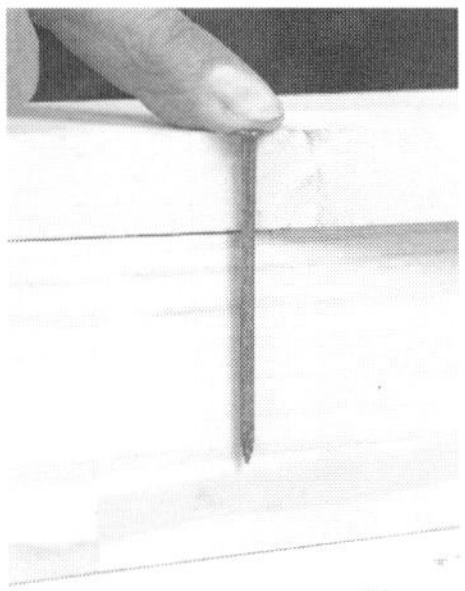

クギは組み立てる板厚さの3倍～３倍半の長さを選択する

カナヅチは実際に持って、持ち重りがなく、振ったときに、手首の力で振りを止められるモデルが使いやすい

クギ打ちの基本

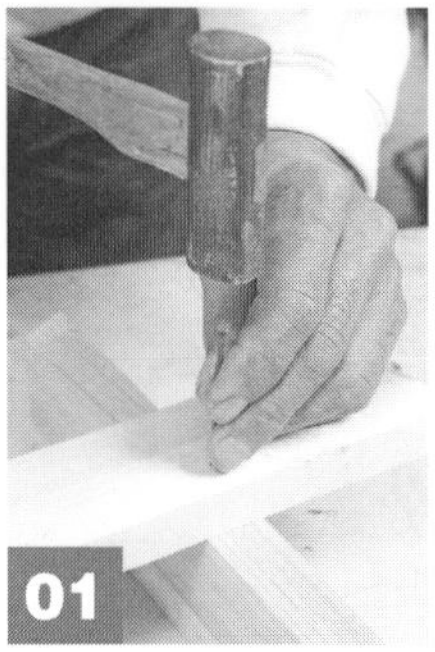

01 クギをつまんで、真っすぐに立て、軽くクギを立てるように打ち始める

02 クギが立ったら指を離し、強い打撃で打つ

03 クギの頭が材の面についたら、最後の一撃は木殺し面で打ち、クギの頭が材の面より少し沈む程度で、打ち締める

木工用接着剤を使った組み立て例

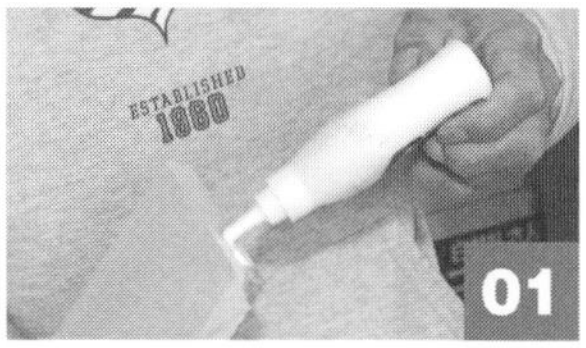

01 接着する材の片面に接着剤を塗る

02 接着面全体に薄く接着剤を広げる

03 接着する相手に接着面を重ねて押さえる。作例は角材で材を少し持ち上げている

04 クランプをかけて圧着する。押されてはみ出した接着剤は濡らしたウエスで拭き取る

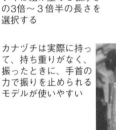

ビスを使って突き付けで組み立てる

ビス（ネジ）は、軸にスクリュー状の刃がつき、回転することで材に切り込み、その摩擦力で材同士を接合します。同じサイズのクギと比べ、5倍の接合力があるといわれ、現在の木工組み立てでは主流。木工で使われるのは、細ビス、スリムビス、細軸コーススレッドなどと呼ばれる、建築用より細身のもの。ビスはプラスのドライバービット（プラスドライバーの先端がついた軸）をドライバードリルやインパクトドライバーに取り付けて、ビットを回転させて、ビスを材に締め込み固定します。ちなみに本来ビスは「締める」が正しい表現ですが、現場では「打つ」と呼ばれます。

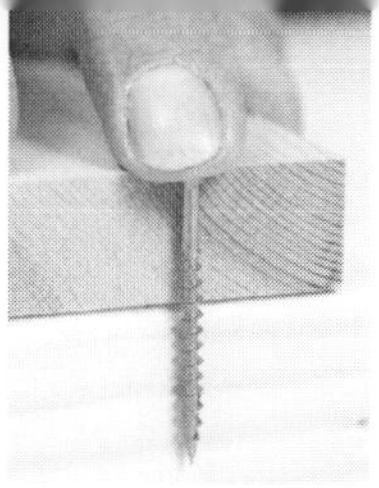
接合する材の2倍以上のものを選ぶ

ドリルドライバーやインパクトドライバーの先端にあるチャック（口金）にドライバービットを差し込んで固定し、材の面に立てたビス頭の十字溝にしっかりプラスドライバーを差し込みます。あとは工具のトリガースイッチを引けば、ビットが回転して、ビスを締め込んでくれます。

ビスを締め込むときは、ビスが真っすぐ、ゆれないで進むように、トリガーを引く反対の手でドライバードリルやインパクトドライバーの本体後ろを下に押しつけるように保持して打つと安定します。

下穴をあけてビスを打つ

堅い木や材の端にビスを打つ場合、ビスの太さに耐え切れず、材が割れてしまうことがあります。これを防止するには、ビスより少し細い穴を下穴としてあけておき、ビスを通しやすくすることで、材を割らずにビスを打つことができます。通常の長さ25㎜から50㎜のスリムビス、スレンダービス、細ビスでは、2㎜径のドリルビットを使います。

ビスを打つ部分に2㎜径のドリルで下穴をあける

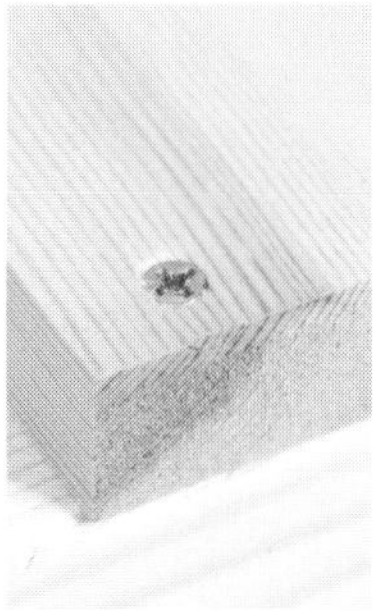
材の端部分でもビス打ちによる材の割れは起きない

座掘りして接合する

接合する材が厚くて、ビスが届かない場合、普通は材の厚さに見合った長さのビスで作業しますが、ビス頭が沈む径の穴を掘って、ビスが相手の材に届くように加工して接合することを、座掘りするといいます。

座掘り穴の深さを一定にするため、ドリルビットに目印のビニールテープを巻いている

座掘りの構造例

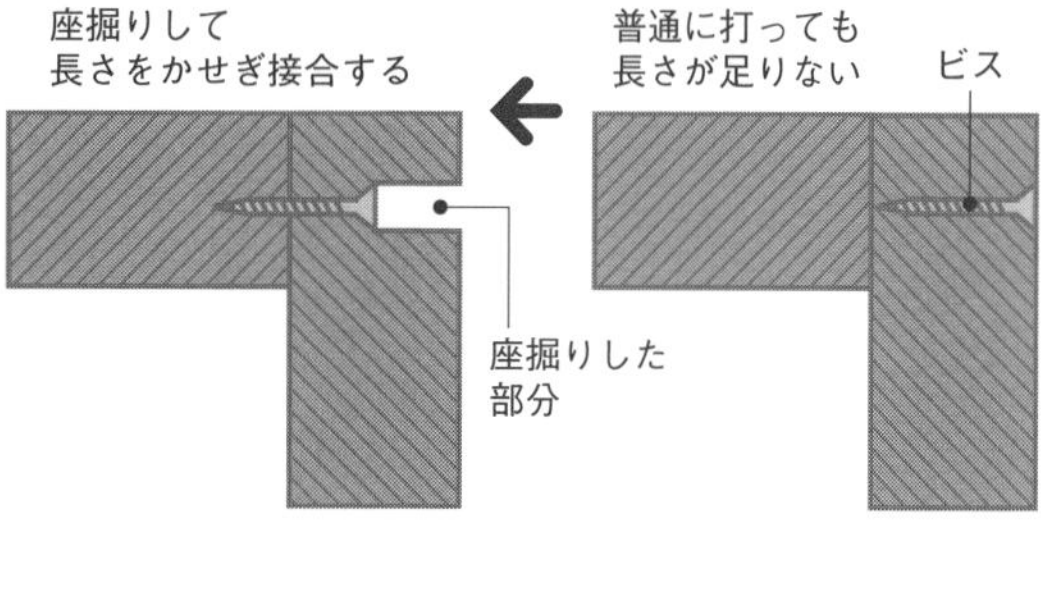

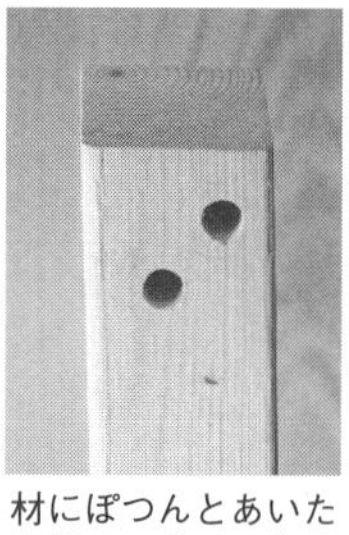
材にぽつんとあいた座掘りの穴は、作品のアクセントとして見ることもできる

下穴錐つき皿取りビットでビスを打つ

皿取りはビス頭下側の皿状の三角錐部分。ビス打ちでは、この皿が材の面に沈まず、ビス頭が材の面から飛び出ることがあります。皿取りは、あらかじめ材に皿部分を掘ることできれいなビス打ちができるようにすること。写真で紹介している下穴錐つき皿取りビットは、下穴ビットの根元に皿取りの刃がつき、下穴と一緒に皿取りもできる便利なドリルビットです。

下穴と皿取りが一度にできる下穴錐つき皿取りビット

下穴錐つき皿取りビットを使うと、ビスの頭と材がきれいにそろった、ビス打ちができる

隠しクギを使えば見た目もきれい

ビスの頭を沈めて、木の丸棒でフタをして、ビス頭を隠してしまうのが隠しクギ。手順はビスを沈めるための下穴をあけ、そこにビスを打ち、接着剤をつけた丸棒（ダボ）でフタをします。余って飛び出した丸棒を、材の面と同じ面で切り取り、最後にサンドペーパーでなめらかにすればできあがり。

ここでは、もっとも一般的な8㎜径の丸棒（ダボ）を使ってビスの頭を隠す方法を説明します。

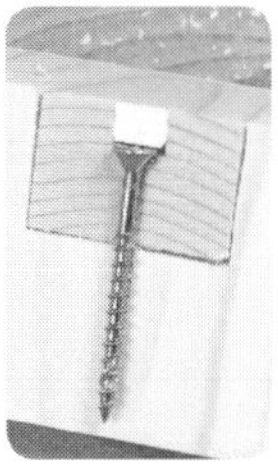

隠しクギのカットモデル。穴に打ち込まれたビスの上が丸棒（ダボ）でフタをされている

隠しクギの作業例

下穴あけは、ダボ継ぎ用のダボ錐ビットを使うと、8㎜径、深さ8㎜で一定の下穴あけができるが、なければ8㎜径のドリルビットでよい

ビスを下穴の中心に、底まで打ち沈め、材同士を接合する

ビスを打った下穴に、ビスの頭が隠れるくらい木工用接着剤を注入する

8㎜径の丸棒（ダボ）を下穴に差し込み、カナヅチで底に着くまで打ち込む。はみ出した接着剤は拭き取る

接着剤が固まったところを見計らって、余った丸棒（ダボ）をダボ切りノコギリで、材面と同じ面で切り取る

丸棒（ダボ）と材の高さがなじむように、サンドペーパーで軽く研磨すればできあがり

相欠き継ぎ手でビスいらず

相欠き継ぎ手は、互いに交差する材が、交点でデコボコにならず、平らなまま交差できるように作る継ぎ手。

相欠きはそれぞれの材から、同じ量の材を切り取って組み合わせます。写真は比較的薄い板材なので、2枚をクランプで重ねて固定して加工しました。動かないように固定しておけば、工程が一度で済むので効率的です。

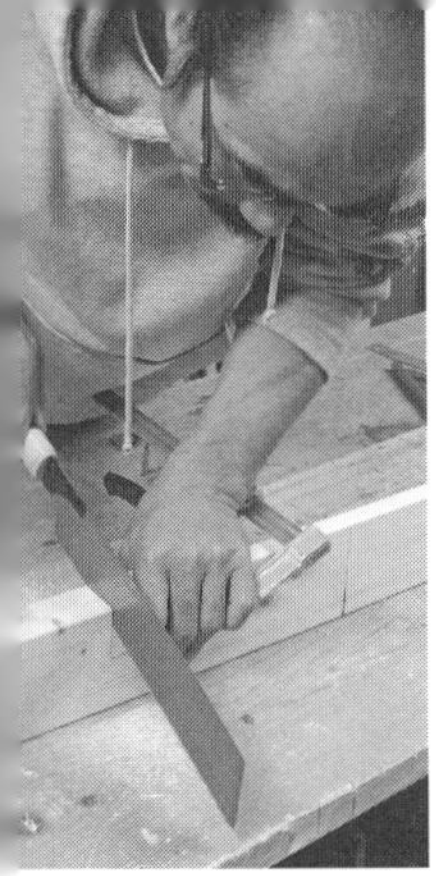

ノコギリの上からのぞき込むようにして、切り線の底を確認しながら切る

相欠きの完成例。平らな面できれいに交差している

相欠き継ぎ手の作業手順例

2枚の板に、同じ寸法で墨つけする。この作例の場合、溝幅は板の幅と同じになる

2枚の板の墨線をぴったり合わせて、2枚を重ねてクランプで固定したら、墨線の片方を底まで切る

片方の墨線の底まで切れたら、もう片方の墨線も同じように墨線の底まで切る

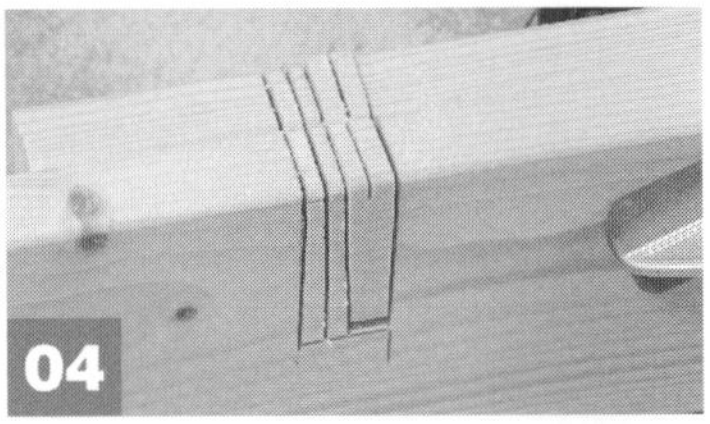

溝左右の切り線の間を、2㎜間隔程度でランダムに底まで、切り込みを入れておく

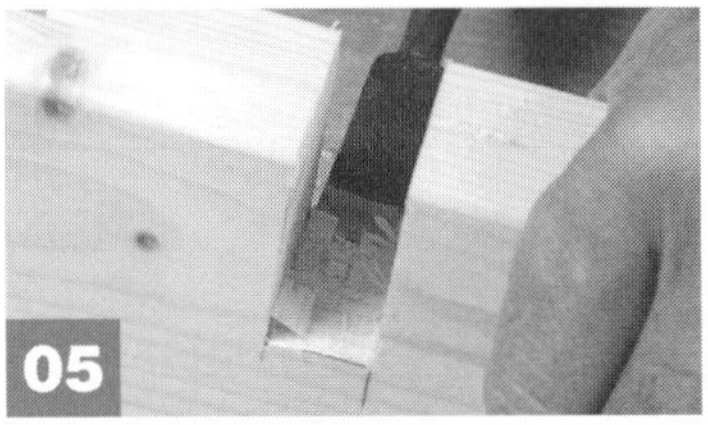

ノミで溝の中の、切り込み部分を割り外し、溝の底もノミを使って平らにさらい、きれいにさらえたら、クランプから外して組み立てればできあがり。写真のようになる

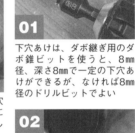

トリマーの面取り加工で装飾性アップ

飾り面取りは、トリマーにコロ（ベアリング）付き面取りビットという面取り用のビットを取り付け、材の角に装飾的な面取りをする方法。面取りすることによって、装飾はもちろん、傷つきやすい材の角部の打ち傷やすれを隠すこともできます。

トリマー用のコロ付き面取りビットの中から、好みのビットを選び、コレットチャックにしっかり取り付けます。ベースプレートで切削深さを決めたら、スイッチオン。作動を確認したら、材の角部に沿って進めるだけで、簡単に飾り面取りができます。

飾り面取りではビット先端のベアリングで切削幅、ベースプレートで切削深さが固定されるので、いつも一定の飾り面取りができる

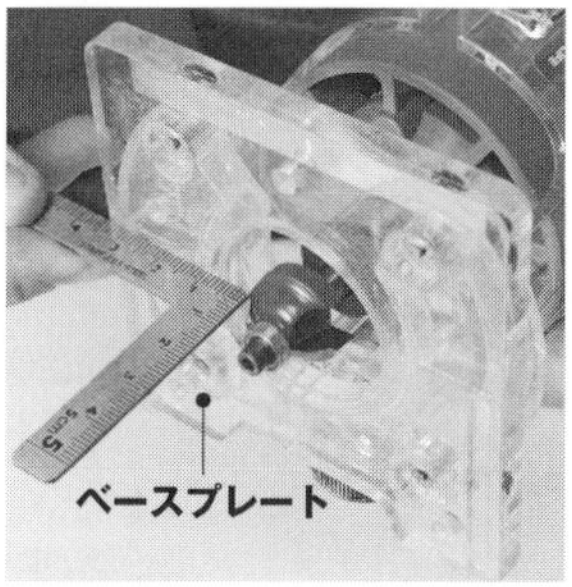

切削深さはベースプレートの位置で調節する

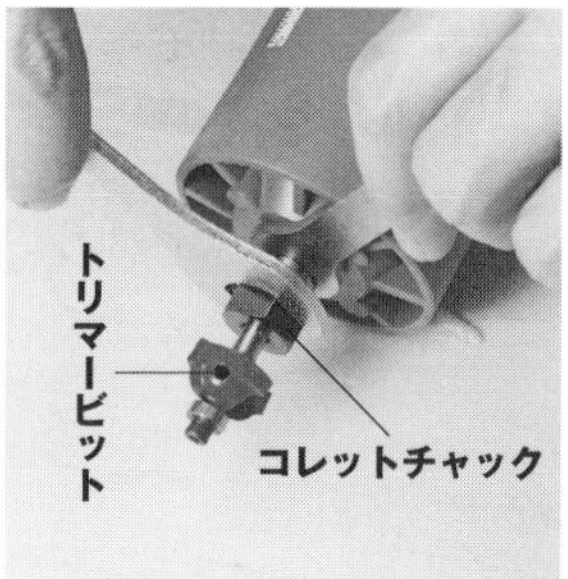

ビットはトリマーの、コレットチャックを締め緩めすることで交換できる

コロ付きギンナン面ビットによる飾り面取り例

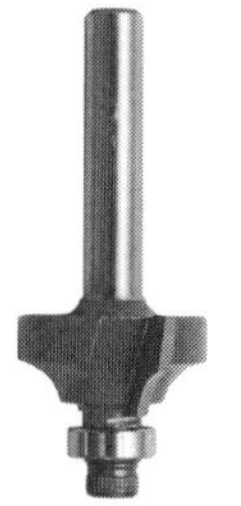
コロ付きギンナン面ビット

コロ付きヒョウタン面ビットによる飾り面取り例

コロ付きヒョウタン面ビット

トリマーの欠き取り加工で時間短縮

一定の長さで材を欠き取る場合は、トリマーにストレートビットとストレートガイドを取り付けて加工します。通常は切削幅と切削深さを同じにすることが多いようです。トリマーに付属するストレートビットは径が6㎜なので、それ以上の幅が必要な場合は、その幅のストレートビットを使うこと。

切削幅は本体に取り付けるストレートガイドの位置で決め、切削深さはベースプレートからビットを何㎜出すかで決めます。切削サイズを決めたら、トリマーのスイッチを入れ、ストレートガイドの面を材の面に沿わせて、欠き取りすれば、一定の欠き取りができます。

欠き取りの作業例

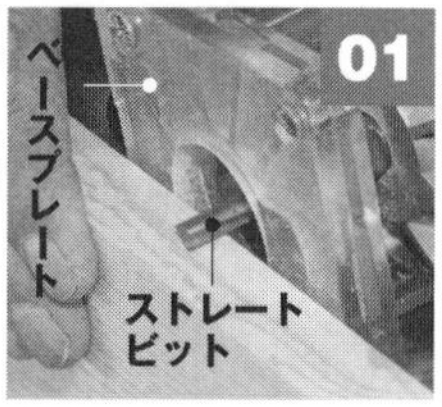

ビットの深さ（出し幅）はベースプレートを動かして決める

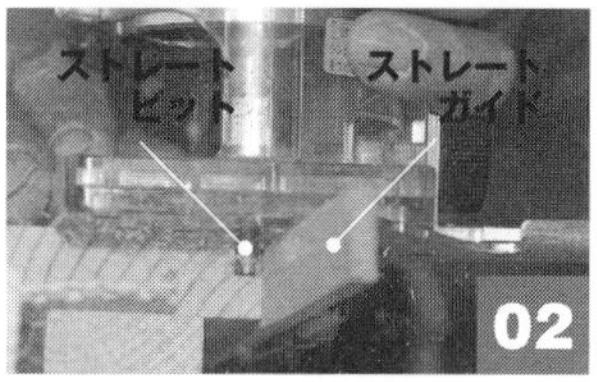

ストレートガイドを材に沿わせて加工する。上写真はストレートガイドで切削幅を固定し、ベースプレートで切削の深さを固定して材を切削している状態。長い寸法の欠き取りもきれいに、スピーディーに加工できる

ミニカンナを使って手軽に面取り

面取りの効果は、飾りのほかに、打ち傷やすれなどのつきやすい作品の角部の保護の役目があります。なかでもミニカンナを使った面取りは、もっともシンプルなもの。

ミニカンナは、手の平に入ってしまいそうな刃幅40㎜程度の小さなカンナ。これを使って、幅1㎜から3㎜程度の面取りをします。トリマーでの飾り面取りと違い、ミニカンナを使った面取りは、どんなスタイルの作品にも合うものです。

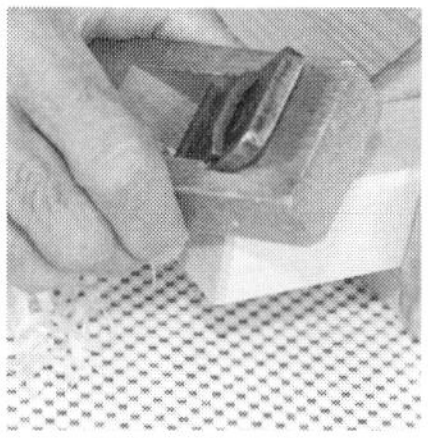

ミニカンナは刃幅40㎜程度の小さなカンナで、手に収まるほどの大きさ。これを使って、角材の先端や角部分を面取りする。面取りは材を木取りして、組み立てる前にしておくと効果的。左円内は角部と先端に面取りした角材。これだけの手間で、作品のできあがりが一段とアップする

設計・プランニング

作業にかかる前にしっかり考えたい

DIY収納を作るとき、サイズや強度、「どんな作品を作るか」という計画が大事。きちんとプランをたててから作業に取りかかれば怖いものなし！

DIY収納設計の流れ

作りたいものを作れるようにするのが設計

作って嬉しい、家族にも喜ばれる、後々まで使える、そんなDIY収納を作るためには、置く場所や用途、使う人のことを考えた設計が不可欠。

収納場所がないから棚を作る、という必要に迫られるパターンだったり、趣味の物をきれいにディスプレイするための棚を作りたいなど、発想の出発点はいろいろですが、どんな場合も、最初はイメージを膨らませて、どんな要素があると満足するか書き出してみること。見た目が恰好いいと満足なのか、使い勝手の良さを求めるのか、どんなに酷使してもびくともしない頑丈さを求めるのか、低コストにしたいのか……そのイメージができれば作品作りがスタートできます。

実際の作品作りにいたるまでには、左記の「形状・寸法」から「木取り」までのプロセスがありますが、ここではそのなかでももっとも基本的な「形状・寸法」と「設計」について解説していきます。

step01 形状・寸法

最初に、どんな収納をどこに作りたいか、じっくりと構想を練る。ここで作った完成イメージがしっかりしていると、あとで迷いが少ない

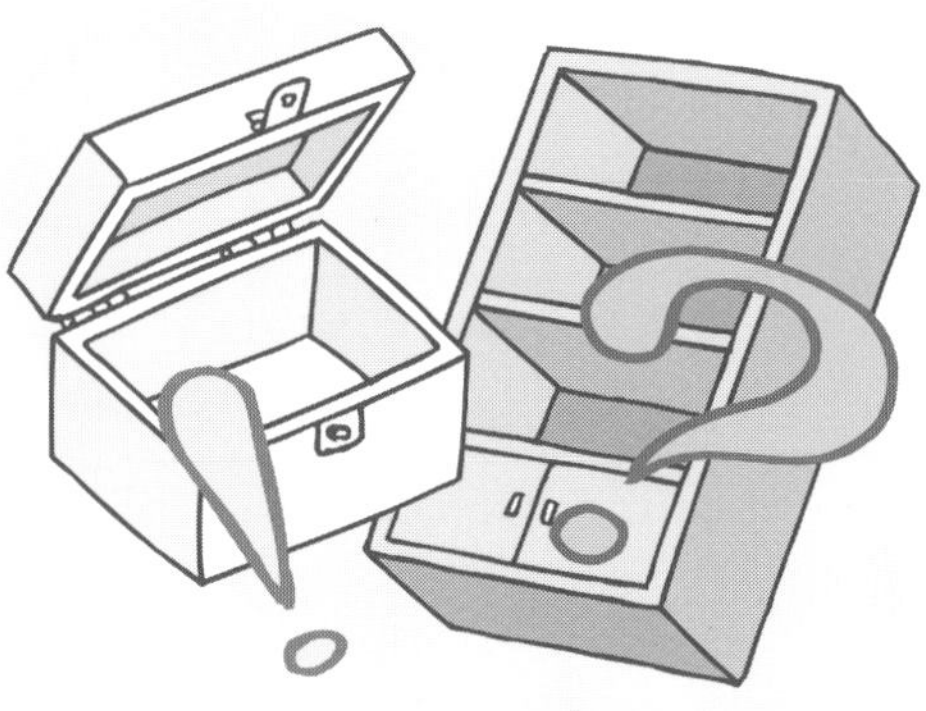

step02 設計

大まかな構造が決まったら、次はラフスケッチを描き、細かい部分も決めていく。接合はクギにするのか、背板は入れるのか、扉をつけるのかなど、しっかり計画して展開図を描き、必要な木材のサイズや量を計算しよう

step03 木材選び

木材とひとくちに言っても、木を切ったままの無垢材、薄い板を張り合わせて作った合板、角材で形成した集成材とあり、無垢板は針葉樹か広葉樹によって適性が異なる。強度や適性・価格も違うので、適した材を選ぼう ※P184〜185を参照

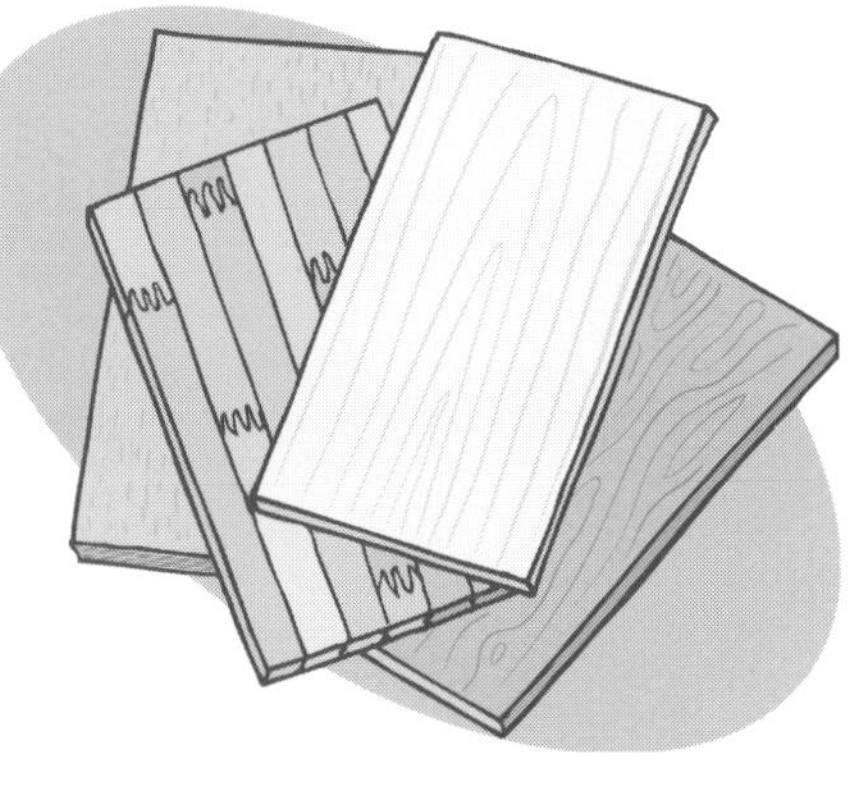

step04 木取り

最後に板材への墨つけ計画（＝木取り）を考える。展開図をもとに、どう板材をとるとムダが出ないか考えながらプランをたてよう。どのサイズの板材を使うかによっても木取りは変わってくるが、できるだけムダなく使うことが原則

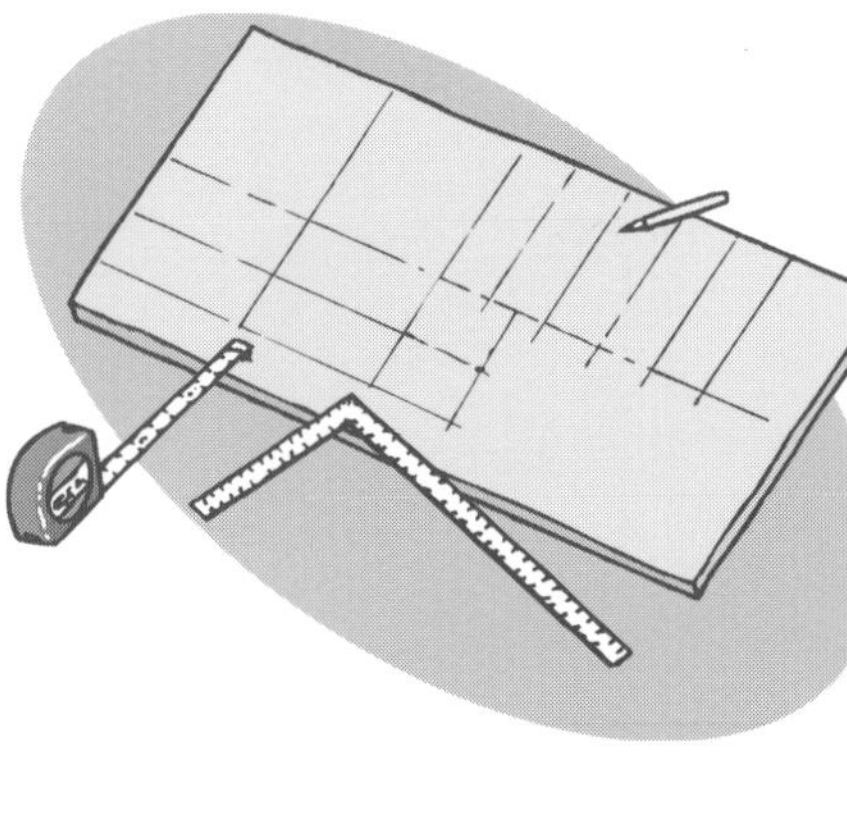

step01
形状と寸法を考えよう
何を入れるか、どこに置くか

作るものがボックス収納か棚か、ガーデン収納かによって設計のポイントは変わりますが、使う用途に合わせて設計するのが基本。

たとえば棚や箱なら、何を入れて、どこに置くかによって、サイズや棚の段数・箱の仕切りなどの形状が変わりますし、入れるものの重さによって、強度も変わります。まずは大まかな形状と寸法をもとに、自分なりのアレンジを加えていきましょう。

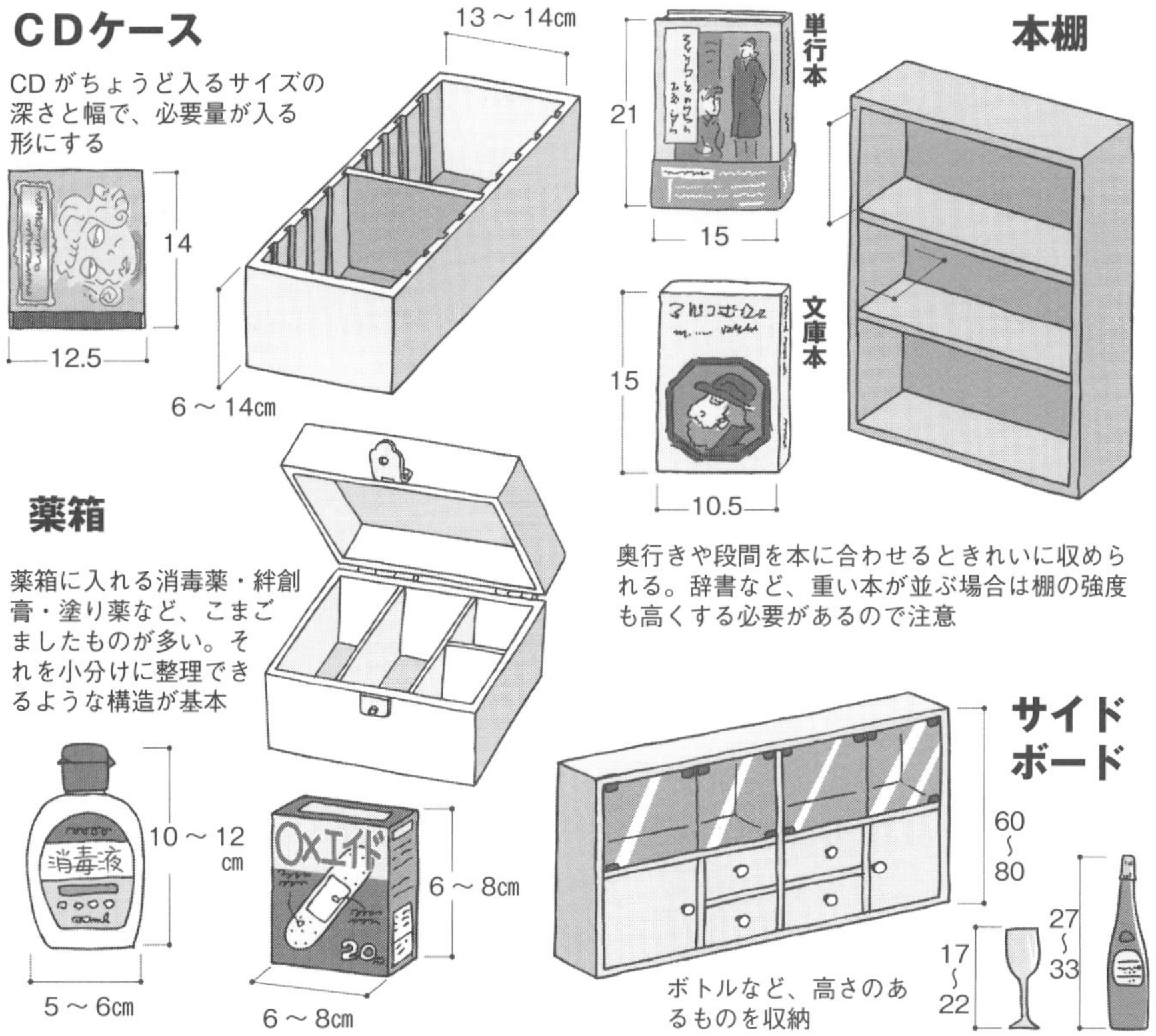

奥行きや段間を本に合わせるときれいに収められる。辞書など、重い本が並ぶ場合は棚の強度も高くする必要があるので注意

薬箱に入れる消毒薬・絆創膏・塗り薬など、こまごましたものが多い。それを小分けに整理できるような構造が基本

step02
設計図を作る
作りたいもののイメージを形に

❶ラフスケッチを描く

最初はアイデア出しからはじめ、作りたいものの形状やイメージ、どんな要素が欲しいかをラフスケッチを描いて整理していきます。大まかな形が描けたら、置く場所や使いやすさを考慮してサイズを正確に決め、次に細部の形状を決めていきます。背板を入れるかどうか、脚の処理をどうするかなど、細かい部分をきちんと決めていくことが大事。

また、たとえば背板をつける場合、背板を外側から打ちつけるのか、溝を切って差し込むのかによって作業手順も必要な道具も変わります。設計によって難易度や費用、強度も違うので、P196からの「設計バリエーション」を参考に、適した方法を選んでいきましょう。

❷展開図を描く

それができたら、次は展開図に落とし込んでいきます。どのサイズの板が何枚必要か、間違えないようにすべて描き出します。そのとき、材の接合を間違えるとサイズが違ってしまうので、側板が天板を挟むのか、天板が側板の上に載るかなど、板同士の関係も再確認しておくこと。

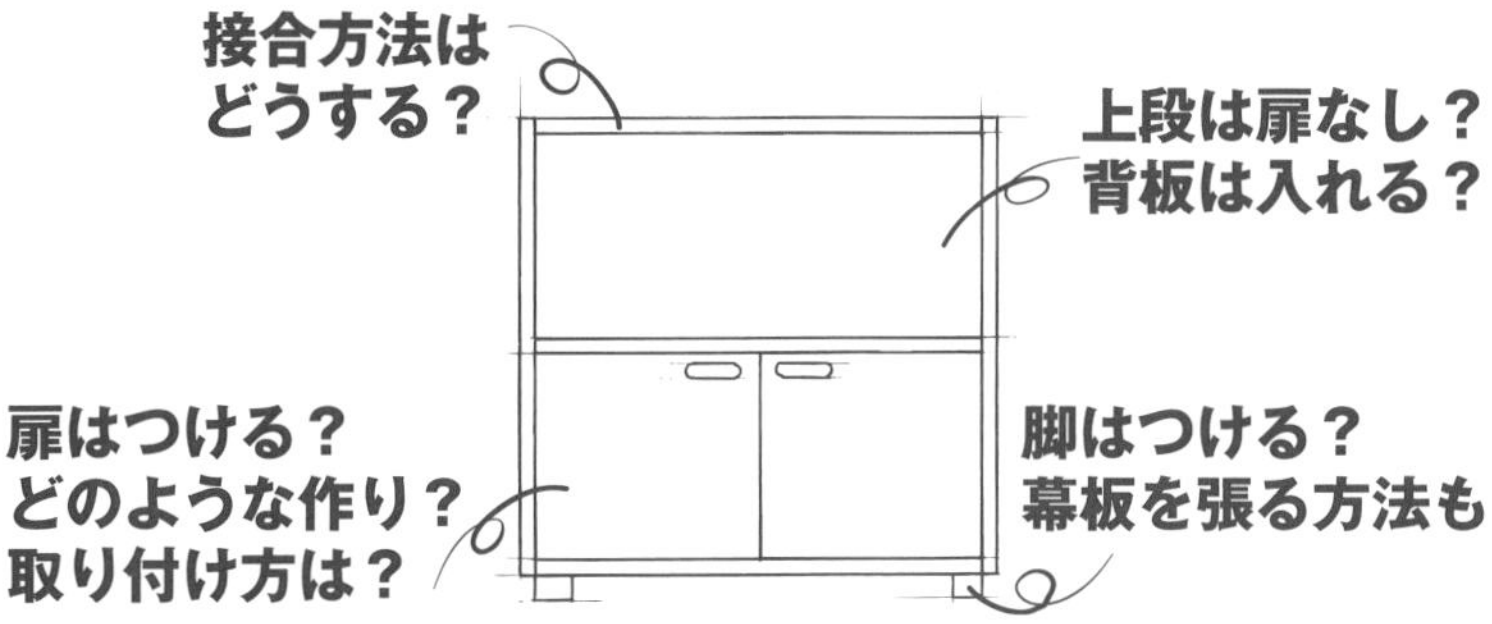

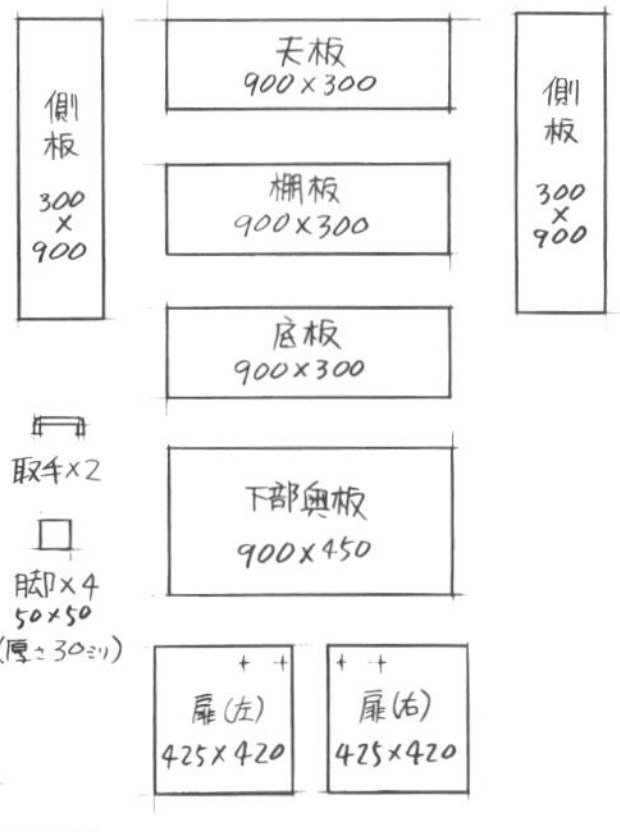

設計バリエーション

接合方法や処理の仕方など、細かい部分の造作を考えていくとき、どんな方法を選ぶかによって難易度や強度、美観や費用が違ってきます。そのバリエーションを比較して選べるよう、主に棚と箱の造作について一覧にしました。ＤＩＹ収納を作る際の参考にしてください。

表の見方

★は、難易度・強度・美観などを5段階でランクづけしたものです。
★の数が多いほど、以下の傾向が強くなります。

難易度…………	難しい
強度……………	強い
美観……………	美しい、きれい
費用……………	高い、高価
スムーズ度……	スムーズ
開きやすさ……	開きやすい

（編集部独自調査）

棚板の設計と造作

■棚板の取り付け方

棚板は何を載せる棚なのかによって、必要な強度が変わります。軽いものを載せる飾り棚であればクギによる固定で充分ですが、百科事典や食器など大きい、重いものの場合は、組み手や金具でしっかり固定することが必要です。

クギ

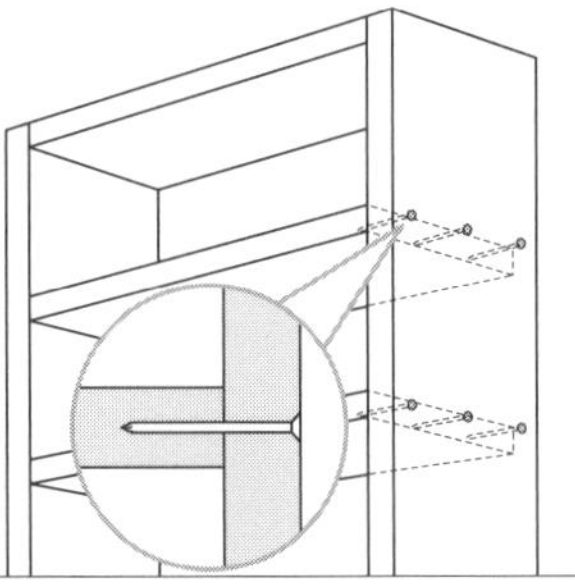

難易度……… ★★
強　度……… ★
美　観……… ★★

クギやビスを使い、側面から棚板を固定する簡単な方法だが、強度は低い。クギやビスだけで留める場合は、厚みのある板を棚板にするか、L字金具で補強するといい

スノコ式

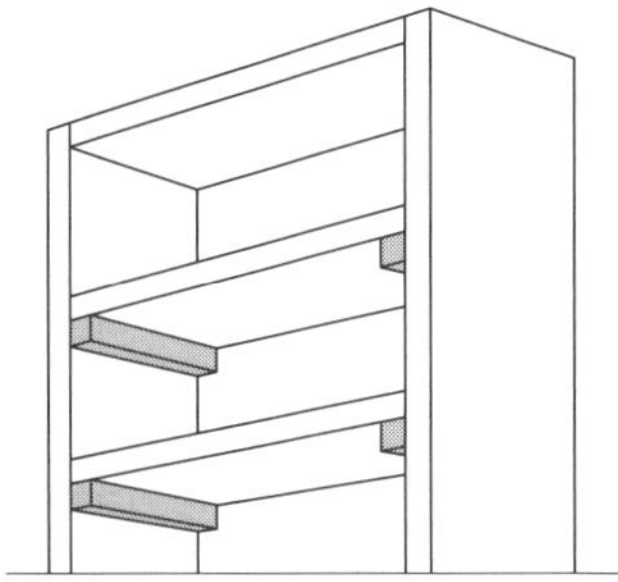

難易度……… ★★
強　度……… ★★★★
美　観……… ★★

側板に角材を打ち留め、そこに棚板を載せる方法。その板の上から角材に留めると強度が高くなる。角材を見せたくない場合は、ロールカーテンなどで目隠しを

ダボ（可動式）

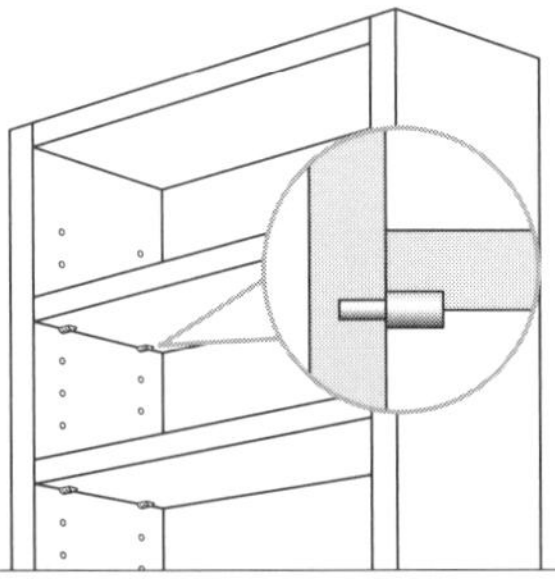

難易度……… ★★★
強　度……… ★
美　観……… ★★★★

側板の内側に等間隔でダボ穴をあけ、棚板を自由に動かせるようにする。棚板の下側にはダボを受ける溝を彫る。ダボ穴がずれないようあけるのがコツ

ダボ

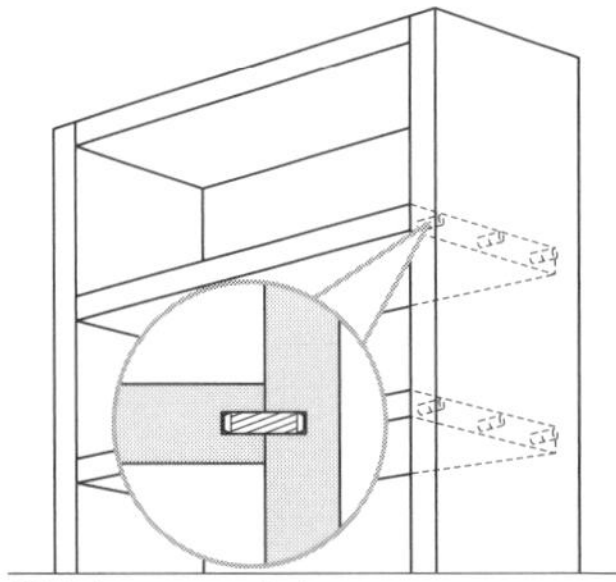

難易度……… ★★
強　度……… ★★
美　観……… ★★★★

小さな棒の側面にらせん状の溝をつけたもの。側板と棚板の側面に穴をあけて接着剤を入れ、ダボでつなぐ。ダボ穴を正確にあけられれば、クギ頭の見えない棚が作れる

棚レール式

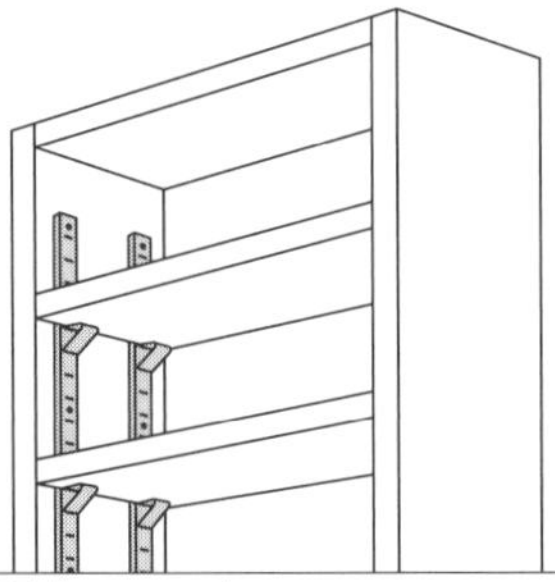

難易度……… ★
強　度……… ★★
美　観……… ★★★★

棚レールを棚板の内側に取り付け、その金具で棚板を留める方式。棚レール自体の取り付けは簡単。初心者でも手軽に取り付けられるタイプだといえる

T字金具

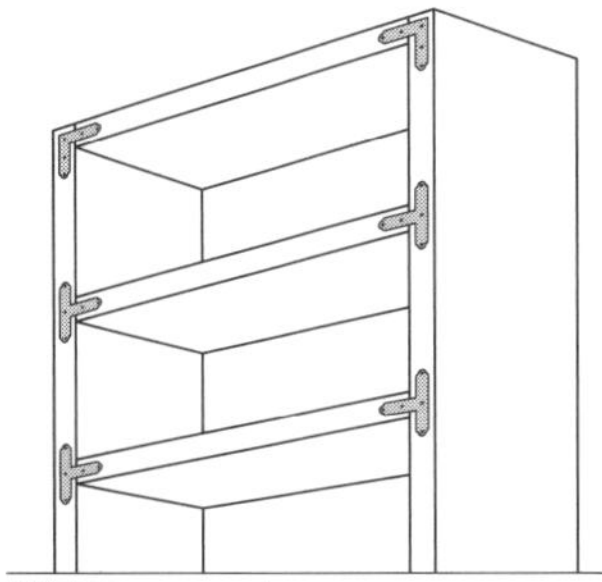

難易度……… ★
強　度……… ★★★★
美　観……… ★★★

棚板を固定後、表側からT字金具で棚板を留めつける。装飾になるような金具を使うと、見た目も豪華になる。ただし、金具を多く使うと費用もかかる

L字金具

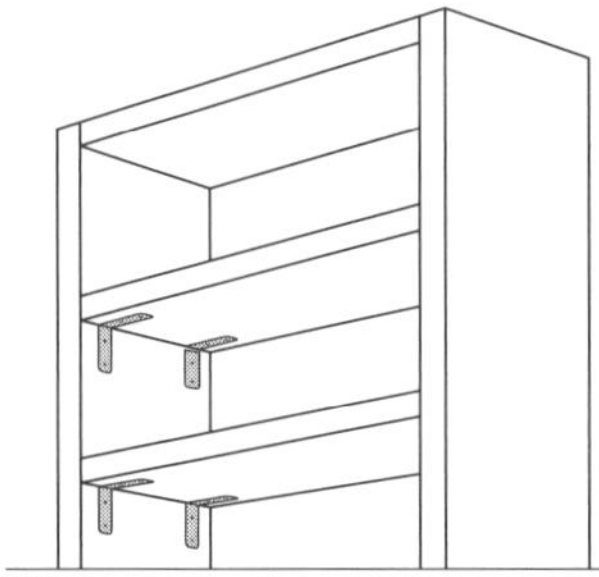

難易度……… ★
強　度……… ★★★
美　観……… ★★

棚板をビスやクギで留めてから、板の下側をL字金具で固定。外側の板の角（表面）を留めることもできる。金具を留める箇所を少し彫り込むと見た目がスッキリする

棚の背板と脚の設計と造作

■背板の取り付け方

棚の後ろ側については、背板を入れないでオープンにしておく方法もありますが、背板を入れたほうが強度的には強くなります。

背板の入れ方は「ベタ打ち」と「ミゾにはめる」という、大きく分けてふたつのやり方があります。ちなみに、箱の底板の取り付け方法も同じなので参考にしてください。

■棚の脚の作り

設計のときにはつい見過ごしがちですが、脚のつくりにもいろいろな種類があり、見た目の高級感と使いやすさに関わる部分となります。

また床に直接触れる部分でもあるので、傷つけたりしないよう棚を置く場所の床素材を考えて設計しましょう。

幕板を付ける

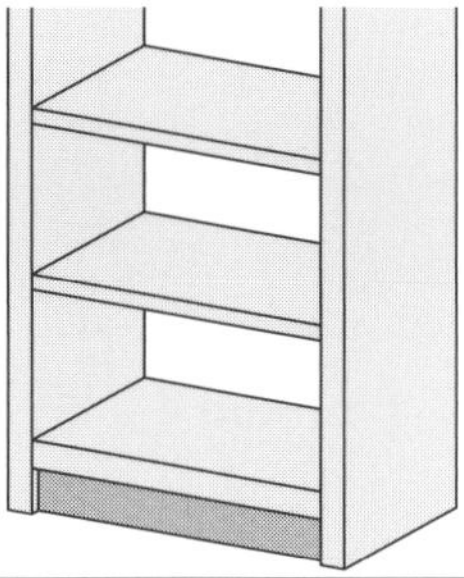

難易度	★★★
美　観	★★★★
費　用	★★

左右の側板を長くして、その間に幕板（まくいた）と呼ばれる目隠し用の板を前面後面に取り付ける。これだけでぐっと本格的な雰囲気になる

脚を付ける

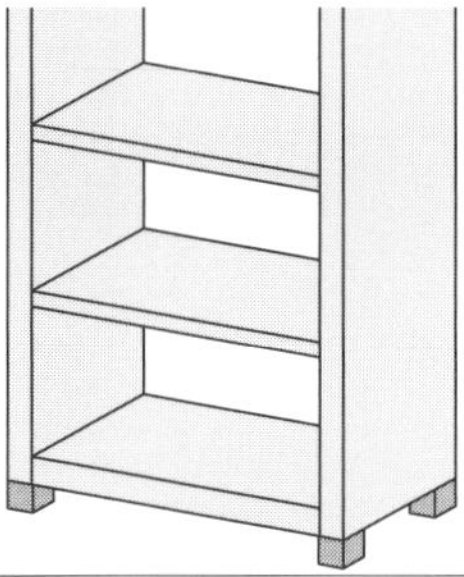

難易度	★★★
美　観	★★★★
費　用	★★★

箱の状態の棚の底面に脚を取り付ける方法。イラストの脚は四角いが、円柱の脚を付けたり、脚だけ色を変えたり、材質を金属にすることで、個性や高級感を出すこともできる

箱のまま

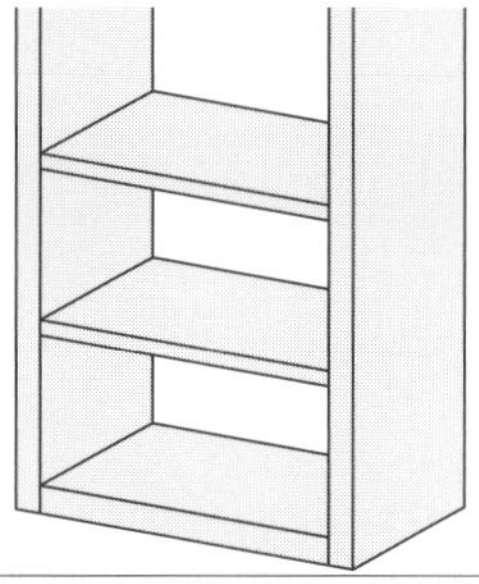

難易度	★
美　観	★
費　用	★

脚をつけず、箱のまま床に置くタイプ。考え方としてはカラーボックスと同じ。収納としては充分機能できる

ベタ打ち

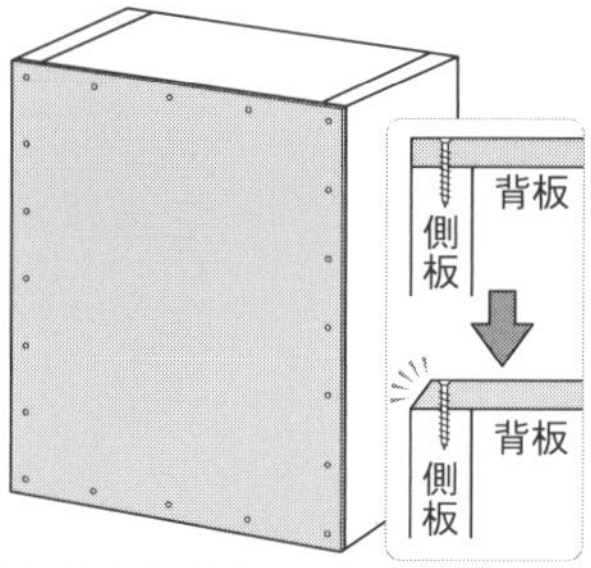

難易度	★
強　度	★★★
美　観	★★

箱や枠の外側から、クギやビスでダイレクトに打ちつける方法。壁の前に置く棚であれば背板はこれでも充分。背板の角を図のようにカンナで削ると、美観もよく仕上げられる

キャスターを付ける

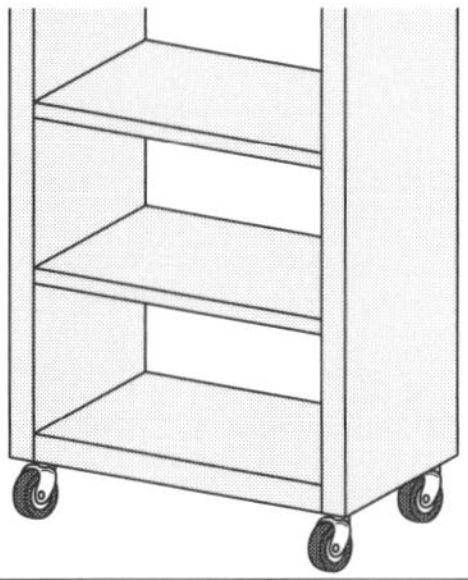

難易度	★★
美　観	★★★
費　用	★★★★★

底板の裏面にビスでキャスターを取り付ける。家具用キャスターにすると見た目もスッキリ。棚を自由に動かせるようになるぶん、ゆがまないよう強度を高くしておきたい

脚を長くする

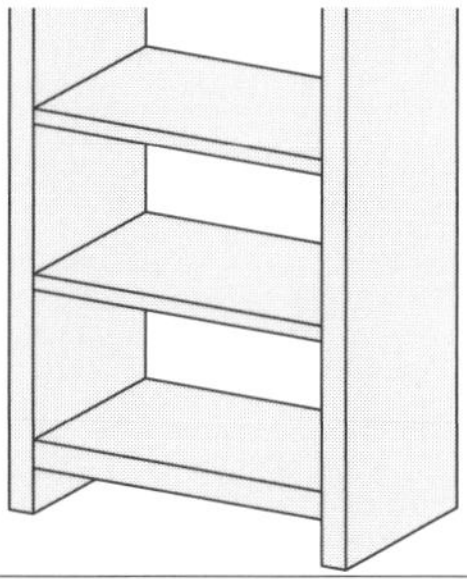

難易度	★★
美　観	★★
費　用	★

左右の側板を長くして脚にしたパターン。左右の高さが同じになるよう、寸法を同じにしておくことと、棚板の取り付け位置がずれないように注意が必要

ミゾにはめる

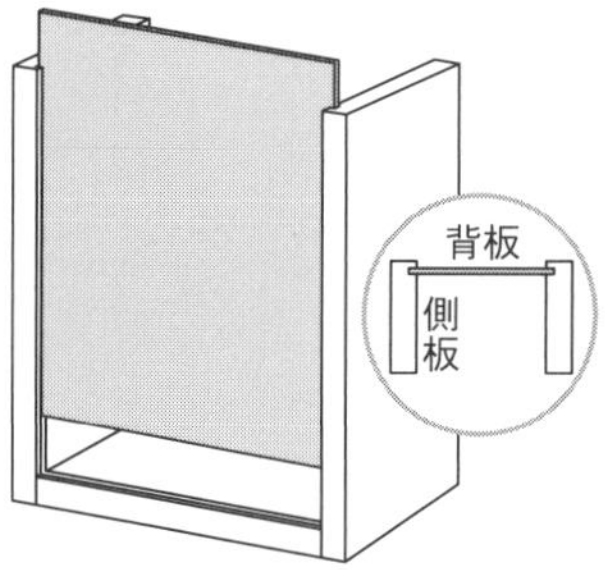

難易度	★★★
強　度	★★★★
美　観	★★★★★

側板の内側に溝を彫り、そこに差し込んで固定する方法。溝を彫るためにはルーターか丸ノコが必要になるが、見た目はスマートに仕上がり、強度も高い

箱の側板と引出しの設計と造作

■箱の側板の組み方

箱の側面（側板）を固定する方法もいろいろ種類があります。側板の厚さによって、使える方法と使えない方法があるので、注意して選びたいもの。

ちなみにここで紹介している組み方の中で、強度が高く、きれいに見えるのはアリツギ加工と組手。アリツギ加工は上級者向けなので、組手にトライ！

ビス・クギ

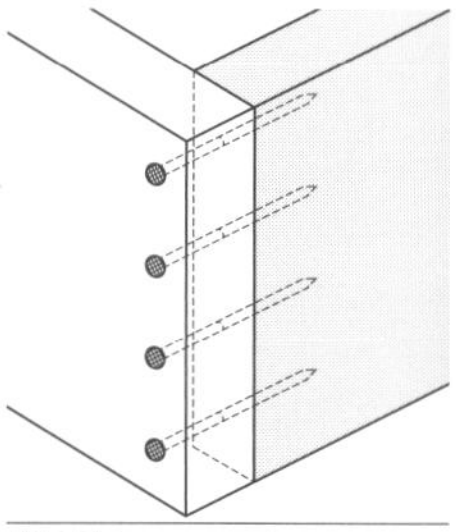

側板同士をクギで接合する手軽な方法。ただし丁寧にやらないとずれやすい。クギの頭が気になるなら、深く打ち込んで上からパテか丸棒で隠すこともできる

難易度 ………	★
強　度 ………	★
費　用 ………	★

角材で固定

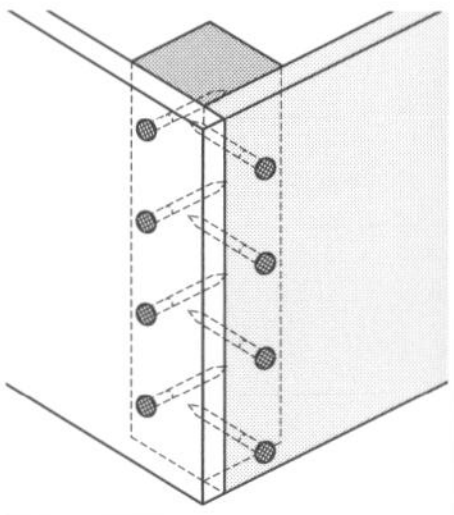

薄い材を使う場合は、箱の角に角材を取り付け、両サイドからその角材に対してクギ打ちすると、クギだけで接合することができる

難易度 ………	★★
強　度 ………	★★
費　用 ………	★★

金具

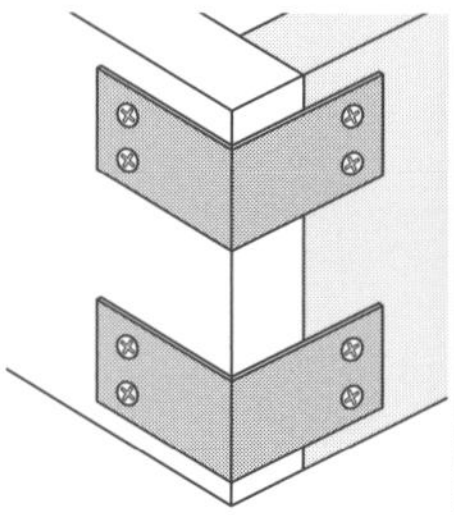

ある程度の厚みがある材の場合、金具で外から留め付ける方法もある。頑丈でがっちりとした箱が作れるが、金具の分だけ重くなるので注意が必要

難易度 ………	★★
強　度 ………	★★★★
費　用 ………	★★★★

ダボ

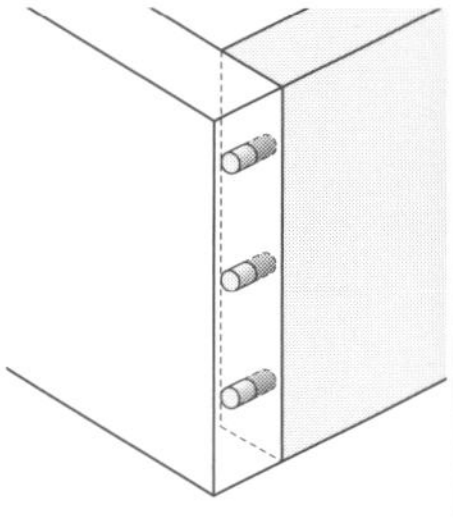

側板の接合面にそれぞれダボ穴をあけ、接着剤をつけたダボで固定する。ダボ穴の位置を正確に同じにすることがコツ

難易度 ………	★★★★
強　度 ………	★★★
費　用 ………	★★★

ビスケットジョイント

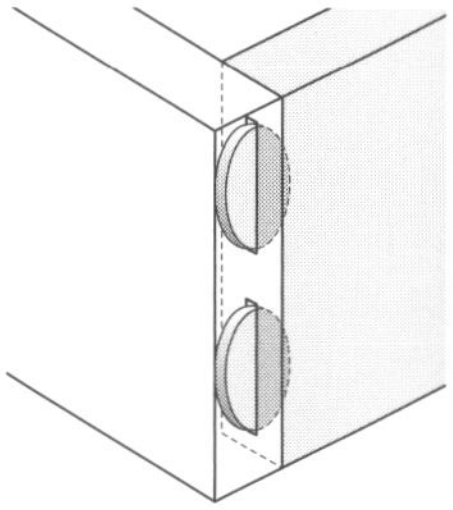

側板の接合面にジョイントカッターかルーターで溝を掘り、接着剤をつけたビスケットをはめる。接着剤の水分を吸ったビスケットがふくらみ、しっかりと固定

難易度 ………	★★★★
強　度 ………	★★★
費　用 ………	★★★

組手

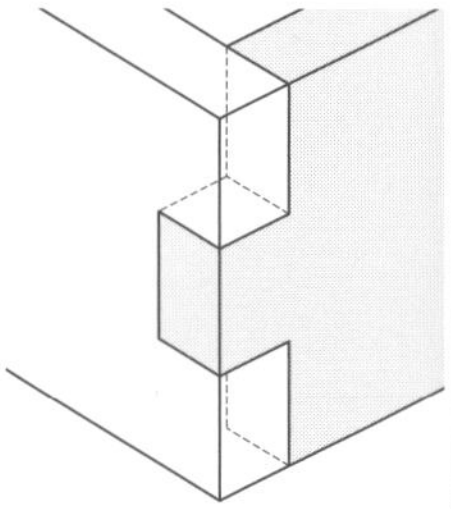

側板同士を凹凸に彫り込み、接着剤とクギで固定する。凹凸はややキツめに作ることが大事。組手にすることでかなり強度が高くなる

難易度 ………	★★★★
強　度 ………	★★★★
費　用 ………	★★

アリツギ加工

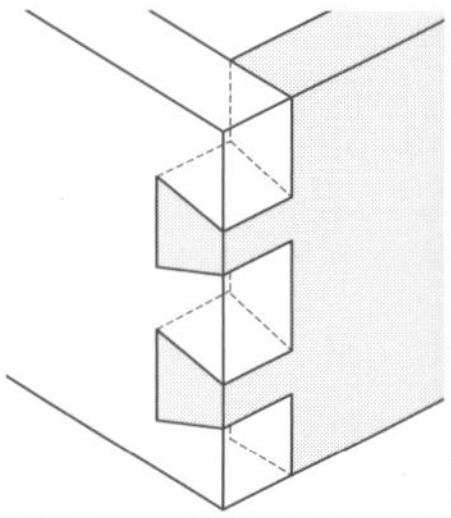

アリ溝を作って接ぐ方法。本来は職人技の領域だが、ルーターと専用ガイドを使えば簡単にできる。ワンランク上の仕上がりを手にしたいならぜひ挑戦したい

難易度 ………	★★★★★
強　度 ………	★★★★★
費　用 ………	★★★

■引出しの前面

箱にしろ棚にしろ、引出しを作っておくと、物の整理が短時間でできるのでおすすめ。

家具に合わせて引出しの前面を変えると、見た目の印象がだいぶ変わります。本体と同じ色や素材でそろえればスッキリ見えますし、わざと違う色や素材にして、デザインのポイントとする、なんて小ワザもあり。

箱組みのまま

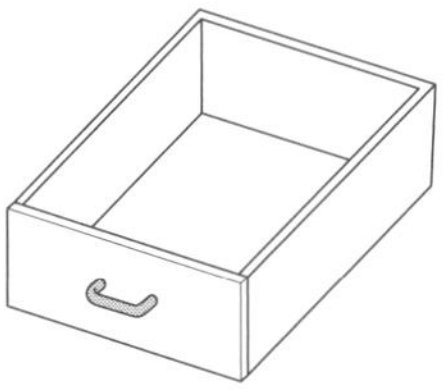

ノーマルな箱を作った状態で、前面に取っ手を付けただけのシンプルさ。側板を留めているクギやビスが丸見えとなるので、隠しクギにするなどのワザが必要に

難易度 ………	★
美　観 ………	★
費　用 ………	★

化粧板を付ける

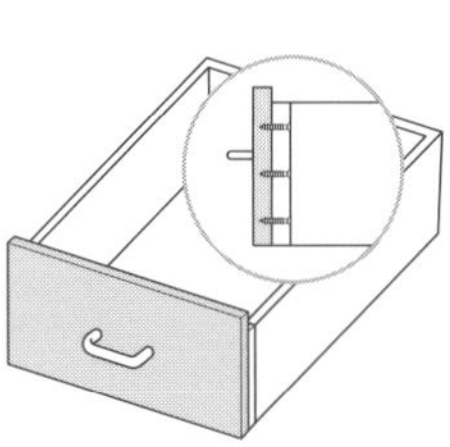

箱状の引出しを最初に作り、できあがったら前面に化粧板を取り付ける方法で、高級感を演出してくれる。化粧板は内側からビスなどで固定するとよい

難易度 ………	★★★
美　観 ………	★★★★
費　用 ………	★★★★

カラーシートを張る

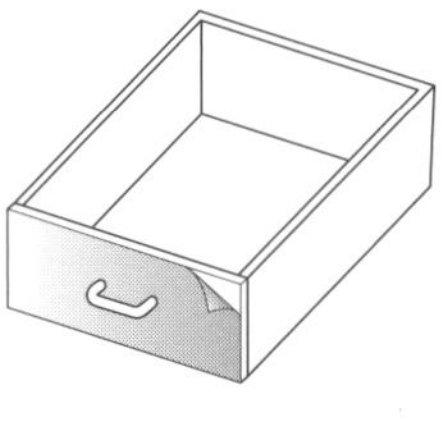

ラワンや合板など、木目があまり美しくない材で作った場合は、カラーシートを張り付けて生まれ変わらせるのも手。木目調から無地までいろいろ種類がそろう

難易度 ………	★★
美　観 ………	★★★
費　用 ………	★★★

箱の引出しと扉の設計と造作

■引出しの固定

棚板の上に取っ手つきの箱を置くだけの方法から、レールで固定する方法まで、引出しの引き出し方にもいくつかバリエーションがあります。難易度や手間のかかり方、強度を見比べて、どの方式にするかを決めましょう。ここでは代表的な3種類を紹介しています。

棚板式

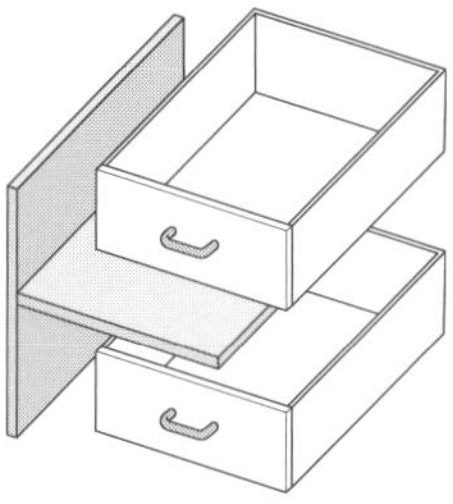

棚板に箱を入れて引出しにする方法。引出しの底板が棚板全面に擦れないよう、P197「背板の取り付け方」にある「ミゾにはめる」を底板に応用して作ろう

難易度	★★★
スムーズ度	★★★
費用	★★★★

側板レール式

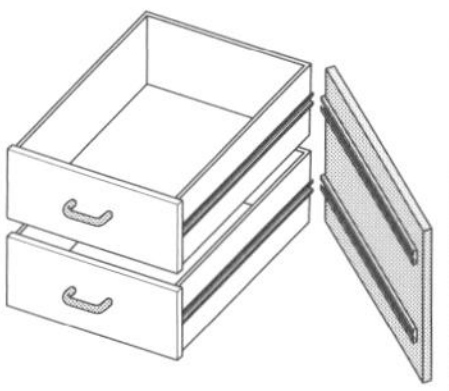

引出し専用レールを、引出しの側板と棚板の内側に取り付ける方法。専用レールなのですべりがよく、食器などの重いものを入れてもスムーズに動かせる

難易度	★★★
スムーズ度	★★★★★
費用	★★★★★

L字金具

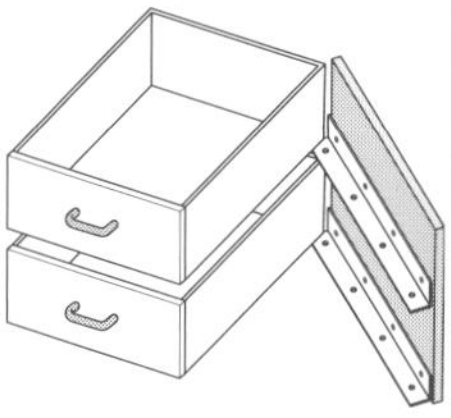

薄いL字の金具を、引出しと同じ長さに切り、側板の内側に取り付け、箱はそこにひっかけて載せる仕組み。あまり厚い金具を使うと外から見えるので注意

難易度	★★★★
スムーズ度	★★★
費用	★★★★

■扉のつくり

中を見せたくない収納の場合は、扉を取り付けます。扉の板材の作り方もいくつかあり、板材をそのまま取り付ける方法もあれば、ガラスに枠をつける本格的な扉まで様々。引出しよりも前面の面積が広い扉だから、インテリアのテイストと照らし合わせて考えたいもの。

板材

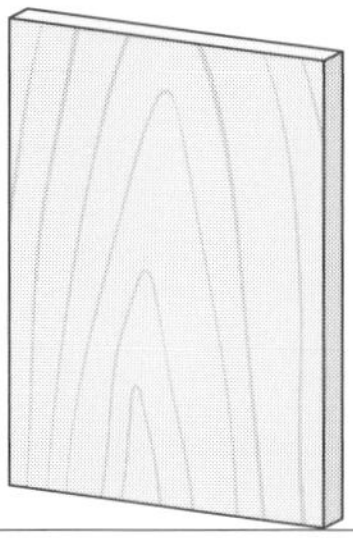

合板や無垢材など、木材をそのまま生かして扉にする方法。塗料を塗るだけでも印象が変わるほか、トリマーやルーターで加工すると手軽に装飾ができる

難易度	★
強度	★★★
美観	★★★★

横木で固定

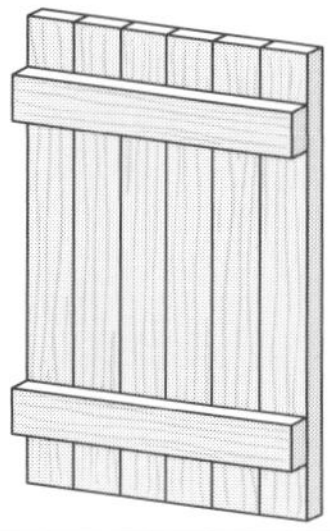

平らな角材を並べて、上下に横木を渡してビスなどで固定する方法。素朴なイメージにも武骨なイメージにも、どちらでもなれる汎用性の広さが特徴

難易度	★★
強度	★★★
美観	★★

ガラス（縁あり）

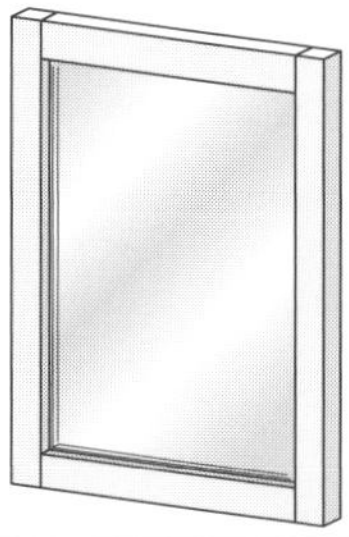

ガラスを木枠で囲んで作った扉。枠の側面にガラスをはめ込む溝を彫ってあり、組み立てながらはめ込んでいく。枠に装飾を施すなどすれば高級感も演出できる

難易度	★★★★
強度	★★★
美観	★★★★

■扉の取っ手

取っ手は、扉の総仕上げ。つまみやすさや開きやすさで使い勝手が決まります。また、ガラスの取っ手ならモダンな印象、プラスチックのビビッドカラーならカジュアルな印象にと、インテリアのテイストに合わせることも大事。よくチェックして選びたいものです。

つまみ・取っ手

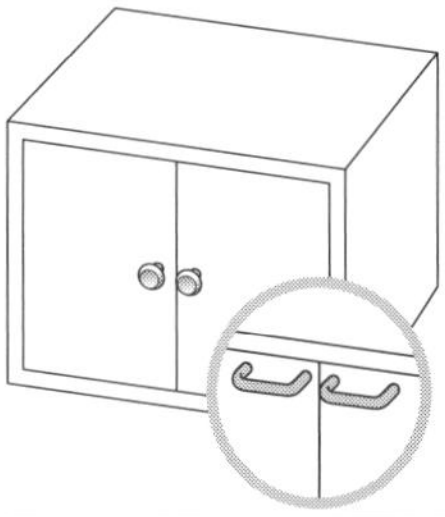

定番のつまみも、取っ手（円内）も、ホームセンターなどで1個120円くらいから販売されている。取り付ける際は、左右の位置がずれないように注意

難易度	★
美観	★★★
開きやすさ	★★★★

彫り込み

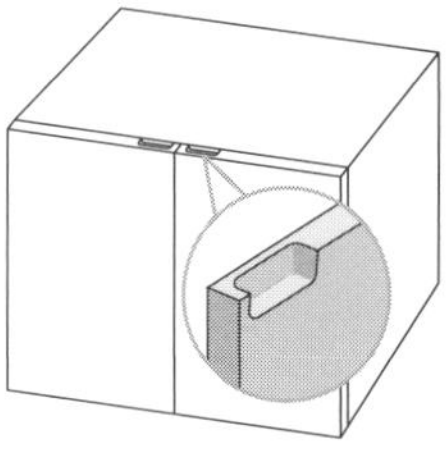

扉の上部の内側に、ちょうど手がかかるようにルーターかノミで凹みを彫り込む。表から見ると板だけとなるため、スッキリ見せたいならぜひオススメ

難易度	★★★★
美観	★★★★
開きやすさ	★★★

プッシュラッチ

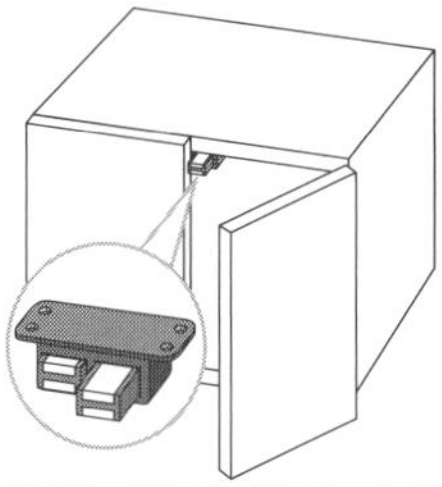

扉裏にスチール板を、箱の内側にマグネットキャッチを取り付ける。重量のある扉には適さず、ガラスやアクリル板、中が中空のフラッシュ扉などに適している

難易度	★★★
美観	★★★★
開きやすさ	★★★★

塗装テクニック

収納DIY作品をさらにきれいに仕上げて長持ちさせる

木工作品は屋外、屋内問わず、水気にあたるところでは腐朽、風化していきます。お気に入りの収納作品が長持ちするように、最後に塗装で仕上げて、木部を保護しましょう。

必要な塗装道具はこれ！

塗装道具といえばハケ。いろいろな種類のハケがありますが、スジカイバケと呼ばれる、柄が斜めについたハケが一般的なもの。スジカイバケはハケさばきの自由度が高いので使いやすいのがポイント。まずはハケの幅30㎜、50㎜、70㎜のものを用意しましょう。

ウエス（綿のボロ布）とビニール手袋という組み合わせも使いやすさは抜群。塗料を吸わせたウエスをビニール手袋をした手で持ち、作品を拭くように塗っていきます。この拭き塗りという方法は、ハケより直接的に塗装する方法なので、ビギナーにも塗装の雰囲気がつかみやすく、失敗も少ない方法です。

棚の側面など広い面を塗るには、ローラーバケと呼ばれる、ローラー状のハケがオススメです。本来、壁など広範囲の面を塗るための道具なので、家具等を塗る場合は、柄が短めのローラーを選ぶこと。

塗料の缶から塗料を移して持ち運べる塗料カップやペール缶（取っ手がついたドラム缶）があると、作品の周囲を回りながら塗装したり、持ち歩いたりできて便利。持ち運びが楽なように、容量は0・5〜0・8ℓ程度のものを選んで。

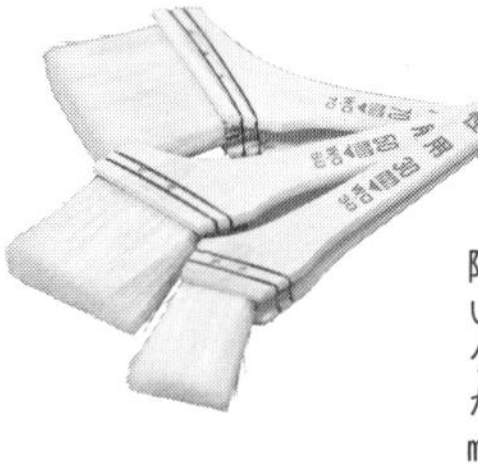

スジカイバケ
隅から面まで一番使いやすい塗装用のハケ。写真はハケの幅が70㎜、50㎜、30㎜のもの

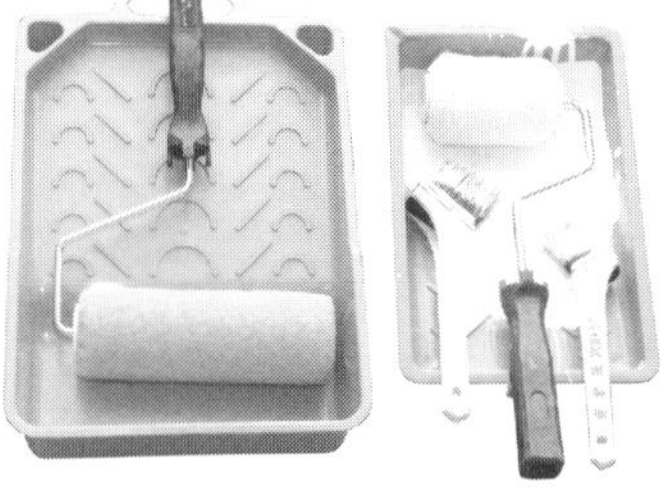

ローラーバケ＆専用バット
大きな面を塗るときはローラーバケが便利。スジカイバケで隅や細かいところ、ローラーバケで大きな面を一気に塗るというように、使い分けも工夫できる。ローラーバケ専用の塗料を入れるバットとセットで用意を

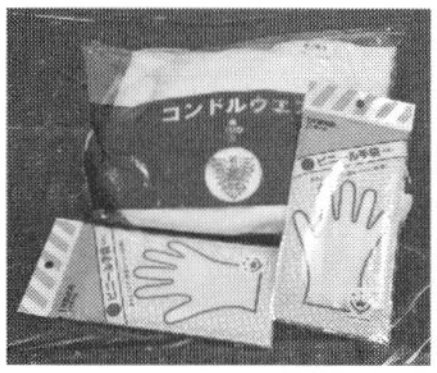

ビニール手袋＆ウエス
拭き塗りなら、写真のようなビニール手袋とウエス（清潔な木綿のはぎれ）があればいい

水性塗料と油性塗料の違い

水性塗料は、色の元になる顔料や染料を、水で溶かしてあるもので、ほとんどにおいがなく、薄めるにも道具を洗浄するのも水道水（井戸水でも）でいいという特徴があります。

塗料と用具の管理が比較的簡単なため、水性塗料は誰でも使いやすいビギナー向けとして主流に。危険とされたＶＣＯ（揮発性有機化合物）も現在では規制されているので、安全性も問題ありません。

油性塗料はシンナーなどの有機溶剤で、顔料や染料を溶かしてあるもの。油性独特の質感、光沢感、塗り心地が特徴です。

注意すべき点としては強いシンナー臭。作業中から乾燥中にかけては、この有機溶剤が混ざった空気を呼吸することになるので、十分な換気に注意が必要となります。また使った道具類を、作業後に専用のうすめ液で洗浄しなくてはならないなど、手間がかかるので中〜上級者向けといえそう。

水性塗料
水性塗料でもペンキ系（右）、ステイン系など、いろいろなタイプが手に入る

油性塗料
溶剤（シンナー）で色を溶かしてある油性塗料は、使用環境の風通し、換気に十分な注意が必要

専用うすめ液
油性塗料には各メーカーや製品ごとに専用のうすめ液が設定されている。うすめるときや道具の洗浄にはこれらを使う

塗り上がりが違うペンキ系とステイン系

塗り上がりで塗料を区別する場合は、ペンキ系とステイン系に分けられます。

ペンキ系は、塗装面をその色でべたーっと塗りつぶして、木目を見えなくしてしまうもの。対してステイン系は、木目が見える状態で着色される塗料となります。

したがって、同じ白を塗っても、ペンキ系が木目がなくなってしまうのに対して、ステインは色の浸透しにくい年輪には色がのらないため、木目が浮き出て見える仕上がりになるのです。

また、油性ステインと似た風合いの仕上がりになる塗料に、オイル塗料があります。顔料や染料をオイルで溶かした塗料で、オイルが木に浸透したところで空拭きすれば、上品な仕上がりに。オイルを使った塗装は、木工作品以外に、屋内の床、壁にも使われます。

ステイン系とペンキ系の塗料

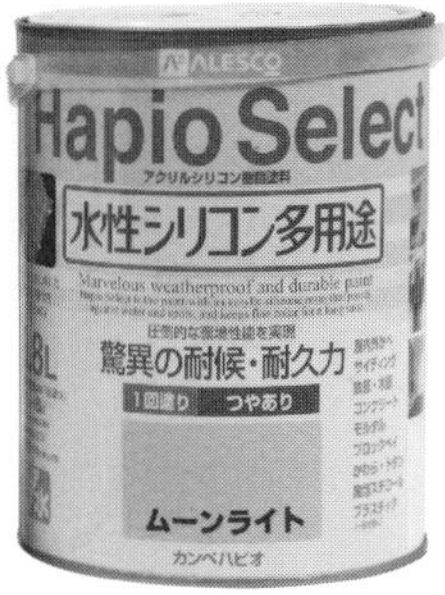

水性のペンキ系塗料。多用途なので屋内外に使用できる

水性のステイン系塗料の例。屋内外で使用できるタイプ

屋内木部用塗料と屋外木部用塗料

木工で使う塗料は、その特性によって、いくつものタイプに分けることができます。屋内木部と屋外木部も、そうした分類のひとつ。基本となる屋内木部用塗料の性質に加えて、屋外木部用塗料には、直射日光による退色や、風雨による風化や腐朽から、木部を守るための調整が加えられています。近年、屋内外どちらでも使うことができる、多用途タイプの塗料も登場しているので要チェック。

美しい表面は2度塗りで手に入れる

木工作品の塗装は、最初に木地面をサンドペーパーで研磨してから行なうこと。また、イラストのように2度塗りが基本です。イラストのような手順で塗ることによって、無塗装の木地では出せない、平滑な面を作ることができます。

研磨

平面の出ている角材をサンドペーパーでくるめば、オリジナルサンディングブロックのできあがり

2度塗りの仕組み

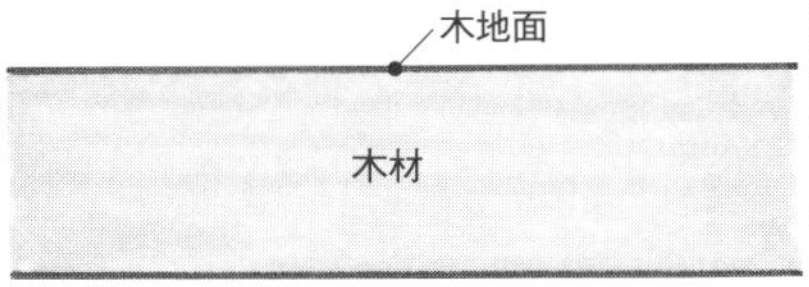

01 木地研磨

カンナやサンダー（220番）で研磨され、木地面が平滑になっている状態

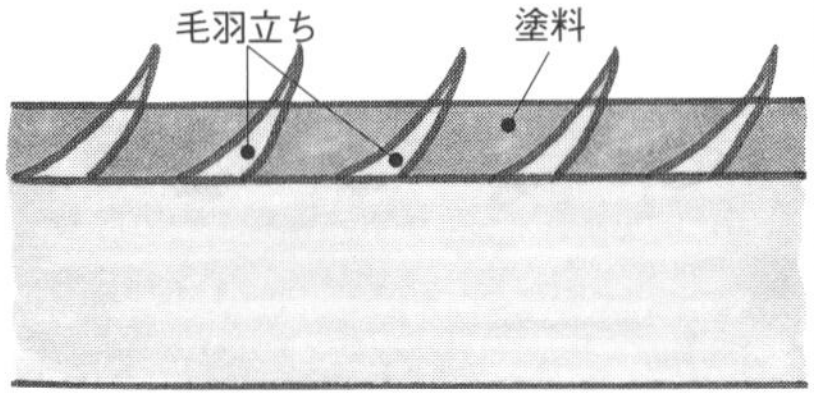

02 下塗り

この塗装で、塗料に含まれる湿気によって、細かい毛羽立ちが起こる。このため下塗りが乾いても、塗装面には細かなガサガサが残る

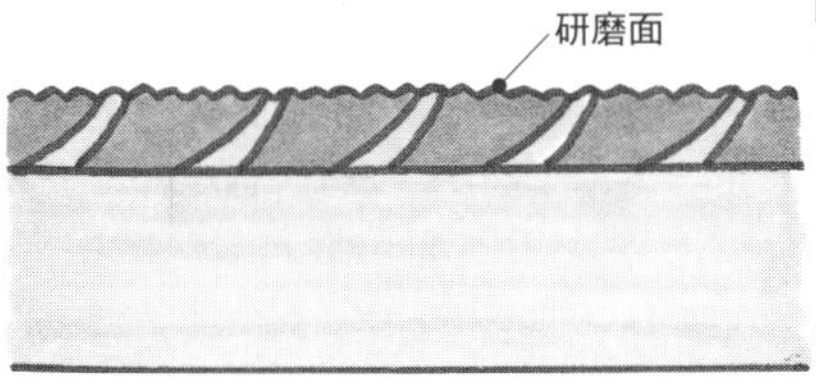

03 中間研磨

下塗りが完全に乾いたところで、400番のサンドペーパーでガサガサを研磨して、塗装面を平らにする。塗装面は白く曇るので、よく絞ったウエスで研磨粉を拭き取っておく

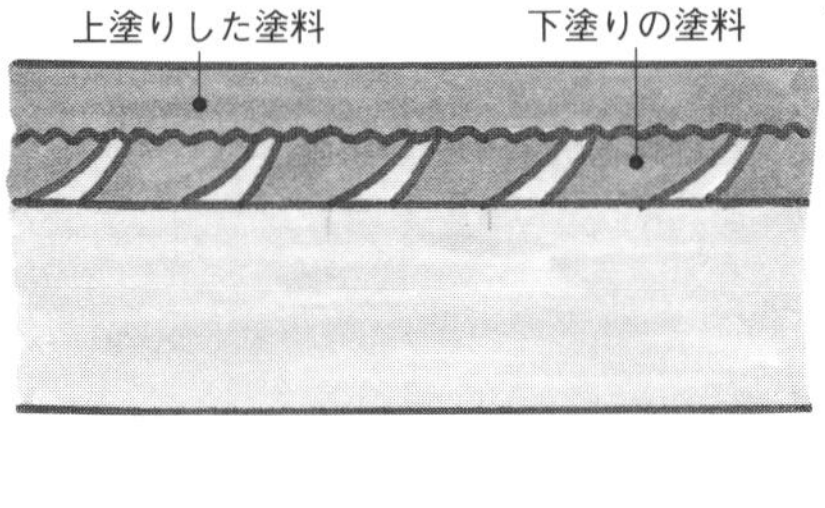

04 上塗り

研磨した塗装面に2度目の塗装をする。2度目の塗装で、塗料は研磨傷を埋め、表面は表面張力で、なめらかで平らな面になる。塗料が完全に乾くまで触ってはいけない。ほこりのたたない清潔な場所で乾燥させる

塗装実践マニュアル

代表的な塗料の塗装テクニックを学ぶ

水性ニスを下塗りし、ツヤ消しニスの上塗りで仕上げたスツール

家具塗装の基本「水性ニス」

古くから木製家具の塗装といえばニスによる塗装。

以前は油性のものが主流でしたが、現在は高性能で扱いやすい水性のニスも登場しています。ここでは和信ペイントの水性ウレタンニスを使ってスツールを塗装してみました。

はじめに着色ニスで色づけと下塗りをして、その上にクリヤー（透明）ニスを2度塗りして仕上げる方法です。この塗り方は家具塗装の方法として、第一にマスターしたい基本テクニックといえます。

着色ニスはあらかじめニス自体に顔料で色がつけられているので、色づけとニス塗装が一度にできる利点があります。その反面、顔料が含まれるため、2度3度と塗り重ねていくと、サンプル色よりもだんだん色が濃くなってしまうので、注意が必要。

塗装のポイントは、原液を薄めず使用することと、1回の塗装はできる限り薄く均等に塗ること。ハケは形が崩れる程度まで押さえていいので、その分薄く塗ることを心がけましょう。

水性ニスの塗装テクニック

01

220番のサンディングパッド（サンドペーパーでもOK）で塗装する面を研磨する。表面から毛羽立ちがなくなるように研磨してなめらかな塗装面を作る

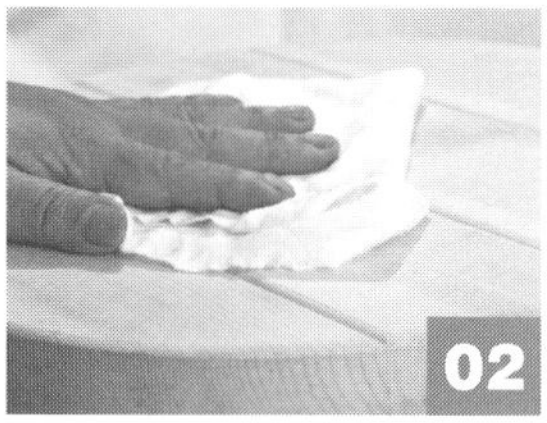

02

研磨カスをきれいなウエスで拭き取ってから塗装にかかる

03

着色ニスで下塗りする。やみくもに塗り始めるのではなく、手順を考えて、隅や裏から塗り始める

04

着色ニスは色づけが均一になるように薄く塗っていくときれいに塗れる

05

下塗りのできあがり。塗料が乾燥するまで90分～2時間。ほこりがたたない場所で乾燥させる

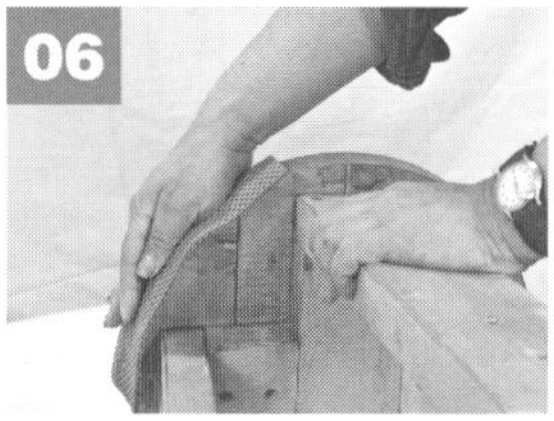

06

1度目の塗装が乾燥したら400番のサンディングパッドで塗装面の毛羽立ちを研磨する。塗装面がサラサラになるまで行なう

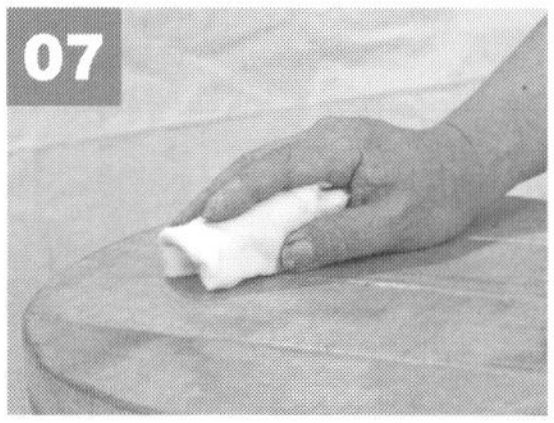

07

研磨して出た粉はきれいなウエスで拭き取ってから次の塗装にかかる

08

仕上げの上塗りをする。細かい部分の塗装では写真のようなスジカイバケが使いやすい

09

上塗りのニスは水性ツヤ消しのクリヤー。これもできるだけ薄く塗り、必要なら同じ手順である07、08、09を繰り返して塗装の厚みを出していく

使用したニスは、和信ペイントの屋内木部用・水性ウレタンニスのチーク色と、ツヤ消しクリヤー。ハケは水性系ニス専用の30、40、50㎜スジカイバケ

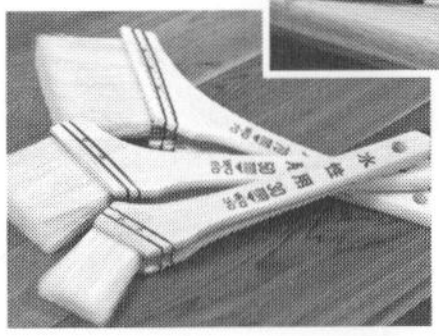

使用した塗料は、カンペハピオ水性シリコン多用途塗料ハピオセレクト。色はジャスミンホワイト。水で薄めず使う。広い部分の塗装にはローラーバケを使った。
細かい部分の塗装にはカンペハピオ水性用スジカイバケ30、50、70㎜を使用したい

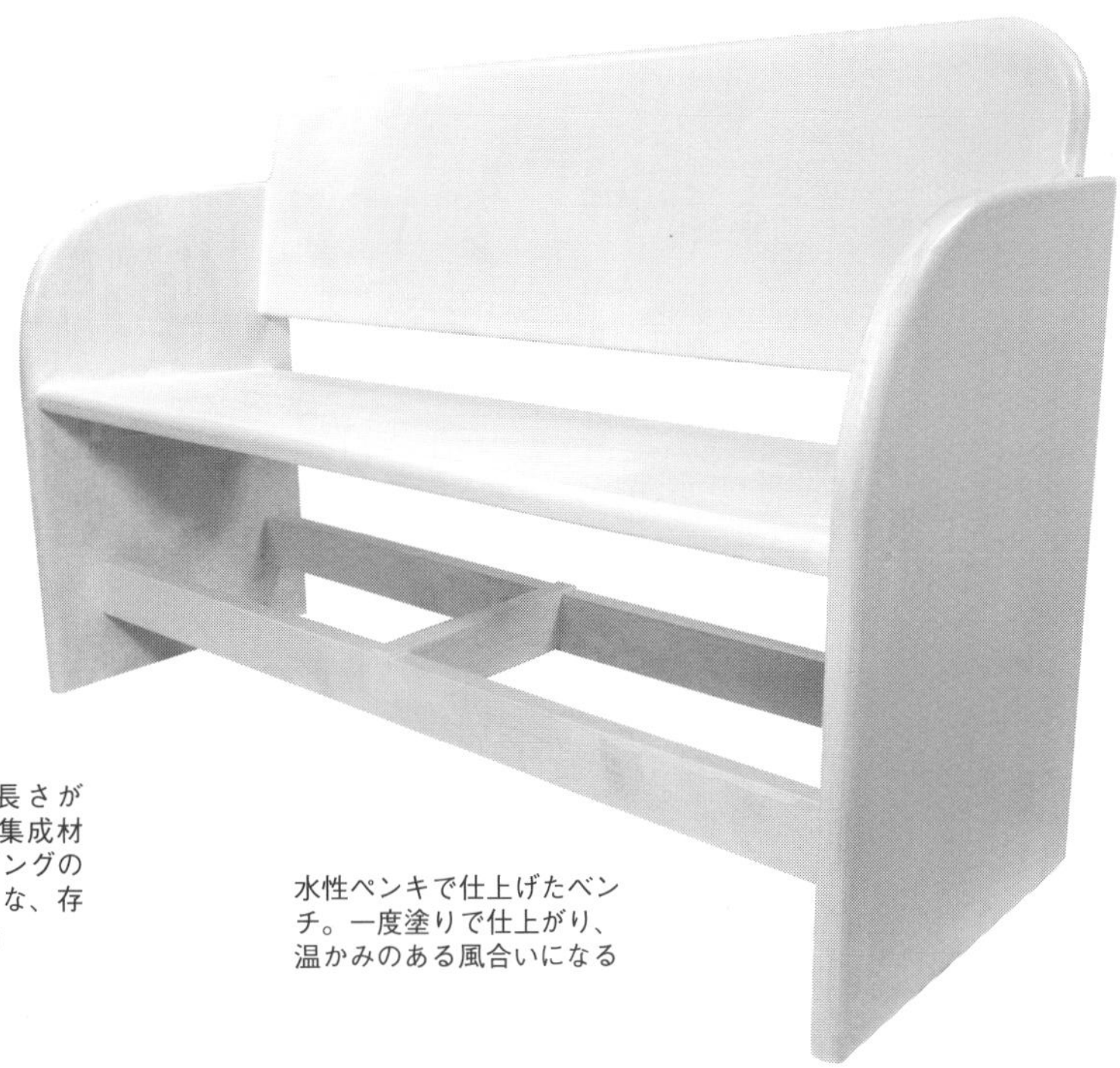

水性ペンキで仕上げたベンチ。一度塗りで仕上がり、温かみのある風合いになる

水性ペンキの塗装テクニック

01

塗装したのは長さが1.2mのパイン集成材製ベンチ。リビングの主役になりそうな、存在感のある作品

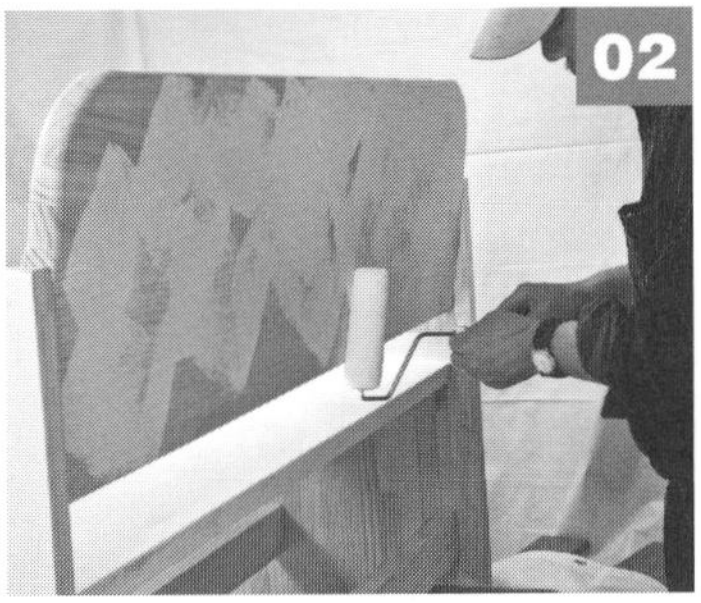

02

十分に木地を研磨したら、裏側や見えにくい部分から塗っていく。はじめに塗り面全体の数カ所に塗料を置き、次に全体をならす。1回塗りといっても1度だけ塗るのではなく、気に入るまで、何度か塗り重ねてもいい

03

裏が塗れたら表を塗る。見える部分は塗装でも力が入る部分だ。集中して均等な力でローラーバケを転がして塗る。ローラーバケは転がすだけでなく、こすりつけるように使ったり、先端で隅を塗ったりもできる

04

ローラーバケの入らない細かな部分はスジカイバケで塗装する。ローラーバケとの塗装の境が乱れたりした場合は、もう1度ローラーバケを通して、境目をならしておくと、平滑できれいにできあがる

初心者でも簡単な「水性ペンキ」

水性シリコン多用途塗料は、木製家具だけでなく、多用途の名前通り、コンクリートやモルタル、かわら、トタン、塩ビアクリル、発泡スチロールなどまで塗装することができる優れもの。これ1缶あればDIYのいろいろな場面で使えます。1回塗りだけでできあがりなので、乾燥させて中間研磨をしたり、2度塗りする必要もなく手軽な点が人気の秘密。

水性なので使い方は簡単。原液を薄めずに使用するので、1回塗りでも、塗膜はペンキらしい十分な厚みがあり、木地を完全に隠してくれるとともに、鮮やかな発色が楽しめます。乾燥時間も1～2時間と短時間なのでうれしい限り。

ここでは長さが1・2mのベンチを塗装しました。広い座面や背もたれがあるので、中毛6インチローラーバケを使って広い部分を塗り、隅はスジカイバケで塗装。最後に塗りの境界線を隠すように、もう一度ローラーで塗装するときれいに仕上がります。

ローラーバケは専用のバットに塗料を入れて、バットの斜面で塗料がたれない程度までしごいてから塗ります。まずWの字を書くように全体に塗料を塗り、木目に沿ってローラーを転がして塗装。塗装面が3分の1程度重なるようにして塗ると、塗りの境界線が隠れてきれいに塗ることができます。

2度塗りした上の塗装をはがして、古びた雰囲気を出すアンティーク塗装を施した椅子

アサヒペンの水性アクリル系カラーパレットのアースベージュとオールドグリーン。ハケは上級水性用スジカイバケ50、70㎜。油性木工用着色ニスはツヤ消しクリヤーを使用

エイジングを施す「アンティーク塗装」

体で擦れたり、手ずれで下地が出るなど、何十年と使い込んだような雰囲気を再現する塗装。カントリー調の家具の塗装をはじめ、近年は大人気の塗装法です。

手法は屋内外装用塗料を2色用意し、重ね塗りしてから上塗り部分を研磨し、すれた感じを出します。仕上げに着色ニスのツヤ消しクリヤーを塗ったら完成。

ここで使用したアサヒペン製の塗料「カラーパレット」は水性のアクリル系塗料で、ニスは油性のウレタン系。水性塗料は乾燥すれば、上に油性塗料を塗ることができます。逆に、油性塗料の上に水性塗料は塗れないのでくれぐれも間違えないように。

アンティーク塗装のキモともいえるのが、上塗り部分を研磨する「はがしの研磨」。80番、１２０番という粗い番手のサンディングパッド（サンドペーパーでも可）を使って塗装を削っていきます。どのくらい削るかによりエイジング感が変わるので、まさに腕の見せ所。実際にアンティーク塗装された家具などを見て、はがし具合をイメージしておくことが成功の秘訣です。

アンティーク塗装のテクニック

パイン材製の椅子を塗装する

サンドブラスターで木地をていねいに研磨する

下塗りのアースベージュ色を椅子の隅から塗り始め、全体を塗っていく

全体を下塗りした状態。完全に乾燥させ400番で中間研磨する

上塗りのオールドグリーンを塗る。完全に下塗りを塗りつぶすようにする

06

上塗りをした状態。このままではただのグリーンの椅子

80、100番という粗いサンダーで上塗りのグリーンを削っていく。木地が出る部分があってもいい

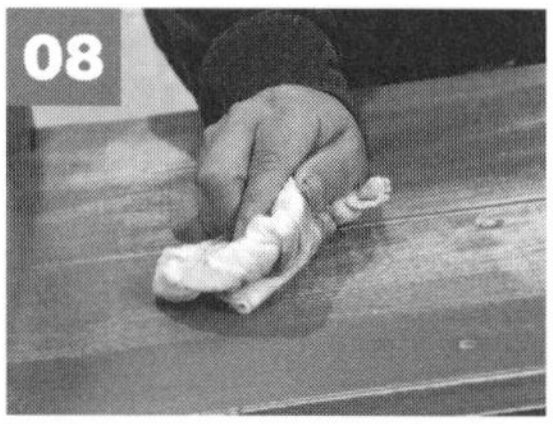

研磨カスはきれいに拭き取らないと、ニスを塗ったとき、ガサガサになってしまう

油性木工用着色ニスのツヤ消しクリヤーを薄く上塗りして、塗装面を保護すればできあがり

木目を生かした「ステイン系塗料」

木目の見える薄い塗膜（低塗膜）で木目を生かしながら、材に成分が染み込み保護して着色するのがステイン系の塗料。ここで使っている玄々化学工業のサドリンクラシックは、元来建物外装用に作られた油性ステインなので、屋外に置かれる家具にも高性能な保護性を発揮します。

塗装の方法は、まさに木工塗装のセオリー通り。はじめに作品の木地面を平滑に研磨して下塗りをし、乾燥したら塗装面を研磨して上塗りをして完成させます。

下塗りと上塗りには同じサドリンクラシックを使用しました。保護のための着色と同時に、作品表面にごく薄い塗膜を形成するので、木目を生かした高級感のある塗装が楽しめるのが特徴です。

木目の見えるナチュラルな仕上がりになる

使用したサドリンクラシック。色はブルー。サドリンには写真のように屋外塗装に向いた専用ハケもある

ステイン系塗料の塗装テクニック

220番のサンダーで木地を研磨する。隅などは写真のような先が三角になったサンダーが便利だ

下塗りとなる1度目の塗装が終わったら、塗り残しがないか調べてから12〜24時間置き、完全に乾燥させる

400番のサンダーで軽く研磨し、研磨カスを乾いたウエスで拭き取ったら上塗り。薄く均等に塗るとなめらかになる

耐候性が高く長持ち「屋外用ペンキ」

屋外で使う塗料では、塗装がはがれたり、めくれたりしない特性を持っていると長期間美しさを保つことができます。

ここでは安全な塗料として評価の高い、日本オスモのカントリーカラー（内外装兼用）という外部木部用のペンキタイプの内外装兼用塗料を使用。

ベンチの素材は、本来下塗りのいらないウエスタンレッドシダー製ですが、質のばらつきがある場合、材本来がもつ防腐性が期待できないので、WRウォーターレペレントという防虫、防腐、防カビ効果がある塗料で下塗りをします。また材がSPFの場合は腐朽しやすいので、必ずこの下塗り剤を下塗りすること。上塗りに使うカントリーカラーは粘度が高いもので硬い感じがしますが、よく攪拌《かくはん》すれば、ちょうどいい状態になります。

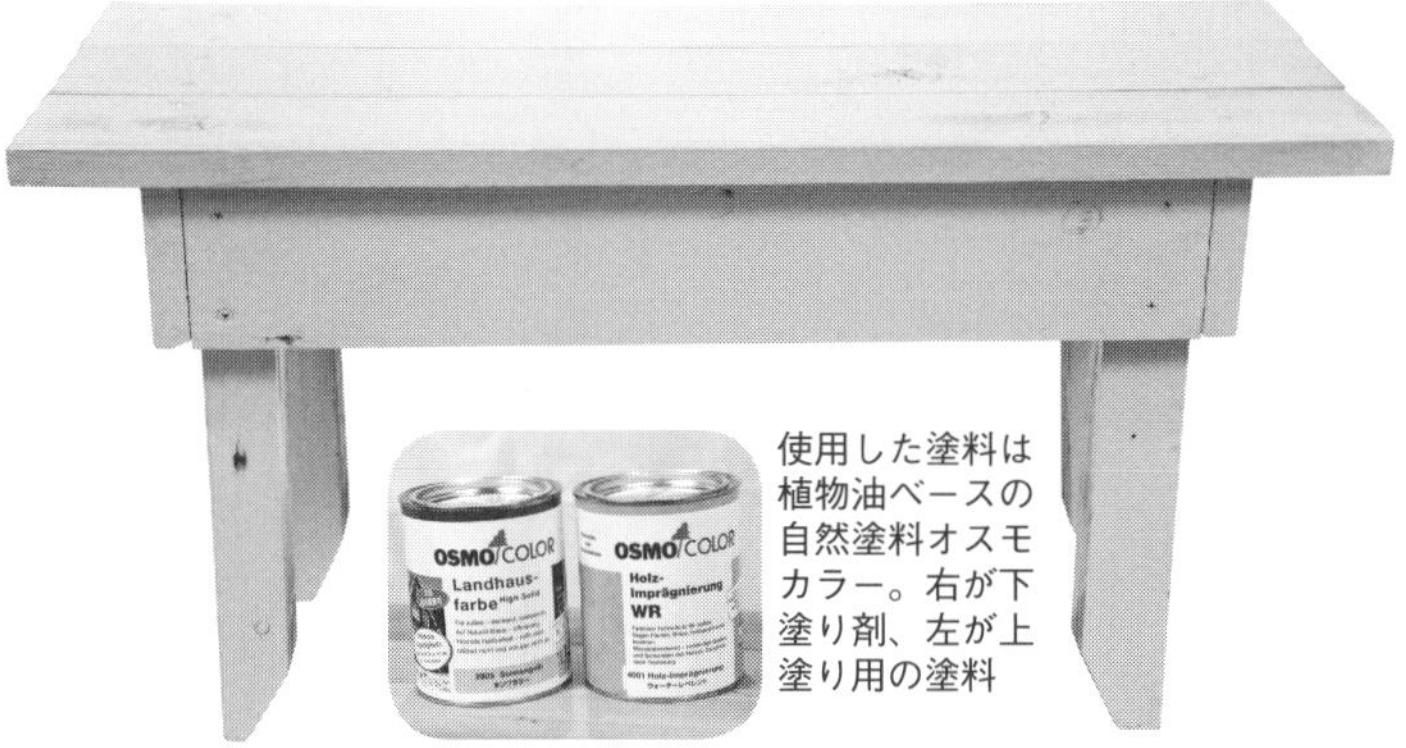

使用した塗料は植物油ベースの自然塗料オスモカラー。右が下塗り剤、左が上塗り用の塗料

屋外用ペンキの塗装テクニック

180番の研磨パッドをつけたサンダーで塗装面を研磨。表面に出た毛羽を取り除く。研磨するとき無理な力は不要

WRウォーターレペレントをたっぷり染み込むように下塗り。吸い込みの多い木口にはたっぷり含ませて塗っておく

ひと晩置き、下塗りが完全に乾いたら仕上げの上塗り。粘度がある塗料は缶の底までよく混ぜること

ディアウォール

市販の2×4材の上下にかぶせて立てるだけで、壁や床、天井を傷つけずに柱を作れるアイテム。天井側にスプリングが内蔵されたものをかぶせ、2×4材を上に押しつけながら、床側をずらすだけで設置完了。柱を2本立てて棚を取り付けるときは、別売りの専用棚受けを使うと便利。不要になったら簡単に取り外せるし、安価なのもうれしい限り。活用法は工夫次第でいろいろありそうです。

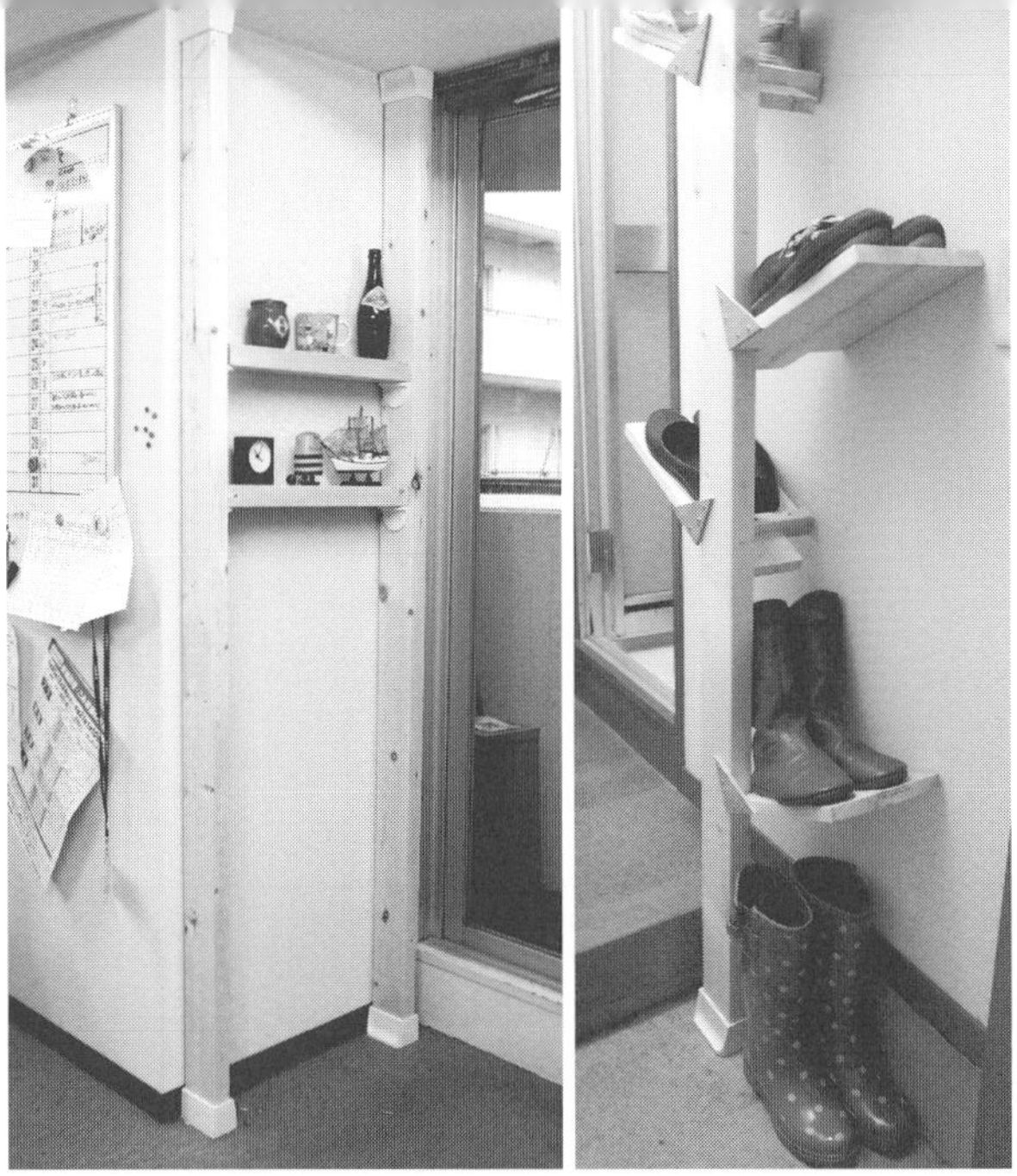

上右：3枚の棚板をつけた2×4材を、ディアウォールを使って靴棚として立てた例。／上左：ディアウォールを2本立ててその間に別売りの専用棚受けを使い、棚板を載せれば簡単に飾り棚ができる。耐荷重は5kg（製作：ドゥーパ！編集部）

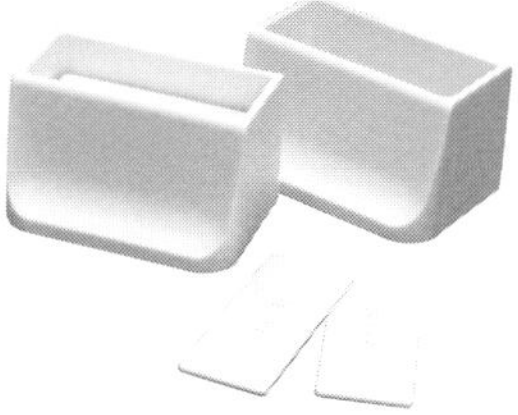

↑ディアウォール＆高さ調節用スペーサー　価格1410円

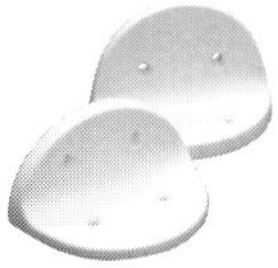

←専用棚受け
価格472円

問い合わせ先
若井産業
http://www.wakaisangyo.co.jp/

Crawfordの壁面収納グッズ

市販の有孔板が使える有孔板用収納アイテム。クールで使いやすいアメリカンなデザインが特徴です。ここで紹介するアイテムは有孔板に直接差し込んで使用できるもの。ただし、海外規格の有孔板の穴の間隔に合わせて作られているので、取り付けには本体を引っ掛ける爪を間引いたりする工夫が必要となります。

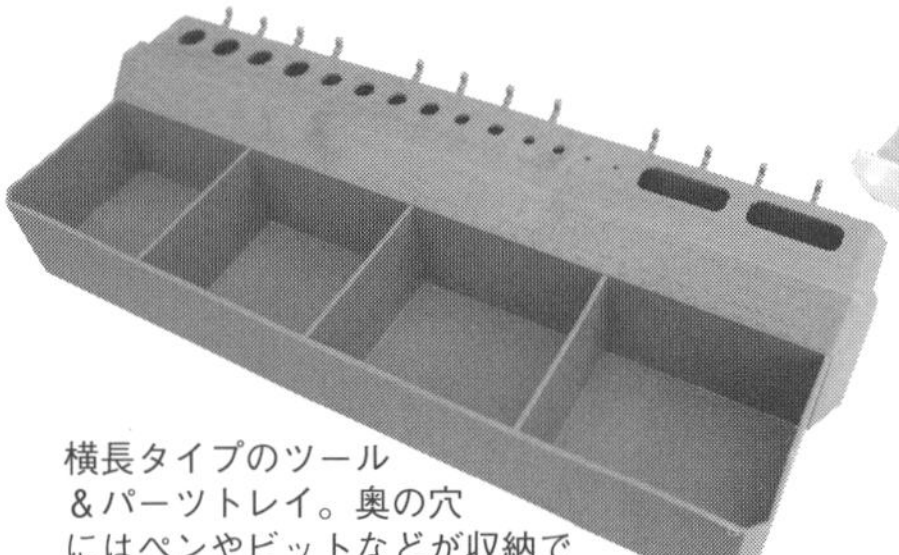

横長タイプのツール＆パーツトレイ。奥の穴にはペンやビットなどが収納できる。工房やガレージ、作業デスクのまわりにひとつ設置しておけば、役立ちそうなトレイだ。サイズ幅405×奥行150×高さ67㎜。価格840円

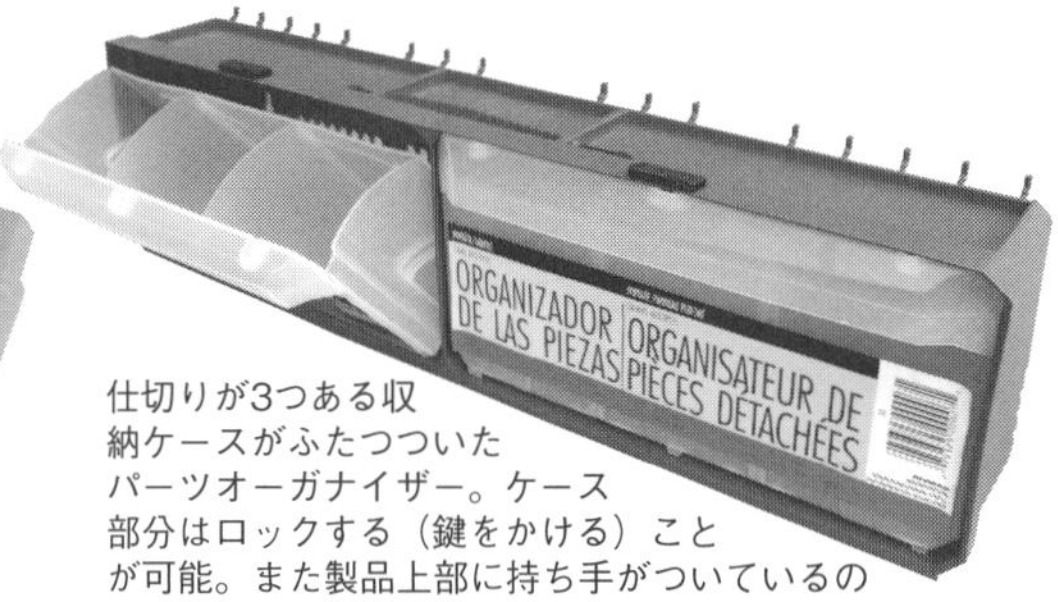

仕切りが3つある収納ケースがふたつついたパーツオーガナイザー。ケース部分はロックする（鍵をかける）ことが可能。また製品上部に持ち手がついているので、有孔板から外して、どこでも持ち運べるパーツケースとしても使用可能だ。サイズ幅520×奥行83×高さ122㎜。価格1890円

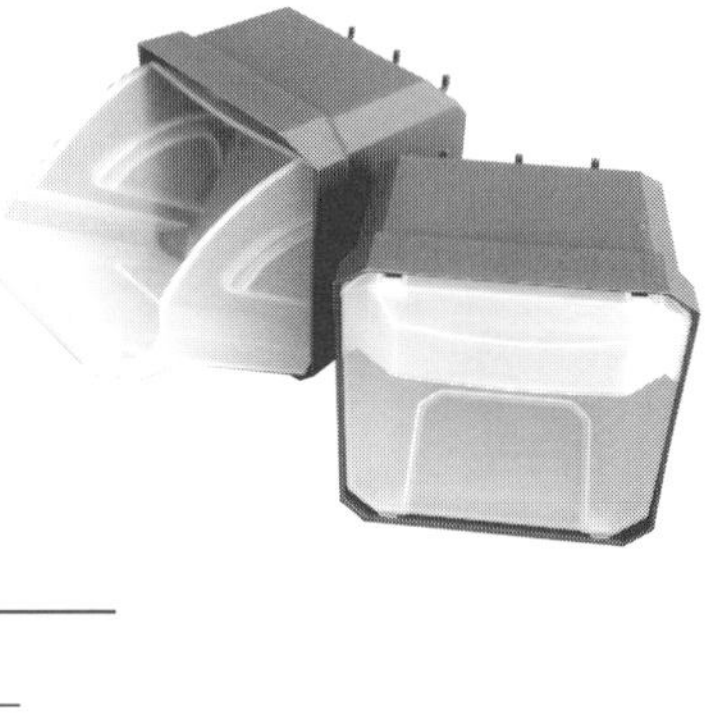

前面にスライドする収納ケース、パーツビン。有孔板に取り付けて、小さなパーツを種類別に放り込んでおこう。サイズ幅97×奥行90×高さ90㎜。価格各420円

問い合わせ先
P.F.S.パーツセンター
https://www.pfsonline.jp/

Crawfordの壁面収納用フック

納屋やガレージで重量のある物をぶら下げて収納できるように考えられたフック類。重量物をぶら下げる場合は壁の作りがしっかりした場所を選び、必要に応じて補強板などを下地に入れるようにしましょう。

ダブルアームスーパーフックの設置例。脚立をぶら下げるフックで、最大45.6kgのものをぶら下げることができる。設置用のビスつき。サイズ幅304.8㎜、奥行254㎜。価格$10.00

問い合わせ先
ACE Hardware
https://www.diyna.com/acehardware/

Racorのガレージ収納ラック

アイデアと機能性にあふれたデザインが、アメリカンガレージの壁に似合います。壁の有効利用と同時に、インテリアとしても違和感なくとけ込むので、機能的かつオシャレに見せることができます。

オールボードラック。サイズ幅203・2×奥行38・1×高さ101・6㎜。価格$16.00

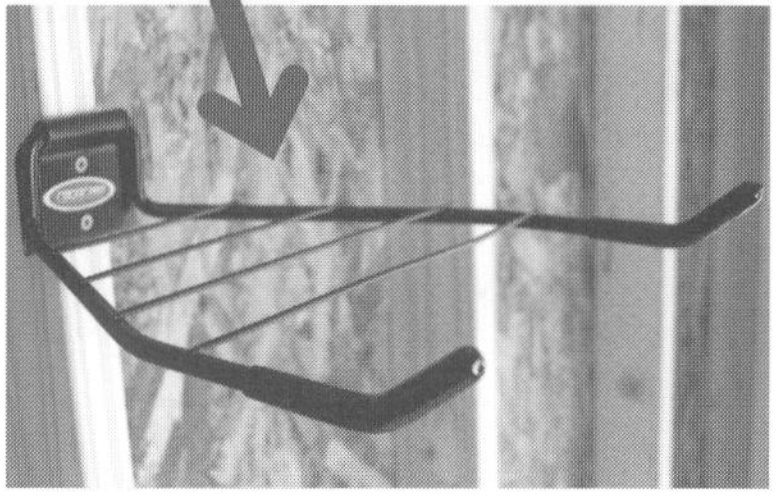

↑→ダブル折りたたみ式自転車用ラックの設置例。網棚つきで自転車用のアクセサリーが収納可能なラック。自転車を傷つけないようにフック部分にエポキシ樹脂加工が施されている。サイズ幅348.25×奥行349.25×高さ76.2㎜。価格$31.00

缶用ラックの設置例。塗料のスプレー缶などを6本収納できるラック。径は約7㎝あり、径幅があえばジャム瓶なども入れられる。幅546.1×奥行82.55×高さ127㎜。価格$19.00

問い合わせ先
ACE Hardware
https://www.diyna.com/acehardware/

Gearwallの壁面収納いろいろ

長さ1219．2㎜、奥行19．05㎜、幅152．4㎜のパネルを壁に張り付け、専用のフックをパネルに取り付けて収納。パネルは木の壁、コンクリートの壁、一般住宅の壁に張り付けが可能。専用フックはL字型のフックやバスケットタイプなど各種あります。

Gearwall
スターターセットの設置例

パネル$17.00、エンドキャップ（4個入り）$18.00、J＆Lフック（各4個入）$18.00、メッシュバスケット$29.00、ディープフック$17.00、など

問い合わせ先
ACE Hardware
https://www.diyna.com/acehardware/

統括編集長
酒井靖宏

EDITORS
株式会社ユーイーピー（宮本唯志／関佳明／松原博史／杉山忠義／中山薫）
ドゥーパ！編集部（脇野修平／小宮幸治／豊田大作／宮原千晶／設楽敦／中村信之介）

PHOTOGRAPHERS
佐藤弘樹／冨士井明史／清水良太郎／高島宏幸／伊勢和人／菊地一仁／
鈴木忍／福島章公／茂垣克己／黒田桜子／柳沢克吉／菅正博／
小山修司／五十嵐一晴／ドゥーパ!編集部

ILLUSTRATORS
山中ショージ／立岡正聡／タカミネシノブ／丸山孝広／山本勇／
ドゥーパ!編集部

COVER DESIGN
YUSEFUL design

DESIGNERS
studio t3（吉澤泰治）／ YUSEFUL design ／ UEPデザイン室

DTP
アルプス製版／ UEPデザイン室

暮らしの実用シリーズDIY
決定版 手作り収納百科

2013年3月26日　第1刷発行
2021年8月30日　第6刷発行

発行人　松井謙介
編集人　長崎 有
編集担当　尾島信一
発行所　株式会社　ワン・パブリッシング
〒110-0005　東京都台東区上野3-24-6
印刷所　共同印刷株式会社

●この本に関する各種お問い合わせ先
本の内容については、下記サイトのお問合せフォームよりお願いします。
https://one-publishing.co.jp/contact/

不良品（落丁、乱丁）については業務センター　Tel 0570-092555
〒354-0045 埼玉県入間郡三芳町上富279-1

在庫・注文については書店専用受注センター Tel0570-000346

ワン・パブリッシングの書籍・雑誌についての新刊情報・詳細情報は、下記をご覧ください。
https://one-publishing.co.jp/